関西学院大学研究叢書　第135編

経営に活かす 人材開発実務

NLPを活用した人材開発

加藤雄士［著］

関西学院大学出版会

経営に活かす
人材開発実務
NLPを活用した人材開発

はじめに

　私は税理士、中小企業診断士の実務家として約20年間にわたって企業の経営者の方々と関わり、経営支援や税務業務に携わってきました。そして、その仕事と平行して15年近くにわたって民間のビジネススクール、関西学院大学大学院、中小企業大学校、税務大学校などで講義を、民間企業や自治体などで階層別研修、テーマ別研修を担当させていただきました。経営支援業務では経営者や経営幹部の人材開発に関わり、講義や研修業務では経営者、管理職、職員、学生の人材開発に関わり、人の変化・成長、組織の発展に立ち会ってきました。

　こうした約20年間の仕事を通じて、効果的な人材開発の方法に関心を抱き、「もっと良いやり方はないだろうか」「こうしたらもっと変化が出るのではないだろうか」と考え、試行錯誤してきました。

　この間、この本でも取り上げているコミュニケーション、コーチング、NLPコーチング、論理的思考、プレゼンテーションなどについて研修講師を務めてきました。他方で、こうしたテーマのノウハウをビジネススクールや大学院などでの講義や経営指導の現場で活用し、人材開発の手法について改善を続けてきました。その結果、実務の現場で少しずつ手ごたえが感じられるようになり、その成果をまとめておきたいと考えるようになりました。

　また、こうした仕事の中で気づいたことがあります。例えばコーチング研修の際、受講生に、コミュニケーション、学習、行動などについて深い理解があれば、もっと効果的なコーチングのトレーニングができただろうと考えました。あるいは、プレゼンテーション研修の際、受講生が論理的思考やコミュニケーション、無意識に関して理解していたならばもっと影響力のあるプレゼンテーションのトレーニングができたのにと思いました。論理的思考研修の際にも、受講生に、論理的思考といった左脳的な能力だけでなく、感覚的な右脳的な能力についても是非学んでもらいたいと思いました。さらに、メンタリングについて学んでいた時、言葉やコーチングについての理解があ

ればこのテーマは深く学べるなと感じていました。

　しかし、これらの各テーマについて世の中で出版されている本はどれもそれぞれのテーマに専門特化したもので、これらのテーマの関連性について言及した本はほとんど見たことがありません。1人の著者がこれらのテーマを横断的に解説し、読者が各テーマに共通する本質的な原理をその根底に読みとることができるような書籍があれば、あるテーマを学習した人が同じ論理で他のテーマも学べ、飛躍的に深い学びを体験できるのではと考えました。それにより、部分的な人材開発で終わるのではなく、多角的・総合的な人材開発が可能になるのではないかと考えました。

　そして、もう1つ、研修講師の実務の中で気づいたことを紹介させていただきます。ある時、どのテーマの研修であったとしても、同じように人が変化していくことに気づいて驚きました。例えば、コーチング研修で見られるのと同じような受講生の変化が、プレゼンテーション研修でも、論理的思考研修でも見られたのです。最初はどうしてそういうことが起きるのか疑問に思いました。おそらく、各テーマで伝えるスキルやテクニックや考え方以外のものが人を変化させているのだろうと考えました。やがて、この謎を解き明かすことができるだろうヒントが見えてきました。この点については、第5章（メンタリングの章）や第7章（トレーニングの章）などで探求していきたいと思います。

　この本に対する読者の関心は、「どのようにしたら人材開発がうまくいくのか？」ということではないでしょうか？　それに加えて、そのやり方が「なぜ役に立つのか？」「なぜうまくいくのか？」という理由が分かれば、継続的に効果のある人材開発を続けることができると思います。こうした本質的な原理については、主に第2章、第3章（学習、コミュニケーションについての章）で、NLP（神経言語プログラミング）を中心とした知識を使って探求していきたいと思います。1970年代に開発されたNLPについては、日本でも書籍が沢山出版され、セミナーに参加される方も増加してきていますが、NLPの知識を人材開発（経営の現場を意識した）というテーマで展開していった本はほとんどないのではないかと思います。

　さらに、第7章では、人材の変化を加速的に促すトレーニングの設計方法

について、第2章、第3章で探求した本質的な原理をベースにして探究していきます。これは、現在、世界最高峰と言われるクリスティーナ・ホール博士のトレーニングの設計方法です。

なお、この本は人材開発というテーマを1つの大陸にたとえ、その大陸に探求の旅に出るというストーリーで展開しています。大陸の中の変化、学習、行動、影響という4つの土地を探検（冒険）していくようなイメージで、各テーマ、各ページを楽しんでいただけたらと思います。その読み方としては、第2章、第3章の知識をベースにして、第4章以下の章（コーチング、メンタリング、論理的思考とプレゼンテーション、トレーニング、変化への旅の各章）を読んでいただきたいと思います。実務的な知識を早く知りたいという方は、第2章から順に読んでいただいても良いのですが、できましたら、第1章から読み進めて欲しいと思います。そうすることで、ご自身の人材開発に対する考えがだんだんと創られてくることと思います。例えば第1章で疑問に思ったことに対して、第2章以下の記述をヒントにして、少しずつ思考が進んでいき、やがて第7章、第8章までたどり着き、ご自身の考えがかなりまとまってくるのではないでしょうか？　このようにご自身で考え続けて手に入れたものは、実務の現場で実際に使える本質的なものになっていることと思います。

この本の骨格となる考え方は、セミナーを通じてご指導いただいたNLPの共同開発者であるクリスティーナ・ホール博士と、NLPラーニング社代表の山崎啓支先生に教えていただいたことをベースにしています。また、コーチングスクエアー代表の森保人さんとセッションをする中で出てきたアイディアもところどころに入っています。メンタリングについては㈱アントレプレナーセンターの福島正伸先生に直接教えていただいた内容を中心に書かせていただきました。私が生まれてから今日に至るまで出会い、そしておつきあいさせていただいた人生の先輩方、仲間たち、人生の後輩たちと共有した体験・経験についても沢山書かせていただきました。ここに感謝の意を表したいと思います。

さらに、関西学院大学在学中に指導教授としてご指導いただいた増谷裕久先生、大学院の指導教授で、親のように面倒を見ていただいた故深津比佐夫

先生、関西学院大学で教員として働く道を拓いてくださった日本会計研究学会会長の平松一夫先生、経営戦略研究科長の石原俊彦先生のご指導のもと、本書を書くことができました。また、宮本又郎先生、西尾宇一郎先生を初めとする経営戦略研究科の先生方、事務室の皆様にも日頃から大変にお世話になっています。さらに、中学校時代の恩師である岩月健先生、少林寺拳法の師匠である今井明雄先生、勤務税理士時代の上司だった故岩崎善四郎先生、研修業務への道を拓いてくださった宮本邦夫先生および（社）日本経営協会の皆様、終身塾の大橋塾長など沢山の方々に育てていただきました。ここに感謝を申し上げます。そして、ここまでやりたいことを自由にやらせてくれ支え続けてくれた両親、妻小百合、長女美咲、長男諒祐にこの本を捧げたいと思います。

　それでは人材開発という未開の大陸に旅立ちましょう。ハラハラドキドキの探検（冒険）の旅をお楽しみください！

目　次

はじめに……………………………………………………………3

第1章　人材開発と変化、学習、行動、影響 …………… 15

〔1〕人材開発という大陸への探求の旅　17
　（1）人材開発の旅への誘い
　（2）人材開発の旅の目的

〔2〕「変化」についての探求の旅　20
　（1）人材開発と変化
　（2）変化についての対照的な2つの強い姿勢
　（3）「変化は怖い、でも、変化しないことも怖い」体験
　（4）変化についての2つの見方（視点、フレーム）

〔3〕「学習」についての探求の旅　26
　（1）「勉強」／「学習」についての連想
　（2）学びとは？——学習についてのコントラスト・フレーム
　（3）釣った魚を食べさせるか、釣り方を教えるか？
　（4）幼稚園児こそ学び続けている？——幼稚園児のポケモン学習
　（5）大人も学び続けている？——トップセールスパーソンはよく学ぶ
　（6）組織も学び続けている——玄関の靴がいつも揃っている組織の作り方

〔4〕「行動」「影響」についての探求の旅　40
　（1）行動についての探求——学べば学ぶほどに学べなくなるパラドックス
　（2）行動についての探求——願望のうち手にはいるもの、手に入らないもの
　（3）影響についての探求——どんな人から影響を受けるのか？

第2章　学習についてのメカニズム …………… 47

〔1〕脳の働きを活かした効果的学習　49
　（1）前章のふりかえり——我々はどんな旅をしてきたのか？
　（2）人は何を学ぶのか？——人が学ぶものの条件とは？

(3) 人はどんなときに強く学ぶのか？——友達の家に遊びに行くとき
　　　(4) 学習を強化する2つのポイント——なぜ小学校の校歌は忘れないのか？　なぜ小学校の入学式のことを覚えているのか？
　　　(5) 学習意欲の根底にある欲求——安全安心欲求
　　　(6) 主導権を相手に残す——安全安心を感じてもらうために
　　　(7) 効果的な学習の原理——脳の3つの基本プログラム
　　　(8) 空白の原則——脳は空白を埋めたがる
　　　(9) 焦点化の原則——脳は焦点化して使わざるをえない
　　　(10) 快・痛みの原則——笑いは長生きを呼び、怒りは短命を呼ぶ
　〔2〕意識と無意識の学習　75
　　　(1) 学習の4段階——我々が立ち食いそば屋で食事ができるようになるまでに
　　　(2) 2つのレベルの学習——意識と無意識
　　　(3) 無意識から意識へ変換されるプロセス——体験に名札付けされるプロセス
　　　(4) 理解とは？——言葉と体験が結びつくこと
　〔3〕「視点」を活用した効果的学習　87
　　　(1) フレーミングとは——枠組むとは
　　　(2) 事実は無色透明——お米は光るつぶつぶ
　　　(3) プリフレーム——あらかじめメガネをかけて見る効果
　　　(4) ディフレームとリフレーム——メガネをこわす、メガネを取り替える効果

第3章　コミュニケーション——影響を与える方法論　………… 99
　〔1〕言語的コミュニケーション　101
　　　(1) コミュニケーションと人材開発
　　　(2) 3種類のコミュニケーション——言葉だけではない
　　　(3) 言語的コミュニケーション——言葉とは何か？
　　　(4) 言語的コミュニケーションの過程——会話でどのような体験をしているのか？
　　　(5) ミス・コミュニケーションは避けられない——言葉の意味が違う

(6) 続・ミス・コミュニケーションは避けられない——2cm、1mの意味も人により違う
　　(7) 続・続・ミス・コミュニケーションは避けられない——言葉が使われる文脈
　　(8) 言葉があるから「見える」——言葉があるから文化が存在する
　　(9) 言葉で人にさわる——言葉には感情がついてくる
　　(10) 経験・体験への名札のつけ方を変える——ためしに違う名札をつけてみる
　　(11) 言葉をメタファーで定義する——ためしに何かに例えてみる
　〔2〕準言語的・非言語的コミュニケーション——コミュニケシーションは言葉を超えたもの　132
　　(1) メラビィアンの法則——言葉の影響はわずか7%
　　(2) 3つのメッセージが異なっていたら何を信じるのか？
　　(3) 何を話すかではなく、誰が話すか？
　〔3〕人間関係がよくなるコミュニケーション　139
　　(1) 観察する（カリブレーション）
　　(2) 合わせる（ペーシング）
　　(3) 導く（リーディング）
　　(4) 質問と確認——正確なコミュニケーションに戻すために
　　(5) 内的コミュニケーション——自分とのコミュニケーションのとり方

第4章　コーチング——学習と行動を促進する方法論　　　　　153
　〔1〕コーチングと人材開発　155
　〔2〕コーチングとは？　156
　　(1) 変化への道のりとは？
　　(2) コーチングの語源とその定義
　　(3) コーチングのタイプ
　　(4) コーチングの哲学
　〔3〕コーチングのプロセス（コーチング・フロー）　167
　　(1) 成功の公式

（2）GROW モデル
　　　（3）目標の明確化（ゴール、Goal）
　　　（4）現状の把握（Reality）
　　　（5）資源（リソース）の発見（Resource）
　　　（6）選択肢の創造（Options）
　　　（7）目標達成の意思（Will）
　〔4〕NLP コーチング　完璧な目標設定の方法　196
　　　（1）8 フレームアウトカムで目標設定をする（NLP コーチング）
　　　（2）「8 フレームアウトカムによる目標設定」にこめられた本質
　〔5〕コーチング・スキル　（コーチングの道具箱）　205
　　　（1）承認のスキル
　　　（2）環境設定のスキル
　　　（3）傾聴のスキル
　　　（4）質問のスキル
　　　（6）提案・要望のスキル

第5章　メンタリング──影響を与え変化を促す方法論　………233
　〔1〕メンタリングと人材開発　235
　　　（1）人材を開発するとは？　（人を育てるとは？）
　　　（2）人は何によって育つのか？
　　　（3）メンタリングとは？
　〔2〕人は人によってしか育たない──福島正伸先生のメンタリング　240
　　　（1）人と出会い、人から学ぶ
　　　（2）人は人によってしか育てられない
　〔3〕期待される人材像　自立型人材の育成　242
　　　（1）自立型人材とは──自発的に行動する人は疲れない
　　　（2）プラス受信──物事を客観的、好意的、機会的に受け止める
　　　（3）自己依存──他人に期待せず、自分自身に期待する
　　　（4）自己管理──自分の可能性を最大限に発揮する
　　　（5）自己責任──問題の真の原因は自分にある

　　　　(6) 自己評価——常に本物・一流を目指す
　〔4〕指導から育成へ　253
　　　　(1) 育成なくして指導なし——まずやる気にさせて、その後で指導
　　　　(2) コントローラーとメンター——依存型人材と自立型人材のどちらを育てるのか？
　　　　(3) メンターになるには——組織学習の基本
　　　　(4) メンターの役割——見本、信頼、支援の順番で
　　　　(5) メンタリングの実践技術、支援の方法

第6章　論理的思考とプレゼンテーション——影響力を発揮する方法論 ……………………………………………… 271

　〔1〕論理的思考、プレゼンテーションと人材開発　273
　　　　(1) 影響力を増す方法——相手に納得してもらう方法
　　　　(2) 選択肢を創造する方法—— 1ケ月で3キロ痩せる方法は？
　　　　(3) 論理という架け橋——相手との間に「納得」の橋を架ける
　〔2〕論理的思考とは何か？　277
　　　　(1) 相手に伝えるということについてのコントラスト・フレーム
　　　　(2) 相手に伝えるべきメッセージとは？—— 3つの必要条件
　　　　(3) なぜ相手に自分の「答え」が通じないのか？—— 3つの理由
　　　　(4) なぜ「答え」に説得力がないのか？—— 2つの欠陥
　　　　(5) 説得力のない「答え」に共通する2つの欠陥をどのように防ぐか？
　〔3〕論理的思考の技法　288
　　　　(1) 論理展開の方法——演繹法、帰納法
　　　　(2) 2つの論理パターン——結論＋根拠、結論＋方法
　　　　(3) 話に説得力をもたせる技法—— MECE
　　　　(4) 話に説得力をもたせる技法——「So What?」と「Why So?」
　　　　(5) 論理的に思考するための技法——グルーピング
　　　　(6) 論理的に思考するための技法——ロジック・ツリー
　　　　(7) 論理的思考と「一般化」（ビリーフ）
　　　　(8) 論理的思考についてのふりかえり

〔4〕論理的なプレゼンテーション　303
　　(1) 論理的なプレゼンテーション
　　(2) プレゼンテーションとコミュニケーション
　　(3) プレゼンテーション・プランの立案手法
〔5〕プレゼンテーションの実践　307
　　(1) 導入部と終わりの部分が大切
　　(2) 相手に安全安心感（親近感）を感じてもらう導入部
　　(3) 参加者を特定の状態（感情）に誘う導入部
　　(4) プレゼンテーション以前とプレゼンテーションとを連結させる導入部
　　(5) 終わりの部分――要請事項を伝えて終わる
　　(6) 休憩時間と準備の方法
〔6〕共感のプレゼンテーション　317
　　(1) 「共感」という架け橋――正論ではなく、共感で人を動かす
　　(2) 言葉を胸に、腹に伝えるためには？

第7章　トレーニング設計――学習と変化の方法論　………321
〔1〕トレーニングの設計と人材開発　323
　　(1) 計画段階でトレーナーが決める3つのゴール――結果、プロセス、内容
　　(2) 「場」の形成――トレーニングで最も大切なもの
　　(3) 学びのプロセス――大人はどのようにして学んでいくのか？
　　(4) 計画を手放すこと――柔軟性を発揮すること
〔2〕人材開発トレーニングのプロセスの作り方　335
　　(1) 枠設定――トレーニングのフレームを設定する
　　(2) 参照体験にアクセスし参照体験をつくる――大人は実例を通してより学ぶ
　　(3) 再コード化（再チャンクと再秩序化）――情報のまとめ方を変える
　　(4) 一般化、未来ペース――トレーニングの成果を日常生活の中に持ち込む
　　(5) 応用、実践、計画――発見、学びを行動に移す

（6）学習内容を堅固にする――さらに繰り返す

第8章　変化への旅 ……………………………………353
　〔1〕変化についての探求　355
　　（1）変化についてのコントラスト・フレーム
　　（2）変化のプロセス、変化の方法
　〔2〕学習と影響についての探求　362
　　（1）学習についてのコントラスト・フレーム
　　（2）良質な空白を絶妙なタイミングで
　　（3）靴がいつも揃う組織のつくり方
　　（4）勉強／学習が大好きか、大嫌いか？
　〔3〕行動についての探求　373
　　（1）行動についてのコントラスト・フレーム
　　（2）エコロジー・フレームによるブレーキ
　　（3）自己イメージ、自己肯定感によるブレーキ
　　（4）ただ1つのことを愚直に実践し続けて欲しい

注………………………………………………………………383
引用文献・参考文献…………………………………………395
あとがき………………………………………………………401

第1章

人材開発と変化、学習、行動、影響

　この本では人材開発についての探求を進めていきます。その過程を旅になぞらえて書いていきたいと思います。ちょうど人材開発という未開の大陸を旅していくようなイメージです。例えば外国人が日本という島国を旅するとき、どことどこに行くことをすすめますか？　おそらく多くの方が東京、京都、奈良、広島をあげるのではないでしょうか？　またリピーターの旅行者には、さらに北海道、大阪、高山、長野、沖縄などをすすめるかもかもしれません。では人材開発という大陸を旅しようとする探求者にとって、どんな土地を旅すべきでしょうか？　私は、それを変化、学習、行動、影響と名づけられた土地だと考えました。これらの土地を旅して探求すれば多少なりとも人材開発という大陸の輪郭くらいは見えてくるのではないかと考えました。そこでこれら4つの土地（概念）を探求する旅に出たいと思います。では一緒に旅立ちましょう。

　ところで、この章では沢山の事例を紹介しています。大人は理論よりも事例から多くを学ぶからです。しかも、その事例の多くは私自身の事例をとっています。自分自身の事例を語るとき、最も伝わるものが大きいからです。

　事例がいくつも続いていく中で道に迷う読者もあると思います。「一体、どこを旅しているのだろうか？」と悩む読者もいらっしゃると思います。このまま進んでいっても何も見えないのではと不安になることもあるでしょうが、旅を継続して、瞬間瞬間を楽しんでいただきたいと思います。未知の大陸への冒険なのですから、道に迷うことも、戸惑うこともあるでしょう、引き返したくなることもあるでしょうが、後でふり返るとそのこと自体が良い思い出となっていることに気付くでしょう。また、そうした瞬間にこそ新しい発見や気づき、学びが訪れていたのだと気づくこともあるでしょう。ですから、戸惑いや混乱が訪れたら歓迎して下さい。

　第1章は、読者に「疑問」という空白を提供します。その空白を埋めるべく、第2章以降の旅を続けていただきたいと思います。

　おそらく第7章、第8章に進んだときに空白がかなり埋まっていたことに気づくかもしれません。できたらこの第1章から読んでいただきたいのです

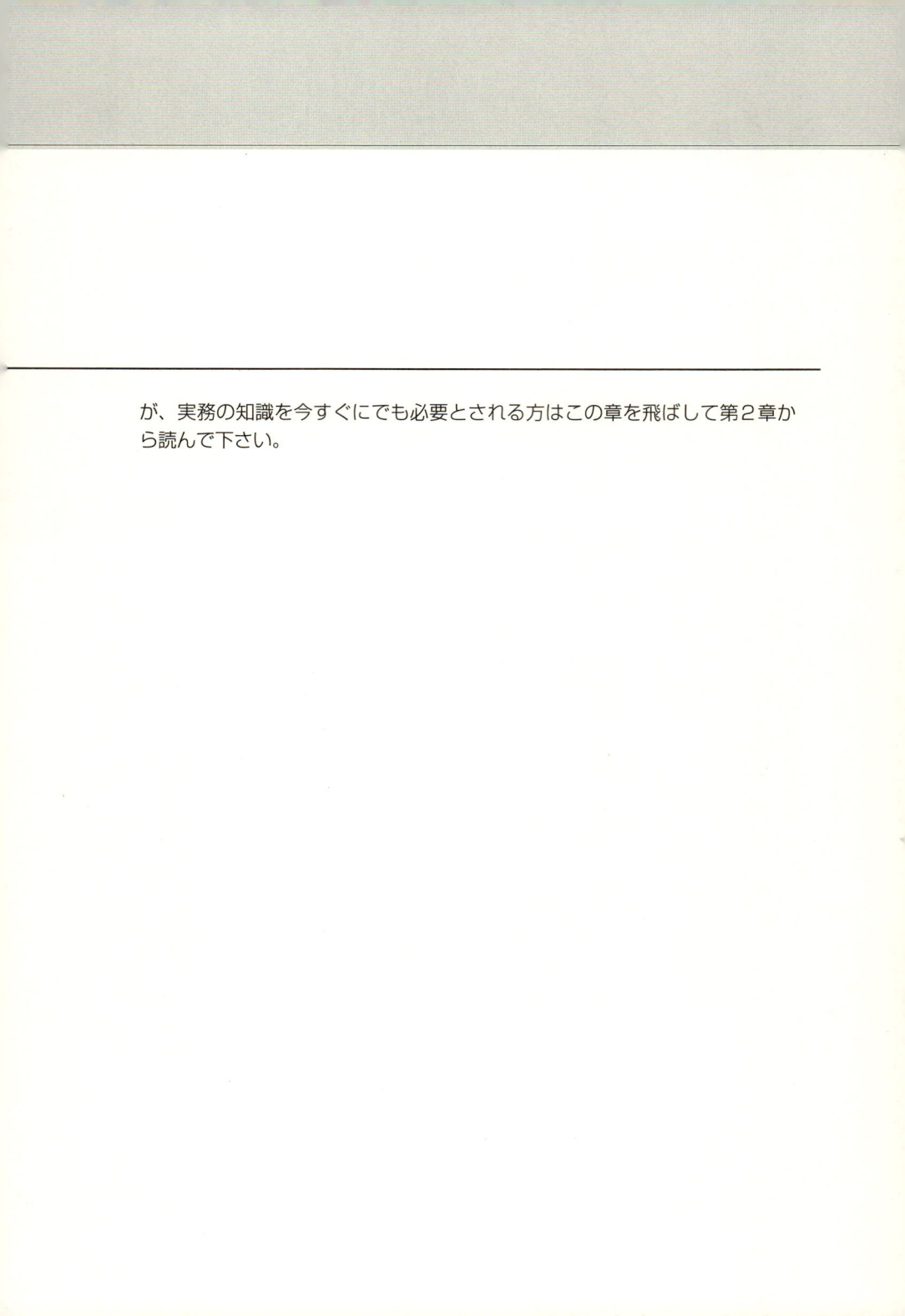

が、実務の知識を今すぐにでも必要とされる方はこの章を飛ばして第2章から読んで下さい。

〔1〕 人材開発という大陸への探求の旅

(1) 人材開発の旅への誘い

　あなたは未知の世界に旅立ったことはありますか？　そのときどんな風にしてその旅が始まりましたか？　なんとなく行きたいと思って旅立ったかもしれません。友達から誘われたからかもしれません。あるいは、「どうしても行きたい。」とか「行くしかないのだ！」などと思ったのかもしれません。そして、いったん旅立つと決意したら、旅程や行程を計画して、電車の切符や飛行機のチケットあるいはガイドブックを手にし、旅への期待感とワクワクした期間を過ごしたかもしれません。ひょっとすると行く間際で不安になって、行くのをやめようかとためらったことがあるかもしれません。それでも思い切って旅立ってみたら、予想していたよりも楽しく快適な旅が展開されたかもしれません。又、旅の途上では予期せぬ出会いがあったり、美味しいものを食べられたり、素敵な風景が目に入ってきたりして素晴らしい体験ができたかもしれません。あるいは、予期せぬハプニングを体験し、怖いとか帰りたいと思ったことがあったかもしれません。でもそうした怖いと思った体験の方が旅行から帰った後では、記憶に残っていたりします。旅行後しばらく経つと、そうした出来事が逆に楽しい体験に思えてきたことがあるかもしれません。同じ体験でも時間が経つと全く違うように見えてくるということはとても不思議なことです。どうしてそういうことが起きるのでしょうか？　このように旅のプロセスでは予期せぬことが起き、思わぬ体験ができ、「あの体験が私を変化（成長）させてくれた」と後で思うこともあったのではないでしょうか？　そして、旅から帰ってきてからも、様々な出来事をふり返ったりして楽しんだことはありませんか？　旅から帰ってきてからも旅は続いているのかもしれませんね？

　まるで旅は人生のようです。いや人生が旅に似ているのかもしれません。

だからこそ旅は人を惹きつけるのかもしれません。そして、人は未知の旅に出ようとするのかもしれません。

　私はこれから人材開発という大陸を探求する旅に出ようとしています。あなたと共に旅立つことができればとても嬉しいです。この大陸にはどのような世界が待っていて、旅を進めていくと、どんな風景が見えてくるのでしょうか？　そこは山あり谷ありといった複雑な大地でしょうか？　それとも広大な平野の中を大河がゆったりと流れているような壮大な世界でしょうか？

　どんな世界が我々を待ってくれているのか、非常に楽しみになってきませんか？　それではこの未開の大陸に向かって一緒に旅立ちましょう。「探究心」という持ち物をお忘れなく。

(2) 人材開発の旅の目的

　人材開発とは何でしょうか？　そして、人材開発の旅の目的地とはどこなのでしょうか？　あなたはどう考えられますか？

　私の仕事での経験をふり返ると、私は変わり続けてきたように思います。例えば、仕事に対する姿勢や考え方は刻々と変化してきました。20代で初めて社会に出たとき、私は目の前の仕事をこなすことだけで精一杯でした。そして、30歳前後には多少の仕事はできるようになり、さらに上の仕事、もっと幅広い仕事をしたいという意欲を持ちました。30代中盤からは仕事に夢中になり、年中無休、寝る以外の時間はほとんど働いていました。目の前のお客さんから喜んでもらえることに手ごたえを感じました。40代後半の今、お客様からは頼りにされ、仕事と自分とが一体化しているような感覚を持つことがあります。また、仕事を通じて人としての生き方を学び続けているのではないかと考えています。また、仕事で必要とされる能力や知識も年代ごとに変化し、その時々新しい能力や知識を身につけようとしてきたように思います。それに伴い、仕事のやり方も変わり、仕事に対する考え方はさらに変化し続けていったように思います。また、周囲への影響力も少しずつではありますが増していったように思います。

　このように仕事に関してみても変化し続けてきたように思います。その進歩は遅いものの、一度たりともそこにとどまったことはないのかもしれませ

ん。こうした変化の過程を「人材開発」と呼んではどうでしょうか？　こう考えれば、人材開発とは人が「変化」すること、あるいは、その変化を支援することと言えないでしょうか？

　では、その人の変化はどのようにしてなされるのでしょうか？

　私たちは仕事をしていく中で、様々な人に出会い、様々な仕事にたずさわります。それらの過程で上司や取引先の人たちの仕事ぶりに触れ、何かに気づき、その気づきを契機として考え方や仕事の仕方を変えるかもしれません。会社からも新しい方針が示され、その方針に沿って行動をとっていると新しい能力が身についていることに気づくかもしれません。また、お客様の笑顔、あるいは要望やクレームと呼ばれる声に耳を傾けて考えたり、行動を変えることもあるでしょう。そうして、私たちは学習し、何らかの行動を起こしていきます。また、上司や先輩、後輩、お客様からだけでなく、研修や自己啓発などを通しても学んでいます。また、会社のビジョン、戦略、組織構造、組織形態、あるいは人事システム（例えば、評価、報償、能力開発、配置転換など）にも影響をうけて私たちは行動を変化させることがあります。組織側も従業員を人材開発しようと影響を与えようとするからです。このように私たちは様々な要因から影響を受け、学習し、変化しているのではないでしょうか？　こうした過程こそ人材開発と言えるのではないでしょうか？

　このように幾つものプロセスを経て、私たちは少しずつ変化、すなわち人材開発し続けているのです。では、その人材開発をさらに効果的に進めるにはどうしたら良いのでしょうか？

　そのためには以下の質問に答える必要があるように思います。

　学習はどのようにして行なわれるのでしょうか？　どんなときに人は学習し、どんなときに行動に移すのでしょうか？　また、どんなときに、誰から、影響を受けるのでしょうか？

　また、どんなときに人は変化し、どんなときに変化しないのでしょうか？

　人材開発を考える上で、こうした「学習」「行動」「影響」「変化」といった言葉（概念）について一通り考えておいた方が良いと思います。こうした問いに対する答えを探求しながらこの大陸の旅を続けていただきたいと思います。

まずこの章は、「学習」「行動」「影響」「変化」といった言葉（概念）について探求する旅立ちの章です。あなたは既に人材開発という大陸に足を踏み入れていることに気づいているでしょうか？

〔2〕「変化」についての探求の旅

(1) 人材開発と変化

　あなたにとって「変化」とは何でしょうか？　あなたは「変化」と聞いてどんな気持ちになりますか？　例えば、痛々しくなりますか？　できたら避けたいというような気持ちが出てきますか？　それとも気持ちよくなりますか？　ワクワクしますか？　又、「変化」と聞いて何を連想しますか？
　そして、私たちはなかなか変化しないものでしょうか？　それとも日々、刻々と変化し続けているものでしょうか？
　さきほど次のように書かせていただきました。
　「人材開発とは人が「変化」することそのものであり、その変化を支援することと言えないでしょうか？　では、その人の変化はどのようにしてなされるのでしょうか？」
　ここでは人材開発の目的地である「変化」という概念について探求していきたいと思います。

(2) 変化についての対照的な2つの強い姿勢

　人間には安全安心欲求という根源的な欲求があると考えられます。人は自分の命に危険が及ばないように、常に安全安心な環境を求めるというものです。この安全安心欲求という強い欲求があるために、人は今いる環境を守ろうとし、変化したくないと考えるかもれません。今の状態で今生きているのだから、これからも今の状態で生きていけると思っているのかもしれません。
　仮に人は変わろうとしない、現状を維持しようとする習性があると考えるのならば、人材開発は、変ろうとしない人を変えようとしなければならず、

とても難しいテーマとなります。

　他方で、全ての人が変わることを恐れているかというとそうでもないようです。NLP（神経言語プログラミング）のスクールでご一緒したことのある経営者（東京でスクールを経営される女性Yさん）の言葉を紹介しましょう。

　NLPを学んで、「人は変化を求めない」ということを知ったことは大きいですね。変化というのは、人の基本的な欲求である「安心安全」を脅かすので、基本的に人は変化を求めないのですね。
　これまで私は、逆に、変化（＝成長）しないことが、恐れ、不安でした。そんな私にとって、人と接する（顧客、スタッフ）基本的な考え方・前提がひっくりかえってしまいました。

　人は安全安心欲求という強い動機をもっており、その安全安心を守るために、変化したくないという立場をとるのでは？　と書いてきたのですが、Yさんのように、変化しないことこそ危険だから常に変化しなければ、と考えている人もいるようです。面白いですね？　この2つのスタンス（立場）を文章にして対比させてみたいと思います。

　パート1：変化することは、痛みを伴い、怖く、嫌なことだ。できたら避けたい。
　パート2：変化（＝成長）しないことこそ怖く不安である。だから変化しなくてはと思う。

(3)「変化は怖い、でも、変化しないことも怖い」体験

　人は安全安心欲求という強い欲求があるため、変化に対して強い反応を示すのかもしれません。安全安心欲求があるからこそ変化を求めない人が多い一方で、安全安心欲求があるからこそ、変化しないことを怖い、不安だと考える人がいるということも書かせていただきました。
　ここで、私自身の経験を振り返ってみたいと思います。自分自身を振り返

ると、「変わる」という言葉に対してマイナスな気持ちがする（例えば面倒くさいと思う）自分が長い間いたような気がします。他方で「変わらざるをえない」時も何度かあったような気がします。例えば、中学生になるとき、高校生になるとき、大学生になるとき、社会人になるとき、引っ越して故郷に戻るとき、結婚したとき、結婚して子どもができた時などは変わらざるをえないタイミングではなかったかと思います。さらに、20代から30代中盤までは「変わらなければ！」という強い焦燥感に突き動かされていた時期もあったように思います。その点に関して、私自身の体験を1つ紹介させていただきたいと思います。

　大学3年生の時でした。夏休みにインドと中国を2ケ月で旅する計画を立てました。まずインドのカルカッタに飛行機で飛び、インドを1ケ月間、自由に旅し、その後、インドのカルカッタからバンコック経由で香港に飛び、香港から陸路で中国に入国し、1ケ月中国を自由に旅するという計画を立てました。その当時、中国国内は自由旅行がやっと開始された頃で、入れる地域も限定されていました。入域禁止地区に入ると直ぐに追い出されるという情報を読んでいました。他方で、インドの旅行はその当時から自由にできていましたが、事前にインド旅行記などを読んでいると、下痢や熱を出したり、物乞いをする人に取り囲まれるなど日常茶飯事で、とても過酷な旅をイメージしていました。そして、インドに向かって飛行機に乗って旅立つぞ、という前々夜、私は不安感で眠れなくなり、翌朝には、蕁麻疹が体中に出てしまうほどでした。そんな体験は初めてだったので心配になって近くの病院に行きました。私は、病院で診察を待つ間、「ドクターストップがかかってくれれば良いのに。」と内心思っていましたが、残念ながら、お医者さんは「旅行に行っても良いよ。」と言われました。その一言で私の期待は見事に打ち砕かれて、旅行に行かざるを得なくなりました。「怖い、不安だ、お医者さんが止めてくれれば行かないで済む。異国に旅行に行かずに日本で生活していれば安全だ。」という気持ちと、「インド、中国の未知の国に、過酷な旅に身を置くことが俺には必要なのだ。俺は変わらないといけないのだ。」という志とが私の身体の中で戦っていたような感じがしました。日本を発ったが最後、2ケ月後まで旅し続けないといけません。なぜなら、お金をそんな

に持っているわけではなく、一度出発したが最後、帰りの飛行機の日まで異国に身をおいて旅を続けないといけない（極端ですが、生き延びないといけない）というような悲壮感が漂っていたように思います。そして出発の朝、空港で友人に見送られて機上の人となりました。

　旅立ってその日のうちに、日本からカルカッタに行くまでの間に早速トラブルが起きました。バンコックからカルカッタまで飛ぶ予定だった飛行機が途中でエンジン・トラブルを起こして、バングラデッシュの首都ダッカの空港で緊急着陸し、ダッカ市内で一泊することになってしまったのでした。いきなりダッカの空港でパスポートを取り上げられ、バスに乗せられて、ダッカ市内にある古い高級ホテルに泊まることになりました。天井の高いクラシカルなホテルの深紅の分厚い絨毯を踏みしめると靴が沈むような感覚がありました。こころなしか湿気臭い匂いがしていました。ホテルのロビーは暗かった記憶があります。乗客にはツインの部屋があてがわれ、私はそのホテルのフロントでたまたま目があったアラブの青年と同部屋になりました。彼は部屋に入ると、ラジオをフル・ボリュームでかけ、聴こえてくる音楽に腰をくねらせて決してうまいとは言えないなダンスを踊り始めました。古臭い音楽に喜んでいる彼の姿が不思議でした。彼の身体から汗の匂いまでしてきました。まさにカルチャーショックな体験でした。アラブの人と会話することさえ初めての私が、そのアラブの人と同部屋で一晩過ごすことになったのでした。「いったん海外へ一人旅に出ればこんなハプニングはつきもの、だからこそ旅が楽しい」と言えるとしたら、それは後で振り返るからです。その現場では、不安な気持ち、嫌な気持ちもあるし、ドキドキものです。シャワーを浴びるときも貴重品の入ったかばんをシャワールームに持ち込んでいたほどです。

　本題にもう一度戻しますと、このインド・中国旅行に旅立つ前日、不安で不安で行きたくないという強烈な気持ちを持つ一方で、行かなくてはならない、というような強い気持ちも持っていたと書きました。安全安心欲求を満たそうと思うならば、旅立たない方が良いと考えられます。なにもそこまですることないではないかという声が自分の中にあったのも事実です。その一方で、安全でない場所にこそ自分は行くべきなのだと自身に言い聞かせてい

たようでした。そういう体験に挑戦しないことこそが自分にとって危険なのだ、と思わせようとしていたようです。高いハードルにチャレンジしないで現状に甘んじている自分こそが危険だと思わせていたようです。このようにインドに行くことは危険だと思う自分と、インドへの旅に挑戦しない自分こそ危険だという自分とが対話して、戦っていたような感じでした。

> パート１：「２ケ月間のインド・中国旅行への一人旅は、怖い、不安だ。異国に旅行に行かずに日本で生活していれば安全だ。」という気持ち。
>
> パート２：「インド、中国の未知の国への過酷な旅に身を置くことが自分には絶対に必要なのだ。自分は変わらないといけないのだ。」という志。

（4）変化についての２つの見方（視点、フレーム）

あなたは、変化と聞いてどのようなイメージを持たれるでしょうか？　私自身、変化と聞いたとき、「なかなか人が変化することは難しい。変化しようと思ったら、かなりの気持ちや努力が必要だし、それはなかなか起こらない。」というように考えていたことがあります。あるいは「変化は長い時間がかかり、痛みも伴うものである。何故ならば、今まで慣れ親しんだ考え方ややり方を変えなければならないからである。」と考えていたこともありました。

先に私は、20代、30歳前後、30代中盤、40代後半と仕事の面で、変わり続けてきたように思うと書きました。このようなスタンスに立つと、変化とは、そんなに難しいことではなく、自然なプロセスのような感じがしてきます。

また、先のインド・中国旅行でも私は変化を続けていたように思います。その体験を少し振り返ってみます。

インドに着いた私は、その日からカルカッタの街を歩き回りました。雨季のカルカッタの街はちょうど、「クリシュナ」(ヒンドゥー教の神様のような

もの）と叫ぶ人たちが山車のような移動する車を引き行進していました。その熱狂的な姿を見ながら私はカルチャーショックを受けました。道端にはところどころ水溜りがあり、私のサンダルをはいた足は何度もその水たまりにはまりました。道を野良犬が行き交っていました。私はかまれたら狂犬病になるのではないかと恐れました。また、ベンガル人たちは射るような視線を私に向けてくるように感じました。最初は、野良犬もベンガル人たちも私を狙っているのではないかと恐れましたが、徐々にそれらにも慣れていきました。最初は辟易したトイレの強烈な匂いがする安ホテルの部屋にも慣れ、寝ていると耳元を這う虫にも慣れていきました。さらに、次の街へ行くための電車の切符の買い方も覚え、電車に乗った途端寄ってくる物乞いをする人たちへの対処の仕方にも慣れ、どんどんインドの一人旅のやり方を覚えていったように思います。このとき私は常に変化し続けていたのではないでしょうか？　また変化し続けることで、周りの環境に自分を合わせようとしていたように思います。

　これらの体験を振り返れば、「変化とは、気付かないうちにも進行しているものである。そして、より大きな可能性を行動にもたらし、人生を豊かにする自然なプロセスである。」と捉えることもできそうです。

　変化とは、長い時間がかかり、痛みを伴うものなのでしょうか？　それとも、変化とは、自然に体験し続けているプロセスなのでしょうか？

> **パート1**：変化とは、長い時間がかかり、痛みを伴うものである。何故なら、今まで慣れ親しんだ考え方ややり方を変えなければならないからである。
>
> **パート2**：変化とは、気付かないうちにも進行しているものである。そして、より大きな可能性を行動にもたらし、人生を豊かにする自然なプロセスである。

　これら2つの対比的な文章を読んで、あなたがどのように思い、感じるかを体験して欲しいと思います。

[3]「学習」についての探求の旅

(1)「勉強」/「学習」についての連想

　私たちは人材開発という大陸に旅立ち、これまで「変化」という言葉（概念）について探求する旅を続けてきました。続いて私たちは「学習」という言葉（概念）について探求する旅に出たいと思います。この学習という世界は入り組んでいて奥深い森のようです。迷いつつ歩を進めていくことになると思いますが、なんとか「森」を一周して戻ってきて欲しいと思います。

　まず1つの質問をさせていただきたいと思います。

　「あなたは「学習」あるいは「勉強」と聞いて、どのようなことを連想されますか？ いくつか頭の中に出てくる言葉を連想して書き出してもらえませんでしょうか？」

　同じ質問を20歳前後の学生40人くらいのクラスでしたことがあります。その時は、学生たちからは暗記、つらい、義務、我慢、（無理して）がんばるなどの否定的な言葉が並びました。

　同じように会計大学院に通う社会人学生に聞いたところ、彼らからは、ライフワーク、人生、好奇心、知識欲、さらなる発見、自己実現、社会へのお返し、などの肯定的な言葉が聞かれました。このように「勉強」あるいは「学習」1つとっても、その捉え方は人により様々異なります。

　ここで、上記の勉強、学習についての連想を2つの対照的な文書にまとめてみたいと思います。

　　パート1：勉強あるいは学習とは、暗記、つらい、義務、我慢、がんばることである。
　　パート2：勉強あるいは学習とは、ライフワーク、人生、好奇心、知識欲、さらなる発見、自己実現、社会へのお返しである。

　会計大学院にはさきほど紹介した社会人学生以外にも、大学を卒業してすぐ大学院に入ってきた学生（社会人経験のない）もいます。彼らや一部の社

会人からは、勉強あるいは学習と聞いて、テキスト、ノート、教師、黒板などの連想も出てきました。これについても2つの対照的な文章にまとめておきたいと思います。(以下、この2つの対照的な文章のことを「コントラスト・フレーム」と呼ばせていただきます。)

> **パート1**：勉強あるいは学習とは、教室の中で教えてくれる教師がいて、テキストを使い、黒板があり、ノートをとるものである。
>
> **パート2**：勉強あるいは学習とは、日常生活の中、家の中でも外でも、会社の中でも外でも、1人でも、いつでも行われているものである。

　あなたは、勉強あるいは学習と聞いて、どのようなことを連想しましたか？　我が家でも、勉強や学習について対照的な現象を観察することができるようです。ある晩、テレビを見ていた娘は家内からきつく叱られて、しぶしぶ自室に入って勉強を始めました。しばらくして私が娘の部屋をのぞくと、いかにもやる気がないといった感じでだらしない姿勢で勉強をしていました。ちょうど、塾のテストに向けて県庁所在地をノートに書いて覚えている最中でした。娘は、「勉強なんてきらいだよ。」とこぼしました。私も娘の年頃のときには、勉強というと、仕方ないからやる、暗記しないといけない、試験があるから仕方ないというように後ろ向きな気持ちをもっていました。だから娘の気持ちが理解できました。

　他方で、最近は、「パパは勉強が本当に好きだね。放っておいても勉強しているよね。よくもそんなに根気が続くねぇ。」と娘からも家内からも感心されるくらいに勉強好きになってしまいました。先ほど紹介した勉強とはライフワークですと答える社会人大学院生の多くと同じような状態なのかもしれません。では、小学生から今日に至るまでの間に私（社会人大学院生たち）に何が起きたのでしょうか？　どのようにして変化が訪れたのでしょうか？

> **パート1**：勉強は仕方ないからやる。試験があるから仕方なくやる。勉強は大嫌いだ。

パート2：勉強は、放っておいても、時間があればずっとしている。勉強が大好きだ。

　最近、ある自治体の人事部の方のお話を聞きました。その方は、「（その自治体の）職員がもっと研修に参加するようにならないか日々苦労している」と言われました。それに対して、別の自治体の職員の方が「私の場合は、いろいろな研修に行きたいのだけれども、年に1回しか派遣できないと言われて、参加できないでいます。しかも、私が行きたかったその研修が結局は定員割れになって誰も派遣しなかったなんてことがよくあるのです。」と残念そうに言われました。自治体の職員の中でも研修に行きたくてたまらない方と研修は行きたくない方との2種類のタイプがあるようです。どうしてこんな差が出るのでしょうか？

パート1：研修は強制されているから行かざるを得ない。いやいやながら行くものだ。
パート2：研修に出たくてたまらない。参加したい研修が沢山ある。

　ところで、娘の学校では、「くすのき学習」という、小学生たちが自由にテーマを決めて研究する授業があります。最近は、遊び道具を自分たちで考えて創るというテーマが与えられたらしく、娘はある晩、「ハンモックの作り方」というキーワードでインターネット検索していました。よく聞いてみると、トランポリンを既に制作途中だというのです。さらに時間が余れば、トランポリンに加えてハンモックも作りたいと話し合っているというのです。翌土曜日朝になると、ハンモックの道具となる材料を近くのホームセンターやスポーツ用品店に友達と駆け出すようにして買いにでかけていました。その姿を見ていて、はっと思ったことが私にはありました。

　娘の小学校ではこうした通常の科目以外の授業が多く、小学校以外に塾通いが必須のようになっているかのようです。そんな状態を見聞きしながら、一体、娘の小学校は何をしているのだろうかと疑問に思いかけていた頃でした。その小学校は私が卒業した母校で、私が通っていたときから、その小学

校では教育に関する研究を実験的にやるようで、通常の小学校とはかなり違うカリキュラムだったと記憶しています。1年に数度、教育実習生が複数名やってくるし、年に一度は、全国から教師が授業の見学に来ていました。こうした学校のため、通常の小学生が受けている算数、社会、国語、音楽といった講義とは異なった実験的な講義や自由学習のようなものが多いのではないかと思っていました。父親としては、このような自由学習のような時間はできる限り減らして普通の教科の授業をして欲しいと思っていました。

しかし、この日の娘の様子を見ていると違う見方ができるような気がしてきました。テストに向けて自室でいやいや勉強している娘の姿と、この遊び道具作り（ハンモック作り）のときの彼女の姿とでは全く違う様子なのです。後者は飛び跳ねるようにして家を出て行くし、インターネットでも必死で検索しています。自主的にです。この違いは何なのでしょうか？　どうしてこういうことが起きるのでしょうか？

パート1：試験があるので仕方なく都道府県の県庁所在地の名前を暗記しているが、いやいやながらしているのでなかなかはかどらない学習。
パート2：友達と話し合った末、ハンモックなどを作ることを決めて、自主的にインターネットで作り方を調べ、日曜日に材料を買いに廻る学習。

一方で、家内からきつく叱られて、しぶしぶ自室に入って、いかにもやる気がないといった感じでする勉強あるいは学習、他方で、前夜からインターネットで検索しておいて、翌朝、道具となる材料を近くのホームセンターやスポーツ用品店に友達と駆け出すようにして買いに出かけていく勉強あるいは学習、この2つとも、同じ小学校5年生の娘が体験しているものです。ちなみに、前者について私が手伝ったのは、都道府県の県庁所在地の名前をクイズのようにして聞いて応援してあげることで、その時だけは娘も前向きになった様子でした。後者で私と家内が手伝ったのは、インターネットを使わせてあげたこと、ホームセンターまで車で送ったことでした。

(2) 学びとは？　学習についてのコントラスト・フレーム

　娘の姿を見ながら、私が思い出す場面がありました。そのできごとの1ケ月ほど前に、NLPの共同開発者であるクリスティーナ・ホール博士のセミナーを受講する機会がありました。そこで博士は学習について、次の2つのコントラスト・フレームを板書されました。

> **パート1**：学びとは、もがき、あがくことである。何故なら、一度に全てのことを学び、最初から正しく理解しなければならない。
> **パート2**：学びとは、探求し、発見し、試し、より大きな可能性を行動にもたらし、人生を豊かにする自然なプロセスである。

　そして、パート1、パート2でそれぞれどのような感じがするかを他の受講生の人とシェアー（意見交流）して欲しいと言われました。あなたはどのように感じられますか？
　是非、ここで時間をとって考え、感じていただきたいので、もう一度書かせていただきます。

> **パート1**：学びとは、もがき、あがくことである。何故なら、一度に全てのことを学び、最初から正しく理解しなければならない。
> **パート2**：学びとは、探求し、発見し、試し、より大きな可能性を行動にもたらし、人生を豊かにする自然なプロセスである。

　どうですか？　それぞれどのように感じますか？
　私の場合、学びについて、パート1、パート2どちらのスタンスをとるかによって、感じるものは全く異なってきました。例えば、パート1のスタンスに立ったとき、私はとても鬱屈とした感じを受けました。それに対して、パート2のスタンスに立ったとき、とても開放的で好奇心をそそられるような気持ちがしてきました。
　そして、娘のことをもう一度考えました。県庁所在地を覚えることと、自

分たちで好きな遊具を考えて創るというテーマに沿って、仲間と話し合い、調べて、材料を休日に買いに走り、みんなでハンモックを創るということと、どちらが将来にわたって応用が効く、将来にわたって使える学びなのだろうか、と考えていました。あるいはどちらも必要なものでその問い自体ナンセンスなのかなとも考えていました。その瞬間、私の視点が変わり、小学校の授業に対する考え方がガラリと変わりました。「そんな講義（自由学習のような講義）は無駄だ」と思っていた考え方は変化しました。

　思い返してみると、私自身その小学校の卒業生で、こうした自由学習のような授業で学んだことが自分の中にいまでも生きてきているような気がしてきます。今、こうした小学校時代の学習が熟成されて、私の生き方に影響を与えているような感じさえしてきます。家内もこれまでにそうしたことを口にすることがありました。彼女の言葉を借りると、私の小学生時代の同級生たちを見ていて、「とてもたくましい」というのです。「なんとしても生きていく、というようなたくましさを感じる」と言うのです。もちろん、これは主観的な話であり、小学校時代の講義と50歳近くになった大人の生き方との因果関係を結論づけることは難しいことだと思いますが、因果関係があるのではと発想してしまうことも事実です。

　話がそれてしまったついでに、もう一つこの学校の教育に関するエピソードを紹介しておきます。ある人がこの小学校の教育の仕方について言及されたエピソードです。

　「他の小学校では、「この問題が分かる人、手を挙げて！」と教師が言います。この小学校では、「この問題に、意見がある人は手を挙げて！」と教師が言います。」

　この話の真偽は定かではありませんが、分かる人に発言を求めるか、あるいは意見がある人に発言を求めるかでは教育効果に大きな差が出てくるような印象を持ちます。

　同様に、「学びとは、もがき、あがくことである。」というスタンスと、「学びとは、探求し、発見し、試すプロセスである。」というスタンスとで、学生たちの学び方が変わるように思います。人材開発に関わる際も、この2つの観点のうちどちらの観点をとって対象者と関わるかによってその成果は全

く違うものになってくるものだと思います。

> パート1：「この問題が分かる人、手を挙げて！」と生徒に聞く。
> パート2：「この問題に、意見がある人は手を挙げて！」と生徒に聞く。

（3）釣った魚を食べさせるか、釣り方を教えるか？

　私は経営学の講義で、次の例を出して説明することがあります。お腹の空いた人が目の前にいたら、魚を釣って食べさせてあげます。すると目の前のお腹の空いた人は喜ぶでしょう。そして、翌日になると、また私のところに来て、魚を釣ってくれと言ってくるかもしれません。お腹が空いた人たちは永遠に私に魚を釣ってくれるように頼むかもしれません。

　それに対して、お腹の空いた人たちに魚の釣り方を教えてあげられるかもしれません。魚の釣り方を覚えることは今日の今日にはできないでしょうが、本人が何度も練習していけば、だんだん釣れるようになるでしょう。その日のうちにお腹がふくらむことはないかもしれませんが、いったん釣れるようになれば、それ以降は私がいなくても自分たちで魚を釣り、その魚を食べるようになるでしょう。するとお腹を空かせていた人々は、空腹に悩まなくてよくなるでしょう。

　実際に、大学院の講義では、何年か前まで、国家試験の受験を目指している若い学生から「どこが試験に出るか教えてください。」とか「全て教えてください。」と聞かれることがありました。試験にどこが出るか予想して、それを教えて、飲み込ませる（ここを覚えなさいという）やり方もあるかと思います。受験生が受験専門学校に望んでいることはそういうことでしょう。実際に専門学校の直前対策のレジュメなどを見ると、とても勉強しやすい構成になっています。まさに、目の前に調理された魚が並べられていて、どの魚から食べたらよいか（覚えたら良いか、計算問題を解いたらよいか）まで指示されています。

　しかし、国家試験の受験一つとっても、その釣って調理された魚を食べるだけでは合格できず、壁にあたる人が出てくるのも事実です。そのときは、

魚の食べ方（回答の書き方や受験テクニック）まで教えてもらい合格する人もいるでしょう。他方で、魚の食べ方などは人から教えられなくても自分で工夫してできてしまう人もいます[1]。

先ほど紹介した、娘がトランポリンやハンモックを自分たちで作ろうと決めて、道具を買いに走り、自分たちで製作したことは、魚の釣り方を覚えさせることを狙いとした授業だったのかもしれません。他方で、都道府県の県庁所在地を覚えさせる授業は魚を食べさせる授業だったのかもしれません。

私自身、大学院で何を教えるべきなのか、何を教えたら良いのかを日々思案してきていますが、このように魚の釣り方を教えることを、経営学の世界では、「学習することを学習する」と言います。これを「ダブル・ループ学習」あるいは「第2段階学習」と言います[2]。

パート1：釣った魚を目の前までもっていき、食べさせる講義。
パート2：魚の釣り方を身につけさせる講義。

人材開発に関わっていく場面では、釣った魚を食べさせるのか、その魚の食べ方まで丁寧に教えるのか、それとも魚の釣り方自体を身につけさせるのか、何を意図しているのか明らかにする必要があるようです。

（4）幼稚園児こそ学び続けている？　幼稚園児のポケモン学習

学習について改めて考えてみたいと思います。ここで、学習とは、机に座って勉強するといった類の学習ではなく、もっと広くとらえたスタンスで書いてみたいと思います。

なかなか人は学習しないものかもしれません。何度言っても人は行動を改めようとしないことがあるし、何度も同じ過ちをすることがあるからです。我が家の小学生の娘、息子とも片付けがほとんどできません。一年中、家内が「片付けなさい」と口うるさく叱っているのですが、自主的に片付けるそぶりをいっこうに見せません。また、娘は塾のテストの前夜遅くになって突然、慌て始めます。「テストの準備をしていない！　明日、塾を休む！」と言って冷静さを失います。宿題についても同様です。塾に行く直前になって

宿題をしていないことを思い出し、うろたえます。つい先ほどまでテレビ番組のお笑い番組に口をあけて笑っていたというのに、突然の豹変ぶりです。こういう事態になることが分かっているので、家内も私も何度も注意をしていました。

「明日、テストでしょう。勉強やらなくていいの？　どうせまた後で慌てるにきまっているでしょう。」

「ママもパパも放っておいて！　関係ないでしょ！　大丈夫だから。」

という会話の後で起きるのはいつものパターンです。毎回のように前夜遅くになって、あるいは、当日、塾に行く直前になって、勉強をしていない、宿題をしていないことに気づいてうろたえます。小学5年生の女の子で反抗期真っ只中ですので手におえません。こんな姿を日々目にしていると、娘は全然、学習していないように思えるのです。

他方で、娘や息子を見ていて、よく学習しているんだなあ、と感心することもあります。我が家の小学校1年生の息子は、日々刻々と学習し続けているようです。彼が幼稚園の年長の時の実例を書かせていただきたいと思います。彼は、朝から晩まで時間ができると、小型ゲーム機に向っていました。私が彼よりも遅れて起きていくと、既にソファに寝転がってゲームをしています。時折、「しまった！」と舌うちしながらゲームに熱中しています。その様子を見ていると、この場面ではこの技を使って攻撃をすると効果的、また、これだけポイントを貯めるとゲームの中のキャラクター（ポケモン）がこのように進化して強くなる、といったことを学習しているようです。先日も、国語辞典より厚そうなゲームの攻略本（約1,000ページ）を買ってもらったようでその本を開けて読んで（見て）いました。幼稚園児がそんな分厚い本をめくっている姿に本当に驚きました。どの場面でどう攻めたら攻略できるかなど、その本からさらに新たな知識を学び、ゲームで実践しているようです。たまにその本の間違いまで指摘して、文句を言っていることもあるそうです。まさに本で学んだ「知識」をゲームの実践で活用して「知恵」(使えるレベルの知識という意味で使わせていただきます）に転換しているかのようです。その結果、日々、ゲームにどんどん強くなっているようです。彼はこのようにして日々、学び続けているようです。

こうした学習はゲームに関してだけではありません。ある日、本屋に息子と行った時、さきほど紹介したポケモンのゲームの攻略本を買ってくれと息子にせがまれました。紐がかけられた分厚い攻略本で、私は買わないと言いました。すると、彼は私の服を握って離さずに、目に涙を浮かべて懇願しました。それでも私が買わないと言うと、今度は叫び出しました。それでも私が翻意しないと、今度は私の体を思いっきり叩き始めました。なんとしてでも、どんな手を使ってでも、その攻略本を手に入れたかったのでしょう。彼なりに攻略本を買ってもらうために、考えつくありとあらゆる手段を使ってアピールしてきたのでしょう。

　この日、私はついにその本を買わなかったのですが、1週間後、家に帰ると、その本が家に置いてありびっくりしました。家内に聞くと、息子はおばあちゃんにせがんでその本を手にしたようです。ここでも彼は学習したようです。おばあちゃんの方がパパよりも簡単に攻略できる（買ってもらえる）と、この時、学んだのでしょう。おそらく次から、何か買って欲しいものがあるときは、私に頼むよりもおばあちゃんにお願いするようになるでしょう。

　別の例でいえばこういうことになります。息子も「こんなことを言ったら、パパとママは真剣に怒って、ご飯を食べさせてくれなくなるので止めておこう」「この程度のいたずらならば、2人とも真剣に怒らないだろう」と考えているのでしょう。また、この程度のいたずらならば、と思ってやってみたら、予想外に家内が真剣に怒り、長時間叱られたとします。すると「そうか、このいたずらはそれほどまずい事態を生むのか、次回からは気をつけよう」といった感じの学習が行われているはずです。その証拠にいつも家の中でいたずらし放題、ちらかし放題、やらかし放題の息子ですが、家内のいない時に家の中でサッカーをやろう、と私から提案すると、「それ、ママに怒られるからやらない。」と全然乗ってきません。家の中でボールを蹴って、かなり痛い目にあったことがあるのだと思います。逆に、おばあちゃんが洗濯物を運んでいた時、その作業を手伝ったら、ずいぶん褒められたようです。それ以来、洗濯物を見ると率先しておばあちゃんの手伝いをしています。子どもながらこれまでの行動とそれに対するフィード・バックから学習をしているようです。

面白いことに子どもたちは自分たちが学んでいるということはまだ気付いていません。そして、この学びは、大人になってからも活用できる大きな学びでもあるというのにです。
　ここまで娘の例と息子の例を出させていただきました。人はなかなか学習しないのか、それとも、人は常に学習し続けているのでしょうか？　だんだん分からなくなってきそうですね？

　パート1：人はなかなか学習しない。そのため毎回のように同じ失敗をしている。
　パート2：人は常に学習し続けている。そして学習の結果、手柄をおさめている。

　これは学習する、これは学習しない、というようなことを人は決めているのでしょうか？　決めているとしたら何らかの基準はあるのでしょうか？　人は、一体、何を学ぶのでしょうか？

(5) 大人も学び続けている？　トップセールスパーソンはよく学ぶ

　以上の例は子どもの世界だけの話ではありません。大人も同様のことが起きているはずです。大人もなかなか学習しない存在と言えるし、また、常に学習をし続けている存在とも言えるのではないでしょうか？
　私も常に同じ失敗をしています。毎回、書類がなくなったと言って、慌ててあちこちを書類を探し回っています。こんな痛い思いをするくらいならば、次からは整頓をすればよいのに学習していません。どうしてなのでしょうか？
　他方で、大人は常に学習し続けていると言えます。例えば、「こういう発言（行動）をすると、この集団で受け入れられなくなるのではないか」「この集団ではこうふるまうことが良さそうだ」ということは我々も会社、近所づきあい、友達づきあい、家族の関係の中で常に学習し続けているはずです。そして、そのような学習は我が息子の場合と同じように、子どものときから継続されてきたのではないでしょうか？

逆に、こういう行動をとると上司、会社、あるいは顧客から賞賛されると分かれば、それ以降も同じ行動をとるようになるでしょう。トップセールスパーソンと呼ばれる人たちは、こうした学習の早い人たちではないでしょうか？

　面白いことに何人かのトップセールスパーソンの方々の話を聞いていると、同じ商品ラインで、トップクラスの販売を実現していることは共通点なのですが、各々売り方は全く違うことに気付きます。生命保険業界のトップセールスの人だけが入れるMDRTという組織（卓越した生命保険と金融サービスの専門家による国際的かつ独立した組織）があります。おもしろいことにその組織に属する方々が決して同じタイプではないのです。毎年好成績を収め、そのMDRTに連続して所属するトップセールスパーソンのAさんも、その組織の年に一度の全国大会に参加しそこで他の会員と交流すると、お互いに全く違うタイプであることに驚くことがあるそうです。例えば「こいつからは生命保険を買いたくないなあ、と僕でも思うのに、どうしてこの人がトップセールスなのだろうと不思議に思った」そうです。仮説で申し上げますと、それぞれの歩んできたキャリア（例えば郵便局出身、信用金庫出身、不動産セールス出身など）の中でつかんだコツを応用して、それぞれの売れるやり方をつかんだのかもしれません。それが個人のノウハウとなり、毎年トップセールスを上げ続けているのではないでしょうか？　さきほどの魚釣りのメタファー（比喩）を使うと、魚の釣り方は人それぞれ得意なやり方があり、一つではないのですが、トップセールスの方々は上手な釣り方をそれぞれがもっているということなのかもしれませんね？

　このようにトップセールスパーソンとは、それぞれの現場で試行錯誤しているうちに見つけた（すなわち学習した）「コツ」（＝魚の上手な釣り方）を再現できるように学習できた人ではないでしょうか？　とすれば、家で叱られないような「コツ」をつかむ幼稚園児や小学生とトップセールスパーソンとではほとんど似た「学習」をしてきたと言えるのかもしれません。

　そして、トップセールスパーソンの原点は我が家の息子のように、子ども時代から叱られないようにすることや、褒められるようにすることや、何かを買ってもらうように上手なやり方を見つけることなどを、繰り返し繰り返

し訓練してきたことにあるのかもしれません。

　このように大人の学習の基礎は、子どものうちから続けられてきたのではないでしょうか？　そして、子どもたちが無意識のうちに学んだことを大人になってからも活用できているのではないでしょうか？　子どもたちは無意識のうちに一生の学びをしているのではないでしょうか？

> パート１：人はなかなか学習しないので、いつまでも同じ失敗を繰り返している。人の癖、習性、習慣はなかなか変わらない。
> パート２：人は自然と学習している。その中でいち早くコツをつかんでやり方を変えた人がトップセールスパーソンである。

　私のように同じ失敗を何度も繰り返している大人がいます。いつまでも学習しないかのようです。いくつかのことについては、永遠に学習しないのではと思うほどです。頭では分かっていてもできないのです。やった方が良いと頭では分かっていてもできないのです。他方、これはしない方がいいと思うことでも、ついついやってしまうこともあります。夜10時に口にしてしまうチョコレートのようなものです。

　他方、どんな世界でも達人のように物事を上手に達成してしまう人がいます。このような人は誰よりもいち早く物事の達成方法のコツのようなものを学習してしまうのでしょう。私のような失敗を繰り返す大人と、トップセールスパーソンとの違いは何なのでしょうか？

（6）組織も学び続けている　玄関の靴がいつも揃っている組織の作り方

　子どもや大人の学習と同様に、組織的にも学習がなかなか行われないとも言えるし、常に学習が行われているとも言えるものだと考えます。「明るく挨拶をしなさい。」「元気な声で電話をとりなさい。」と言ってもなかなかそうならない組織があります。また、「靴を揃えなさい」と毎日のように口うるさく言ってもなかなか玄関の靴が揃わない家庭があります。

　逆に、明るい挨拶が当たり前のように行われている職場もありますし、ほとんどの従業員が元気な声で電話をとっている組織もあります。靴を揃えろ

と言われなくても、揃っている家庭もあります。このように、学習がなかなか行われない組織と、学習が自然と行われている組織とがあるようです。

　我々は、社長、上司、同僚の発言、行動などから、自分はどのように行動したら良いか学習しているのではないでしょうか？　例えば、前向きな人たちばかりが集まって飲んでいる場所に後ろ向きな人が入ると、お互いにとても居心地が悪く感じるものです。また逆に、後ろ向きな人ばかりが集まって飲んでいる場所に、積極的な人が1人でも入ると、お互いにとても居心地が悪く感じるものです。後ろ向きな人たちが飲んでいたビールの味はその時点でまずくなるし、後から入った積極的な人が口にするビールの味もまずくなるのではないでしょうか？　後ろ向きな人は後ろ向きな人と一緒に飲むからビールはうまくなるし、前向きな人は前向きな人と飲むからビールはうまくなるのではないでしょうか？

　また、前向きな人たちの間に入ってビールを飲んでいると、後ろ向きな人も、次第に前向きな発言をせざるをえなくなるかもしれません。逆に、後ろ向きな人たちの間に入った前向きの人の気分が落ち込んできて、後ろ向きな人たちの雰囲気に気持ちが同調していくこともあるように思います[3]。

　話を元に戻しますが、明るい挨拶が当たり前のように行われている職場、ほとんどの従業員が元気な声で電話をとっている職場、靴がいつも揃っている家庭では何が起きているのでしょうか？

　自分以外の全員が明るく元気な挨拶をしている会社では、特別な教育など必要とせずに、新入社員も自然と明るく元気な挨拶をするようになるでしょう。いつも家の玄関の靴がきれいに揃っている家庭で育った子どもは何も言わないでもいつか靴を自分から揃えていると思います。靴がいつも揃った家庭では、「靴を揃えること」といった規律もないでしようし、靴を揃えましょうと親が口にすることもないし、靴を揃えるという教育もないことでしょう。そもそも「靴を揃えましょう」という言葉が存在しないのではないでしょうか。これは企業や自治体などさまざまな職場でも同様のことが言えるかと思います。逆に友達の家に遊びに言って、靴が揃っていないのを見ると驚き、自然と靴を揃えようとするかもしれません。究極の組織学習は、このように組織のメンバーが周りの環境から自然と学んでしまう状態を作るこ

とかもしれません。

　　パート1：いつも玄関の靴が脱ぎ捨てられたままで乱れている家や会社がある。
　　パート2：いつも玄関の靴がピシッと揃っている家や会社がある。

　この違いはどこから生まれるのでしょうか？
　また、どうしたら靴がいつもピシッと揃えられている家や会社に変えられるのでしょうか？
　以上、学習について、我が家の息子の例から会社などの組織の例までさまざまな例を出してきました。

〔4〕「行動」「影響」についての探求の旅

(1) 行動についての探求　学べば学ぶほどに学べなくなるパラドックス

　我々は人材開発という大陸を探求する旅をしています。これまで、変化という概念、学習という概念を探求してきました。人は、何かから影響を受け、学習し、行動が変化するように思います。これこそ人材開発のプロセスと言えるように思います。続いて、我々は行動、影響という概念を探求する旅に出たいと思います。
　人を惹き付け、人に大きな影響を与える人がいます。例えば幕末維新の頃には人々に大きな影響を与える志士たちが何人も生まれました。吉田松陰、坂本竜馬、西郷隆盛などはその代表格です。どうして人は吉田松陰に影響を受けたのでしょうか？　どうして西郷隆盛に沢山の人がついていこうと思ったのでしょうか？
　また、吉田松陰といえば「知行合一」という言葉が有名です。これは陽明学から来た言葉ですが、学んでも行動しなければ学んだとは言えない（知っていて行なわないのはまだ知らないのと同じである）という意味です。学ん

で、行動に移して初めて知識は完成すると言えます。実際には学んでも行動段階まで至らないこともよくあります。どんなときに人は行動に移すのでしょうか？　また、学びと行動との間にはどのような境界があるのでしょうか？　こうした点についても探求していきたいと思います

　例えば、たった1回の講演会や研修会、セミナーなどを受けただけで考え方が変わり、行動が変わり、人生が変わってしまった人もいると思います。私はこれまでいくつかのセミナーや研修会に参加してきました。自分を変える、自分の行動を変える、自分の人生を変えることを狙いとするセミナーなどにもいくつか参加してきましたが、そうしたセミナーに何度出ても変われない人が多いということに気づきました。私自身も大きく変化した経験はそうそうありません。変わる方法を知ってもなかなか行動に移せないのです。逆にそうしたセミナーに出れば出るほど変われなくなるという人たちも沢山いた（自分も含めて）ように思います。

パート1：自分を変えるセミナーや本を学び続けるほどに変われなくなる人がいる。
パート2：他人のたった一言で考え方を変え、行動を変え、人生を変えてしまう人がいる。

　どうして両者にはこんな差があるのでしょうか？　そして、自分を変える方法を学べば学ぶほどに、自分を変えられなくなるということもよく起きるようなのです。それどころか、そうしたことを学べば学ぶほど、変われない自分に対してどんどん落ち込んでしまう人さえもいたように思います。どうしてこんなことが起きるのでしょうか？　変わるために行っているのに、行けば行くほど変われなくなるなんて本当はおかしいですよね？

　これはダイエットの方法に似ているのかもしれません。ダイエットの方法について知れば知るほど、ダイエットの方法を学べなくなる人はいないでしょうか？　新しいダイエットの方法を聞いても「そんな方法なら知っているよ。それならば似た方法でこんな方法もあるよ。」という具合に、ダイエットの方法について学べなくなってきませんか？　どんどんダイエットの方法

についての知識は増えていきますが、何1つとして実行していないということがあるかもしれません。実際に、私自身、ダイエットの方法は何十と知っていますし、ダイエットすべきだとも思っていますが、何1つといって言い程、実行に移していません。やがてダイエットの方法について耳にすると自分への嫌悪感が出てきて、耳を閉ざしたくなってきます。

　逆に、ダイエットの方法について沢山の方法は知らないけれども、たった1つの方法あるいは少しの方法を愚直にやり続けて見事にダイエットに成功している人もいます。私の近所に住むある方も朝食をフルーツに変えるという方法だけで見事にダイエットに成功されました。

> **パート1**：何十とダイエットの方法を知り尽くしているけれども、どれ1つとして実行していない人がいる。
> **パート2**：たった1つしかダイエットの方法を知らないけれども見事に成功する人がいる。

　このように書き続けながら私自身、耳が痛い気持ちがしてきましたが、どうしてこのような差が生まれるのでしょうか？　自分を変えたければ自分を変える方法をあまり学ばない方が良いかもしれないし、ダイエットをしたければダイエットの方法をあまり学ばない方が良いというパラドックスに入ってしまうようです。どうしてこんなことになるのでしょうか？

(2) 行動についての探求　願望のうち手にはいるもの、手に入らないもの

　ダイエットもそうですが、ダイエット以外にも私には、こうした方が良いのにと思うことが沢山あります。こうした方が良いとか、こうすべきだと思うことです。と同時に頭ではそう思いつつ、身体が言うことを聞かないということが本当に沢山あるような気がします。ダイエットしなくては、部屋の掃除をしなくては、あの仕事に早く手をつけなくては、あのメールの返事を早くしなければ、早く寝なければ、と思うことが沢山あります。でも、できない。こんなことありませんか？　頭ではやらなくてはと思いつつ、身体はその通りには反応してくれずに先延ばししていることをいくつか挙げられま

すか？　頭で思った通りに身体が動いてくれることよりも、頭では思うのだけれども身体が言うことを聞いてくれないことの方が断然多いと思うのですがいかがでしょうか？　どうしてこういうことが起きるのでしょうか？

　では、どういうときに頭で思ったことを行動にそのまま移せて、どういうときに行動に移せないのでしょうか？　頭で思ったことをそのまま行動に移せるような魔法の鍵があれば人生は劇的に変化できるような気がしませんか？　そのような魔法の鍵は存在するのでしょうか？

　もう1つ似た事例を書かせていただきます。私は15年くらい前に「夢の地図」というコラージュを作成した経験があります。自分の欲しいと思うもの、自分が手に入れたいと思うものの写真や絵を切り貼りしてポスター大の紙に貼り付けたものです。その「夢の地図」をいつも目に入る所に置いておくと、やがてそれらのものが手に入ると聞いたことがあり作成したのでした。それから10年くらいにわたって常に目に入るところにコラージュが置いてありました。その「夢の地図」の中に貼られたもので手に入ったものもあるし、なかなか手に入らないものも沢山ありました。どうして手に入らないのかなと自分で不思議に思ったことがあります。そして、手に入らなかったもの（の写真など）を見ると、自分の心の中に「痛い」ような、自分の行動を「止める」ような気持ちがあることに気づきました。このように「痛い」「止める」ような気持ちがするものは手に入らないのではないかと気付きました。これはどういうことなのでしょうか？　どう説明がつくのでしょうか？

パート1：頭ではやらなくてはと思いつつも、身体はその通りには反応してくれずに、ついつい先延ばししてしまう。
パート2：頭でこうした方が良い、こうすべきだと思うことがそのまま自然に行動に移せている。

　このように良いことだと分かっていてもどうしてもできない、やりだせない、続かないということがあるのと同時に、「良くないことだとわかっちゃいるけどやめられない」という体験はありませんか？

> **パート1**：（良いことだと）わかっちゃいるけど、どうしても続かない。やりだせないことがある。
>
> **パート2**：（良くないことだと）わかっちゃいるけどやめられないということがある。

　このように人が行動するということには何か隠された秘密の鍵のようなものがあるような気がしてきますが、いかがでしょうか？　この秘密の鍵を手に入れられれば、今までどうしてもできなかったあのことをやりだせるのではないか、今までどうしてもやめられなかったあのこともやめることができるのではないかという期待感が生じてきます。この秘密の鍵を求めて私たちはさらに行動についての探求の旅を再開したいと思いますが、少し時間をおくことにして、まずはその前に影響について探索したいと思います。

(3) 影響についての探求　どんな人から影響を受けるのか？

　毎年、理想のリーダーのランキングがマスコミで発表されます。リーダーについては様々な定義がありますが、直訳すれば「導く人」ということになります。あるいはついていくフォロワーのいる人です。では、どんな人に人はついていこうと思うのでしょうか？　あなたがついていこうと思ったリーダーを何人か思い出していただきたいのです。どんな人でしたか？　例えば頭の良い人でしょうか？　正しいことを言ってくれる人でしょうか？　地位の高い人でしょうか？　それとも好きな人でしょうか？　もし好きな人に人がついていくとしたら、人はどんな人を好きになるのでしょうか？

　また、人はどのようにして人に影響を与えていくのでしょうか？　どのようにしてあなたは人から影響を受けてきましたか？

> **パート1**：いつでも正しいことを言ってくれる、頭の良い人に影響を受ける。そのような人についていこうと思う。
>
> **パート2**：（多少変なことも言うが）好きな人からこそ影響を受ける。好きな人についていこうと思う。

あなたはどのような人から影響を受けますか？　また、どのような人について行こうと思いますか？　あなたはどのようにして人から影響を受けてきましたか？

　ここまで「変化」「学習」「行動」、そして「影響」といった概念について探求する旅をしてきました。いくつかの森をさまよい歩き、さぞかし迷われたのではないでしょうか？

　さらに私たちは探求する旅を続けていきたいと思います。次の章ではまず学習について探求を続ける旅に出たいと思います。

第2章

学習についてのメカニズム

　我々は人材開発という大陸を探求する旅をしています。これまで、第1章で、変化という概念、学習という概念、行動という概念、影響という概念を探求してきました。ところどころで、読者の皆さんに問いかける表現を使っています。学習する本人が主導権を握り、主体的に学ぶときに学習の効果があがるからです。質問はとても効果的で、人はいったん質問されると外に向けていたベクトルを内に向け始めます。本能といっても良いほどです。こうしたことを想定して、たびたび質問を投げかけています。読者の皆さんは読みながら、質問に答えようとしながら一緒に考える旅を続けていただきたいと思います。

　そして、人は、何かから影響を受け、学習し、行動が変化してきたように思います。これこそ人材開発のプロセスだと言えるように思います。

　続いて、我々は、学習という概念をさらに探求する旅に出たいと思います。人はどんなときに学習するのか、人が効果的に学習するにはどうしたら良いのか、などその秘訣を探求していきたいと思います。では、冒険心と探求心をもって旅立ちましょう。

第2章 学習についてのメカニズム

〔1〕脳の働きを活かした効果的学習

(1) 前章のふりかえり　我々はどんな旅をしてきたのか？

　私たちは未知の世界への旅に出ました。そして、機上（車中）の人となり、人材開発という未知の大陸へと足を踏み入れました。そして、変化と名づけられた土地、学習と名づけられた土地、行動と名づけられた土地、影響と名づけられた土地への探求の旅を開始しました。旅の途上では予期せぬことも起き、様々な体験をし、様々な感覚を味わい、以前とは違う視点で世界が見えてくることがあるかもしれません。これこそ旅の醍醐味と言えるのでしょう。先に進む前に私たちが探求してきた旅を振り返っておきましょう。

　前章では、変化、学習、行動、影響についていくつかの事例を紹介した上で、2つの対照的な見方（視点）（コントラスト・フレーム）を紹介してきました。例えば以下のように2つのパートを示して対比させました。1つずつ感覚を体感しながら読んでいただければとても嬉しいです。

〔**変化について**〕

パート1：変化することは、痛みを伴い、怖く、嫌なことだ。できたら避けたい。
パート2：変化（＝成長）しないことこそ怖く不安である。だから変化しなくてはと思う。

パート1：「2ケ月のインド・中国旅行は、怖い、不安だ。異国に旅行に行かずに日本で生活していれば安全だ。」という気持ち。
パート2：「インド、中国の未知の国に、過酷な旅に身を置くことが自分には必要なのだ。自分は変わらないといけないのだ。」と

いう志。

パート1：変化とは、長い時間がかかり、痛みを伴うものである。何故なら、今まで慣れ親しんだ考え方ややり方を変えなければならないからである。

パート2：変化とは、気付かないうちにも絶えず起き続けているものである。そして、より大きな可能性を行動にもたらし、人生を豊かにする自然なプロセスである。

〔**学習について**〕

パート1：勉強あるいは学習とは、暗記、つらい、義務、我慢、がんばることである。

パート2：勉強あるいは学習とは、ライフワーク、人生、好奇心、知識欲、さらなる発見、自己実現、社会へのお返しである。

パート1：勉強あるいは学習とは、教室の中で教えてくれる教師がいて、テキストを使い、黒板があり、ノートをとるものである。

パート2：勉強あるいは学習とは、日常生活の中で、家の中でも外でも、会社の中でも外でも、1人でもいつでも行われているものである。

パート1：勉強は仕方ないからやる。試験があるから仕方なくやる。勉強は大嫌いだ。

パート2：勉強は、放っておいても、時間があればずっとしている。勉強が大好きだ。

パート1：試験があるので仕方なく都道府県の県庁所在地の名前を暗記しているが、いやいやながらしているのでなかなかはかどらない学習。

パート2 ：友達と話し合った末、ハンモックなどを作ることを決めて、自主的にインターネットで作り方を調べ、日曜日に材料を買いに廻る学習。

パート1 ：研修は強制されているから行かざるを得ない。いやいやながら行くものだ。
パート2 ：研修に出たくてたまらない。参加したい研修が沢山ある。

パート1 ：学びとは、もがき、あがくことである。何故なら、一度に全てのことを学び、最初から正しく理解しなければならない。
パート2 ：学びとは、探求し、発見し、試し、より大きな可能性を行動にもたらし、人生を豊かにする自然なプロセスである。

パート1 ：「この問題が分かる人、手を挙げて！」と生徒に聞く。
パート2 ：「この問題に、意見がある人は手を挙げて！」と生徒に聞く。

パート1 ：釣った魚を目の前までもってきて、食べさせる講義。
パート2 ：魚の釣り方を身につけさせる講義。

パート1 ：人はなかなか学習しない。そのため毎回のように同じ失敗をしている。
パート2 ：人は常に学習し続けている。そして学習の結果、手柄をおさめている。

パート1 ：大人はなかなか学習しないので、いつまでも同じ失敗を繰り返している。人の癖、習性、習慣はなかなか変わらない。
パート2 ：大人は自然と学習している。その中でいち早くコツをつかんでやり方を変えた人がトップセールスパーソンである。

パート1：いつも玄関の靴がピシッと揃っている家や会社がある。
パート2：いつも玄関の靴が脱ぎ捨てられたままで乱れている家や会社がある。

〔行動について〕

パート1：自分を変えるセミナーや本を学び続けるほどに変われなくなる人がいる。
パート2：他人のたった一言で考え方を変え、行動を変え、人生を変えてしまう人がいる。

パート1：何十とダイエットの方法を知り尽くしているけれども、どれ1つとして実行していない人がいる。
パート2：たった1つしかダイエットの方法を知らないけれども見事に成功する人がいる。

パート1：頭ではやらなくてはと思いつつも、身体はその通りには反応してくれずに先延ばししてしまう
パート2：頭でこうした方が良い、こうすべきだと思うことを、そのまま自然に行動に移せる

パート1：（良いことだと）わかっちゃいるけど、どうしても続かない。やりだせないことがある。
パート2：（良くないことだと）わかっちゃいるけどやめられないということがある。

〔影響について〕

パート1：いつでも正しいことを言ってくれる、頭の良い人に影響を受ける。そのような人についていこうと思う。

パート2：（多少変なことも言うが）好きな人からこそ影響を受ける。好きな人についていこうと思う。

変化、学習、行動、影響に関して両極端の見方（コントラスト・フレーム）がずらりと並んでいます。これらはどちらが正しいとかどちらが間違っているというようなものではないと思います。「何が役に立つか」という問いこそ、人材開発という大陸を旅する我々に必要な問いだと考えます。また、「どのようにしたらより効果的に人材開発が行われるのだろうか」という問いも持ちながらこの先の旅を続けていきたいと思います。そしてここからは学習についてのメカニズムを探求する旅を進めていきたいと思います。次第にその「学習」という土地の輪郭が明らかになっていくことでしょう。

(2) 人は何を学ぶのか？　人が学ぶものの条件とは？

①「挨拶ができている」と思う学生には「挨拶しなさい」というメッセージは届かない

学習とは何でしょうか？　人は何を学ぶのでしょうか？　人はどんなときによく学ぶのでしょうか？　人がよく学ぶときの条件のようなものはあるのでしょうか？　また、人が学ぶときのプロセスのようなものはあるのでしょうか？

こうした点についてここから考えていきたいと思います。まず人は何を学ぶのでしょうか？　人が学ぶものの条件があるとしたら、それは何でしょうか？

例えば、コミュニケーションの仕組みについて理解する研修があったとしましょう。多くの方は忙しい毎日の中でわざわざ学びに行こうと思わないでしょう。あるいは言葉、学習についての研修に、「言葉について知りたいと思いませんか？」「学習することについて考えませんか？」と誘っても多くの方は興味を示さないでしょう。どうしてでしょうか？

多くの方は、コミュニケーションについては普段からやっているのでいまさら仕組みなんか知らなくても良いと思うでしょう。また、言葉については毎日使っているし、学習についても今までやってきたことなので、今さら学びたいとは思わないのではないでしょうか？

ところで、大学院のクラスでは、私は必ず学生に挨拶をし、学生からも挨拶が返ってくるのを確認してから講義を始めます。学生たちの挨拶が不十分ならば何度でもやり直してもらいます。ある講義で、「元気よく挨拶しよう！」と特別に注意した学生がいました。その学生は「挨拶はしました。」と私に答えました。私は、彼がぼそぼそっと言っているので挨拶になっていないと思ったのです。彼は、挨拶の言葉を発したのだから挨拶は既にしたと言い切ったのでしょう。結局、「元気よく挨拶をしよう。」という私のメッセージは聞いてもらえなかったようでした。彼は「ちゃんと挨拶した。」と思っていて、私は「そんなぼそぼそした声では挨拶はしたことにならない。」と思っていて、メッセージはうまく届きませんでした。

　人が学ぶときの1つ目の条件とは、自分にないと思っている、ということです。自分にあると思っているのであれば学ぶ必要はありません。自分にある、あるいは自分はできている、と思えば人は学ばないのではないでしょうか？

　ただし、自分にあると思っているものと、自分に実際にあるものとが違っていることが多いことには気をつけないといけません。本人はできると思っていて、実際にはできていないことが多いのです。さきほどの学生の挨拶がその一例です。この場合、「ない」あるいは「できていない」と本人に実感させることが必要になります。では、本人ができていると思っていても実際にはできていない場合に、「できていない」とどのようにして実感させることができるのでしょうか？

②テレビを見ていてもテレビの内容が頭に入ってこない

　あるとき、私が家でテレビを前にしていたとき、テレビで「携帯電話の（装置の）仕組み」について説明していました。私は真剣に見ていませんでした。他に見たいテレビもなかったので、テレビはついたままでした。私はなんとなくテレビに目をやっていました。目の前でテレビはついていて、映像も音声も目と耳に届いていましたが、その携帯電話の仕組みについての説明の映像や音声を本気で目や耳に入れようとはしていませんでした。同様に、テレビの歌番組で興味のない歌手がでてきたら、一生懸命見ていません。目

に映っているのだけども目に入ってきていない状態と言ったらよいでしょうか？　もしも、今度の講演会で携帯電話の仕組みについてネタにしようと思っていたり、テレビで歌われている曲をカラオケで歌わないといけないと分かっていたら、真剣にテレビにかじりついて見ようとするでしょう。このように目の前で情報が流れていて目に入っていたとしても、耳に入ってきていたとしても、それが自分にとって必要だと思わない限り見流し、聞き流すだけです。

目に映っていることと、目に入ってくることとは違うようです。人は「見たいものしか見えない」とも言えます。「人は見る準備をしているものしか見ない」とも言えます。両方とも自分にとって必要性を感じるものしか見ないということと似た意味でとらえていただいたら良いと思います[4]。

このように人は必要性を感じないものは学ぼうとしません。「自分は学ぶ必要はない」と思った瞬間に学ぼうとしないことは直感的にも分かるかと思います。

人が学ぶときの条件とは、(1)自分にないと思っていること、(2)必要性を感じているということの2点です。この2つをおさえておくことが大事です。

人に学んでもらおうとするなら、自分にないと感じてもらうことと、必要性を感じてもらうことの2つが必要条件になります。この2つの条件を満たさない限り人は学ぼうとしないからです。研修でも教育でもこのことをふまえていない限り、効果のあるものは実施できないといってよいでしょう。

では、自分にないと感じてもらうにはどうしたら良いのでしょうか？　自分にないということは、自分は知らない、自分はできないと実感している

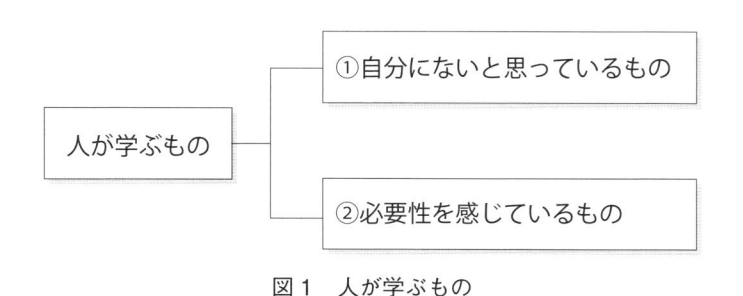

```
                  ┌─ ①自分にないと思っているもの
    人が学ぶもの ──┤
                  └─ ②必要性を感じているもの
```

図1　人が学ぶもの

ということでもあります。このように感じてもらうにはどうしたら良いのでしょうか？　また、必要性を感じてもらうにはどうしたら良いのでしょうか？　学ぶ必要があるとどのようにして納得させることができるでしょうか？　これらの問いが実践ではとても大切になるかと思います。

(3) 人はどんなときに強く学ぶのか？　友達の家に遊びに行くとき

　どのようなときに人が強く学習するのか、その条件が2つあるとしたら、どんな条件だと思いますか？

　友達の家に初めて遊びに行くときに私たちはどのようなプロセスを経るでしょうか？　カーナビを使わないとしたらどうでしょうか？　まず、友達に電話して説明を聞くでしょう。友達が目の前にいれば地図を描いてもらい、地図に基づいて、説明してもらうかもしれません。例えば、こんな感じでしょう。

　「〇〇インターを降りて、△△方面に進んでください。すると国道1号線に出ます。国道1号線を△△方面に直進してください。約10分走ってもらいます。途中で、市役所を通りすぎます。市役所から5つ目くらいの信号の交差点で□□と書かれた看板があると思います。その交差点の手前の右側にガソリンスタンドが見え、上に歩道橋があります。そこを右折してください。右折すると登り道になります。そこからさらに7分ほど走ってもらいます。途中で〇△□ショッピングセンターが左手にあります。そこを過ぎてください。そのショッピングセンターから5つ目の信号で左折してもらいます。ちょうど□△銀行を左で曲がってください。さらに、信号のない交差点を1つ過ぎたところで左折してください。ちょうど角に観音さんがあります。そこを左に曲がって、進んで行き1つ十字路を通過してください。そこから10m進んだ左手の駐車場がある前のうちが私の家です。」

　私たちはその説明をもとに（聞いた書いた地図があればその地図を手にして）、目的地を目指すことになります。途中、道に迷ったらどうするでしょうか？　地図を見るという方もいるでしょう。地図が分かりにくければ、どこかで人に聞くという人もいるでしょう。やがて目的地になんとかたどり着けるでしょう。

それから3年後、再びその友達の家に遊びに行くとします。すると、かなり前のことなので道を忘れています。そこでまた地図を描いてもらい、説明してもらうでしょう。そして、その地図と説明をもとに出かけます。途中かろうじて覚えているところもあるでしょう。「そうそう、ここらへんにガソリンスタンドがあったはずだ。」と思うこともあるでしょう。そのように覚えている場所とか建物は何でしょうか？　おそらく車を降りて、歩いている人に道を聞いた場所は覚えているのではないでしょうか？　ひょっとするとその通行人が歩いていた雰囲気も覚えているかもしれません。詳しい地図を見ようと入ったコンビニのことも覚えているのではないでしょうか？　なぜ、それらを覚えているのでしょうか？　そもそも人は、何を覚えていて、何を覚えていないのでしょうか？

なにぶん3年もの歳月が経過していますのでやはり道に迷います。地図に食い入るように見入ったり、誰かに道を聞いたりするでしょう。違う道に入ってしまうこともあるでしょう。

そして、この再訪が3年後でなく、翌週であったらどうでしょうか？　事態はどのように変わるでしょうか？　さらに、その友人とたびたび会うようになり毎週、その友達の家に遊びに行くようになったら、事態はどう進展していくのでしょうか？

パート1：友達の家に3年ぶりに再訪するとき、どれくらい正確に道順を覚えているでしょうか？
パート2：友達の家に毎週、遊びに行くようになり、3年間通いつめたとしたら、どれくらい正確に道順を覚えているでしょうか？

あるいは、最初にその友達の家に行ったときに、助手席に座っていたとしたらどうなのでしょうか？　運転席に座って運転していた場合と事態は変化するのでしょうか？

パート1：友達の家に初めて車で行くとき、助手席に座っていたとしたら、どれくらい正確に道順を覚えているでしょうか？

パート2：友達の家に初めて車で行くとき、運転席に座って運転したとしたら、どれくらい正確に道順を覚えているでしょうか？

　効果的な学習について「「けもの道」をつける」という言い方をすることがあります。自然の山野に動物が頻繁に通り、踏みしめた後には自然とけもの道ができます。動物が一度通っただけではその足跡はすぐに消えてしまい、けもの道はできません。少し時間が経つとすぐに草や木々が生えてきて道らしきものは消えてなくなってしまうからです。それに対して、動物が何度も踏みしめたところには、通るのに邪魔になる木々の小枝は切られ、草などは踏み固められて道らしきものができていきます。さらに動物が通り月日が経つと、そのけもの道は雨風にさらされようと消えずに残ります。

　私は四国をお遍路で歩きまわった体験をしています。お遍路道の中には山の中を歩く道も数多くあります。山道ではお遍路さん（お遍路をする人）が迷わないように小枝にそれと分かる札が沢山つけられています。その小枝に沿って山道を歩いて行くのですが、一度、山道が行き止まりになっていたことがありました。だんだん陽が沈んで行く時間帯だったのでかなり慌てました。後日、私は遍路道保存協会の会長さんに電話してこのことをお伝えしました。どうやら暴風雨か何かの影響でかなりの雨水が流れて道が消えてしまったのではと教えていただきました。雨に流されず、絶えず人が歩き続けていれば、山道も消えずに残ります。けもの道と同様です。

　このけもの道と山道の話は、先ほど友達の家に遊びに行く話と似ていないでしょうか？

　私たちの学習もこのようなものかもしれません。何度も何度もそこを歩き踏みしめて、けもの道ができるように、繰り返すことで人は忘れない知識が身につくのではないでしょうか？　そして、そこでのポイントは、どの程度の期間に何回踏みしめられたかということではないでしょうか？

　ところで、人はどんなときに強く学ぶのでしょうか？　その条件は2つあります。そのうちの1つが、繰り返す（どの程度で何回繰り返すか）ということです。どの程度の期間で何回繰り返すかということが強く学べる条件となります。

(4) 学習を強化する2つのポイント
なぜ小学校の校歌は忘れないのか？
なぜ小学校の入学式のことを覚えているのか？

　人が強く学ぶ2つの条件の1つは、繰り返すこと（どの程度で何回繰り返すか）だと説明してきました。

　ここでまた違う事例を紹介させていただきたいと思います。

　前章で、我が家の息子の話を書きました。家の中を荒らしっぱなしの息子ですが、家の中でサッカーの真似事は一切しようとしません。おそらく家内から本気で叱られた経験がこたえているからだと想像しています。かなりこっぴどく叱られたために、2度とそのようなことをしようとはしないのではないかと思います。このように手痛く叱られたことはたとえ腕白な子どもでもしようとしません。痛い思いは忘れないのでしょう。強く叱ることが良いか悪いかは分かりませんが、インパクトが強いと人が学ぶことは間違いなさそうです。

　もっと強いインパクトの例は、恐怖症です。例えば、犬恐怖症はどのようにしてなったのでしょうか？　おそらく子ども時代に犬にかまれそうになった、あるいはかまれた体験があるからではないでしょうか？　その体験はそのときの本人にとっては死ぬのではないかと思う程にインパクトが強い体験だったに違いありません。その時、「犬は危険だ、近づくな」というプログラムを身につけた可能性があります。そして、このプログラムはその人の一生を通じて働くこともあります。一生、犬を怖がって生きていく人もいることでしょう。このようにインパクトが強いと人は強く学ぶのです。

　高所恐怖症も同様の例としてあげることができるでしょう。幼少期にお父さんに肩車されて、「高い～高い～」とやってもらっていたとき、たまたま落ちそうになったりすることがあるかもしれません。そのとき、一瞬（一発）にして「高いところは危険だ。」というプログラムができ、一生、高いところに行くと、怖くてたまらなくなります。高いところに登った途端に足が震えだしたり、身がすくんだりします。この体の反応は頭で考えて意識して行っているものではなく、無意識のうちに体が自動反応するものです。

もう1つ私の例を出します。
　先日、私は息子の小学校の入学式に出席しました。たまたま息子が入学した小学校は私が入学し、卒業した母校でした。息子の入学式に参加しながら、私は自分の入学式のことを思い出していました。正門の前で記念撮影をしました。初めて着た制服がとても窮屈でした。たくさんのお母さんたちと子どもたちがいて、ものすごく華やかな雰囲気でした。私は、周囲をまぶしく感じていました。さあ、次は自分たちのクラスの撮影だというとき、同じクラスになったY君という友達が私につかみかかってきました。とっさのことで私は何でそんなことをされたかわかりませんでした。その結果、制服の胸につけられた白い大きな紙花がぐちゃぐちゃになってしまいました。Y君のお母さんは私と私の母親に謝りました。そして、胸の花を直そうとしてくれました。私の母は「いいです。大丈夫です。」と答えていました。私は内心、動揺していました。何もしていないのに、一方的にこんなひどいことをされてとても悲しかったのです。晴れがましい一日に、しかも、記念撮影の前に私の花だけがくちゃくちゃになってしまったことの悲しみは大きなものがあったようです。
　どうしてこんなことまで40年間、詳細に覚えていたのでしょうか？　それはこの体験があまりにもインパクトが強かったからではないでしょうか？
　強い感情を伴った出来事は記憶されると脳科学者たちは言いますが、まさに強い感情を伴ったインパクトの強い体験だったのです。
　また、私たちは、繰り返されることによっても学ぶのでした。何度も何度も繰り返され、刷り込まれた情報は忘れません。時として一生、忘れません。たとえば、九九の計算があります。「ににんが？」と問われたら、反射的に「し」と答えられます。「さざんが？」と聞かれたら、反射的に「く」と答えてしまうのです。逆に、これを忘れることはかなり至難の技です。
　同様に、小学校の校歌もなかなか忘れません。私は、30年以上歌ったことがなかったのに、息子の入学式の日、子どもたちが歌う校歌を聞きながら、くちずさみ始めたらほとんど歌うことができました。そういえば、小学校のとき、入学式、卒業式、運動会、あらゆる行事のときに練習、練習の繰り返しで、校歌も何度も何度も歌ったからでしょう。さきほどの「けもの道」

```
強く学ぶ条件 ─┬─ ①繰り返し
              └─ ②インパクト
```

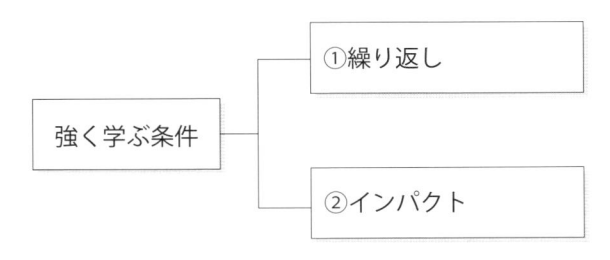

図2　人が強く学ぶ2つの条件

の事例や九九の計算も同様です。

　ここまでいくつか事例を書いてきました。これらの事例を通して、私たちが強く学ぶ条件には、この①繰り返すこと（どの程度で何回繰り返すか）と、②インパクトの2つがあると書いてきました。

　では、この繰り返し（どの程度で何回繰り返すか）による学びと、インパクトによる学びをどのように作り出したらよいのでしょうか？　たとえば、人材開発の場面（例えば、教育の場面、あるいは研修の場面）で、繰り返しによる学びをどのように作りだしたらよいのでしょうか？　また、どのようにしたら人は同じことを何度もくり返してくれるのでしょうか？　そして、どのようにしてインパクトを作り出したらよいのでしょうか？

(5) 学習意欲の根底にある欲求　安全安心欲求

①ニューヨークの街角で働く本能 ── 生存本能と安全安心欲求

　我々は、生きながらえたい、死にたくないという生存本能をもっています。熱い水に触れば手を引っ込めるし、顔をめがけて何かが飛んでくれば避けようとします、食事をしていなければ食欲が出ます。このような体験からも生存本能を持っていることが納得できると思います。

　そして、その生存本能があるために、安全な場に身を置きたい、安心な状態にいたい、危険な場、危険な状態は避けたいと思う習性をもっていると考えられます。つまり、安全安心欲求を求めていると考えられます。こうした生存本能と安全安心欲求が人間の根底にあるということを前提にして、効果的な学習についても考えていく必要があります。

実際に、学習には、この安全安心欲求が非常に影響していると考えられます。我々は、安全安心を感じられるようにするにはどうしたら良いのかを無意識で探しているように思います。例えば、私たちは、いつも通い慣れたなじみの食堂や喫茶店には居心地の良さを感じる一方、見知らぬ土地の入ったことのない食堂や喫茶店にはとても緊張します。また、近所の顔なじみのおじさんが家の前を通るのを見るとほっと心が緩む一方、見たことにない人が家の前をうろうろしていると、大変警戒します。

　また、私たちは無意識のうちに安全安心欲求を満たすような学習を積んでいると考えられます。例えば、私は旅行先で見知らぬ路地などに入っていってしまう習性がありますが、その際、なんとなく危険な匂いとでもいうものを感じることがあります。例えばニューヨークやケニアのナイロビの街を一人でひたすら歩き続けていたとき、いつのまにか人通りの少ない、それまでと雰囲気がガラリと変わった地域に入っていることがありました。その時は地図もあまり見ずに歩いていたのでした。街中には当然ながら「ここからは少し危険な地域である。」とか「ここからはスリが多発している地区に入ります。」などという標識は立っていません。それでも身体はなんとなく雰囲気が変わった、危険な香りがするというのを察知してくれます。背筋が寒くなると同時に、「まずい！　すぐに引き返そう！」という判断が働きます。そして、二度とその地区に入る道に足を向けようとしなくなり、その後はニューヨーク（ナイロビ）を散歩する際の危険を察知する能力は高まっているように思います。おそらく先ほど書いたような背筋が寒くなる体験は身体に恐怖感というものを染み込ませ、危ない場所に近づけまいとしてくれているように思うのです。

　そして、こうした体験はなにもニューヨークまで行かなくても我々は体験してきたことがあるかもしれません。子どもの頃、「あの公園の周辺は危険だから近づかない方が良い。」とか「あの駅のトイレには近づかない方が良い。不良がよく集まっているので危険だ。」などと思ったことはないでしょうか？　私にも、あの公園（トイレ）は、とても怖いお兄さんがいて、難癖をつけられるから危険だと記憶しているところがあります。実際に怖いお兄さんにすごまれ肝を冷やしたことがあるからです。一度でもこのような体験

```
生 存 本 能  →  安全安心欲求
```

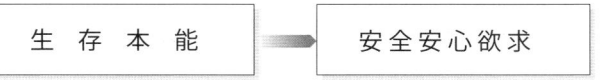

図3　生存本能と安全安心欲求

をした子どもはその公園（トイレ）には近づくまい、と思うのではないでしょうか？　このように私たちは本能の部分で危険な場所というのを察知する能力があるようです。また無意識のうちに安全安心を求めるようにできているように思います。

②どんな場で人はよく学べるのか？

　トレーニング（研修、セミナー、懇親会など）の場でも、初めて会う人たちとは、挨拶程度の会話から入り、他の人がどのような会話をするか観察し、他の人たちの雰囲気を察しながら自己開示をする程度を微妙に判断しているように思います。口に出す内容も言葉づかいも全て周りの様子を伺いながら、少しずつ周りに合わせているように思います。そして、「この場は安全だ。」「この人たちは信頼できる。」と感じられたときに初めて本格的に自己開示をしていくことになるでしょう。私はこうした場で初体面の方に対してフレンドリーに接するタイプだと言われることが多いのですが、それでも周囲の雰囲気を慎重に感じながら、初体面の人に接しています。このように私たちには強い安全安心欲求が根をはっているように思います。この安全安心欲求を無視しては効果的な学びの場はつくれないのではないでしょうか？
例えば、周囲の人を警戒し、どの程度自己開示してよいものかを判断しながらトレーニングを受けていて本当に深い学びができるでしょうか？

　また、人間は、危険だと思った時に、たった一瞬で強い学習をします。ニューヨークの街を散歩していて危険だと少しでも感じたならば、また、子どものとき、ある公園でからまれて怖いと思った経験があれば、次からはかなり警戒するようになります。これも学習の成果ですね？

　恐怖症もこの例として挙げることができました。子どもの時に犬に手をかまれそうになった人は、一生、犬恐怖症になることがあると書きました。犬

にかまれそうになった、あるいは実際にかまれたことは人生における一瞬の体験でしょう。しかも幼少期におけるわずか数秒のことだったかもしれませんが、インパクトが強いために、その瞬間に「犬は危険だ」と学習してしまいます。そして、これ以降の人生で「犬は危険だ」というプログラムがインストールされたかのごとく、一生、犬に近づけなくなったりします。ここでいうインパクトが強いというのは自分の生命に危険が及ぶと判断したために強烈なインパクトを伴い、人は一瞬にして一発で学習してしまうということでした。

　これらは安全安心欲求に基づいた学習と言えます。この安全安心欲求を前提に効果的な学習を考えていく必要があります。例えば、人は、安全安心欲求が満たされないと、よりよく学べないのではないでしょうか？　安全安心が確保されているからこそ、進んで学びに没頭できるのではないでしょうか？　また、人は安全安心欲求を守るためにこそ強く学習するのではないでしょうか？　そうだとするならば、学習についてどのような工夫が必要になるのでしょうか？

(6) 主導権を相手に残す　安全安心を感じてもらうために

　人間は生存本能、安全安心欲求を持っているということを書かせていただきました。安全安心欲求は学習の動機となるうえに、効果的な学習の基盤となる重要な要素になります。効果的な学習が行われるためには安全安心な環境を作り出していくことが大切になります。それでこそ安心でき、きがねなく学びに集中できることになります。

　次の3つの発言を聞いたときにあなたはどのように感じるでしょうか？

　　パート1：安全安心な環境を作ってください。
　　パート2：安全安心な環境を作ってくださいませんか？

　　パート1：心を開いてください。
　　パート2：もしよろしければ少しだけ心を開いてくださいませんか？

パート1：明日の朝、ごみを出しておいてください。
パート2：明日の朝、ごみを出しておいてくれませんか？

　パート1とパート2の発言をそれぞれ聞いたとき、違う感覚になられたでしょうか？　どう感じたでしょうか？

　私自身の場合、パート1の方は相手から強制されているような、命令されているような感じがして、嫌な感覚を味わいます。他方、パート2の方はパート1と比べると私の方に選択権が少しは残されているような感じがして、パート1ほどは嫌な感覚はしてきません。少し余裕をもって受け止められるような感じがします。どうしてこのようなことが起きるのでしょうか？

　このことを安全安心欲求とつなげて考えてみたいと思います。先にパート2の方では、聞き手の私の方に選択権が残されているような感じがすると書きました。私の方に選択権があるということはどういうことでしょうか？　それは、私が相手の問いかけを受け入れても良いし、受け入れなくてもよいということになります。ということは私に主導権があることになります。主導権を握っているということは安全安心を感じられることにつながります。主導権がないということは安全安心を感じられないということにならないでしょうか？

　そして、安全安心を感じられる環境では学習が促進されやすくなります。また、主導権を渡され、自分で選択したものに対しては人はより強く責任をもとうとするでしょう。この本でも、ここまで疑問文を多用していることにお気づきになられたでしょうか？　疑問文を使うことで読者の方と共に一緒に学んでいき、読者の方が受け入れやすくしようという執筆者の気持ちが入っています。それにより、読者の方に自主的な学習をしていただきたいと思っています。

(7) 効果的な学習の原理　脳の3つの基本プログラム

　人はどのようにして学ぶのでしょうか？　あるいは人はどのようにしたら効果的に学ぶことができるのでしょうか？

```
脳の基本プログラム ─┬─ ①空白の原則
                    ├─ ②焦点化の原則
                    └─ ③快・痛みの原則
```

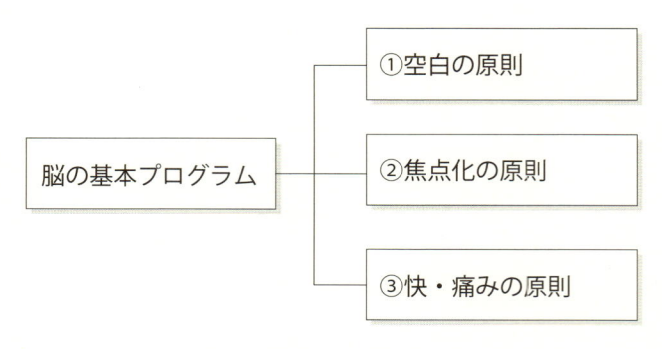

図4　脳の基本プログラム

　その答えの1つは、先に説明した安全安心欲求につなげることです。また、安全安心欲求からつながってくる脳の3つの基本プログラムを使った学び方をしていくことが効果的な学び方になります。では、脳の3つの基本プログラムとは何でしょうか？
　それは以下の3つです。
①空白の原則
②焦点化の原則
③快・痛みの原則

　まず、①空白の原則とは、脳は空白を作るとそれを埋めようとするというものです。②焦点化の原則とは、意識は同時に2つ以上のことをとらえるのが苦手である、よって焦点化が起こるというものです。最後に、③快・痛みの原則とは、脳は快を求めて痛みを避けるというものです。
　以下でさらにこの脳の3つの基本プログラムについて説明していきたいと思います。

(8) 空白の原則　脳は空白を埋めたがる

　空白の原則とは、脳は空白を作るとそれを埋めようとするという原則です。脳は空白を嫌うので、脳は空白ができると自然と（無意識のうちに）、その空白を埋めようとして活動し始めるというものです。

ラジオを聴いていたら、ある曲が流れてきました。「あっ、この曲、なんて曲だったっけ？」と思ったことはありませんか？　思い出そうとするのだけれども思い出せない。そんな経験はありませんか？　買い物に行ったときに、「何買うのだったっけ？　たしかもう1つ買うものがあったはずなんだけど……。」と困ったことでも良いです。

　こんなとき、とても気持ち悪く感じませんか？　そして、忘れた頃、たとえばお風呂に入っているとき、あるいは翌日の朝など、1人になったときに曲名を思い出したという体験はないでしょうか？

　「そうそう、〇〇〇〇〇だ！」という具合です。これは意識的に思い出そうと思って思い出したのではなく、自然と思い出せたという感じではないでしょうか？　全く違うことを思っていたり、何かをしているときにふとその名前が出てくるような体験ですよね。このように脳は空白ができると自然とその答えを探すために稼動し始めるという特徴があります。意識して考えるのではなく、無意識のうちに考えてしまっていたといった方が自然かと思います。こうした習性のことを空白の原則、あるいは未完成効果と呼びます。

　私はあるときから、難問につきあたったときには、その場で答えを無理やりだそうと粘るのではなく、問題だけを頭によく入れておいて、違うことをするという習慣を持つようにしました。その場では、難問なのでなかなか答えが出てこなくても、何か違うことをしているときに、ふと、ヒントや解法のようなものが湧いて出てくることがあります。例えば、「あれっ？」とか、「ひょっとして？」と思いながらあるアイディアが出てくることがあります。また、「なるほど……」とか「そういうことか……」とか「わかったかもしれない……」というような呟きとともに答えが分かってくることもあります。

　こうして何か別のことをやっているときに、答えのようなものが沸いてくるとか、答えが熟成されてくるのを待つ、というような現象は一体、どう説明がつくのでしょうか？

　このことには意識と無意識という2つの概念で説明できます。意識には2つの領域、すなわち意識（顕在意識）と無意識（潜在意識）の2つがあります。空白ができると脳はその空白を埋めようとフル稼働してくれます。意識と無意識でいうと、無意識がフル稼働してその空白を埋めようとしてくれます。

無意識（潜在意識）ですので、我々が気付かないうちにその空白を埋めようとして稼動してくれます。そして、我々は、突然、「あれっ？」とか、「ひょっとして？」と思い、答えやそのヒントが頭に浮かんでくるのです。意識と無意識については後でふれることにします。

　そして、この空白の原則も安全安心欲求につなげて考えることができます。私たちにとって空白があるということはどういうことでしょうか？　それは危険とつながります。空白があり、分からないという状態は人間にとって危険です。だからその危険を避けようとして、人間は空白を埋めようとします。

　人は未完成な場合には、それを完成させてようとして能力を発揮するとも考えられます。空白の原則は未完成効果とも言えます。この原則を学習に使うと効果的な学習を促進できます。このようになんとしても空白を埋めたい、なんとしても未完成な状態を完成状態にもっていきたいという本能的な欲求を、学習ではモチベーションとして活用できます。効果的な学習をしようと思うのであれば、この潜在意識のパワフルな力を活用しない手はありません。例えば、「この問題が分かる人、手を挙げて！」と生徒に聞いた場合、与えられる空白はどのような空白でしょうか？　他方で、「この問題に、意見がある人は手を挙げて！」と生徒に聞いた場合に与えられる空白はどのような空白でしょうか？　生徒への問いかけ方によって、その後、生徒がどのような思考をとるか変わってくるはずです。

　その他、この原則をどう活用したらよいのでしょうか？　どんな場面でどのようにこの空白の原則を活用したらより効果的な学習に誘うことができるのでしょうか？

(9) 焦点化の原則　脳は焦点化して使わざるをえない

　今、1つお願いしたいことがあります。今日の仕事のこと（学校のことでも天気のことでもかまいせん）を考えてくれませんか？　どんなことでもかいません。思い出せましたか？

　では、そのことを考えながら、同時に家族のことを考えていただけませんでしょうか？　友達のことでもかまいません。同時に2つのことを考え続けてくれませんか？　どうですか？　気持ちよい状態ですか？　それとも混乱

第2章　学習についてのメカニズム　69

しますか？

　脳の基本プログラムの2つ目が焦点化の原則です。脳は同時に2つ以上のことをとらえるのが苦手である、よって焦点化が起こるという原則です。脳は同時に2つ以上のことを考えたり、意識を向けることが苦手なので、1つに焦点をあててとらえたり、意識を向けようとするというものです。

　たとえば、今、この本を手にとっているとき、あなたは、この本を手にとっているその手の感触を感じることができます。あるいは、椅子に座っているお尻の感触も感じることができます。あるいは、あなたが座っている部屋の温度も感じることができます。電車の中でこの本を読んでいる方は、電車の中の話し声などが聴こえます。そして、その感覚、音などは私が「感じることができますね？」「聴こえますね？」と問いかけて初めて感じることができ、あるいは、聴こえてきたのではないでしょうか？　では、その感覚、音声はもともと存在していなかったのでしょうか？　そうではないはずです。もともとそこにあったはずです。

　このように私たちは電車に乗っているとき、読書に熱中していれば、周りの乗客の声は耳に入ってきません。電車の振動にも気付きません。目の前を人が歩いていくのさえ気付かないことがあります。読書をしている途中で、ふと隣の人の会話が気になることがあります。そして、耳に意識を向けます。するともう本の活字は頭に入ってきません。周りの人の会話は頭の中に入ってきます。このとき、本の文章は入ってこず、電車の振動もよほどのことがない限り感じられません。このように意識は1つのことしか焦点を当てられないのです。意識は1つのことしかできないのです。

　そして、私は新幹線の中で読書をしながら、車掌が近くに来ると一瞬意識をそちらに持っていった後、本の活字にそのまま目をむけたまま、ポケットに手をいれて切符を差し出すことがあります。この場合でも、切符がどこに入っていたか頭で検索している瞬間は活字から頭は離れているはずです。ただし、活字に集中しながら簡単な作業を同時にすることもできます。例えば、本を読みながら、缶コーヒー程度は飲むことができます。（これは無意識が働いてくれているのですが、この点はまた後で詳しく書きたいと思います。）ただし、油断していると本にコーヒーをこぼしてしまうことがあるの

で注意したいところです。

　このように意識は2つ以上のことに焦点を向けることができず、意識の座は1つなのです。だから、人は見たいものしか見えない、ということにもなります。視界に入っていること全てをとらえようしたら人間は情報過多でパニックに陥ってしまいます。だから、見ようとしたものだけに焦点を当てて見ようとします。つまり、人間は見ようとしたものしか見えないということになります。

　もう1つ例をあげておくと、嬉しかったときの体験を思い出しながら、悲しかったときの体験を同時に思い浮かべることはできません。仕事に集中しているときは、家族のことを同時に考えることはできず、家族のことは忘れています。

　このことは、我々が見たいものしか見えないという話にもつなげることができます。例えば、新しくできたショッピングモールのフロアガイドを手にした私は、そのショッピングモールの店舗配置などを見て、ディベロッパーがどういう目的でそのようなレイアウトにしたのかがある程度見えてきます。例えばこんな具合です。モールの南の果てに総合スーパーの店舗、北の果てに大型ファッション専門店があります。両サイドに核となるテナントを配置して、客を長い距離歩かせようとしているのだなと分かります。なぜならば、2つの両サイドの核テナントを磁石のように使って、モールを端から端まで歩かせ、来客の通行距離を延ばそうとしていると考えられます。また、真ん中から少し総合スーパー寄りのところでモールが少し蛇行し、そのあたりにフードコートがあります。長いモールの途中でフードコートを配置して、休憩や食事をさせて、滞在時間を延ばし、通行距離をさらに延ばそうとしているのだなと分かります。私はこのような視点でフロアガイドを見ています。このように見ているとき、私はフロアガイドを他の視点では見ることができていません。

　それに対して、家内は、この新しいモールには、このブランドが入っている、あのブランドが入っているというように、各専門店のブランドに目がいっていて、レイアウトなどには全く目がいっていません。同じフロアガイドを見ても、意識を向けた視点でしか見えていないのです。見たいものしか

見えていないと言えます。
　同様の事例が『NLPのすすめ』という本に書かれています[7]。

　　画家と材木業者と植物学者は森の中を歩きながら全く違う経験をし、全く違うものを見つけるであろう。もし貴方が世の中の美点を探して歩けば美点が見つかるであろう。また欠点を求めれば欠点が見つかるであろう。アラビアの格言にあるように「パンの一かけがどう見えるかは貴方が腹ぺこかどうかで決まる」のである。

　この原則を効果的な学習に使えます。学習をして欲しい人の意識をそちらに向ければ良いのです。そうすれば、焦点があたった点にだけ意識が向けられ、それら以外のことは意識から外れるのです。

(10) 快・痛みの原則　笑いは長生きを呼び、怒りは短命を呼ぶ

　あなたが笑っていたときのことを思い出してください。体と心の状態はどうですか？　たとえば、身体全体がリラックスして開放された感じがしているかもしれませんね？　気持ちはとても爽やかな明るいものかもしれませんね？　では、怒っているときの状態を思い出してください。身体の状態はどうですか？　眉間に皺が寄り、上半身や握る拳に緊張が走っているかもしれませんね？　そして、心は燃えんばかりに熱くヒートアップしているかもしれませんね？　では、笑いながら怒ってみてください。これはできないですね？　どうしてですか？　焦点化の原則があるからでしたね？　さて、笑いながら講義を聞くのと怒りながら講義を聞くとではどちらがより学べるでしょうか？　また、笑っている時間が長い人と怒っている時間が長い人とでは、どちらが長生きすると思いますか？

　また、あなたが「この人には！」と強く思い、ついていったリーダーはどんなリーダーでしたか？　その方は、常に正しいことを言ってくれる人でしたか？　正論を言ってくれる人でしたか？　それとも、この人のことを好きだと思える人でしたか？　正論を言ってくれる人なのか、好きだと思える人なのか、どちらの声もあることでしょう。

3つ目の原則は快・痛みの原則です。脳は快を求めて、痛みを避けるという原則です。「快」とは、喜び、嬉しい、幸せなどの快感という感情につながるものです。「痛み」とは、言葉どおり痛みなどの感情につながるものです。

　快を感じられることには脳はよく働き、痛みを感じることからは逃れようとして脳はよく働く性質があります。両者とも既に説明した安全安心欲求とつながります。快と感じられることは、安全と感じられることにつながり、脳はどんどん能力を発揮しようとするでしょうし、すすんで行動をすることができるでしょう。快につながる思考や行動をとるとき脳はよく働くでしょう。この本の最初の方で、私の息子の話を書きまた。息子は洗濯物を片付けるとおばあちゃんに褒められました。それ以来、おばあちゃんが洗濯物を片付けると自分から進んでおばあちゃんの手伝いをしようとします。これも快を感じるから自然と手伝ってしまうと考えることができます。また、アルコール中毒の人は、アルコールを飲み続けることはよくないことだと知っているはずです。パチンコ中毒の人もそうだと思います。悪いことだと知っている、でもやめられないのはどうしてでしょうか？　アルコールやパチンコが快に結びついているからではないでしょうか[8]？

　他方で、痛みと感じられることは安全でなく危険であることにつながるので、いくら努力してもなかなか成し遂げられません。そして、痛みを避けるような思考や行動をとるときに脳はよく働いてくれます。犬恐怖症の人が犬を見た瞬間に即座に逃げ出そうとするのも痛みを避けようとして脳がよく働いてくれる証拠だと思います。

　よく笑いよく感謝をする人は長生きをするといいます。逆にいつも何かに怒っている人は短命に終わるといいます。このこともこの快・痛みの原則とつながっていると考えられます。笑ったり、感謝しているときは快を感じ、怒っているときは痛みを感じることになります。快を感じているときは安全安心を感じられて人はその能力を発揮しやすくなります。仕事やスポーツをする時、その能力を発揮しやすくなるでしょう。それに対して、痛みを感じているときは安全安心感を感じられずに能力を発揮しづらいと思います。実際に、イライラしたり、怒っているときは仕事などになかなか集中できないですよね？

ところで、人は正しいことを言う人に快を感じるのでしょうか？　それとも好きだと思える人に快を感じるのでしょうか？　また、あなたは正しいことを言う人についていこうとするのでしょうか？　それとも好きな人についていこうとするのでしょうか？　常に正論を言うのだけれどもどうも好きになれないという人はいませんか？　たまに間違ったことをいうが、好きだなという人はいませんか？　どちらの人についていきたいと思いますか？　正論を言うリーダーに人がついてくるのならば、リーダーシップ論というテーマは存在しないのかもしれません。また、世の中の管理職、経営者などのリーダーたちが日々、こんなにもリーダーシップや部下の掌握に悩んでいないのではないでしょうか？

　坂本竜馬も人を惹きつける達人だったようです。司馬遼太郎著『竜馬がゆく』に、敵対していた新撰組の副長助勤藤堂平助と坂本竜馬の話が出てきます。藤堂平助も、立場を超えて坂本竜馬のことが好きだったようです。

（千葉道場にいるときから、おれはあの人が好きだった。声を一度かけてもらった。そのときのうれしさが、いまでも心にうずいている）
　藤堂は、理屈で動く体質ではない。血の気で動くほうである。
　ほかの人間がおなじことをいっても、藤堂はきくような男ではないが、竜馬にいわれたことが骨身にこたえた。[9]

　藤堂平助は、理屈で動く人間ではなく、血の気で動く男だからこそ、坂本竜馬の言うことに大きな影響を受けてしまったのでしょうか？　そうとも言えないのではないでしょうか？　好きな人に声をかけられたり、好きな人の言ったことに大きな影響を受けてしまうという性質が藤堂平助だけでなく我々にもないでしょうか？

　また、司馬遼太郎の同著には、西郷隆盛と坂本竜馬の2人について言及した記述があります。

　西郷は、「敬天愛人」という言葉をこのんだが、これほど私心のない男はなかった。若いころから私心をのぞいて大事をなす、ということを自分の

理想像とし、必死に自己を教育し、ついに中年にいたって、ほとんどそれにちかい人間ができた。
　天性によるだろうが、そういう鍛錬によって、異常なばかりに人を魅きつける人格ができあがった。この異常な吸引力がかれの原動力となり、かれのためには命も要らぬという人間がむらがってあつまり、それが大集団となり、ついには薩摩藩を動かし、この藩を幕末のなかに投ずることによって、維新が完成した。
　勝は、竜馬と西郷を評している。
「坂本竜馬とは、西郷をぬけめなくしたような男だ」
という。同型だが、その点がちがうというのである。10

　坂本竜馬も西郷隆盛も人を惹き（魅き）つけるという点で卓越したものがあったようです。好きになるということはついていきたいと思う大きな理由のようです。人の何が人を惹きつけるのかということに興味は尽きないのですが、もう一度、快・痛みの原則に話を戻したいと思います。
　この快・痛みの原則も効果的な学習に使うことができます。例えば、学ぶということを快に結びつけるか、痛みに結びつければよいでしょう。すなわち気持ち良いことに結び付けて能力を発揮するのか、それとも、痛いと思うことから遠ざかる力を利用して能力を発揮するのかということではないでしょうか？　例えば、快を感じられる環境の中で仕事やスポーツなどをするように配慮していけばよいでしょう。

図5　安全安心欲求と脳の基本プログラム

〔2〕意識と無意識の学習

(1) 学習の4段階　我々が立ち食いそば屋で食事ができるようになるまでに

　我々は人材開発という大陸の中の学習と名づけられた土地を探求しています。人は何を学ぶのか、人はどんなときによく学ぶのか、脳の3つの基本プログラムを活用すると効果的に学べることなどを学んできました。さらに我々はこの学習と名づけられた未知の領域を探求していきましょう。

　私たちはどのようにして歩けるようになったのでしょうか？　私たちはどのようにして箸を使って食事ができるようになったのでしょうか？　私たちはどのようにして言葉を話せるようになったのでしょうか？　私たちはどのようにして字が書けるようになったのでしょうか？　私たちはどのようにして自転車に乗れるようになったのでしょうか？　私たちはどのようにして勤務先まで迷うことなく行けるようになったのでしょうか？

　私たちは、それらを今、余裕でこなしています。歩けるだけでなく、歩きながら話をすることもできるし、話をしながら歩き、さらにハンバーガーだってほおばることができます。立ち食いそば屋で、新聞に目をやりながら、箸を口で割って、そばを器に入れて食べています。いくつものことを同時並行的にたいした苦労もなくこなしています。いつからこんなに有能になったのでしょうか？

　私たちがこのように有能になっていくプロセスはどのようなものなのでしょうか？　それを知れば、さらに効果的な学習ができ、さらに有能になっていけるのではないでしょうか？

　効果的な学習を習得する上で、学習の4段階を是非、知っておいていただきたいと思います。人が歩けるようになるまでにはどのような段階を経ているのでしょうか？　実は4段階あるのです。

　その学習の4段階とは、次の4つです。

　①無意識的無能
　②意識的無能
　③意識的有能

④無意識的有能

①無意識的無能とは、そのことを知らないし、ましてや実践できないという段階です。車の運転の例で言いますと、車の運転の仕方は知らないし、まして運転はできない状態です。知らないしできない状態です。

②意識的無能とは、そのことを知ってはいるけど、実践はできない、という段階です。第1章で、吉田松陰といえば「知行合一」という言葉が有名だと紹介しました。学んでも行動しなければ学んだとは言えない（知っていて行なわないのはまだ知らないのと同じである）という意味でした。知っていて行なわない（行えない）という状態は、この意識的無能の段階と言えるでしょう。

この段階は、車の運転の手順は頭では知っているけど、実際に運転はできないという状態です。知ってはいるけどさっぱりできない状態です。知っていることを実践できるようにするには、トレーニングが必要になります。泳ぎ方をいくら学んでも水に入って練習を繰り返さない限り泳げるようにはなりません。車の運転の方法をいくら言葉で学んでも、実際に自動車道で運転しない限り、できるようにはなりません。コミュニケーションについていくら学んでも、実際の現場で練習しない限り使えるようにはなりません。

③意識的有能とは、そのことを知っている、そして、意識的になれば実践できるという段階です。車の運転の仕方は知っている、かなり注意深く手順

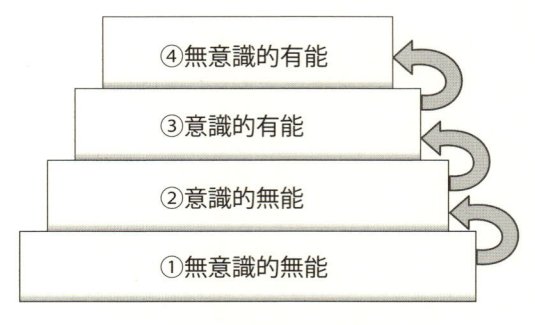

図6　学習の4段階

を考えながらやれば運転できるという状態です。意識的に集中して運転すれば運転はできる、しかし、助手席の人から話しかけられると慌てふためいて運転がまともにできない状態をイメージして欲しいと思います。意識的になればできる状態です。

　そして、④無意識的有能とは、意識しないでも、そのことを実践できる段階のことを言います。この段階までくると、助手席の人といろいろな話をしながら運転ができます。考え事をしながら運転することもできます。こうなると意識的ではなく無意識的になっています。無意識でできる状態のことです。私たちは歩きながら、話すことができます。私たちは、最初はかなり意識的に歩くことを練習したはずです。それがいつの間にか意識せずともできるようになりました。このように私たちは十分な期間、学習（練習）を積み重ね、多くの部分を無意識にゆだねることができるようになるのです。新幹線の中で読書をしながらコーヒーを飲むことができると書きましたが、これは無意識的有能の境地と言ってよいのではないでしょうか？

　そして、仕事の現場でのことを考えると、無意識的有能の状態にまで達しない限り、プロとして使える状態とは言えないのではないでしょうか。前掲の『NLPのすすめ』には次のように書かれています。

　　我々が学習する1つの方法は個々の行動を意識的に覚え込み、それをより大きな断片にまとめて、やがて無意識的な習慣にしてしまうことである。習慣になれば他のことに自由に注意を向けられる。

　それでは、学習の4段階の階段を登って行くにはどうしたら良いのでしょうか。まずは、知らなければ始まりません。次に、意識して学んだことや知ったことを実際に行動に移そうとすることです。最初はかなり意識しないと実践できません。実践を繰り返し繰り返し続けることです。続けているとやがてそれは習慣化し、無意識のうちにできるようになります。

　では、意識して実行しよう、実践しようと思うようになるにはどうしたら良いのでしょうか？　あるいは、やり続けるようにするにはどうしたら良いのでしょうか？　これについてはこれ以降の章で探求してきましょう。

(2) 2つのレベルの学習　意識と無意識

　今、あなたはこの本を手に持って読んでくれています。ここまで本の内容に集中してくれていたことでしょう。そのとき、あなたはお尻の感覚に気づいていましたか？　あるいは、本を持つ手の感覚を感じていましたか？

①本を読みながら缶コーヒーを飲めるのはなぜか？

　これまで何回か意識と無意識という言葉を使わせていただきました。ここで意識と無意識について書いておきたいと思います。我々は意識的にも無意識的にも学習をしているからです。意識とは現在この瞬間に気がついていることと考えてください。そして、今、気づいていないことを無意識と考えてください。あなたが、この本を手に持って読むことに集中しているとき、あなたはお尻の感覚に気づいていなかったら、その感覚は無意識だったということになります。

　私たちは今この瞬間に、気付けていないことの方が多いということに気付いていますでしょうか？　意識はキャパシティが小さいため少しの情報しか扱うことができず、2つの情報を同時に処理することさえも難しいのです（焦点化の原則）。さきほど書いたように、新幹線の中で本の活字に集中していたら、顔のすぐ横にある車窓の外の風景が暗くなっていたことにさえ気付きません。また、電車の振動も、電車内の話し声も聞こえません。このように意識は2つ以上の情報を同時に処理することさえ難しく、まさしく意識の座は1つしかないといえます。だから私たちは気付けていないことの方が多いのです。

　ただし、本を読みながら缶コーヒーを飲むことくらいは成功するかもしれません。たまに失敗してこぼすものの、その成功確率は高いでしょう。意識の座は1つしかないというのにどうしてこういうことができるのでしょうか？

　私たちは意識的に何かを行っていると思うかもしれませんが、私たちの大部分の行動や、能力を発揮させているのは無意識の方です。さきほども少し紹介したように、我々は多くのことを無意識的有能にまで訓練し、（無意識

```
         意 識  →  今、この瞬間に気がついていること
        ─────
       無 意 識  →  今、この瞬間に気付けていないこと
```

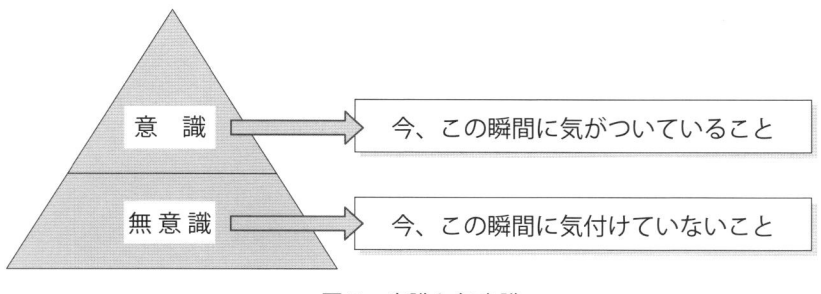

図7　意識と無意識

的な）習慣にしてしまうことで他のことに自由に注意を向けられるようにしています。だから、本を読みながら缶コーヒーを飲むこともできるのです。無意識というのがどれくらい優秀かということについてもこれでご理解いただけるものと思います。また、習慣化というのが大変強力な学習だということにもお気づきになられているかと思います。

②犬恐怖症の人が犬を見た瞬間に走って逃げ出すのはなぜか？

　意識と無意識のパワー（力）の比較については様々な諸説があります。例えば3対97という説もあれば、無意識は意識の2万倍のパワーがあるという説まであります。いずれにせよ、無意識の力は以前にも増して力強くなってきたということが言われています。

　意識は今、気がついていることと書きました。無意識は今、気づけていないことと書きました。無意識の方は自分で気付けていないので、自分でコントロールすることが難しいのです。自分でコントロールできずに自分の意識外のところで自動的に作動していると考えることができます。勝手に作動するプログラムのようなものです。これまで例として出してきた犬恐怖症やアルコール中毒なども1つのプログラムと考えることができるでしょうが、それらのプログラムは自分で意識できないうちに作動し、いつのまにかそのプログラムに沿った行動をとってしまうことになります。だから犬恐怖症の人は、意識では「あんな子犬が襲ってきたって命に別状はない。大丈夫だ。」と思っても、無意識では、「危険だ！　逃げろ！」と指示してそれに身体が反

応しているのでしょう。大丈夫だと頭で考える一方で、身体では危険だと感じ、結局、どちらが勝つかというと、無意識、あるいは身体の方が勝つことになります。目の前にいるのが小さな子犬であろうと、大の大人が即刻逃げ出しているのです。

　無意識は意識よりもはるかに大きな力を発揮すると書きました。もしも私たちに目指すものがあるならば、あるいは、幸福への願望があるならば、この無意識の働き、無意識のプログラムを少しでもコントロールできるようにする必要があります。「あんな風になりたい」「こんなことをしたい」「幸せになりたい」と思うのであれば、頭で思うだけでなく身体でも思える（感じられる）ようにならないと実現しにくいのです。もしも無意識のプログラムに実現しないと書いてあれば、それを書き換えていく必要があります。そのためには、まず自分の無意識のプログラム自体に気付くことが必要になります。

③知識を身につけると、どんな嬉しいことが待っているのか？
　もう1つ意識と無意識に関連した話を書かせていただきたいと思います。私たちの無意識のデータベースにどれだけの情報が入っていると思いますか？　無意識のデータベースの中には、過去に体験・経験した情報が全て入っていると言われています。そして、この莫大なデータベースを活用しようと思っても、そこに意識的に焦点を当てない限り使用することができません。すなわち意識の力によって無意識の莫大なデータベースにアクセスすることができるのです。インターネットの世界と似たようなものだと思います。インターネットを使えば、ありとあらゆる情報にアクセスすることが可能ですが、ありとあらゆる情報が入ったデータベースも、そこに焦点をあてないかぎり、アクセスすることはできません。ある特定の分野の情報を検索しようと意識できたとき、初めてその分野の情報にアクセスすることができます。インターネットも無意識の領域もそのデータベースは莫大ではあるけれども、それを使いこなそうと思うとやはり意識の力が必要だということになります。そして、莫大なデータベースにアクセスして活用しようとすれば、検索キーワードが必要になります。検索キーワードを意識化しない限り活用できないのです。だからこそ、我々は学び続けることで言葉や概念を獲得し、

視野を広げ続ける必要があるのです。
　そして、無意識のデータベースは焦点を当てない限り使うことができないので、焦点を当てるような質問を自分に、あるいは、他人にすることが有効だということにもなります。
　人は質問されると空白ができます。空白ができると脳は自然とそれを埋めようと全力を尽くします。その結果、無意識のデータベースに答えを探しにいくのです。
　このように空白の原則を活用して、無意識のデータベースにアクセスするのです。質問するということは言葉を使い、そのプロセスは意識的なものです。そして、いったん質問がなされるとあとは無意識が自然とその質問に対する答えを探してくれるのです。このように意識と無意識と両方を上手に活用することが効果的な学びには必要なことのようですね？
　このように私たちは意識的に学んでいるだけでなく、無意識的にも学んでいるのです。
　講義に出席したときも、その復習は意識レベルでも行われるし、無意識レベルでも自然となされるようにできています。例えば講義の復習を自習室で2時間やった後、家に帰ります。その帰る道のりでも無意識は復習を続けてくれています。帰りの電車の中で「あっ、そうか！」という声をあげているかもしれません。自習室でもやもやしていた疑問がある瞬間に溶けて解決されるような感覚に襲われたことがあるかもしれません。あるいは、あなたが家に帰り風呂に入っているときでさえも無意識は復習を続けてくれています。風呂に入っているとき、あるいはテレビを見ているときに、昼に教室で受けた講義の内容や夕方に自習室で復習したときの疑問点などが突如思い浮かんでくることがあるのは無意識が学習し続けてくれている証拠です。「そうか！　先生は講義の中では、そういう意味で言っていたんじゃないかな⁉　なるほど―……。」と気づくことがあるかもしれません。さらに、寝ているとき知識はきれいに整理され、必要な棚に配列されていくことでしょう。ポイントはこうした無意識の学習をどれだけ、どのように効果的に活用できるかです。
　私たちはこの本の第1章で、変化とは、学習とは、行動とは、という探求

する旅から開始しました。いよいよその探求の旅はいくつもの具体的な学びとなって進んできました。この本の第1章で、変化、学習、行動について、いくつかのコントラスト・フレーム（2つの対照的なコンセプト）を紹介しました。そこでの問いかけに少しずつあなたなりの考え方というのが形作られてきていることにすでにお気づきになっているでしょうか？

（3）無意識から意識へ変換されるプロセス
体験に名札付けされるプロセス

　ここまで意識と無意識について書いてきましたが、意識と無意識との関係についてもみておきたいと思います。無意識が意識化されるとはどういうことでしょうか？　無意識とは今この瞬間に気づいていないことを言います。それを今、気づいている状態にすることが意識化するということになります。では、今、気づけている状態にするにはどうしたら良いのでしょうか？

　それには、無意識であったものに言葉をつけることができれば、我々は、その無意識下にあったものが「見えるように」なる、語ることができるようになります。

　では、無意識が意識に変わる（体験に言葉がつくまでの）プロセスについて考えたいと思います。私たちはまず感覚的なデータを感じます。つまり、見たり、聞いたり、感じたり、臭いを嗅いだり、舌で味わったりします。このレベルの体験を一次的体験といい、これらの感覚データを一次データといいます。私たちが体験・経験と呼んでいるものの正体はこれらの五感で感じたデータから成り立っているのです。そして、このデータは私たちの意識とは独立して存在している、名前のついていない無名の感覚的刺激です。

　それを言語化して脳に格納することになります。その生の一次的体験をそのままとりこむことができないため、その体験に言語化（名札づけ、ラベリング）して脳の中に格納することになります。この言語化して脳に格納（認知）する段階を二次的体験と呼びます。

　少し難しかったかもしれません。このプロセスについては次章で詳しく学んでいきましょう。

(4) 理解とは？　言葉と体験が結びつくこと

　一次的体験に言葉（名札）がつけられるプロセスを説明してきました。言葉とは一次的体験につけられた名札と定義できます。では、「理解」とはどういうことを言うのでしょうか？　どうなったら理解できたと言えるのでしょうか？

　例えば、「管理」とは、「計画し、組織化し、動機付けし、統制するプロセスを言う。」と私が説明したとしましょう。それを聞いたある20歳の学生は、計画も、組織化も、動機付けることも、統制するという意味もなんとなく分かる、だからこの定義はなんとなく分かる、だからこれを覚えようと考えました。そして、テストで管理の定義について正確に書きました。こうした状況を、「本当に理解した」と言えるのでしょうか？

　理解とはどんなことを言うのでしょうか？　ここでは、一次的体験と名札（言葉）が結びついたときに、「理解した」と表現したいと思います。ある一次的体験をしたことがあったとしましょう。その体験に名札（言葉）が結びついたとき、この状態を理解したといいます。私は大学院で経営学を教えているのですが、ある程度社会経験を経た人（例えば40歳以上の人たち）に経営学を教えていると、たまに「そうだったのか！」と合点がいった顔をされている方がいます。何が起きたのかを休憩時間に聞いてみるとこういう答えが返ってきました。

　「こういう体験を今までよくしてきたんですよ。それで一人で悩んできたのです。その体験が、このテキストのここに書いてあるのですよ。こういう体験に○○って概念（言葉、用語）がつけられていたのですね。なーんだ、そういうことだったのですね？」と。

　こう語る人たちはとても納得したような、すっきりとした表情をしています。時に目をらんらんと輝かせています。これが経営学を教える醍醐味の1つです。

　また、青春期の若者が異性のある人のことが気になり始め、その人のことを常に考えるようになる、そして、その人の前に行くと顔が赤くなってしまう体験をしたとしましょう。初めてそういう体験をした人は、それを何と呼

ぶのかも知らないかもしれません。ひょっとすると変な病気にかかったのではないかと心配になります。あるとき、「恋する」という言葉を知ったとしましょう。そのとき、さきほどの体験と「恋する」という言葉が結びつきます。若者は、「この経験のことを恋すると呼ぶのか！」と膝を打つかもしれません。この状態を理解したと言えるのです。一次的体験が先にあり、後で言葉という名札がつくという状態です。

　実は、「理解した」という言葉は、もう一つの体験をも指します。例えば、中学生とか高校生のとき、友達が「あの人に恋してしまった！」と語るのを聞くことがあったかもしれません。奥手であった私は、そういう話を聞きながら、「そんなに恋することが楽しいのかなあ？　わからないなあ？」と思ったかもしれません。友達の話を聞いてもイメージは湧きませんし、興味も湧きません。友達が何をそんなに騒いでいるのか分からないのです。実際に、私が、旅行先で恋愛談義に花を咲かせていたとき、その場にいた大学院生は「恋ってそんなに楽しいのですか!?　僕にはわからないなあ！」と大きな声でつぶやきました。その若者は、少なくとも「恋する」という言葉だけは知っていたわけです。恋すると寝ても冷めてもその人のことを考えてうっとりしてしまう体験らしいということは聞きかじりで知っています。では、この状態は、「恋する」ということを理解していると言えるでしょうか？　たしかに「恋する」という言葉と、その定義は知っています。だからといって理解しているかというと首をかしげたくなりませんか？

　この若者が数年後、ある人のことを思うと寝ても覚めてもうっとりしてしまう状態に陥ったとしましょう。そのとき、この若者は口にするかもしれません。「ああ、これが恋するということだったのか！　分かったぞ！　俺はまさに恋をしているのだ！」と。

　このとき、確かに「理解した」と言えるのではないでしょうか？　つまり、言葉と体験とが結びついたのです。今回は、言葉を先に知っていて、後でその体験をして、言葉と体験が結びついたと言えます。この場合も理解したといえるのだと思います。そうだとすれば、20歳の学生が、「管理」や「恋」の定義を言葉でなんとなく分かって覚えたからといって理解したとは言い切れないと思いませんか？

第 2 章　学習についてのメカニズム　　85

　私は税務大学校 (19 歳から 21 歳くらいまでの学生を対象として教えています) や大学院で経営学の講義をするときに、社会人経験のない若い学生たちに次のように言うことがあります。
　「社会人経験のない学生の方々には企業で行われていることを説明した経営学の言葉や理論がイメージしにくいかもしれません。そのことは理解できます。では皆さんは社会に出たときにどういうことが起きるか想像できますか？　実は皆さんは社会がよく見えるメガネをかけて社会に出るわけです。メガネというのは経営学で学ぶ言葉や理論です。そのメガネをもっているがために、皆さんは経営学を学んでいない同期生たちよりもよくものが見えるようになるのです。」
　そして、次のような事例を話します。
　「ある民族は色に関する言葉を数色しか持たないと聞いたことがあります。例えば、赤と青と黒しか言葉をもっていなかったとしましょう。その場合、その民族の方は、紫色は区別がつかないのです。我々の目に紫と見えるものも、その民族の人たちにとっては赤色に見えてしまうかもしれないのです。エスキモーは氷を表現する形容詞を我々よりも沢山持っているという話を聞いたこともあります。オーストラリア先住民の人たちは砂を形容する言葉を沢山もっていると聞いたことがあります。我々日本人は味覚に関する形容詞を沢山もっています。たとえば、「まったりとした」という言葉を我々はもっているので、まったりとした味が分かるわけです。他の味と区別できるわけです。エスキモーは他の民族よりも氷の違いを認識でき、オーストラリア先住民の人たちは他の民族よりも砂の違いを認識でき、日本人は味覚をより区別できる民族だと言えないですか？」
　そして、また、経営学の学習の話に戻ります。
　「経営学を学習して、例えば、「企業文化」という言葉を知ったとしましょう。そして社会人になり、いくつかの企業に営業に行ったとしましょう。経営学で「企業文化」を学んだ人は、それぞれの企業の企業文化の違いに目を向けて、その視点で企業を観察することになります。そしてそれぞれの企業文化に合った営業活動をして成果を上げるかもしれません。それに対して、経営学を学んだことのない人は、「この企業とあの企業では何か違うよ

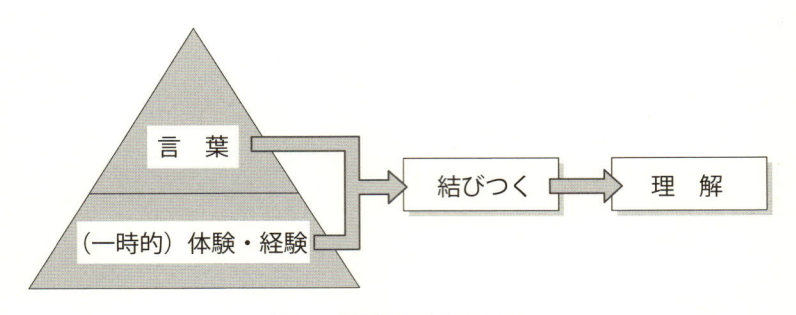

図8 「理解する」とは？

うに感じるなあ。どうしてだろう？」となんとなく感じるものの、無意識なままなのでそれ以上思考が進むことはありません。そこで思考が止まってしまいます。なんとなく違うと感じるのだけれど、それが何か分からない、つまり見えない状態に留まる可能性が高いわけです。このように経営学で様々な言葉や視点を持てば、社会に出たら、沢山のことに気づけるのです。そして、意識化できるのです。だからこそ、その日を楽しみに学ぼうではないですか⁉」

　若い学生が社会に出たとき、「あっ、こういうのを企業文化と呼ぶんだろうな！」と思ったときに理解したという状態に到達するのです。そして、私の講義がそこで完成するのです。彼らが実際の体験をするまでは、空白を与えた状態のままなのです。

　理解するとは、一時的体験と言葉が結びつくことをいうと説明してきました。経営学を学ぶときは、ある程度の経験をつんだ社会人学生は、先に体験をしていて、後で言葉を知り、理解することとなり、社会人経験のない若い学生は、先に言葉を知っておいて、社会に出てから、体験して、言葉と結びつき、理解することになります。

　理解する、ということについて理解できましたでしょうか？

〔3〕「視点」を活用した効果的学習

(1) フレーミングとは　枠組むとは

　我々は人材開発という大陸の中の学習と名づけられた土地の深部にどんどん進んできました。学習には、意識的な学習と無意識的な学習、頭による学習と身体による学習など、いくつかのレベルでの学習がありました。

　私たちは自分なりのものの見方で色づけして、ものごとを見、解釈しています。これを「歪曲」と呼びます。人は自分が体験・経験したことに対してなんらかの歪曲をして名札づけ（言葉のラベリング）をしています。このように私たちは無意識のうちに何らかのメガネをかけてものを見て、言語化しています。これからそのメガネが効果的な学習にいかに使えるのかといった点について探求していきたいと思います。

　学習という領域について、さらなる未知の世界に冒険の旅を続けていきましょう。

　私たちはものごとをありのままに見ているのでしょうか？　それともなんらかの色メガネ（フィルター）をかけて見ているのでしょうか？　あなたは「私は中立公平にものを見るようにしているので決して色メガネなどかけて見ていません。」と言われるかもしれません。そのことはどれくらい真実なのでしょうか？

　例えばあなたはこの本を読み始める前に「学習」とか「変化」についてどのような見方をしていましたか？　「学習」とか「変化」という言葉を聞いたとき、どんな気持ちがしましたか？　私が先に書いた2つのパート（コントラスト・フレーム）のどちらかにあてはまっていましたか？　それともそれら以外の見方をされていましたか？　また本書をここまで読み進め、人材開発の大陸の探求の旅を続けてきてそれらの見方も変化してきたかもしれません。

　このようにあなたが「学習」とか「変化」についてこの本を手にとる前に持っていた見方、感じ方、あるいは現在持っている見方、感じ方自体、何らかの色メガネがかかった見方や感じ方なのかもしれませんね？

あなたはいつも物事を中立に公平にそのままの状態で見ていると思われているかもしれません。しかし本当にそうなのでしょうか？　例えば、同じ講演、講義、研修、映画、公演を体験した人何人かにその様子を聞くと全く違う意見を聞くことができます。たとえば講演などの内容、講師などに対する感想について聞いてみると、とても良かったという人もいれば、とても悪かったという人が出てくるのはどういうことなのでしょうか？　この点に関して、ある観点（視点）から見れば良いと言えるし、別の観点から言えば悪いとも言える、と捉えることもできるかもしれません。あるいは、ある映画や小説について、ある人は恋愛映画（小説）だといい、別のある人はサスペンス映画（小説）だということもあります。同じ映画、小説だというのに、ラベルの貼り方が人によって違うのです。これも人それぞれものの見方、視点が違うからだと思います。
　これらの「観点」「視点」とは何でしょうか？　それぞれの人が持っている物事の見方のようなものではないでしょうか？　そうだとすれば、人はそれぞれ、独自のものの見方、視点（つまりメガネのようなもの）を持っていて、その見方、視点（メガネ）でもって物事を見ているのではないでしょうか？
　効果的な学習をするためにも、この視点についてこれから探求していきたいと思います。こうした視点のことを「フレーム」と呼び、フレームをかけることを「フレーミング」(枠組む)と呼びます。
　「事実は無色透明」という言葉があります。ものごとや事実自体には何ら意味がないと書くと驚かれるかもしれませんが、いったんそのように仮定して考えてみたいと思います。ものごと、事実には何ら色がついていない、もし色がつくとしたら、人間が色をつけてみているからと考えられます。つまり、色のついていないものごとや事実に、人間がなんらかの色めがねをかけて見るために、そのものごとや事実が何らかの色つきで見えてしまうということです。ここでいう色メガネというものが1つのフレームと言えるかと思います。
　ところで、人が変化するとき、どのように変化するのでしょうか？　たとえば、特定の体験・経験に対する見方が変わったとき、すなわち、今までとは違うフレームで見られるようになったとき、人は変化が可能になるのでは

ないでしょうか？　また、大きな学習が起きたときというのは、今までとは違う見方、フレームでものごとが見えるようになったときのことを言うのではないでしょうか？　たとえば、「目からうろこが落ちた」という言葉がありますが、これこそ今までとは全く違うフレームで物事を見ることができたときに使う表現ではないでしょうか？

　効果的な学習、あるいは、人の変化にはこの視点、すなわちフレームという概念の理解が必須です。そこで、このフレームに関して、以下の3つの概念を紹介したいと思います。
　①プリフレーム
　②リフレーム
　③ディフレーム

　プリフレームとは、あらかじめ特定のフレームをかけてものごとを見ることを言います。リフレームとは、今までとは違うフレームでものごとを見ることを言います。ディフレームとは今まで使っていたフレームを壊して見てみることを言います。

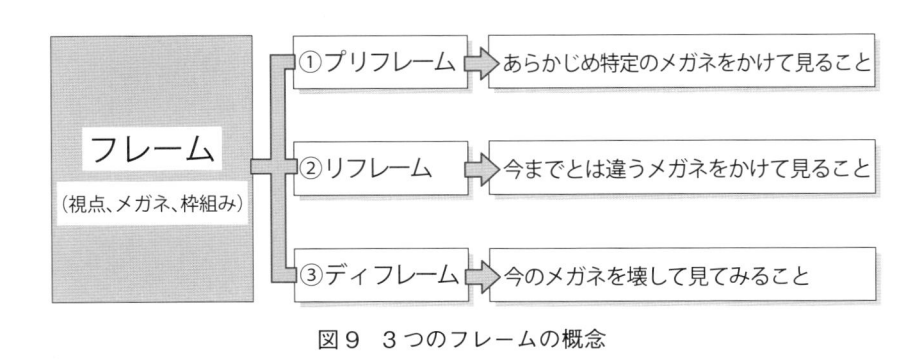

フレーム（視点、メガネ、枠組み）
- ①プリフレーム ⇒ あらかじめ特定のメガネをかけて見ること
- ②リフレーム ⇒ 今までとは違うメガネをかけて見ること
- ③ディフレーム ⇒ 今のメガネを壊して見てみること

図9　3つのフレームの概念

（2）事実は無色透明　お米は光るつぶつぶ

　先ほど、事実は無色透明と書きました。フレームについての3つの概念を学ぶ前に、「事実は無色透明である」ということについて書いておきたいと

思います。事実を事実としてありのままに見ることと、事実をあるフレームにはめて見てみることとの違いを知っておくことは効果的な学習を考える際に有効となります。

　今、あなたの目の前にご飯があるとイメージしてください。炊きたてのほかほかのお米です。湯気が出ているようです。実際に一度イメージをしていただけませんか？　その様子を目にしてあなたはどう思い、どう感じるでしょうか？　少し考え、感じて欲しいのです。「美味しそうなお米だ。」「お腹空いた。」「よく炊けているなあ。」「いい匂いだなあ。」と思われるかもしれません。あなたはどのように思われますか？

　私の手元にすべての記憶を失った青年の手記があります。この青年の文章を読むと、本当に全ての記憶を失ってしまうとどうなるかという世界が想像できます。少し紹介してみたいと思います。

　　かあさんが、ぼくのまえになにかをおいた。けむりが、もやもやと出てくるのを見て、すぐに中をのぞく。すると光るつぶつぶがいっぱい入っている。きれい。でもこんなきれいな物を、どうすればいいのだろう。
　　じっと見ていると、かあさんが、こうしてたべるのよとおしえてくれる。なにか、すごいことがおこるような気がしてきた。だから、かあさんと同じように、ぴかぴかと光るつぶつぶを、口の中へ入れた。それが舌にあたるといたい。……[11]

　青年がお米を目にしたときの文章です。記憶を失った青年にとっては、お米自体も光るつぶつぶとして（無色透明に）見ることができます。当然、それをお米という名札で呼ぶことも知りません。彼の中にはお米という言葉は記憶の中にないからです。それがどのような味かも知りません。彼の中に、お米を食べた体験の記憶がないからです。

　それに対して、私たちは、光るつぶつぶを、お米だと呼び、過去のお米を食べた記憶と結びつけて、お米はまずい、お米はうまいという色をつけて語ります。お米がうまいというのは過去の体験でおいしかったからでしょう。お米を見た瞬間にうまそうだと感じるかもしれませんが、それは過去の体験

と過去の感情などを思い出したのではないでしょうか？

　ところで、光るつぶつぶを見て、このお米は美味しそうだ、まずそうだというのは人間です。同じ光るつぶつぶを見ても、ある人は美味しそうだと言い、別の人はまずそうだというかもしれません。同じものを見てもこれだけ反応が違うのです。お米は、光るつぶつぶ以外の何ものでもないにもかかわらず、我々はこのように色をつけてものを見ているようです。光るつぶつぶは光るつぶつぶであって、それ以外のなにものでもないのですが、それを見た人によっていろいろな見方をするわけです。まさしく事実は無色透明なはずですが、我々はなんらかの色メガネ（視点）をもってものごとを見ているようです。

　一次的感覚データが言語化される過程では、意識的に選択、すなわち削除がされ、歪曲された後で言語化されます。もともとの一次的データは中立で無色透明なはずですが、言語化される過程で意識的に選択され、個人的な色づけがされるのです。また、言葉というのは、常に部分的な記述になります。既に選択、削除のプロセスを経ているからです。そのため、あらゆる記述（言葉）は部分的であり、現実には常に記述された以上のものがあります。また、一次的感覚データが言語化され、言葉としてラベリングされ、再構成され、二次的体験として格納されるまでの間に、歪曲も起きています。歪曲とは、特定の情報がその人のフィルターを通して独特の意味を持つようになることです。このように削除、歪曲のプロセスを経ていることにより、言葉は部分的な記述になり、さらに、その個人のフィルターのかかった個人の色がついた情報に変わっています。このように無色透明な事実は色のついた記述（言葉）に変わっていくのです。逆にみると、記述されたものは事実ではないために、変化を起こすことが可能になる余地があるとも言えます[12]。

　では、どのようにして変化を起こしたら良いのでしょうか？

(3) プリフレーム　あらかじめメガネをかけて見る効果

　話題の小説を手にしたとき、あるいは、話題の映画を見にいくとき、口コミで人気のお店に行くとき、あなたはどんな気持ちでその小説を手に取り、お店に足を運び、映画を見に行くのでしょうか？

ワクワクした気持ちや期待感でしょうか？「本当に面白いのだろうか」「本当にすごいのだろうか」「どれくらい美味しいのだろうか」などと事前に期待感をもっているのではないでしょうか？

さきほど、もともとの事実（一次的データ）は中立で無色透明ですが、言語化される過程で意識的に選択され、個人的な色づけがされると書かせていただきました。このような選択や削除、あるいは個人的な色づけをすることを、枠組む（フレームをかける）という言い方ができます。私たちが写真を撮るとき、視界に入っている世界の一部分だけを切り取るかのようにしてフレームに入れるわけです。ある一部分にフォーカスを当てて、拡大することもあります。また、レンズにセピア色のフィルターをかけると、昔の懐かしい雰囲気の写真にすることができます。

私たちは色々な写真を撮るように、事実を見るとき、あるいは事実を言葉にするとき、自分たちのフレームにあてはめているはずです。先ほど紹介したショッピングモールのフロアガイドを見るとき、私は「顧客の誘導」というフレームで見ました。あるいは、森の中を画家は画家のフレームで、材木業者は材木業者のフレームで、植物学者は植物学者のフレームで見ます。このように事実は無色透明ですが、実際に私たちはフレームを通して事実を見て、記述している（言葉にしている）のです。

ところで、「プリ」は前もってという意味で、「フレーム」は視点という意味です。ということは、プリフレームは、あらかじめなんらかの視点をもって物事をみるということになります。ちょうど何かを見る前に色つきのサングラスをかけるのと同じです。赤色のサングラスをかけたら世界は赤色に見え、青色のサングラスをかけたら世界は青色に見えるわけです。

さきほどの記憶を失った少年はお母さんに、「これは体にいいんよ、食べてごらん。」と言われたら、その先入観をもってそのお米を口にすることになります。研修でも同じことが言えるでしょう。研修の冒頭に企画した担当者が次のような話をしたとしましょう。

「今日の講師の先生の研修を私自身、2年前に受けさせていただきました。そのときは、目からうろこの連続で、いつかこの先生をわが社の研修にお呼びしたいと思っていました。

先生は大変お忙しい方で一年先までほとんどスケジュールがうまってしまっているほどの売れっ子ですが、今日はなんとかスケジュールの合間をぬって来ていただくことができました。また、先生は、昨日、ちょうどヨーロッパから帰られたとのことで、海外での新しい体験の話も今日は聞けるかもしれません。貴重な機会ですので一言もききもらさないつもりでご参加いただければ嬉しいです。それでは先生どうぞ。」

この紹介を聞いた参加者は期待感で胸をふくらませて話を聴こうとするでしょう。このような話もなく、ただ「先生、どうぞ。」と言って登場したときとでは受講者の期待感は変わるでしょう。

また、研修中に次のようなワーク（演習）を行うことがあります。まず、受講者に目をつぶってもらった上で次のように指示します。「「この後で目をあけてください。」と私が言ったら、目を開けて黒いものを探してみてください。では、目をあけてください。」と言うと、受講者はキョロキョロして黒いものを目で追います。すると多くの人は部屋の中には黒いものが沢山あるのだなあと気づきます。続いて、もう一度目を閉じてもらい次は赤いものを探してください、と指示すると、今度は部屋の中に沢山赤いものがあることに多くの人は気づきます。あるとき、このワークをやったところ、その教室は暗幕がかかっていましたので、部屋の中が黒いものにとりかこまれているような錯覚に陥りました。まるでお葬式の会場のようなイメージがしました。次にもう一度目をつぶってもらい、「「この後で目をあけてください。」と私が言ったら、目を開けて茶色いものを探してみてください。では、目をあけてください。」と言った途端、今度は受講者は茶色のものを探し始めます。そのときは教室にいたので、教室内には茶色のもの、特に木でできたものが多いことに気付きました。このワークをやるまでは気づかなかったことです。

このように何かを学ぶ前に、なんらかの視点を提供して、学んでもらうようにすると、その視点に沿った情報が沢山集まりやすくなります。

同じようにコーチング研修では、上司の良いところ探し、部下の良いところ探し、苦手だと思ってきた人の良いところ探しをしたりすることがあります。最初は良いところなんてないと否定する受講者もいますが、「必ずあり

ますので探し出してください。沢山出してください。」と強い口調で言うと、必ず出てくるものです。すると、それまで苦手だと思ったり、好きでないと思っていた人でも違う目で見られるようになるものです。

「あの人は苦手だ。」という視点をもっているからこそ、「あの人は苦手だ。」という結論を導き出す根拠となる情報を探して集めてしまうのではないでしょうか。

研修でも、仕事のあらゆる場面でも、生活のあらゆる場面でも、最初に何らかのフレームをもつことは大きな効果が出ます。それは良い効果の場合もあるし、悪い効果の場合もあります。事実は無色透明であるならば、効果自体も良い悪いはなく、ただ無色透明だと言えます。では、トレーニング、研修など人材開発の場面で、日々の仕事の中で、生活の中で、このプリフレームをどのようにうまく活用できるのでしょうか？

(4) ディフレームとリフレーム　メガネをこわす、メガネを取り替える効果

「検索するな！」とか「インターネットなんかいらない。」と言われてどう思いますか？　それを口にされた方がとても優秀な経営者であったり、とても頭の良い哲学者であったとしたら？

以前、㈱ワイキューブ代表安田佳生さんの『検索は、するな！』(サンマーク出版)という本が売り出され、すぐに注文しました。何もかも検索している日常生活の中で、逆に「検索は、するな！」と言われると自分の常識が覆される気がしませんか？　同じように、最近、池田晶子さんの『知ることより考えること』という本を友達から紹介されました。その本の帯には「インターネットなんかいらない。」と書いてあり、インターネットで毎日、検索している生活を否定されているように思いました。そして、「知ることより考えること」と言われると、知ることに懸命になっている我々の生活に疑問を投げかけられているように感じました。

『知ることより考えること』という本の「あとがき」にはこう書いてありました。

「知ることより考えること」とは、決して知ることの否定ではありません。

考えるとは、本当のことを知るために考えるということ以外ではあり得ない。[13]

「本当のことを知るために考える」という文章を読んで、今までなんとなく思っていた「考えること」についての既成概念が壊されたような気がしてきました。そして、この文章で「考えること」についての私の中の意味合いが変わってしまったような気がしてきました。

「ディフレーム」とは、それまでの視点を壊すことを言います。今まで、赤色のサングラスでものごとを見ていたが、そのメガネを壊す、あるいは取り外してしまうことと考えたらよいでしょう。

他方、「リフレーム」とは、視点を取り替えること、ちょうど、赤色のサングラスから青色のサングラスに取り替えて物事をみることを言います。

ある人とつきあっていて、あるとき、その人についての悪口を聞いた途端、その人が悪い人に見えてきた経験はないでしょうか。それまで良い人だと思ってつきあってきた人だというのにです。私にもこういう体験があります。それまで好きだった人のことを別の友人が「あの人は悪い人だ」と言っていくつかの理由を説明しました。それを聞いていた私は最初は、「そんなことないよ。」とか「そういう見方もあるかもしれないけど、それは誤解だと思うよ。」と否定していますが、いつの日か、その悪口を言っていた人の視点でその対象者を見始めていることがありました。人はこんなにも簡単に人の見方が変わってしまうのかと驚いたことがあります。この例で、もともと私が持っていた「あの人は良い人だ。」いうフレームが壊れ（ディフレーム）、「あの人は悪い人だ。」というフレームで見始めていた（リフレーム）ということになります。その結果、その後の私のふるまいがかなり変わり、その人が怖く見え、身体が自然と遠ざける反応をしていることに気づきました。その後、もう一度、「あの人は良い人だ。」というフレームに戻そうと努力しましたが、これには大変な努力と時間が必要になりました。本当に残念な経験なのですが、これくらいにフレームというのは強烈なものです。全くものの見え方が変わってしまい、それによりその後のふるまいが全く変わってしまう可能性があるのです。

あるとき、「勉強」と聞いて何をイメージしますか？　と20歳前後の学生に聞いたという話をこの本の冒頭で書きました。彼らからは、暗記、つらい、義務、我慢、(無理に)がんばるなどの否定的な言葉が並びました。同じように会計大学院に通う社会人学生に聞いたところ、ライフワーク、人生、好奇心、知識欲、さらなる発見、自己実現、社会へのお返しなど肯定的な言葉が聞かれました。
　このように「勉強」という言葉1つとっても、その捉え方(つけているメガネ、フレーム)は人により様々異なります。私は社会人経験のない(浅い)学生たちに経営学を教えるときは次のように語ることでリフレームしようとします。「私もあなたたちと同じくらいの歳のときには、勉強というと仕方ないからやる、暗記しないとけない、試験があるから仕方なくやるというように後ろ向きな気持ちでいました。それが今は、家族から「あなたは勉強が本当に好きだね。放っておいても勉強しているよね。」と言われるくらい勉強好きになってしまいました。あなたたちにもいつの日かこんな風に勉強が楽しい、好きだと言えるようになって欲しいです。今日、勉強する経営学も教室の中で話を聞いていると自分には関係ないとか、つまらなく感じることがあるかもしれないけれども、必ず実務の世界に入ったときには、あのとき聞いた話だ、と気づきます。例えば、皆さんが職場に配置され、現場に行ったとき、その現場の会社がどんな会社か皆さんの持っている経営学の知識を手がかりにして観察し、把握することができるようになります。そのことをイメージして、少しでも興味を持って聞いてくださいね。」
　こんな話をしておいて先にも紹介したようなよく見えるメガネをもって社会に出るということ、色に関する言葉を沢山もっているとどういうメリットがあるかなどの話をします。さらに、私が経営学を勉強して役に立った事例を具体的に伝えます。このような話をして勉強が苦痛だと感じている学生たちの学習に関する概念をディフレームし、さらにはリフレームしようとしているのです。あるいはこれから始まる講義に対してプリフレームしようとしているのです。
　講義の冒頭でこのような話をした上で冗談を入れたりしてやわらかく語り続けていると、受講生の講義を聴く姿勢が最初の受動的な姿勢から、能動的

で主体的な姿勢に変わっているのを演壇から肌で感じることができます。やがて何人もの学生がどんどん好奇心を持ち始め、質問に来たり、自分で経営学の本を探して読み始めたりします。

「勉強」それ自体は無色透明で、それをつらいもの、楽しいものと色をつけているのは我々人間です。経営学（に限らずあらゆるテーマ）について講師が学ぶことを心から楽しいと思い、そのフレームを冒頭で伝えれば、受講生たちのフレームを変化させることは可能です。何故、そんな変化が可能になるのでしょうか？　それは、事実は無色透明だからです。

事実が無色透明だからこそ、フレームを壊し、フレームを変えることが可能になるのではないでしょうか？

ここまで我々は学習という概念を探求する旅をしてきました。脳の働きを活かした効果的学習、意識と無意識の学習、そして、「視点」を活用した効果的学習について探求してきました。何か新しい発見はあったでしょうか？

次章では、影響という概念を探求する旅に出ましょう。

第3章

コミュニケーション
──影響を与える方法論

　「人材開発とは人が「変化」することそのものであり、その変化を支援することと言えないでしょうか?」

　第1章の冒頭でこのように書かせていただきました。そして、その人材開発という大陸を探求する旅に出ました。まず、変化、学習、行動、影響と名づけられた土地(森)の探求を開始しました。そこでは、変化について、学習について、行動について、影響について、異なる2つの視点(フレーム)をコントラスト・フレームとして紹介してきました。

　そして、第2章では、学習という領域を探求する旅をつづけてきました。人は何を学ぶのか、人はどんなときに強く学ぶのか、脳の3つの基本プログラムの活用、意識的な学習と無意識的な学習、頭による学習と身体による学習などいくつかのレベルでの学習、ものをみるときにメガネをかけて(フレームを通して)見ているが、そのメガネ(フレーム)をどのように活用したらよいのかなど様々なことを学んできました。ここまでの旅であなたが見たものは何だったでしょうか?　どんな風景が見えて、どんな出会いがあったでしょうか?　何かに気づいたでしょうか?　学習についての探求の旅から戻ったあなたが今見ている世界は旅に出る前とでは全く違う世界のように見えているのかもしれません。

　ところで、人は、何かから影響を受け、学習し、行動が変化するようになると思います。これこそ人材開発のプロセスだと言えないでしょうか?　このように学習の契機として、人は人から影響を受けるということがあるように思います。では、人はどのように影響を受けるのでしょうか?　そのキー(主要な)概念としてコミュニケーションというものを探求していきたいと思います。

　我々はさらなる人材開発の未知の世界への冒険の旅に出て行きましょう。

〔1〕言語的コミュニケーション

(1) コミュニケーションと人材開発

　人に学習を促し、人に行動を促し、人に変化を促す、すなわち人材開発を促進するためには、人に影響を与えることが必要になります。人は人にどのようにして影響を与えるのでしょうか？　その1つの鍵となるものが、コミュニケーションではないでしょうか？　この章ではそのコミュニケーションについて探求する旅に出たいと思います。

　あなたにとってコミュニケーションとはどのようなものでしょうか？　例えば、「コミュニケーションとは○○のようなものである。」というように、何かに例えてくださいませんか？　何に例えられるでしょうか？

　私は、コミュニケーションとはキャッチボールであると例えてみたいと思います。

　私が息子と近所の公園でキャッチボールする場面をイメージしてみましょう。私は息子に「ボールを投げるよ。よくボールを見てね。」と声をかけてからボールを投げます。最初はお互いの距離を近くして、息子がとりやすいように、彼がグローブを差し出すあたりをめがけて優しいボールを投げます。おそらく上から投げるのではなく、下からそおっと投げる感じになると思います。私が投げたボールを息子はとれません。惜しいところでグローブからボールを外してしまいます。ボールが息子の後ろに転がります。息子はそのボールを走って取りに行き、今度はそのボールを父である私の方にめがけて投げようとします。私は、「ここをめがけて投げてね。」と声をかけます。何度かそうした繰り返しをします。やがて息子はボールをグローブで受けることができるようになり、そのボールを私に向かって投げ返すこともできるようになるでしょう。さらにうまくなってくるとそこにリズムのようなものができてきて、とても気持ち良いキャッチボールができるようになるかと思い

ます。たまに相手の頭の上の方にボールを投げてしまったり、足元の取りにくいところにボールを投げてしまったときは、「ごめん。ごめん。」と詫びる言葉をかけるでしょう。キャッチボールがリズムに乗ってくると、親子でも友達同士でも選手同士でもなんともいえない交流感というか、共感ができてくる経験を一度はされたことがあるかもしれません。

　私はコミュニケーションをキャッチボールに例えました。今度は、あなたがキャッチボールに例えた場合、コミュニケーションをどのように考えているのでしょうか？　さきほど私と息子のキャッチボールのシーンを描写しましたが、そのキャッチボールにはどのような特徴があるのでしょうか？　例えば、

　◎１人でするものでなはく、２人以上の人で行うものである。
　◎私が投げて、相手が受け取って、相手が投げて、私が受け取るという行為で完結する双方向のプロセスである。
　◎相手をよく見て相手が取りやすいボールを投げる。時に声をかけ、相手の取りやすい場所にボールを投げる。
　◎相手がとれないようなボールを投げたときは、詫びる。
　◎リズムがとれたキャッチボールはなんともいえない共感がそこに発生する。そのリズムもお互いの息があってきて、相手の調子に合わせた共振とでもいうべきリズムが発生する。

これが意地悪なキャッチボールになったらどうでしょうか？

　◎相手がグローブをはめていない状態、あるいは、まだ相手が構えていない状態でボールを投げる。
　◎ボールを立て続けに投げる。相手がまだボールを受け取っていない状態なのに、次のボールを投げる。
　◎相手の顔をめがけて強いボールを投げつける。相手がとれないような足元などにボールを投げる。
　◎ボールが飛んで来ても取ろうとしない。

　子どもの頃、こんな意地悪なキャッチボールをしたことがあるかもしれません。コミュニケーションをこの意地悪なキャッチボールという比喩（メタファー）で例えたとするとどうでしょうか？　あなたは、このようなキャッ

チボール（コミュニケーション）を一切していないと言いきれますか？

　コミュニケーションをキャッチボールに例えれば、それは双方向のプロセスであり、投げて受けとってというプロセスで完結する行為です。キャッチボールを広める運動を最近されているソフト・ボールの元日本代表監督の宇津木監督は、「顔や目を見てキャッチ・ボールをしよう。」「ボールは両手で取ろう。」と伝えているそうです。このこともコミュニケーションのたとえとして考えると示唆に富んだ事例と感じます。

　また、コミュニケーションをダンスのようなものだと例えた方もいらっしゃるかもしれません。コミュニケーションをダンスに例えると、それはどのような特徴をもっているのでしょうか？　例えば、私は相手に合わせてステップを踏んでいきます。次第に2人の息があってきます。そして、私がステップを変えるとそれに合わせて相手もステップを変えてくれるかもしれません。やがてどちらがリードしているともいえないような状態に入ることがありませんか？　まさにこの状態こそダンスの醍醐味ではないでしょうか？

　あなたは、うまくいっているキャッチボール、お互いがリードし合うダンスのようなコミュニケーションがとれていますか？

(2) 3種類のコミュニケーション　言葉だけではない

　コミュニケーションとはどのように行われるのでしょうか？　言葉を交わすことによって？　または、ジェスチャーを交えることによって？　肩をたたくことによって？　あるいは、耳元でささやくように語りかけることによって？　あるいは大声で力強く語ることもあるかもしれませんね？　あなたは今日、どのようにしてコミュニケーションをとりましたか？

　コミュニケーションの語源は、ラテン語のCommuinicare（共有する）であり、熱の伝導やウィルスの感染なども意味する広い概念です。このようにコミュニケーションという概念は幅広い意味でも使われますが、ここでは人間対人間のコミュニケーション、対人（面）コミュニケーションを取り上げて考えていくことにします。

　対人（面）コミュニケーションは、言葉により行なわれると思いがちですが、言語によるもの以外に、準言語によるもの、非言語によるものがありま

```
コミュニケーション ─┬─ 言語的コミュニケーション
                    ├─ 準言語的コミュニケーション
                    └─ 非言語的コミュニケーション
```

図10　コミュニケーションのレベル

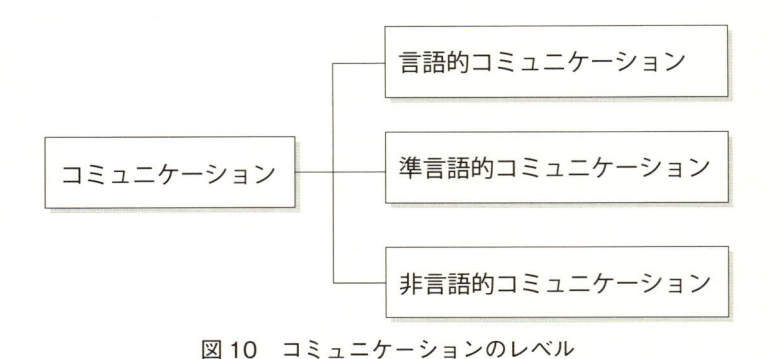

す。準言語、非言語については以下で説明します。

　言葉を使ってコミュニケーションをはかる場合でも言葉を発する際には音の長短、強弱、抑揚、速さなどの語調を伴います。これらが準言語コミュニケーションです。また、表情や動作なども伴います。これらを非言語的コミュニケーションと言います。

　このように、対人（面）コミュニケーションをとる場合、言語によるもの、準言語によるもの、非言語によるものの3種類があることをまずおさえておいてください。

(3) 言語的コミュニケーション　言葉とは何か？

　言葉とは何でしょうか？　言葉は全てを表すものでしょうか？　また、正確なものでしょうか？　あなたはどの程度自分の思いや経験を正確に伝えられていますか？　そして、言葉はどのような過程を経て口にされるのでしょうか？

①言葉とは何だろう？

　コミュニケーションには、言語によるもの、準言語によるもの、非言語によるものの3種類があると書きました。まずは言語によるコミュニケーションについて考えてみたいと思います

　まず、言葉とは何でしょうか？　言葉の実体とは何でしょうか？

言葉は、体験、経験（一次的体験）につけられた「名札」と定義したいと考えます。すなわち、体験、経験にラベリングした「名札」が言葉と考えます。

言葉が体験、経験につけられた名札であるとした場合に、体験、経験に言葉が名札付けされる（ラベリング）過程についても知っておく必要があります。

②体験、経験が言葉になる過程

体験、経験に言葉というラベリングがされる過程でどのようなことが起きるのでしょうか？　前章で一度簡単に説明したのですが、詳しく説明しておきたいと思います。

体験、経験の実態とは何かと言うと、それは私たちの五感の感覚要素で感知したもののことです。体験・経験はすべて五感の感覚要素で感知したものです。私たちはまず感覚要素で最初なんらかの感覚を感知します。その時点ではまだ言語化されていません（これを一次的体験と呼びます）。

そしてそれを言語化して脳に格納することになります。その生の一次的体験をそのまま我々内部にとりこむことができないため、その体験にラベリング（言語化）して脳の中に格納することになります。この言語化して脳に格納（認知）する段階を二次的体験と呼ぶことにします。

そして、その言語化（ラベリング）される段階で3つのプロセスが行われます。それが「削除」「歪曲」「一般化」です。

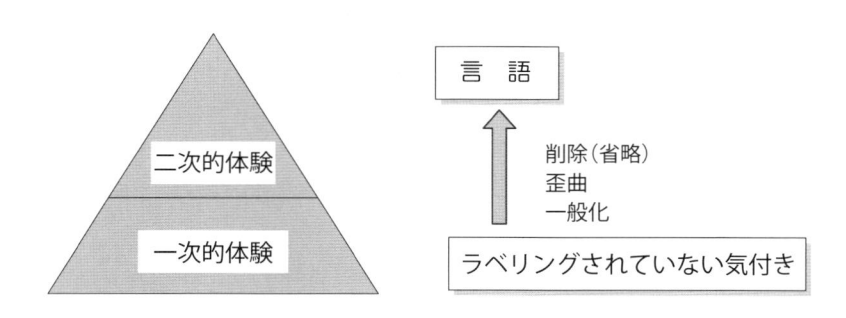

図11　言語化されるまでの過程

③削除（省略）——私たちは見たいものしか見えない

私たちは目の前の全てのことが見えているのでしょうか？ それとも一部しか見えていないのでしょうか？ そして、「私たちは見たいものしか見えない」と聞いたとき、あなたはどのように思いますか？

私たちは目、耳、鼻、皮膚などの感覚要素で感じます。たとえば、目で見たり、耳で聞いたり、体で感じたり、鼻で匂いを嗅いだり、舌で味わったりしています。この体験のことを一次的体験と呼び、これらの感覚を一次的データと呼びます。

今、この本を読んでいる時点でも、部屋の中あるいは電車の中に座っていて、あなたは同時にたくさんの感覚データを感知しているはずです。今、視界には周囲の風景が目に入っていることに気づくと思います。また、注意して耳に意識を向けてみるとさまざまな音が聴こえてきていることに気づくはずです。クーラーの動く音であったり、電車が風を切る音かもしれません。椅子に腰掛けているお尻の感覚を感じてみてください。車に乗っている方は車の振動を感じることができるかもしれません。さらに、匂いに意識を向けると、隣の部屋から何か料理の匂いがしてくるかもしれないし、電車内のなんらかの匂いを嗅ぐことができるかもしれません。さらには、舌に意識を向けると口の中のなんらかの味がすることに気づくでしょう。このように私たちは五感を通じて同時にさまざまな五感データを感知しています。だたし、私が今、指摘する（あなたに意識を向けてもらう）まではそれらのデータを意識できていなかったのではないでしょうか？

このように私たちは今この瞬間にも同時にたくさんのことが起きているものの、それら全部を感じとることができません。このレベルの体験はまだ気づけていない感覚であり、当然、言葉によるラベリングはされていないことになります。

ただし、感知できないから存在していないのではなく、存在はしているものの、注意を向けないと感じ取ることができないといったらよいでしょうか。脳の3つの基本プログラムというものを既に紹介しました。その中に焦点化の原則がありました。脳は2つ以上のことをとらえるのが苦手なので1つのことに焦点化して使われるということでした。つまり焦点をあてたもの

だけを感じることができ、焦点をあてていないものは感じ取ることができないということになります。

このようにどんな瞬間においても、私たちはそこで起きているすべてのことに意識を向けることはできません。何かに意識を向けることにより気づき、その気づいたことに対して言語化というラベリングがされることになります。

つまり体験・経験からラベリングされるまでのプロセスで、どこかに意識が向けられ、何かが削除されて、何かが選択されていることになります。ほとんどのものが削除され、ごく一部だけが選択され、言語化というラベリングがされることになります。つまり、体験・経験が言葉になる過程で多くの情報が失われます。これを削除（省略）と言います。このように、一次的体験が二次的体験になる過程で当然、削除（省略）が行われざるをえないのです。

④歪曲 ── わたしたちは見たいように見る

あなたにはものごとが正確に見えているのでしょうか？　客観的に中立的にものごとが見ているのでしょうか？　それともかなりバイアスのかかった目で見ているのでしょうか？　そして、「わたしたちは見たいように見る」とあなたが聞いたとき、どのように感じますか？　あなたは違うと反論されるでしょうか？

私たちはまず感覚要素で最初なんらかの感覚を感知します。その時点ではまだ言語化されていません（一次的体験）。そしてこれを言語化して脳に収納することになります。その生の一次的体験はそのまま我々内部にとりこむことができないため、その体験にラベリング（言語化）して脳の中に格納することになります。その過程で削除が起きると書きました。また、「歪曲」も起きます。

歪曲とは、受け取ったデータに何らかの「解釈」を加えることを言います。データを脳の中に取り込む上で、その人なりの見方による「解釈」が入り、再定義されたものが取り込まれます。このことを「歪曲」と言います。

例えばあるセミナーに出たときに、私が「今日のセミナー会場の雰囲気は

なんか暗い雰囲気だったね。」と言いました。それに対して、他の方は、「今日のセミナー会場はとても落ち着いた雰囲気だった。」と言います。さらに別の方は、「今日のセミナー会場はとても深い感じがしました。」と言いました。同じセミナー会場にいて同じ時間を過ごしたにもかかわらず、それぞれの表現は異なります。何人かの人が同じ体験をしても、その体験を表現する言葉は人それぞれでかなり違うものです。それぞれの見方で見ており、それぞれの解釈を交えて言葉で表現しているのです。

　もともとの生データ（起きていること）は中立（無色透明）ですが、言葉として名づけられた時点では、このようにかなり個人的な色彩の強い色づけがなされることになります。それにより生データとは異なるなんからの「意味」が頭の中に言葉として格納されることになります。その後、そのデータを読み出すとき、すでに中立な生データとはかけ離れたなんらかの「意味」が読み出されることになります。

⑤一般化 ──私たちは何かを決め付ける

　「私たちは何かを決め付ける」とあなたが聞いたとき、どのようなことを考えますか？

　例えば、「私はもてる男だ。」（「私はもてない。」）とか「私はついている。」（「私はついていない」）とか「私は頭が良い。」（「私は頭が悪い。」）とか、「あの会社は素晴らしい。」（「あの会社はひどい会社だ。」）とか「あの人は素敵だ。」（「あの人はひどい人だ。」）とか「旅行は楽しい。」（「旅行なんてつまらない。」）とか「学ぶことは楽しい」（「学ぶことは苦しいことだ。」）とか「変化することは面白い。」（「変化は怖い。」）とか簡単に決め付けていませんか？

　「一般化」とは、あるものごとがいっさいの例外は認められず同じ意味を持つということです。そこで、一般化は、「みんな」「すべて」など普遍性のある言葉で表現されることが多くなります。例えば、幼少期、犬に一度噛まれたことで犬恐怖症になった人は、犬に噛まれた瞬間に「犬イコール危険」と決め付けて、「犬は危険だ。」と言います。女性（男性）恐怖症になった人も同じです。「女性（男性）イコール危険」と決め付けて、「女性（男性）は危険だ。」と思いこんでいます。恐怖症になった人は、世の中のすべての犬が危

険だと決め付け、女性（男性）恐怖症になった人は、世の中のすべての女性（男性）が危険だと決め付けることになります。

　ことは恐怖症に限ったものではありません。「私はもてる男だ。」（「私はもてない。」）とか「私はついている。」（「私はついていない」）のような一般化をしたことありませんか？

　人間にはこのように特定の体験・経験を一般化する傾向にあります。そして、このことが人生に大きな影響を与えることになります。なぜだと思いますか？

　一度、「私はもてない。」と決めたら、人はそれを証明する事実を探し始めるからです。

　「さっき、異性の店員に話しかけたら無視された。やっぱり私はもてない人間なんだ。」とか「宴会の席である異性が私の隣に座らずに違う席に座った。やっぱり、私はもてないんだなあ。」というようにもてない理由をどんどん探し始めます。証拠がどんどん集まると、「私はもてない。」という一般化がどんどん強固なものになっていきます。異性の店員はたまたま気づかなかっただけかもしれません。宴会の席で異性の人はたまたま友人から声をかけられてそちらの席に座っただけかもしれないのです。それでも「私はもてない。」と一般化の認識をもった人は、事実を歪曲してとらえて、一般化の証拠としてデータを収集することがよくあります。そうなると、その人は本当に（本当はもてる人かもしれないのに）「もてない人」になっていきます。

　「私は頭が良い」と思っている人は小学校低学年のときのテストでたまたま100点をとって、両親から「頭がいいねえ、あなたは。」と言われたのかもしれません。それで気持ちよくなって、一所懸命勉強したら、また100点がとれたのかもしれません。するとクラスのみんなからは「おまえ頭いいなあ。」と言われ、祖父母からも「○○ちゃんは頭が良いねえ。」と褒められたかもしれません。このようにどんどん「頭が良い」というメッセージを植えこまれる（洗脳される）うちに、「私は頭が良いかも」から「私は頭が良いようだ。」に、さらに、「私は頭が良い。」「私は頭が良いに決まっている！」と変わってきたかもしれません。

　このような一般化した表現を「信念」（ビリーフ）と呼ぶこともあります。

人は自分が信じる信念のように生きようとし始めます。したがって、どんな信念を持つかが、どんな人生を生きるかという鍵になってくるのです。

例えば「私は頭が良い。」という信念をもった人は、その信念に沿った情報を集めるだけでなく、実際にその信念どおりに生きようとします。そのような人は「私は頭が良い」のだから、今度のテストもできて当たり前だ、という心理が働き、勉強も自然とがんばるのではないでしょうか？

また、「あの人はひどい人だ。」と言ったときに、本当にあの人はひどい人なのでしょうか？　どこを切ってみても、あの人はひどい人なのでしょうか？　あなたがひどい人だと思っている人がひょっとすると電車の車内ですすんで高齢者の方に席を譲っているかもしれません。赤い羽根募金に積極的に寄付をしているかもしれません。そういう一面を見たら、ひどい人とは言いきれないかもしれなのに、「あの人はひどい人だ」と言い切った瞬間から、「あの人はひどい人だ。」という信念を固める根拠だけを見て、収集するようになります。それ以外の情報は削除されて、「あの人はひどい人だ。」という一般化がされていくことになります。どんな信念を持つか（一般化がされるか）によって、何を見るかが決まってくるとも言えます。

このように信念には良い面もあれば悪い面もあると言えます。ポイントは、どのように活用するかということだと思います。「事実は無色透明だ」と書きましたが、信念（ビリーフ）も無色透明で、見方によって良いという色がつき、見方によって悪いという色がつくことになります。

さらに、人はどうして信念を持つようになるのでしょうか？　このことも安全安心欲求につながってくると思います。例えば、誰かと接するとき、いったん「あの人は良い人だ。」「あの人は信頼できる。」と決めてしまえば、その人とどのようにつきあったら良いかすぐに判断でき、そのように行動できます。あるいは「あの人は悪い人だ。」と決めておけば、その人を見かけた瞬間に近づかないようにすることができ、「危険」（と思えること）から遠ざかることができ自分の身を守れます。このように信念というのも、人が安全安心欲求を満たすために無意識のうちにもったものと言うことができます。

なお、一般化（ビリーフ）については第6章の終わりで又説明させていただきます。

あなたはどんな一般化をし、どんな信念をもっていますか？　そのいくつかのうちの1つを今、教えて欲しいのです。その信念はどのようにあなたを守ってくれ、どのように役立っていますか？　あるいはあなたの制限となっていますか？

(4) 言語的コミュニケーションの過程　会話でどのような体験をしているのか？

私たちは感覚要素で最初になんらかの感覚を感知します。その時点ではまだ言語化されていません（一次的体験）。そしてそれを言語化して脳に格納することになります。その生の一次的体験をそのまま我々の内部にとりこむことができないため、その体験にラベリング（言語化）して脳の中に格納することになります。その過程で削除、歪曲、一般化が起きると説明しました。

では、我々の対面コミュニケーションはどのように行われているのでしょうか？

ここにAさんとBさんがいるとしましょう。AさんとBさんがコミュニケーションをとる場面をイメージしてください。

Aさんが何らかのコミュニケーションをとるとき、Aさんはご自身の体験・経験を伝えたいと思うでしょう。そこで、その体験・経験を言葉にしてBさんに伝えることにします。その際、Aさんが口にした言葉は、すでに削除、歪曲、一般化の関門を通過しています。ということは、Aさんが口にした言葉は、すでにほとんどの部分が削除（省略）されカスカスの情報になっています。また、Aさんなりの色めがねで見た色のついた情報に変化し（歪曲され）、さらにひとつの体験・経験が世の中すべてに通用する普遍性をもったかのような情報に変化（一般化）してしまっている可能性があります。

逆にAさんの言葉を受け取ったBさんはどうでしょうか？　BさんはAさんから聞いた言葉を耳にして、その言葉からイメージする体験・経験を想起して話を聞いているはずです。

そこでBさんがイメージしている体験・経験はAさんがイメージしている体験・経験と同じであるはずがありません。例えば、山を思い浮かべてください、と講義で複数の学生に質問して聞いてみると、富士山を思い浮かべる方もあれば、ほとんど知られていない近所の山を思い浮かべる方もいます。

新婚旅行で行ったアルプスを思い浮かべる方もいます。Aさんがただ「山を登ってきました」といったとき、Bさんの中では、Aさんが登った山とはまるっきり違う山に登ったイメージをしていることになります。

　また、こんなワーク（演習）をしたことがあります。1人が少し特殊な体験・経験の話をします。もう1人はその話をただ聴きながら頭の中にどんな映像がイメージされていくかを体験するというものです。そのとき、私はKさんに、サラリーマン時代に当時勤務していた会社の社長と2人でインド旅行に行ったときの話をしました。今からそのときの話を書きたいと思いますので、あなたの脳裏にどんな映像が思い浮かぶか試して欲しいと思います。

　私は勤務していた会社の社長とインドのダージリンという街に行きました。その静かな街で少数民族が被害者となる殺人事件が起きました。街ではデモが行なわれ、戒厳令が敷かれてしまい、私たちは街を脱出できなくなりました。外出は危険だということで、仕方なくホテルで待機せざるをえなくなりました。そのホテルは避暑地のひっそりとした高級ホテルという雰囲気でした。いかにもお金持ちのインド人といった家族と私たちだけしか客らしき姿は見えませんでした。私はその家族の小さな子どもと暖炉のある部屋でゲームをして遊んだりしていました。社長は手持ち無沙汰な様子で、インド人ガイドに外に連れていってくれと交渉をしました。ガイドはしぶしぶ私たちを外に連れ出してくれました。外に出ると街は静まりかえっていました。店も全て閉店していました。社長がどうしても見たいといったタンカ（仏教絵画）を見るために、閉店していたみやげ物屋の裏口から店内に入りました。電気をつけるとまずいというのでランプの灯りの下でタンカを見ました。社長は、十枚くらい選んで値段交渉を始めました。その際、暗算で金額を合計する社長を見て、長年税理士として活躍してきただけあるなあと私は感心しました。交渉が成立して、後で商品を届けるという話になり、その店をこっそり出ました。ホテルまでの帰り道、殺人現場を通りがかりました。スリッパがけに転がっていました。生々しい現場を見た私たちは帰る途上の足を速めました。

　Kさんにこの話を聞きながらどんな映像をイメージしていたか私は聞きました。例えば、Kさんはご自身が勤務する会社の社長をイメージされていま

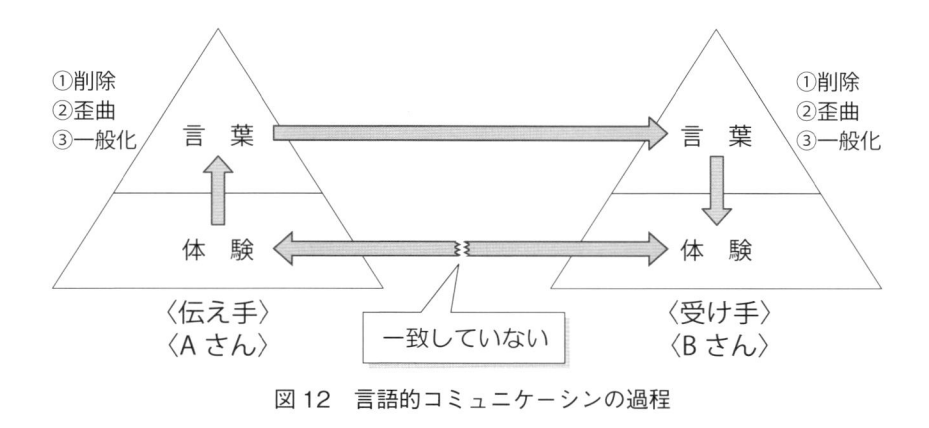

```
①削除          ①削除
②歪曲          ②歪曲
③一般化        ③一般化
```

図12　言語的コミュニケーシンの過程

した。Kさんはその社長と旅行している姿をイメージしながら私の話を聞き続けていました。Kさんの会社の社長はどのような方なのか後で聞いてみると、私が話した社長と全く違うイメージの社長でした。ということは、Kさんは私が話した体験とは全く違う体験をイメージしていたことになります。その他にもKさんがイメージしていた映像は私が体験した映像とは違うものだということが明確に分かりました。

　このようにAさんが伝えたいと思った体験・経験の生データはそのままは伝わらず、まったく生データとは異なる体験・経験がBさんに伝わっていることになります。このように言葉を使ったコミュニケーションでは全く違う体験・経験が伝わることになり、ミス・コミュニケーションは避けられない、必然なものであるということになります。

(5) ミス・コミュニケーションは避けられない　言葉の意味が違う

　あなたは友達との間でコンフリクト（あつれき）が生じた経験はありますか？「私は、そんなつもりで言ったんじゃない。」とか「私はそんなこと言ってない。」と弁明したり、憤慨したり、ため息をついたことはありませんか？
　私たちの生活で、「あのときはミス・コミュニケーションだった」というような表現をすることがありますが、ここではその言葉を否定し、ミス・コミュニケーションは避けられないと言い切りたいと思います。

私の実体験をいくつか紹介させていただきます。あるコミュニケーションに関する勉強会の帰り、懇親会に参加しました。コミュニケーションについて深い議論をした後のお酒はおいしく、また、仲間との会話はとても楽しいものでした。私はその帰り道、Ｆさんと途中まで一緒に帰り、地下鉄の駅で別れました。ありがとうございました、さようなら、と伝えて別れました。翌朝、私はパソコンを開けて驚きました。Ｆさんからメールが入っていました。意外なことに、Ｆさんからは私への痛烈な抗議の文章が書かれていました。私は大変に驚きました。昨晩、仲良く別れたばかりなのに、Ｆさんは昨晩帰宅してすぐにそのメールを書かれたようでした。その文章の骨子は次のようなことでした。

　「かとうさん、あなたは私に「やばい」といわれましたね？　どうしてそんな失礼な発言をされたのですか？　今後、私のことを言及することはやめてください。」というものでした。

　正直、私は自分がＦさんに「やばい」と発言した記憶はありませんでしたが、Ｆさんは間違いなく私が口にしたと激昂されていました。おそらく何かの会話の拍子に、返し言葉で出た発言だったのだと思います。それほどまでに言ったと主張されるのですから、私が言ったことは間違いないと思います。ただし、「やばい」という発言を相手の人格を否定するつもりで口にするはずがないとは思いました。その当時、私はあるセミナーに出入りしていました。そのセミナーの講師の先生の口癖が「やばい」という言葉でした。その先生は、セミナーのメンバーが良い発表などをすると、「やばい〜！」と感情をこめて発言されていました。その意味は、「やばい」ほどすばらしい、感動的という意味で使われるケースが多かったのです。その影響を受け、その勉強会のメンバーは何か人をほめることがあるときや感動したときは、「やばい！」という言葉を口にしていました。私がＦさんにお酒の席でやばいと言ったとすると、おそらくこういう良い意味で口にしたのに違いありません。だから、私は悪いことをしたという意識が当初ありませんでしたので、謝るべきか悩みました。謝れば、悪いことをしたと認めることになるではないかと思ったりしたのです。

　結局、Ｆさんに嫌な思いをさせたことを謝り、こちらの意図を何度も伝え

るべく連絡をとりました。やがて、Fさんも早とちりであったことを理解してくれて仲直りでき、その後、Fさんは私と顔を会わすたびに「あのときはご迷惑をおかけしました。大変に勉強になりました。」と言ってくれています。

　この場合のコミュニケーション・ミスの原因は何だったのでしょうか？「やばい」という三文字の言葉から受けるイメージ、あるいは、その言葉からイメージする体験・経験がFさんと私とでまったく正反対であったことにあるように思います。今回紹介した話は極端な例ですが、私たちが使う言葉はほぼ全てミス・コミュニケーションを生み続けているといってよいでしょう。

(6) 続・ミス・コミュニケーションは避けられない
2cm、1mの意味も人により違う

　あなたにとって2cmとはどれくらいの長さを言うのでしょうか？　今、指で示してくれませんか？　そして、もし定規がそばにあれば、その指と指の感覚を定規で測ってくれませんか？　では、1mとはどれくらいの距離でしょうか？　一度示してくださいませんか？　また、あなたが電車（例えば新幹線）の車内で「すごく寒い」と表現するのは何度のときでしょうか？

　さきほど「やばい」という3文字の言葉であっても人によって全く正反対の意味にとられて人間関係が崩れかけたことを紹介しました。

　ならば、誰が聞いても判断を誤らないだろう言葉、例えば、「2cm」とか「1m」とか「30度」いった言葉の場合はどうでしょうか？

　私はプレゼンテーションのセミナー講師の仕事をしています。その中で、少し特殊な図を説明してもらうことがあります。〇や△や□がいくつか書かれた図です。（図13参照）それを1人の方に口で説明してもらい、他の方がその説明を聞いて書き写すという演習です。その際に、「正三角形の底辺は2cmでして……」と説明することがあります。底辺2cmの正三角形という説明ならば誰が聞いても同じ三角形を描くだろうと思いますが、実際は大きさがまちまちに三角形が描かれることになります。このことは30度に右上がりの線を引いてくださいと言った場合も同様です。このことを仕事の現場に

原図①

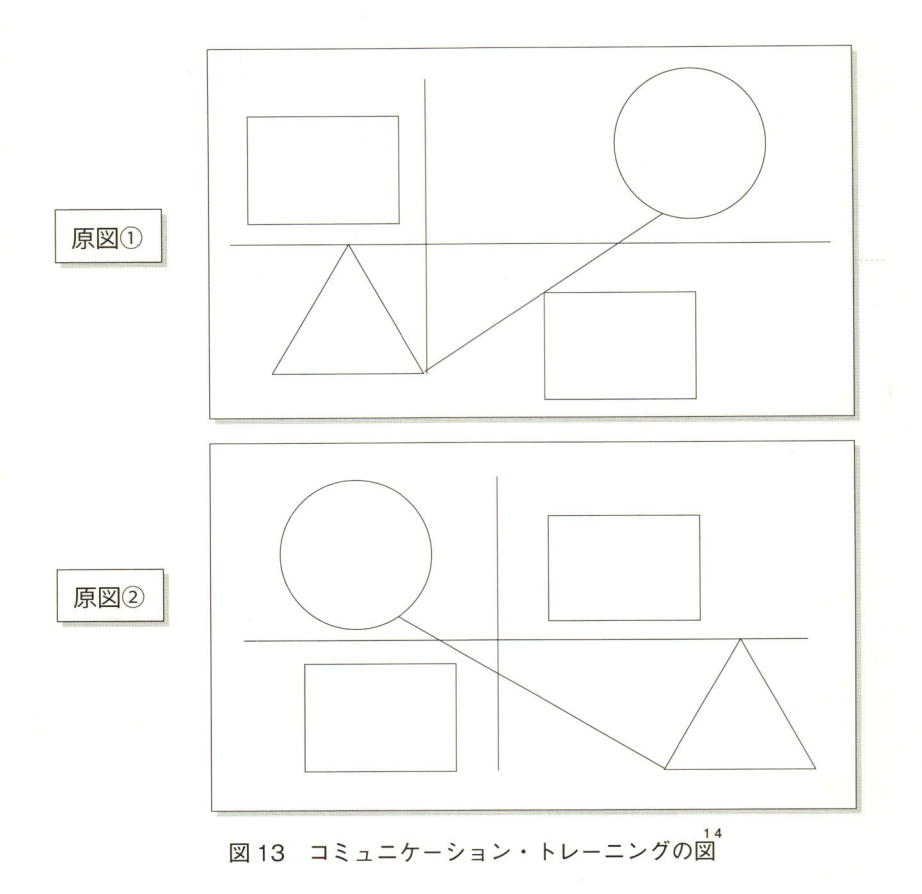

原図②

図13 コミュニケーション・トレーニングの図[14]

置き換えて考えるとぞっとしますね、と私は受講生の方にお伝えしています。お客様に伝わっていると思っていることが実は伝わっていないということは常にあるのだということをお伝えしています。

　また、最近、私は電気店にLANケーブルを買いに行きました。長さがいろいろなLANケーブルが売られていました。その中から「1メートルあれば十分だろう。」と思い1メートルのLANケーブルを購入しました。そして、部屋に戻り、パソコンにつないでみました。するとつなぎ口から机の上のパソコンまで全然届きませんでした。「このケーブル、1メートルないんじゃないか？」と不審に思いましたが、どうやら確かに1メートルの長さのよう

です。私にとっての「1メートル」は、実際の1メートルとは全く違っていたのでした。

このように誰が聞いても判断を誤らないだろう「2cm」とか「1m」という言葉の場合でも、聞いた人のとらえ方は違うのでした。では、言葉とは一体、どのくらい信頼できるものでしょうか？

(7) 続・続・ミス・コミュニケーションは避けられない
言葉が使われる文脈

あなたはこれまでに「今度、一緒にお食事しましょう。」とか「今度、一緒にお酒でも。」と言われたことが何度かあると思います。そこでの「今度、一緒にお食事しましょう。」とか「今度、一緒にお酒でも。」という言葉をどのように受け取りましたか？　文字通りというのではなく、どのように解釈して意味をとりましたか？　また、「今度、うちに遊びに来てくださいね。いつでも待っていますから。」と言われことも何度かあると思います。その言葉をどのように受け取ったことがありますか？

言葉というのはその言葉が使われる文脈上で理解されるという特徴があります。例えば、男性が女性に「今度、一緒に食事でもしましょう。」と言うと、女性は「ああ、私ともっと仲良くなりたいのだな……。」という意味にとられることが多いと思います。同様に、ある営業の方が取引先の社長に「今度、お酒でもご一緒させていただけませんか？」と言えば、社長は単に一緒に酒が飲みたいのだとはとらないと思います。ビジネスをうまく運びたいのだなと思っているでしょう。このように、言葉はその文脈で理解されるということになります。これもまたミス・コミュニケーションを生む入り口であるということはお気づきになられると思います。

ミス・コミュニケーションが起きた実話をもう1つお話したいと思います。去年、クライアントの社員旅行についていきました。行き先はベトナムでした。クライアントの社長が招待してくれるというので、そのご厚意に甘えてご一緒させていただいたのでした。私は社長の言葉をそのままの意味で受け取り、ご招待してくれるのだなあと思いました。その旅行にはその社長と私の共通の友人であるA君も来ることになりました。A君はその社長の

「ご招待で来る」ことになっていると私に言いました。A君からそのように聞いていた私は、A君と私の2人が招待してもらえるのだなあと思っていました。そして、仲の良い3人でホーチミンを歩き回り、その旅行はとても楽しいものになり、日本に帰る飛行機を待つホーチミンの空港で我々は話していました。そして、食事代（の立替）の精算をしようということになりました。食事代、タクシー代など誰かが立て替えた分を合計して3人で割って精算しました。さらに、社長がA君に「A君、（立て替えてある）旅行代金を日本に帰ったら返してな。」と言われたのです。その瞬間、A君も私も凍りつきました。てっきりA君も招待されたと思っていたからです。A君が、驚きの表情から厳しい表情に変わるまでに時間はかかりませんでした。私も驚いていました。

　後で私は社長に聞きました。「A君を招待すると言ったのではないの？」と。社長は「絶対にそんなことは口にしていない」と言っていました。「第一、「燃油高騰で、サーチャージが上がったんで、航空賃が高くなるけどいいか？」と他の社員の前でも聞いたんやで。そんな会話までしてるんやから、招待してもらえるなんて勘違いせんやろ。」と言いました。

　私は今度、A君にその会話のことを聞きました。A君は、「確かにその話はしたよ。ただし、その話は社長が社員の前だったので周りに気をつかって演技で語った言葉だと思ったんや。」と言いました。

　同じ会話をしていて、同じ言葉のやりとりをしても、社長とA君では全く違うメッセージのやり取りをしていたのでした。このことから何が学べるのでしょうか。言葉というものはその言葉どおりに受け取られるのではなく、その言葉が語られる文脈や状況の中で把握されることになります。

　そして、それらの文脈さえも人の受け取り方が違うのですね？　今回、ご紹介したケースはその文脈さえも社長とA君とで捉え方が違っており、確実で正確なコミュニケーションなどまったく不可能ではないかという感じさえしてきます。さきほどの友人との「やばい」という言葉による体験、そして、このベトナム旅行に関する体験などを経験した後は、言葉によるコミュニケーションに絶望感さえ抱くような気持ちがしました。おおげさに言うと金輪際言葉は使いたくない、極力話さないでおこうと思いかけたほどです。

こうした経験は私だけの特殊なケースではないと思います。毎日、何千もの言葉を口にしてコミュニケーションをとっている我々には普通に生じることではないでしょうか？　とはいうものの言葉があるから私たちはそれまで見えなかったものが見えるようになるし、言葉により人は勇気付けられ、温められたり、生きる力を得たりするというのも事実です。こうした面についても後でみていきたいと思います。

（8）言葉があるから「見える」　言葉があるから文化が存在する

「旅行」という言葉があるからこそ、私たちは仕事も用事もないのにどこか遠くに行くことができるのだと気づいていましたか？「管理」という言葉が世の中に生まれたからこそ、あなたの会社に、あるいはあの会社に部長や課長などの管理職がいるということを知っていましたか？　言葉があるから見えなかったものが見えるようになることに気づいていますか？

言葉で正確なメッセージを伝えることは実は大変に難しいということを書かせていただきました。言葉は信用ならないというイメージをもたれたかもしれませんが、ここでは、言葉の持つ効用について書いてみたいと思います。

これまで言葉は（一次的）体験・経験に名づけられた名札であると書いてきました。そのことは、逆に言うと言葉があるお陰で、体験・経験を語ることができるとも言えます。さらには、言葉がなければ「体験・経験は存在しない」と言えるかもしれません。

先に、民族によって色を表す言葉の種類が違うという話を書かせていただきました。又、氷を形容する言葉を沢山もっている民族、砂を表現する言葉を沢山持っている民族のことも紹介しました。

言葉があるから区別することができ、（それまで見えなかったような）何かが見えるようになり、語ることができるようになります。語ることができると、教えることができます。そうすると、沢山の人の目にその何かが見えるようになります。

私は大学院で経営学を教えていますが、「管理」という概念について次のように説明しています。

「20世紀初頭に、ファヨールという経営者が管理というものがあり、管

理ということをすると仕事がはかどることを見出しました。その管理は、予測、組織、命令、調整、統制というプロセスからなると言いました。予測とは計画、組織とは組織化することと考えればよいので、計画して、チームづくりをして、チームのメンバーに命令して、各段階で調整して、計画どおりに進んでいるかを統制していくというマネジメント・サイクルをまわしていくことで仕事が上手にはかどることができると言いました。これ以降、ビジネスのあらゆる場面に管理が応用され、仕事は飛躍的に生産性を高めていくことになりました。生産活動には生産管理が、研究開発には研究開発管理が、マーケティングにはマーケティング管理が、仕入活動には仕入管理が、財務には財務管理が登場してそれぞれの分野でいかに管理していくか実践と研究が進みました。

　仕事は計画して、組織化して、人をやる気にさせる手立てを講じて、それらが計画どおりにうまくいっているのか、いっていないとしたらどこがいってないか、うまくいっていないところに戻って手直ししてやり直すことを通してどんどん進化していったのでした。20世紀はマネジメントの世紀だといわれるゆえんです。

　では、この管理活動というものですが、果たして、20世紀までなかったのでしょうか？

　エジプトでピラミッドが作られていたとき、あれだけの精緻で大きな建造物を作るのに計画がなかったのでしょうか？　組織化がなかったのでしょうか？　統制はなかったのでしょうか？　実は4千年前、エジプトではナイル川の氾濫で農業活動ができなくなった人たちが出稼ぎでピラミッド建設の場所に来たといわれています。出稼ぎ労働者が寝泊りする宿などもあり、中には、その周辺の村人の娘と結婚するものもいたといいます。建設作業の途中には労働者にぶどう酒もふるまわれたといいます。また、ピラミッドの内部には建設作業を監督するための人が通る通路まであったといいます。これらのことからピラミッド建設には計画も組織化も作業を監督する者も進捗状況を監視して作業の修正を指示することもあったでしょう。つまり4千年前から「管理活動」は存在していたはずです。ただし、その名前がなかったのです。名前がないために、経験と勘で様々な活動が行われてきたのでしょう。

それに対して20世紀になり、名前がつけられたことにより、どういう変化が生じたかというと、全ての人にその活動が見えるようになり、意識化され、教育されるようになりました。その教育制度の1つがMBAでした。このように言葉が名づけられることにより文化が生まれ、社会が進化することの一例です。言葉が名づけられることの有用性が理解していただけたでしょうか？」

さらにこんな話を続けることもあります。

「だから、学生の皆さんも是非、ファヨールのように言葉をつけるような仕事をしていただきたいと思うのです。沢山の人がなんとなく感じているけど、言葉がないために明確に意識化できていないもの、そうしたものをよく観察して、言葉の名札づけをしていただきたい。そして、人類に新しい体験・経験が見えるように導いて欲しいのです。勉強、学習は知らなかった言葉を覚えるだけでなく、新しい言葉を名づける、そんな大きな仕事をしようという志を持っていただきたいと思います。」[15]

言葉があるから区別できる、言葉があるから体験を伝えられる、言葉があるから沢山の人に見えるようになる、言葉があるから教えることができる、言葉があるから文化がそこに生まれる、というようなことが言えるかと思います。

(9) 言葉で人にさわる　言葉には感情がついてくる

あなたは友人を励まそうと思ったらどんな風に励ましますか？　試験会場に向かう友達、兄弟、お子さん、学生たちをどんな風に送り出しますか？

又、どんな言葉をかけますか？　「がんばれ！」とか「がんばってね！」という言葉をかけるかもしれません。では、あなたは「がんばれ！」とか「がんばってね！」という言葉を聞いてどのように感じますか？　また、全ての人が「がんばれ！」と言われて同じ気持ちがするでしょうか？

Ａさんが何らかのコミュニケーションをとるとき、ご自身の体験・経験を伝えたいと思うでしょう。そこで、その体験・経験を言葉にしてＢさんに伝えます。その際、Ａさんが口にした言葉は、すでに削除、歪曲、一般化の関門を通過しています。ということは、Ａさんが口にした言葉は、すでにほと

んどの部分が削除（省略）されカスカスの情報になっています。また、Aさんなりの色めがねで見た色のついた情報に変化（歪曲）し、さらにひとつの体験・経験が世の中すべてに通用する普遍性をもったかのような情報に変化（一般化）してしまっている可能性があります。

　そして、Aさんの言葉を受け取ったBさんはAさんから聞いた言葉を耳にして、その言葉からイメージする体験・経験を想起して話を聞いているはずです。そのイメージする体験・経験はAさんの体験・経験ではなく、Bさんがかつて体験・経験したものでしょう。当然、Aさんが伝えようとした体験・経験ではない全く違うものがBさんの脳裏でイメージされていることでしょう。また、その想起した体験・経験には感情がついてくることにお気づきになられているでしょうか？　私たちはある音楽を聴くと、その音楽にまつわる体験・経験を思い出します。例えばイーグルスというグループの「ホテル・カルフォルニア」という曲を聴きます。すると私は高校生のときの自分の部屋や当時の友達の顔や歩いている姿をまざまざと思い出します。また、ジョン・レノンの「イマジン」がラジオから流れてくると大学時代、この曲を友達と聞いていたときのことを思い出します。しみじみとした気持ちになります。また、ニューヨークの安ホテルの窓から見た隣のビルの汚い壁も思い出します。ニューヨークに着いた晩、ラジオをつけたらイマジンが流れて

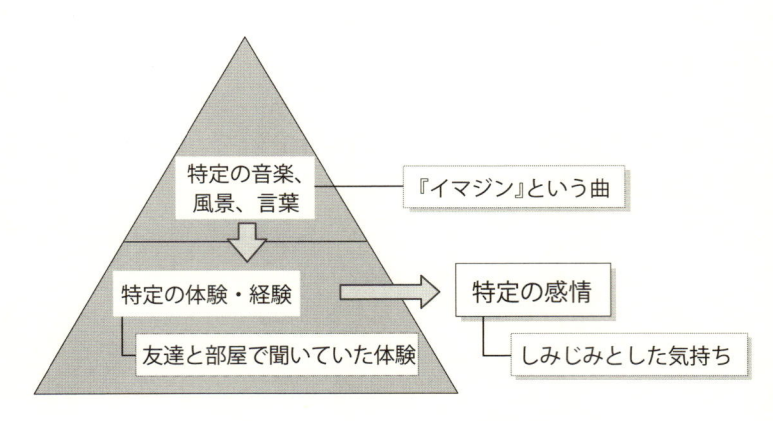

図14　アンカリングの仕組み

きたのでした。思わずニューヨークにいることを感じたくなって窓を開けました。そして、その風景を思い出すと同時に、安ホテルにいたときの寂しいような気持ちが襲ってきます。このようにラジオから流れてきた思い出の曲は自動的にある体験・経験を思い出させてくれ、さらには特定の感情をもたらしてくれるのです。これは無意識のうちに作動するプログラムのようなものです。意識してそうしようとしているものではなく、自然とそうなってしまうのです。

　同じように、ある風景を見るとその風景にまつわる体験・経験を思い出します。そして、その体験・経験にまつわる感情を思い出します。例えば、今、東京タワー（金閣寺、富士山でも良いです）の写真を思い出してくださいませんか？　あるいは小学校のプールの映像を思い出してくださいませんか？

　あなたは、どのような体験をされましたか？

　風景を思い浮かべると特定の体験・経験を思い出し、特定の感情になりませんか？　こうしたプロセスは瞬間的、自動的に起きています。音楽を聴く（風景を見る）→その音楽（風景）にまつわる体験・経験を思い出す→その体験・経験にまつわる感情を体感する、というプロセスが起きていると思うのですが、実際には音楽→感情と瞬時につながるようです。スイッチを押すと機械が動きだすごとくに音楽を聴くと（風景を見る）特定の感情がわいてくる、というような状態で、これをプログラム化されていると言ってもよいでしょう。このように、特定の生理学的な状態（感情など）を引き起こす引き金になるような刺激（スイッチのようなもの）のことを「アンカー」といいます。ある刺激と特定の生理学的な状態（感情など）がつながること、あるいは、つなげることを「アンカリング」といいます。

　これは映像や音楽だけでなく、言葉も同様です。ある言葉を聞くと、瞬時に特定の感情がわいてきます。先に紹介した「やばい」という言葉を耳にしたときに湧いてくる友人の感情と私の感情とは正反対のものでした。また、私の友人で教育カウンセラーの桑原さんという方がいらっしゃいます。桑原さんはある学校で、2つの封筒を用意して、生徒たちにそれぞれを開けてもらったそうです。1つ目の封筒には、「ありがとう」と、2つ目の封筒には、「うざい」と書いた紙を入れたそうです。そして、全員にまず一つ目の封筒を開

けてもらって中を見たときの感情を味わってくださいと伝えたそうです。学生たちは、封筒を開けて、「ありがとう」という文字を見ました。その文字を読んだ瞬間に特定の感情がわいてきたはずです。続いて、2つ目の封筒を開けてもらったそうです。その封筒の中の紙には「うざい」と書いてあります。封筒を開けて、その紙の「うざい」という文章を読んだ（見た）とき、学生たちは瞬時に特定の感情を味わったはずです。どんな感情を味わったかはある程度私たちも想像できるように思います[16]。

　また、駅のトイレの壁に「死ね」と書いてあったらどんな気持ちがするでしょうか？　あるいは、トイレに入って、「汚すな。」と書いてあったらどういう気持ちがするでしょうか？　「きれいに使っていただいてありがとうございます。」と書いてあったらどういう気持ちがしますか？

　さらには、「事故多発地帯」とか「覚えていますか、あの事故を？」と道路脇に書かれてあったら、それを見た人の中でどのような体験が起きるのでしょうか？　そして、どんな気持ちになるのでしょうか？

　もう少し説明を加えましょう。先ほどのトイレの標語の例ですが、「汚さないように使いましょう。」と書いてあったらあなたの頭の中では何が起きるでしょうか？　次のようなことが起きているはずです。あなたは、まず汚している映像をイメージします。そして、次にそれを打ち消した映像をイメージします。少なくとも一度は汚されたトイレをイメージしていることにはならないでしょうか？　そして、そのときあなたにはどんな感情が訪れたのでしょうか？　脳はイメージしたことを再現しようとする傾向があるといいます。果たして、このメッセージはどんな効果を生むのでしょうか？

　この例でまだ納得できない方には次のように声をかけさせてください。

　「カフェの店員がコーヒーを丁寧にいれるのをイメージしないでください。」

　どうでしょうか？　あなたの頭の中では何が起きていたのでしょうか？

　他人に何かを伝えたいと思ったとき、どんな言葉を使うかによって伝わるものはかなり違うものです。あなたは日ごろ、どれほど自分の使う言葉に意識的になっていますか？

　このように、言葉によって目の前の相手に特定の体験・経験をしてもらう

ことができ、そして、その体験・経験につながる感情を体感してもらうことになります。言葉で相手にふれることができるかのようです。

　私たちは意図的に相手に対して特定の体験・経験をしてもらうことができるし、特定の感情を体感してもらうこともできるのです。例えば、リーダーであるあなたは、朝、メンバーの顔を見てどんな話をしていますか？　どんな言葉を使って話しかけていますか？　その言葉により、メンバーに特定の感情を想起させていることになります。そして、それにより、朝一番、メンバーが嫌な気分で仕事を始めるか、気分良く仕事を始めるか分かれてしまうのです。否定的な言葉を使う人と話しているとだんだん疲れてきて憂鬱になることがありますね。例えば、「忙しい」とか「疲れた」と言う言葉を隣で連発されるとこちらまで疲れた気分になりますね。少なくともリーダーたるものはこのような言葉は慎む必要があります。

　あなたは日ごろどんな言葉を使っていますか？　肯定的な言葉ですか、それとも否定的な言葉ですか？　その原理が少しご理解いただけましたでしょうか？　あなたが使う言葉によって相手を幸せにも不幸にもできるという事実についてどうお考えになられますか？

　また、人のやる気ということについてもふれておきたいと思います。やる気というものは考えるものでしょうか、感じるものでしょうか？「やる気」と書くことからわかるように、これは気持ちですよね。感覚です。ということは、頭で考えてやる気になるものではなくて、体で感じてやる気になるということになります。

　やる気は頭で考えて作り出すものではないので、誰かをやる気にさせようというとき、説得というのはあまり役に立たないようです。理屈を並べて「やる気になりなさい。」と説得して人をやる気にさせようと考えてきた方が多いかと思いますが、それよりもあなたの使う言葉1つで相手を気持ちよくさせ、やる気にさせることができるのです。あなたは今日からどんな言葉を使いますか？　あるいはどんな言葉を使い続けられますか？

(10) 経験・体験への名札のつけ方を変える
ためしに違う名札をつけてみる

　何かが起きた時、私たちが悩んでいるときに、1人だけイキイキとした顔をしている人はいませんでしたか？　みんながピンチと思って深刻な顔をしているとき、1人だけやるぞと気力みなぎった顔をしている人はいませんでしたか？　例えば野球の試合で10対0で負けているときに、1人元気の明るい声を出している選手はいませんでしたか？　私たちとその人とは何が違ったのでしょうか？

　ここまで言葉で正確なメッセージを伝えることは実は大変に難しいということを書かせていただきました。他方で、言葉があるから見えるようになる、言葉で人に体験・経験をしてもらうことができ、特定の感情を体験してもらうことができるということを書いてきました。言わば言葉の偉大な力について書いてきました。

　世界ナンバーワン・コーチと呼ばれるアンソニー・ロビンズは言葉の持つ影響力の大きさについて次のように書いています。

　　人間は言葉によって笑ったり、泣いたりする。人を傷つけ、癒すのも言葉である。人に希望を与えるのも、絶望させるのも言葉なら、気高い志を広く知らしめるのも、心の奥底の欲望を暴くのも言葉である。歴史上の偉大な指導者や思想家は、言葉のパワーによって自らの感情を人々に伝え、人々を巻き込み、運命を切り拓いてきた。言葉は気持ちをかき立てるだけでなく、行動も生み出す。そうした行動の積み重ねが人生である。[17]

　私たちは、言葉によって笑い、泣き、傷つき、癒される存在である、ということは誰であっても共感されるのではないでしょうか。私自身もテレビのお笑い番組を見てケラケラ笑っています。友達のおかしな言葉に腹をかかえて笑ったり、「泣け歌」という泣ける歌の特集番組で、感動的な曲を聴きながら、その歌詞に泣きます。私が子どものときは祖母に「おばあちゃん、長生きしてね。」と言って祖母を泣かせました。子ども心にも何を言ったら祖

母が泣くのか知っていたような気がします。また、家族の一言に怒り、傷つく場面があるというのも事実です。時として相手にボールを投げつけるかのように傷つける言葉を投げかけることもありました。

ほとんどの人が深い意識もせずに言葉を使い、その結果、笑い、泣き、傷つき、癒される、といった事態を招いているのではないでしょうか。

もう少しだけ自分の使っている言葉の影響力に意識的になり、自分がどんな言葉を使っているか気をまわすことができたら私たちの人生はどう変化するでしょうか？　また、使う言葉を自分で選択できたとしたら私たちの人生はどう変わるでしょうか？

続いて「言葉を選ぶ」ということについて考えたいと思います。前掲書でアンソニー・ロビンズはある会議の最中に由々しき事態が持ち上がり、怒り心頭に至ったと書いています。その場にいたCEOは怒りに我を忘れていましたが、アンソニーの友人はまったく動じた素振りをみせなかったそうです。まったく同じ事態に対して、まったく違う反応をすることにアンソニーは興味をもち、結果として3人がひとつの経験を言い表すのに使った言葉が違うことに気づいたと書いています。先ほどの同じ事態に対して、アンソニーは「怒る」といい、CEOは「頭に来た」といい、友人は「ちょっと癇にさわる」と言ったのです。アンソニーは特にこの「ちょっと癇にさわる」という表現には恐れ入ったと書いています。その程度で済む話ではなかったからです。この話はこれまで説明した概念を使うと、「事実は無色透明」なのでいかようにも「リフレーム」できるというように説明できるかと思います。

そこでアンソニーは、「もし私が（彼と）同じような言葉で自分の感情を表現したら、気持ちに何か変化が表れるのだろうか。今までは苦虫をつぶしたような顔をしていた時でも、にこやかに対応できるようになるのだろうか。これは少し調べてみる必要がある」と思ったといいます。そして、心底腹が立っている時に、「ちょっとカチンと来たね」と言ったら何がどうなるなんだろうと考え、実際に実行に移したそうです。今までであれば、「怒る」「頭にくる」と言っていたことに、「ちょっと癇にさわる」という言葉を使うことにしたのだそうです。すると、それだけで、怒りが静まり、まったく違う経験として認識されたというのです。

このようにして自分の感覚に新しいレッテルを貼るだけで、経験の意味合いが変わってしまうことに気づいたといいます。言葉遣いを変えると、経験のもつ意味合いも変わってしまうことをアンソニーは「変身ボキャブラリー」と呼んでいます。

自分の使っている言い回しがやる気をなくさせるのならば、そのような言い回しをやめて、もっと元気の出る言い方に変えるのです。「ひどい口喧嘩」がげんなりさせるのであれば、「話し合い」「活発な討論」と呼び方を変えることで気持ちが変わります。

私の友人に千田さんという方がいらっしゃいます。千田さんの口癖は「チャーンス！」というものです。何が起きてもまずチャンスと言うようにしています。あるとき、仕事のほとんどがキャンセルになって失業状態になったときも「チャーンス！」とまず言ってみたと語ってくれました。そしてその後から奇跡が起きて、新しい仕事をもらえるようになって今日に至っています。その話を聞いた仲間たちが口々に「チャーンス！」と言うのが流行りました。

このことについては私はこう考えます。どんな事態でも「チャンス！」とまずは言うことでピンチに陥るのを防げると思います。これが「もうだめだ！」とか「大ピンチ！」とかいったら、それ以上の思考は働かなくなるように感じます。

それを「チャンス！」と口にすることで間をもてるように思います。そして、その言葉を言うことで無意識のうちに「仮にこの事態をチャンスだと考えたとすると、どんなチャンスと言えるのだろうか？」というような問いかけをしている（リフレームをしている）のだと思います。つまり「この事態を肯定的にとらえるとどういう意味づけができるだろうか？」ということだと思います。このような問いをすればどのような事態に対しても余計なプレッシャーを自分にかけずにいられるので自分自身の頭が「フリーズ」しないで済むのではないでしょうか。

私たちはあることを「ピンチ」とも、「チャンス」とも、「問題」とも、「試練」とも、「成長の機会」ともとらえます。ある人は全てのふるまいは「達成」であるとも言いました。あるものにどのようなラベルを貼る（名札づけを行

う／リフレームする)のか、いくつかの選択肢を持てば人生の成果も選べるようになるのではないでしょうか？　例えば、「人生は学びである」と例えれば、全ての出来事は「成長の機会」という名札をつけられます。そうすれば目の前のありとらあらゆる事象に一喜一憂し続けることから離れられるかもしれませんね？

言葉には、私たちの気持ちを魔法のように変化させる力があるとアンソニーは書きます。また、人を相手にする職業では、言葉の持つ影響力を知ることが不可欠になるとも書いています。私たちは、言葉の持つ影響力を再認識し、言葉を選ぶ修練を積んでいく必要があるのではないでしょうか？

(11) 言葉をメタファーで定義する　ためしに何かに例えてみる

さきほど、「コミュニケーションはキャッチボールである」と書かせていただきました。また、ある大企業の社長は「会社は道場だ」と言ったそうです。[18]あなたにとって、会社とはどのようなものですか？　あるいは、学校とはどのようなものですか？　試験とはどのようなものですか？　家庭とはどのようなものですか？　今日という一日はどのようなものですか？　何かに例えるとすると、それらはどのように例えられますか？

そして、さきほどは「人生は学びである」という文章を書きました。あなたにとって人生とはどのようなものでしょうか？

言葉についてもう一つご紹介します。言葉には魂がこもっているという意味をこめて日本では古くから「言霊」という言葉が存在しています。このように言葉には強い力が宿っていると古くから信じられてきました。実際に、言葉の使い方が自分の考え方に強い影響を与え、自分の行動に影響を与え、習慣に影響を与え、生き方に影響を与えることになります。そして、言葉の使い方だけでなく、言葉自体をどう例えるかということも私たちの人生に影響を与えることになります。

先に紹介したアンソニー・ロビンズは、「メタファー」という言葉を使ってこのことを説明しています。[19]メタファーとは比喩、たとえのことです。アンソニーは仏陀やモハメッド、孔子、老子のような偉大な指導者は、メタファーを使って自らの思想を一般の人にわかりやすく伝えたと言い、例とし

てイエス・キリストの例を出しています。イエスキリストは猟師のところに行って「私についてきなさい。人間をとる猟師にしてあげよう。」と語りかけました。決して「キリスト教徒になれ」と言ったのではなく、「人間をとる猟師」というメタファーを使ったからこそ、猟師の心を動かしたのだと書いています。

　また、アンソニーは人生にどんなメタファーを使うかということについて次のように書いています。ドナルド・トランプは、人生のことをよく「テスト」に例えたそうですが、こう例えると、人生は、パスするか、落ちるか、2つに1つということになります。人生をこのようなメタファーを使って定義したとすると、おそらく大きなストレスにさらされて生きていくに違いないとアンソニーは書いています。また、マザー・テレサは「生きるとは神聖なことだ」というメタファーを持っていたと書いています。人生は神聖なものだというメタファーを使って定義していれば、人生を畏敬の念をもって生きようとするだろうと書いています。あなたにとって人生とはどのようなものですか？

　人生以外の例もアンソニーは例に出しています。自分の会社を「財産」、従業員を「責任」と呼んでいる経営者がいるが、そういう考え方が人の扱い方にも影響するといいます。

　また、パートナーを「愚妻」と呼ぶか、「愛しい人」「ベターハーフ」「人生の伴侶」「運命の人」「チームメート」等々どのように呼ぶかで相手との関係に対する見方が変わってくるだろうとも書いています

　こうしたメタファーの力に関して、本田健さんはこんな風に説明しています。

　たとえば、ある大企業では、クレームをそのまま「クレーム」とは言わず、「ご意見」と言い換えています。「クレーム」と言われると、どうしても身構えたり、考えがネガティブなほうへ流れていったりします。しかし、同じ事実を「ご意見」と言い換えるだけで、「そこから学んでいこう」と意識が前向きに変わっていきます。「同じ事実」を、ネガティブに取るか、ポジティブに受け取るか——たったそれだけのことで感情の面でもまったく

違ってきます。「クレーム対応」となると逃げ腰になりますが、「ご意見をいただく」であれば、感謝して聞くことができます。私自身も「メタファーの力」は意識して使っています。たとえば、私はよく「あなたの人生を映画にしたら、ここからどういうドラマが始まりますか」とセミナーで問いかけます。「自分の人生はドラマ」とたとえることで、まったく違った印象で自分の人生をとらえられるのではないでしょうか。人生が自分の望む方向に急展開するイメージを持ちやすくなります。[20]

　私自身も研修やセミナーあるいは採用面接の中で、時折、この考え方を使うことがあります。例えば、より抽象的で本質的な概念について問いかける質問をすることがあります。たとえば、大学院の講義で「あなたは誰ですか？」と質問したことがあります。ある社会人学生の方は、「この質問が心に刺さり、その後の講義に集中できなくなってしまいました。それどころかその一週間はことあるごとにその質問が頭に浮かんできました。」と教えてくれました。

　また、管理職研修では「あたなにとって、あなたの部下とは？」「あなたにとって仕事とは何ですか？」と質問したこともあります。店長研修などでは、「あなたにとってお客様をどのように例えられますか？」と問いかけたことがあります。また、大学院の講義などでは、「あなたにとって勉強とは何でしょうか？」と問いかけたこともあります。採用面接では、「あなたにとって仕事とは何ですか？」と問いかけたこともあります。このような質問をすることでその人の深いところにあるものを探りにいってもらいと思ったのです。そして、そこで出てきた言葉を杖にして仕事を、勉強を、人生を続けていただきたいと思っています。

　このように抽象的な、本質的な概念についての定義をするということは自分を掘り下げ、無意識に眠っている深い本質を探ることになります。そして、そこで出てきた答え（言葉の定義）は、その人が生きていくうえで、仕事をしていく上で、あらゆる場面で杖となり、指針となってくれるように思います。

〔2〕準言語的・非言語的コミュニケーション
コミュニケーションは言葉を超えたもの

(1) メラビアンの法則　言葉の影響はわずか7％

　我々は人材開発という大陸の中のコミュニケーションという領域を探求する旅を続けています。そして、これまでに言語的コミュニケーションについて探求してきました。コミュニケーションは言語的なものだけではありません。言葉によるものだけでなく、音によるもの、動作、表情によるコミュニケーションもあります。こうした準言語、非言語レベルでのコミュニケーションについて見ていきたいと思います。

　アメリカの大統領選挙のスピーチや日本の各政党の党首の演説を思い出してみてください。あるいはマイケル・ジャクソンなどのミュージック・ビデオを思い出してみてください。そして、質問します。何が印象として蘇ってきましたか？　スピーチや演説の内容ですか？　それとも声ですか？　それとも表情や態度、姿勢などですか？　どれが一番、人の印象に残るのでしょうか？

　メラビアンの法則というものがあります。アメリカ人のメラビアンが発見したコミュニケーションの理論で、この理論によると、対面コミュニケーションにおいて言葉の影響は7％にすぎず、話し方（声のトーンや話すスピード等）は38％、ジェスチャー（話し手の服装なども含みます）が55％を占めるというものです。

　この理論からわかるように、対面コミュニケーションにおいては、実際に話す内容（言葉）よりも、無意識に行ってしまっている話し方やジェスチャーの方が影響力があるのです。

　たとえば、大統領選挙などをイメージするとわかりやすいかもしれません。前回の大統領選挙でバラク・オバマさんとヒラリー・クリントンさんが熾烈な大統領指名選挙を繰り広げました。私たちは連日、オバマさんとヒラリーさんの演説風景をテレビのニュースで目にしました。

　そして、今、改めて思い出してみて、あなたはヒラリーさんの演説シーン

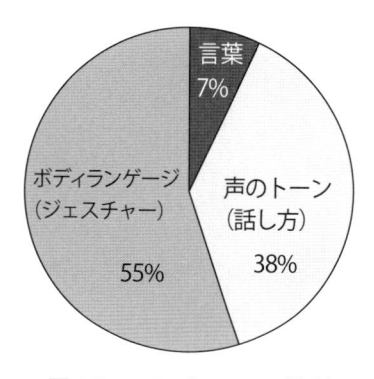

図15　メラビアンの法則

で何が一番印象的に残っていますか？　ヒラリーさんが語っていた演説（言葉）の内容は思い出せるでしょうか？　ほとんど記憶にないのではないでしょうか？　それに対して、ヒラリーさんがマイクを持って歩きながら話している姿、あるいは手をあげて笑顔で話している姿はイメージできるのではないでしょうか？　そして、人によってはヒラリーさんの声を思い出せるという方もいらっしゃることでしょう。ただし、表情、姿、服装、ジェスチャーなどと比べると声の印象は薄いのではないでしょうか？

　私たちが他人に対して語りかけるとき、あるいは人前でプレゼンテーションするとき、しっかりと準備する人は多いと思います。その際に準備のほとんどの時間を話す内容の検討に使っていないでしょうか？　例えば、原稿を何度も書いては消して推敲することに延々と時間をつかっていないでしょうか？　話し方、姿勢、表情、服装にまで準備の意識を向けられているでしょうか？　また、話し方、話すスピード、間合い、トーンなどに意識を向けて練習をしているでしょうか？

　紙に書いた文章を棒読みして終わるスピーチから私たちは強い感銘を受けて、影響を受けるのでしょうか？

(2) 3つのメッセージが異なっていたら何を信じるのか？

　あるお店で、オーダーを間違えた店員Aさんは、「すみません。」とぶっきらぼうに言いました。あなたは、そのメッセージをどうとりますか？　また、

別の店でも似たようなことがありました。店員Bさんは「すみません。」と深刻な声で謝りました。しかし、よく見ると彼はポケットに両手を入れたままでした。あなたは、そのメッセージをどのように受け取りますか？

　言語と非言語と準言語の伝えるメッセージが食い違っていたらどうなるでしょうか？　この場合、人はどのメッセージを受け取るのでしょうか？

　例えば、店員が「すみません」という言葉を、ぶっきらぼうな言い方で、腰に手をあてて口にしたら私たちはどう受け取るでしょうか？　この場合、「すみません。」という言語よりも、ぶっきらぼうな言い方や腰に手をあてた姿勢の方が本音だなと受け取ります。

　このように言語と準言語と非言語の伝えるメッセージが食い違っていたとした場合、当然、準言語、非言語の方を我々は信じるのです。

　また、電話でも「すみません」と口にはしているが、謝っているようには聞こえないということはありませんか？　この場合、我々は声のトーン、言い方などの準言語から本音のメッセージを受け取っていることになります。

　では、準言語と非言語のメッセージが食い違っていた場合は、どちらを私たちは信じるでしょうか？　例えば、「すみません」という言葉をすまなさそうな声のトーンで話したとしましょう。そのとき、話し手は腰に両手をあてたまま話していたらどうでしょうか。あるいポケットに手を入れたまま話していたらどうでしょうか？　準言語のメッセージを受け取るでしょうか？　それとも非言語のメッセージを受け取るのでしょうか？

　言語、準言語、非言語のメッセージで一番強い力を持つのは非言語です。その次が準言語です。このことは、言語と準言語、非言語の中でどのメッセージが一番情報量が多いかということを考えれば納得できるのではないでしょうか？

　そして、メッセージを伝える力が一番強いのは、当然、言語、準言語、非言語全てが一致しているときです。また、言語は意識的なコミュニケーション、準言語、非言語は無意識的なコミュニケーションになります。意識と無意識とでどちらがパワフルであるかは既に説明したとおりで、無意識の方が圧倒的にパワフルでした。このことから考えても非言語、準言語、言語という順番で影響力が強いこともうなづけるのではないでしょうか？

（3）何を話すかではなく、誰が話すか？

　あなたは、どんな人を好きになりますか？　あなたはどんな人に心を許しますか？　また、あなたは誰かと同じ服を着ようとしたり、誰かと同じようなかばんを持とうとしたり、誰かと同じ映画を見たり、小説を読もうとしたことがありましたか？

　その場合、誰と同じ服を着たいと思いますか？　また、自分と同じ服を着た人がいると、どのように感じますか？　初対面の人から自分と同じ歌手を好きだと聞かされたら、どのような心の変化が生じますか？

　そして、同じ服を着た人とか、同じ歌手を好きな人と一緒にいると居心地は良いですか？　それとも居心地は悪いですか？

①初対面の人でも、同郷だと聞いた瞬間にとても近く感じるのは何故？

　ここまでコミュニケーションを言語的、準言語的、非言語的の3つに分けて説明してきました。そして、言語的、準言語的、非言語的なメッセージが一致しているときに一番強いメッセージが伝わると書きました。

　では、我々はどんな人に影響を受けるのでしょうか？　どんな人の言葉ならば信じて、積極的に受け入れようと思うのでしょうか？　その一例は安全安心だと感じられる人ではないでしょうか？　人には安全安心欲求があり、安全安心だと感じるとき、緊張感がとれリラックスでき人の言葉を受け入れやすいのではないでしょうか？　ではどんな人に安全安心を感じられるかというと、例えば自分に近いと思える人ではないでしょうか？　近しい人とはラポール（信頼関係）がとりやすく、言葉が自分の中に入ってきやすいのではないでしょうか？　海外で日本人旅行者と会うと、性別、年齢、性格などかなり違っていたとしても近しく感じて、心を許しやすくなりませんか？

　私の具体例をお話したいと思います。日本人観光客をほとんど見かけないような「秘境」と呼ばれる地でも、その土地の有名な安宿に行くと、必ず日本人がいました。そこでは、顔を合わせて、日本人だと知った瞬間にものすごくほっとし、一瞬にして心の緊張がほどけ、少し話しただけで親しい友人のように感じました。夜になるとどちらからともなく「飯でも行きましょう

か？」と誘い合わせ、これまでの旅路やこの地で体験したことをいろいろ話します。「〇〇って料理、ものすごく美味しくないですか？」とか、「あそこの土産物屋の男、たちわるいでしょう？」などという会話をしていると簡単にラポールができるのです。そもそも、同じ日本人の感覚、視点で現地の人、物、慣習を見る上に、お互いにバックパッカーなので、ものすごく話が合うのです。話すほどに親友のように感じてきます。次第に仲間という感覚が芽生えてきます。安宿に何人か日本人旅行者がいて、何泊か連泊している場合は、その宿泊客のメンバーが兄弟同士のような感覚さえしてきます。その中で年長のお兄さんというような立場の人も自然と出てくるし、誰かの帰りが遅いと心配したりするケースもありました。まるで家族のようなラポールが醸成されていきます。

　また、何十年にわたって東南アジアを中心として頻発しているというトランプゲーム詐欺にひっかかる日本人旅行者が発生する理由も同様の原理によるものと思います。私は約20年前にマレーシアのクアラルンプールでこのトランプ詐欺にひっかかりそうになり、間一髪で難を逃れました。この詐欺は20年後の今もマカオで頻発しているそうです。私は一人旅で、クアラルンプールにいました。タイからマレーシアに入ってすぐのことでした。スーパーマーケットで買い物をしているとTシャツを着た現地の男に声をかけられました。彼もフードコートで注文した皿を手にしていました。「日本人の方ですか？」から始まり、「私の妹が日本に留学していました。埼玉県です。」と口にしました。埼玉に留学していたと聞いた瞬間に油断が生じました。一緒にご飯を食べながら、話は妹のことに及び、妹が家にいるか電話してみると言い、そして、家にいるから少し日本語を話してあげてくれないかと言われました。こうして書くといかにも詐欺のように聞こえますが、私の中ではやさしい日本帰りの妹さんのイメージができていました。もしもこれが日本国内で、妹と話さないかと言われたとしても心が動くことはなかったでしょう。異国の地で、日本という共通項に親近感を覚えて、言われるままにクアラルンプールの見ず知らずの住宅街の1つの家に入って行ったのでした。そして、トランプゲームは開始され、ゲームの終了後には宿に帰って銀行でお金を下ろして、そのお金を相手に渡す約束までさせられていたのでし

た。しかし、間一髪、私はその街を逃げ去り難を逃れました。

　こんな特殊な体験はともかくとして、海外旅行に行かれたことがある方は、海外で日本人と会うとものすごく親近感を覚えたという経験はないでしょうか？

　海外旅行のほかにも、全国規模の集会が東京などで開催されたとき、隣にいた人に「どこから来ましたか？」と聞いたところ、同郷の人ならば途端に話がはずみませんか？　同郷だと聞いた直後から急にその人のことが近く感じられませんでしたか？

　あるいは私が関西の大学に入学して大学生活を始めた頃は、同じ愛知県出身だと知るとその友人とはとても近しい関係のように感じました。同じ愛知県出身ということだけで、それ以来、全く違うパターンの学生生活を送り、住んでいるところが遠いにもかかわらず心が通じ合えているような気持ちになったことがあります。こういう人同士では安心感を感じ、お互いの言葉が入りやすくなります。

　このように海外に行くと「日本人」とか「日本に行ったことがある」ということを聞いただけで初対面でも親近感を覚えてしまうという習性が我々にはあります。都会の大学に入学して同郷というだけで親近感を覚える習性も我々にはあります。これらは基本的に同じ原理が働いているものと思います。

　このように近いと思う人、共通点のある人には安心感を感じることができるようです。そして、それらの人に親しみを感じ心をひらきやすくなる、信頼しやすくなるという性質があるように思います。また、そうした人の語る言葉には影響を受けやすくなるのです。

②日経新聞と東京スポーツの一面記事、どちらの言うことを信じるか？

　最近、駅の売店に置かれた東京スポーツの一面に「雪男の撮影に成功！」と大きく書かれてありました。私はその新聞を買うことはありませんでした。もし日経新聞に同じ見出しが書いてあったら慌てて購入したことでしょう。東京スポーツ（大阪スポーツ、中京スポーツ）と日経新聞とで、どうしてこんな差が出るのでしょうか？[21]

　このことから何が言えるのでしょうか？　同じ記事でもどの新聞が伝えて

いるかによって受け取り方を変えていませんか？　同様に、同じことを言っても語る人によってその受け取り方を変えませんか？　そうだとすると、何を言うかということよりも誰が言うかということの方が大切になってくるのではないでしょうか？

　よく「あの人に言われたくないよ。」という発言を聞きます。どんなに良いことを言われてもあの人に言われては聞く耳をもてない、従えないということになります。逆に「あの人の言うことだから。」という発言も聞きます。あの人の言うことだから聞ける、従えるということだと思います。ということは、何を言うかよりも、誰が言うかということの方が影響力という点で重要なのではないでしょうか？

③もっとも大切なこと ——どこを切っても同じ色ということ

　第1章で、人は誰に影響を受けるのだろうかとお聞きしました。いつも正しいことを言う人だろうか、それともたまに変なことを言うものの好きだと思える人でしょうか、と問題提起させていただきました。

　また、何を言うかよりも、誰が言うかということが大切なのだとも書かせていただきました。ここからは、もっと大切なことを書いていきたいと思います。ある人から出た言葉がどれだけ説得力があるかという話には、もう一つの重要な鍵があるのです。それは何でしょうか？

　こんな例を想像できませんか？　会社の朝礼で沢山の社員を前に、社長が話しています。眉間に皺をよせて、真っ赤な顔になってこう怒鳴っています。

　「いつもお客様に笑顔で接客しろと言っているだろう！　何回、言ったら分かるんだ！　ちゃんと笑顔で接客するように！」

　いつもこの社長は苦虫をつぶしたような顔で社内外を歩いています。その社長が笑顔で接客しろと説教しているわけです。このメッセージは社員に伝わるでしょうか？　誰が話すかという点では、通常、説得力が高いと思われている社長です。平社員より、管理職より、社長の方が権威があるだけに説得力は高いはずです。でも、このメッセージは伝わらないのではないでしょうか？　何人かの社員は心の中でこうつぶやくでしょう。

「あんたに言われたくないわ。」

どうしてこういうことが起きるのでしょうか？

そのポイントは、その人が発する言葉が、その人の行動と一貫性があるか、ということにあるのではないでしょうか？　あるいは、その人の言葉がその人の生き方と一貫性があるかということではないでしょうか？　言葉とその人の日頃の言動、行動とに一貫性があるかどうかが、その言葉の説得力に大変影響するのではないでしょうか？　一貫性があればその言葉には信頼性が高まり、一貫性に欠けていれば、その言葉には信頼性がないということになります。どこを切っても同じ色、というのが理想なのでしょう。

コミュニケーションで一番大切なのはその人が「どう生きているか？」ということかもしれません。

〔3〕人間関係がよくなるコミュニケーション

我々は人材開発という大陸のコミュニケーションという領域を探求する旅を続けています。そして、これまでに言語、準言語、非言語レベルでのコミュニケーションについて探求してきました。私自身のコミュニケーションにおける失敗談もご紹介しました。コミュニケーションで人間関係がこじれ、コミュニケーションで人を励ますこともできるのです。そして、私たちはコミュニケーションで人間関係がこじれることを少しでも防ぎたいと願うものです。では、人間関係がこじれない、いや、逆によくなるようなコミュニケーションのとり方というものがあるのでしょうか？　私自身、いくつもの失敗をふまえて考えた結論をご紹介したいと思います。

我々は、どのようにしたらよりよいコミュニケーションを築けるのでしょうか？　それを私は(1)観察、(2)合わせる、(3)ラポール（信頼関係）、(4)導く、という4つのプロセスが大切だと考えます。

（1）観察する（カリブレーション[22]）

　女性は男性のネクタイやシャツの色などをよく見ています。昨日はこんなネクタイだったのに、今日はこんなネクタイなのね、ということをよく覚えています。男性とくると大半の方は覚えていません。私もそうです。ほとんど見えていないのです。見ているのだけれど見えていないということです。
　あなたは、そばにいる人をよく見ていますか？　ネクタイの話だけではありません。今朝、その方は、どんな表情をしていましたか？　いつもと比べて体調は良さそうでしたか？　ご機嫌はいかがでしたか？　気力はみなぎっていましたか？　昨日と雰囲気は違っていましたか？　たとえば話すスピードや呼吸のペースにいつもと違うところは見つかりましたか？　使っている言葉や話題に変化はありませんか？　あなたはしっかり見ることができていますか？
　よりよいコミュニケーションを築くには、まず相手を観察するということが大切になってきます。相手の表情や姿勢、相手の声のトーンや話すスピード、相手の語っている言葉をよく観察することが良いコミュニケーションには欠かせません。
　表情、姿勢といった非言語や声のトーンやスピードなどの準言語からは、相手が今どういう気持ちでいるのか、本当のところはどう考えているかなどが表れます。人の無意識的（本人も気づいていない）な本質的な部分は必ず身体のどこかに現れます。
　私の友人でベテランのホテルマンの方はお客様が朝起きて来られ、エレベーターを降りて歩いてこられているときのわずか数秒で健康状態、感情の状態などを把握すると言います。その方が研修などを受けますと、必ずプレゼンターの左側に座られます。しかもかなり近い場所に座られます。最前列かそこに近い場所に座られます。人の状態は左側に出ると言います。逆に右側は隠したり偽ることができるといいます。左側は隠せない、偽れないといいます。よくその方は、「今日は講師の先生は、体調がすぐれないようだ。内臓が弱っているようだ。」とか、「今日の先生は顔がむくんでいる。薬の飲みすぎの影響ではないかと思う。」などと語っていました。ホテルでは、宿

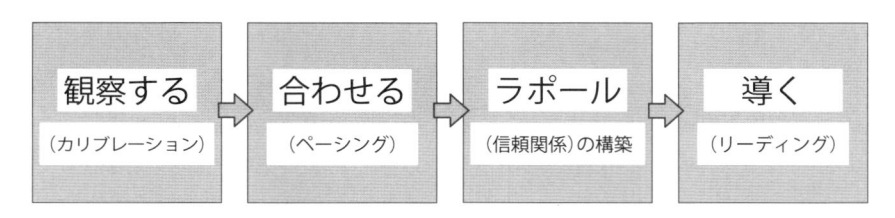

観察する	→	合わせる	→	ラポール	→	導く
（キャリブレーション）		（ペーシング）		（信頼関係）の構築		（リーディング）

図16　よりよいコミュニケーションのとり方（順番）

泊客の健康状態や気分などの状態を瞬間的な把握することがとても大切なので、自然とこうした能力が身についていかれたのだと思います。

プロ野球選手も同様ですね。キャッチャーはほんのちょっとしたバッターの癖からどの球を狙っているかをつかみ、ランナーはほんの小さなピッチャーの癖を読み取り、盗塁を試みます。我々、仕事をしている人間がこれらの人たちと同様に観察する能力を養っていくことが必要なことは言うまでもありません。

先にご紹介しました私の友人との「やばい」という言葉をきっかけによるトラブルについても観察不足だと私自身は反省しました。その事件が起きたとき、私はカウンセラーの友人に相談しました。そのカウンセラーの方は、相手が日ごろどのような言葉をどのような意味で使っているか細心の注意をはらって観察していると教えてくれました。そして、相手がその言葉にもつ体験・経験、感覚を把握した上で、言葉を選んで語るということを教えてくれました。

それまでの私は、自分にとってその言葉の意味するところ、自分が想起する体験・経験、自分がその言葉にもつイメージや感覚だけを頼りに言葉を使っていました。それに対して、相手がその言葉にもつ意味、体験・経験、イメージ、感覚をふまえて言葉を使うということの重要性を知ったのでした。

（2）合わせる（ペーシング）

①言語的なペーシング

よりよいコミュニケーションを築く上で最も重要なことは、相手とのラ

ポール（信頼関係）を築くということです。信頼関係のないところに本当に深い共感はおこらず、深いメッセージは入っていかないからです。私たちは誰の言葉に共感し、誰の言葉を受けとり、誰から影響を受けるのでしょうか？　信頼している人の言葉だからこそ共感し、影響を受けるのではないでしょうか？

　では、信頼関係を築くにはどうしたらよいのでしょうか？　その答えは私たちが誰を信頼するのかということにヒントがあります。さきほども紹介しましたが、地方の高校を卒業をした人が都会の大学に入学し、同郷の新入生に親近感を覚えます。海外旅行に行ったときも同様で、日本人だ、妹が日本に留学していたと聞いただけで親近感を覚えます。何かの全国大会に参加したとき同郷の人だと分かるとその人に親近感を覚えるのも同様です。私たちは共通項を持つ人たちに親近感を覚え、信頼感を感じるようです。

　この原理を意識的に活用して短い時間で親近感を覚えてもらう努力をしているのがセールスパーソンです。セールスパーソンの方は案内された社長室や応接室などで待っている間、部屋の中を眺めて観察しています。先方の客が入室してきて、どんな話から入るでしょうか？　よくあるケースは天気の話題です。天気の話は誰とでもできる話題です。「暑いですねぇ？」「本当に暑いですネ。」という会話は大体話の内容が一致しやすいです。次に部屋の中で見つけたことを話題にするかもしれません。ゴルフの関連のものが見つかれば、ゴルフの話題をするでしょう。「社長、ゴルフはよくされるのですか？」と話題をふるかもしれません。また、出身大学のわかるものが目に入っていれば、その大学にからめた話題をするでしょう。「私の兄と同じ大学ですね。兄からよく〇〇大学の話は聞いています。」という話題をされるでしょう。書類に名前を書いてもらったときなどは、「うちの家内と同じ誕生日ですね？」「奥様のお名前は私の妹の名前と同じですね？」といった話題をします。

　一体、これは何を意図しているのでしょうか？　言うまでもありません。相手と自分の共通点を探り当て、その共通点に話題を持っていっています。何のためでしょうか？　海外旅行での「日本人」と同じ原理です。私たちには共通項がありますね、ということを口に出して話題にしています。それに

より我々は自然と「近い」という無意識の感覚になっています。近いという感覚になることによって、親近感を覚え、信頼関係ができています。この信頼関係のことを「ラポール」と呼びます。

　そして、ラポールができたところでは、警戒心が解かれるので、相手の言葉を受け入れやすくなっています。すると営業も弾みがつきます。この人から買ってあげようかなという気になってしまいます。私自身、こうした効果を使われないようにするために逆に警戒をしていたことがありますが、たとえ警戒していたとしても共通の話題をされているうちに無意識は抵抗しきれず、親近感を覚えてしまっていたりします。

　このように相手とのラポールを築くために、相手に合わすという方法があります。この相手に合わすことをペーシングと言います。共通点の話題を話すこと以外に、相手の言う言葉をくり返すことによってもこの効果が得られます。例えばこんな感じです。

「ここまで遠いですねぇ。時間がかかりましたよ。」

「ああ、時間がかかったのですねぇ。」と相手に共感を示しながら同意します。

「そうですよ。2時間もかかりました。バスが渋滞でなかなか進まなかったんですよ。」

「2時間もですか？　バスが渋滞したのですか？」

「そうなのですよ。悲惨でしたよ。」

「悲惨でしたね？」

　このように相手の言われた言葉をくり返していくとラポールが築きやすくなります。ただし、オウム返しという言葉があるように、気持ちも入らないで露骨にテクニックだけを使おうという姿勢でいると逆効果になることもあるので注意が必要です。ポイントは言葉だけをくり返すのではなく、相手の気持ちに共感することが大切だと思います。

　この「合わす」という行為について、これまで紹介したように共通の話題を口にするというは言語的な面での行為であり、準言語レベル、非言語レベルで「合わす」ことも可能になります。さらに言えば、言語よりも準言語、非言語レベルで「合わす」方がより強力です。

②準言語的、非言語的なペーシング

　準言語レベルで相手に「合わす」とはどういうことでしょうか？　それは相手の話し方に合わせることです。相手の話しているスピードに合わせて、こちらも話すスピードを変えます。ゆっくりと噛むように話している相手にはこちらも噛むようにゆっくりと話します。せっかちに話している相手にはこちらもせっかちに話すスピードを上げます。こちらは早口で話しているのに、相手がゆっくり噛むように話すと、無意識のうちにイライラすることがありますよね。恋の真っ最中の恋人同士がレストランで会話しているときは、当然、スピードもペースも合っていますね。

　これは単に話すスピードだけでなく、声の高低、トーン、間合いなども同様です。私は大学時代演劇部にいましたが、たまに相手方の役者とものすごく息があって予想だにしない面白い演技ができることがありました。そのときを振り返ると、相手をよく観察し、相手に合わせることができているため、お互いの台詞の言うペースや調子が似ていて、ものすごく生きたテンポになっていたように思います。間があっても、本当に生きた間になっていたように思います。少林寺拳法の演武でも同じです。相手が突いて、こちらが受けて、相手が蹴ってきて、こちらが受けてという一連の動作でも本当にお互いのテンポがあっているときがありました。

　また、「合わす」ということについては、非言語でも可能になります。相手の表情、姿勢、動作などを合わせることになります。相手が深刻な表情をしていたら、こちらも深刻な表情をしている。相手がニコニコした笑顔ならば、こちらもニコニコ笑顔でいる。すると合っているなあと自然に感じられます。こういうのは女性が得意です。喫茶店などで会話している女性を見ると、一人が深刻な表情で話していれば、相手は深刻に眉間に皺をよせて、話を聞いている姿を見たことがあると思います。

　また、真剣に話そうと思って話している人と真剣にその話を聞こうとしている人の姿勢もお互い似ていることと思います。二人ともが前のめりになって真剣な表情でいることと思います。また、恋の真っ最中の恋人同士も顔がくっつかんばかりにお互い前のめりになって見つめあっているかもしれません。それどころか、コーヒーカップをとるタイミングまで合っていると思い

ます。また、服装や持ち物も似たものになっているかもしれません。それに対して、隙間風の吹いている恋人同士の会話の風景は、全く違うものになっていると思います。このことはカップルだけの話ではありません。上司、部下の関係でも息があっている関係の場合は、電話口での話し方はそっくりだったり、場合によってはネクタイの色まで似てきたり、持っているパソコンなどの機種も似てきたりするケースも見られます。

仕事の現場で上司と部下の会話を振り返ってみられてはどうでしょうか？

あるいは今日の自分とお客様の姿勢はどうだったでしょうか？　そこにお互いの関係が無意識のうちに表出していたのではないでしょうか？

逆に言えば、早くラポールを築くためには、相手に表情、動作、姿勢を合わせれば良いということになります。相手が前のめりになっていればこちらも前のめりになる。相手が足を組んでいればこちらも足を組む。相手が深刻な表情をしていればこちらも深刻な表情をすればよいということになります。

このように相手に表情、動作、姿勢などを合わせれば、無意識のうちにお互いに親近感が沸き、ラポールができます。

ある程度ラポールができた状態だとどのようなことが起きるか私の実体験を書いておきたいと思います。お客様と会話していて、あるいは学生と会話していて、相手にしばらく合わせていたときのことです。相手の気持ちが悲しみやさびしさに変わり、その感情のもとで発話しているとき、相手よりも先にこちらの目頭が熱くなり、相手よりも先に涙が出てきてしまうことがたまにあります。相手の話を集中して聞いていていますので意識的に涙を出しているはずがありません。無意識のうちに相手の感情が伝播してきたかのように、瞬時に目頭が熱くなり、涙が自然と流れてきたりします。これほどに相手を観察し、相手に合わせようとする行為はパワフルな体験なのだと思います。

(3) 導く（リーディング）

ここまで、より良いコミュニケーションのためには、観察し、合わせることが大切だと書きました。観察し、合わせられるところを合わせていくと結

果的にラポール、信頼関係が形成されてくると書きました。

　それだけでも実感できると気持ちよいものですが、人材開発においては、その信頼関係を築いた上で、人に影響を与えていくということが大切になってきます。信頼関係の中で相手を導いていくということです。

　いったん信頼関係ができてしまうと、ちょうど二人でダンスを踊っているときのように一人が変化すれば相手もそれに合わせて（つられて）変化するものです。今までこちらが合わせていたのに、今度はこちらがステップを変化させると、とっさに相手がこちらに合わせたステップを踏んでくれたりします。「コミュニケーションはダンスである。」と言われるゆえんです。ここまでくるとこちらの言葉が相手に入りやすくなります。こちらの感情が伝わりやすくなっています。

　さらに相手に影響を与えられるようにするにはどうしたら良いかという究極の話を書きたいと思います。これまでの復習でもあります。まず、言語、準言語、非言語が一致していることが大切です。そうすれば、相手の中にすっと言葉や気持ちが入っていきます。ただし、言語、準言語、非言語を意識的に合わせようとすることはなかなか難しいことです。ではどうしたら良いのでしょうか？

　実はそんなことを努力する必要はないのです。ただあなたが本当に思っていることを語れば（伝えれば）良いのです。そうすれば、言語も準言語も非言語もすべて一致しているはずです。本当に思っていることを語れば（伝えれば）自然と、言語、準言語、非言語に一貫性が出ているはずです。そうすれば相手に自然と伝わります。

　相手に影響を与え、導くためのもう一つの究極の要因は、どのように語るかではなく、あるいは何を語るかではなく、そもそも誰が語るかという問題でした。前にも書かせていただいたように誰が語るかということがもっとも人に影響を与えられるかというポイントだったのです。あなたがあなたそのものを伝えれば伝わるということになります。決してあなたではないものを伝えようとせずに、あなたそのものを伝えようとすればあなたは伝わるのです。

　以上のように、よりよいコミュニケーションを築くためには、(1)観察す

る、(2) 合わせる、(3) ラポール（信頼関係）、(4) 導く、という4つのプロセスが大切になります。これらの4つのプロセスを経て相手が望む変化へと導いていくと良いでしょう。

(4) 質問と確認　正確なコミュニケーションに戻すために

　体験・経験が言葉になる過程で省略、歪曲、一般化が行われると書いてきました。人が言葉によってコミュニケーションをとる際には不完全なコミュニケーションが行われていることになります。人が誰かに何かを伝えるときは、言葉を伝えたいというよりも体験・経験を伝えたいはずです。しかし、言葉を使ってコミュニケーションをとるとき、体験・経験そのものではなく、体験・経験の膨大な情報ではなく、大量な情報が削除された結果としての言葉を使うことになります。また、体験・経験は無色透明ですが、その人なりのフィルターで見ています。そのため、言葉になった途端、その人なりのものの見方を通した言葉に変形しています。さらに、一般化も行われています。一般化は、あるものごとが一切の例外はないという前提で、思いこみを持たれてなされます。人は物事を一般化しやすいのです。

　このような不完全なコミュニケーションを少しでも完全なコミュニケーションに近づけるためには、どんな情報が削除されているのか、どんな歪曲が入っているのか、思い込みで一般化はされていないかということに気づき、必要な場合にはそれらについて質問や確認をする必要があります。

　もう少し詳しく説明していきましょう。

　まず、どんな情報が削除されているか、その情報を取り戻すために質問をします。例えば、「関西の人はこわい。」とある人が言います。「どうして？」と聞くと、「だって、こわいもん。」とか「なんとなく……。」というような会話をすることはありませんか？

　こういう場合は、例えば「関西の人って具体的にどんな人のことを言っているの？」「何がこわいの？」「誰から見てこわいの？」「どのようにこわいの？」などの質問をしていくと削除された情報を取り戻していくことができます。「あの人はひどい人だ。」とか、「不景気だから売れない。」とか「会議なんて無駄だ。」といった文章も沢山の情報が削除されています。また、仕

事の現場で「あれ、すぐにやってくれる？」と上司が部下に指示しているかと思います。「あれ」とは何か、「すぐに」とは何か、「やる」とはどのようにやるのかが削除されています。上司の思っている「あれ、すぐにやってくれる？」というのと、部下の思っている「あれ、すぐにやります。」というのでは、とんだすれ違いがあるのかもしれません。ひょっとして上司は10分後に怒り出すかもしれません。「すぐにやれと言っただろう！」と。部下は、「すぐって、午前中でよかったんじゃないの？　やりかけの仕事だってあるのに！」と心の中で思うかもしれません。

　また、歪曲された情報を修正していく質問をしていきます。「政治家は悪い。」と思いこんでいる人がいます。「政治家＝悪い」というようにこの人は決めつけています。これはこの人の色メガネ（フィルター）であり、どんな政治家を見ても、悪い人だと歪曲してとらえます。しかも一般化しています。この場合、「どうして政治家は悪いと思うの？」「世の中の政治家は全て悪いと思うの？」「どうやってそれが分かるの？」といった質問で、どんな歪曲がなされているかを明らかにしていきます。「もう終わりだ。」とか、「寝不足だからだめだ。」とかいう文章も歪曲が入っています。

　また、伝え手の視点で決め付けた一般化が行われていないかも質問で明らかにしていきます。「どうせ私なんかには何もできないですよ。」と決めつけている人がいるかもしれません。この場合、「何もということは本当に何もできないのですか？」「今まで何もできなかったのですか？」と聞いていくと、本人の決めつけが明らかになることもあるかもしれません。また、「もしできたとしたらどうしますか？」と問いかけることもできます。「もし〜できたら？」というのは「As If」フレームの質問ということで第4章の「選択肢の創造」のテーマで説明します。この質問により相手の選択肢の可能性を広げようとします。あるいは、「あなたを止めているものは何なのですか？」とその人を止めている原因を探る質問もできるかもしれません。「私はだめな人間だ。」「田舎はどうしようもない。」なども一般化されています。

　最近、ある方からメールが届きました。「また、振込先の紙をなくしました。やっぱり私は、ダメ人間だ。」と。振込先の紙を2回なくしたから、ダメ人間なんだという文章に納得できますか？　ほとんどの方が首を横にふるこ

とでしょう。そうではないですか？　振込先の紙を2回なくしたら、ダメ人間になるというのならば、おそらく人類の全員がダメ人間になってしまうでしょう。一般化が怖いのは、「私はダメ人間だ（私＝ダメ人間）」と自分を規定することにより、この一般化した文章（信念、ビリーフ）を強化するための情報を集め始めることです。人間には空白の原則と焦点化の原則がありますので、「私はダメ人間だ（私＝ダメ人間）」と決めた瞬間に、その証拠を集め始めます。証拠集めを始めますとどんどん証拠となる情報が集まります。そうなるとどんどん一般化は強化されます。そうすると、どんどん「私はダメ人間だ（私＝ダメ人間）」になっていってしまうのです。自分がどんな一般化をする（信念、ビリーフをもつ）かが、その人の人生を形づくってしまうのです。ほとんどプログラムのように作用して、その人の人生をそちらの方向に向けて進めていくように思います。どうせならば、最初は根拠が乏しいと思えても、「私は素晴らしい人間だ（私＝素晴らしい人間）」という一般化（信念、ビリーフ）をしてしまった方が良いと思います。そうすればどんどんその一般化を強化する（証拠となる）情報が集まってくるでしょう。なぜなら、事実は無色透明（事実に色をつけているのは人のものの見方）なので、同じ事実でも人はプラスの情報ととらえるし、他方でマイナスの情報ともとらえるからです。だから、一般化を強化する情報なんてすぐに沢山集まります。

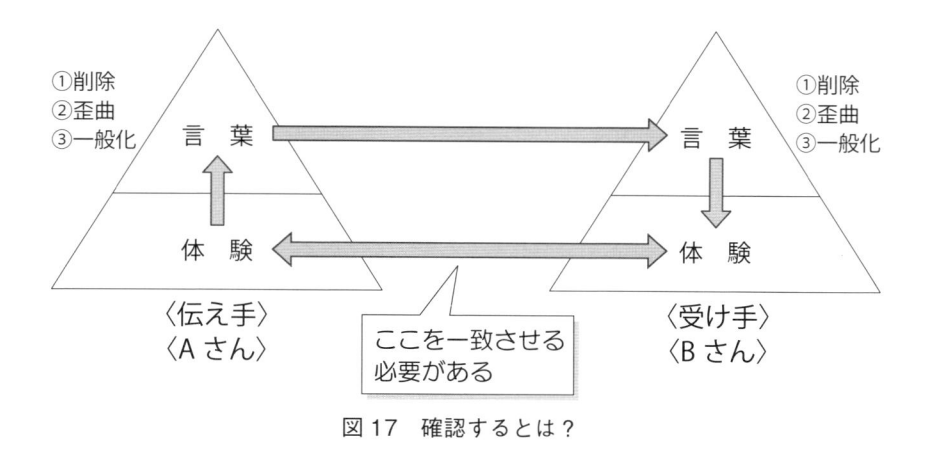

図17　確認するとは？

最後に「確認」についてです。相手の言いたかったことと私が受け取ったことをすり合わせするために確認をします。この場合、大切なのは言葉を復唱して言葉自体を確認する（合わせる）ものではなく、相手が伝えようとする体験・経験自体を確認する（一致させる）必要があります。

1つ注意事項をご紹介します。このように会話の途中で、削除や歪曲や一般化に関する質問をしすぎると途中で怒り出す人が多いと思います。何かとうるさい、文句があるのか、理屈っぽい、けんかをうっているのか、などととられることも多いと思います。それらの指摘、質問がどうしても攻撃的、挑戦的に受けとられがちだからです。他方で、言葉に注意深くなると、どうしても人の削除、歪曲、一般化を指摘したり、質問で問いただしたくなるのも常です。だからこそ、その指摘、質問が本当に必要なものかどうかを自分で確認してからするようにしてください。何のためにその指摘をするのか、何の目的でその質問をするのかを自問自答してからされると良いと思います。また、口調や表情を柔らかくして指摘、質問をするようにしてください。興味本位に中途半端に指摘や質問などをすると命とりになります。私はいくつも失敗してきています。

(5) 内的コミュニケーション　自分とのコミュニケーションのとり方

人は他人とコミュニケーションをとっているだけではありません。人は自分ともコミュニケーションをとり続けています。

私たちは朝起きてから寝るまでえんえんと内的対話を繰り返しています。たとえば、朝、起きて「疲れているなあ。」「今日会社に行くのはいやだなあ。」「寝不足だなあ。」「昨日、飲みすぎたなあ。」「変な夢を見ていたなあ。」「今日も絶対に嫌な日になるぞ。」から、寝る前の「今日は最悪だった。」「今日は無駄な一日だったなあ。」「あいつ、なんであんなこと言ったのかなあ。」などと内的対話をしていることがあるかもしれません。とても消極的な後ろ向きな例で失礼しました。それでも、過去に少しは思い当たるふしはありませんでしたか？

部下に言わないでいいことを日中言ってしまったときは、「やっぱり俺は、人を使うのがへただ。」「俺、最悪だ。」「俺なんか管理職は失格。だからなるの

が嫌だったんだ。」「第一、部下に注意しようなんて思ったのがいけないのだ」「これからは黙っていよう。」「黙って放っておいた方が嫌われずにすむし、その方がいい。」「もう2度と部下に注意なんてやめよう。」というようにどんどん連想が働いて、いつのまにか、「やっぱり俺は管理職に向いていない。」とか、「もう2度と部下に注意するのはやめよう。」といった一般化をしたことはありませんか？

　そんなとき、「今日は本当にいやなことばかりなの？」「6時間も寝ているぞ。本当に寝不足とはいえないのではないか？」「今日、本当に嫌な日になるだなんて、適切な根拠がいくつもあるのだろうか？」「今日も嫌な日と言ったけど、おとといも、さきおとといも嫌な日だったのだろうか？　そうとも言えないのじゃないか？」「あいつ、なんであんなことを言った、と思うのではなくて、どういう気持ちで言ってくれたのだろうか？　何か本当に言いたいことがあったのじゃないかな、と思おう。」「俺、管理職失格って思いかけたけど、それってかなり論理飛躍がないかなあ。決め付けすぎじゃないかなあ。」「もう2度と部下に注意しまいなんて、極端すぎるぞ。言い方を反省すれば言いだけじゃないのかな。」などと自分自身に問いかけられるようになればその後の行動がかなり変わるように思います。

　自分で自分の思い、内的発言に対して、今のは削除されていないか、歪曲されていないか、一般化しすぎていないか、などとひと言、問いかけるだけでかなり違うと思います。

　ここまで我々は、影響という概念について探求してきました。具体的には、影響を与える方法論の1つとしてコミュニケーションについて探究してきました。具体的には言語、準言語、非言語という3つのコミュニケーションについて学んできました。そして、最後に人間関係がよくなるコミュニケーションについても見てきました。この章の知識を活かしてこれからの日々、どのような変化が現れるでしょうか？　非常に楽しみですね。

　続いて、学習と行動について探求していくことにしましょう。具体的には、コーチングという分野に学習と行動に関しての秘密を探しに行きましょう。

第4章

コーチング
──学習と行動を促進する方法論

　我々は人材開発という大陸を探求する旅をしています。
　第1章では、変化という概念、学習という概念、行動という概念、影響という概念を探求してきました。
　変化とはどのようなものでしょうか？　人は何を学習するのでしょうか？　人は誰に影響を受け、どんなときに行動に移そうとするのでしょうか？
　第2章では、学習という領域を探求する旅を続けて来ました。人は何を学ぶのか、人はどんなときによく学ぶのか、脳の3つの基本プログラムの活用、意識的な学習と無意識的な学習、ものをみるときにメガネをかけて見ているが、そのメガネ（フレーム）をどのように活用したらよいのかなど様々なことを学んできました。
　第3章では、人に影響を与える手段としてのコミュニケーションについて探求してきました。言語、準言語、非言語レベルでのコミュニケーションについて、また、人間関係が良くなるコミュニケーションのとり方についても探求してきました。
　これまで、人は、影響を受け、学習し、行動を変化させていると書いてきました。これこそが人材開発のプロセスではないかと書きました。では、学習や行動を促し、変化を起こすにはどうしたら良いのでしょうか？　効果的な方法があるのでしょうか？　私たちは、その方法をコーチングという分野に探ってみたいと思います。
　では、さらなる人材開発の未知の世界に冒険の旅に出て行きましょう。

〔1〕コーチングと人材開発

　コーチングという言葉の語源は「馬車」だそうです。馬車とはどのようなものでしょうか？　どんな役割を果たして私たちを助けてくれるのでしょうか？　馬車があった場合となかった場合とでは何が違うのでしょうか？　そして、私たちの生活、仕事の場面でコーチングという「馬車」があるとどのように助かるものなのでしょうか？

　コーチングはスポーツ界でまず広まりました。やがて、ビジネスの世界にも導入され、コーチという職業も今ではかなり確立されてきました。日本でもプロのコーチが沢山誕生してきました。そして、コーチングは、カウンセリング、トレーニング、メンタリング、コンサルティング、セラピーなどとも一線を画した世界として定着してきたようです。

　ジョセフ・オコナーとアンドレア・ラゲスは、「コーチングとは変化であり、変化を起こすことです。」とその著書『NLPでコーチング』[24]の中で書いています。続けて次のようにも書いています。

　　コーチはあなたのもち札を見て、その手をもっと上手に使ってプレイするように助けたり、時にはゲームのルールを変えたり、またはよりよいゲームを見つけたりする変化の魔術師です。私たちは1つの夢がかなうと、次を期待し、再び夢を見ます。夢にはいつも、その彼方に夢があります。

　コーチングが変化であり、コーチが変化の魔術師だとするならば、人材開発でその変化の魔術師の手法を使わない手はありません。コーチングの世界から人材開発にも使える考え方、方法を探求し、学ぶ旅に出てみましょう。

　また、『コーチング・バイブル』[25]では、コーチングの目的について、学習と行動を促すこととして次のように書いています。

クライアントがコーチングを受けた結果、生み出されるのは、行動と学習です。この2つの力が合わさって、はじめてクライアントの人生に変化が起きるのです。コーチングの大きな目的の1つは、クライアントの「行動を進める」ことです。そして、もう1つの大きな目的は、クライアントの「学習を深める」ことです。学習は単に行動の副産物として生み出されるものではなく、行動と同等の価値を持ち、行動を補完するものでもあります。学習が深まることによって、クライアントの中にそれまでなかったような新しい発想が芽生え、自らの可能性を拡げたり、変化を起こすための強い意思や方法論などが見えてくるのです。

行動を進め、学習を深めることは人材開発にはとても大切な要素になります。この点からいっても、コーチングは人材開発でかなり使える「道具箱」のようです。

この章は人材開発に活かすコーチングという観点で探究していきたいと思います。

〔2〕 コーチングとは？

(1) 変化への道のりとは？

先にも紹介させていただいたようにジョセフ・オコナーとアンドレア・ラゲスは、「コーチングとは変化であり、変化を起こすことです。」とその著書の中で書いています。

コーチングが変化だとすると、その変化の道のりはどのような道のりなのでしょうか？　前掲書からみていきましょう。

人生を道に沿って歩いていく旅と考えてみましょう。あなたは行き先がどこなのかわかりませんが、景色はきれいで気持ちよいものです。しばらく行くうちに、あなたは、どうも同じ道を循環しているのではないか、と気

づき始めます。少し経つと、同じ景色が繰り返し見えてくるのです。そうしているうちに、道が分かれているところにやってきます。実はそれまでにも、何度も分岐点を通ったのですが、あなたはそれに気づかなかったのです。あるいは、気づいたにしてもこのまま同じ道を歩き続けるのが楽だったので、分かれ道を無視したのでしょう。しかし、今は、あなたに注意を促してくれるコーチがいるのです。あなたはほんの少しだけ方向を変えます。あなたは元の道から少しだけ逸れていく別の道を選びます。最初は、ともすればこんな思いにとらわれがちです。「道を変えるなんて、意味がない！」たしかに短期的には、変化はわずかなものでしょう。しかし、あなたがその変化を長く続ければ続けるほど、あなたは元の道から遠く離れていくことになるのです。1年後には、あなたはまるっきり別の国にいるでしょう。あなたが別の新しい変化を起こさない場合でも同じなのです。方向の変化が大きければ大きいほど、新しい景色を見られるようになるまでの時間は短縮されます。しかしながら、どんなに小さな変化だとしてもあなたが持続さえすれば、あなたをこれまでとは違う旅へと導いてくれることでしょう。「これまで歩んできた道がやはり居心地が良いに決まっている」とささやく声が誘いかけてきて、元の道へと引き戻されそうになっても、あなたはひたすら新しい道を歩き続ければよいのです。「どんな災いのある道かわかっている道の方が、何が起こるかわからない新しい道より良い」と誘惑の声が言うかもしれません。でも新しい道に、本当に災いがあるのでしょうか？

コーチは次の3つのことをします。
1) あなたがどんな道を歩いているのか、その道を示します。
2) 選択を示し、あなたが新しい道を選ぶのを助けます。
3) あなたがその変化を持続するように援助します。

一般に、人生は小さな選択の連続です。大きな変化というのはしばしば、たくさんの小さな変化が積み重なって蓄えられ、いざという瞬間に、大きな変化をもたらすことが多いのです。私たちはひとつひとつ選択をする時、これまで通りの居心地の良い道にとどまるか、それとも自分が本心から望む方向に向かって進むのかどちらかに意思決定しているのです。[26]

小さな変化が積み重なって蓄えられ、いざという瞬間に、大きな変化をもたらすことが多いと、この文章では言っています。変化についてのとても示唆深い文章でしたのでご紹介しました。
　あなたは今、どんな道を歩いていますか？　そして、つい最近、道が分かれていたことに気がつきましたか？　ひょっとするとあなたはその分かれ道を入って進んでいるのかもしれませんね？　そして、戻ろうかな、と思われているかもしれませんね？　今進んでいる道を歩き続けるとやがてどんな風景が見えてくるのでしょうか？　あなたはそのことを楽しみにさらに前へと進んでいくのでしょう。

(2) コーチングの語源とその定義

　コーチングの語源は馬車から来ています。では、馬車とは何でしょうか？馬車とはどのような働きをしているのでしょうか？
　馬車には、大切な人を、今、その人がいるところから、その人が望むところまで送り届ける働きがあります。だとすれば、コーチングも、大切な人を、今、その人がいるところから、その人が望むところへと移動させること、すなわち変化を起こすサポートの働きをするものでしょう。コーチングについて、まずはこのように考えていただきたいと思います。
　では、他のコーチたちはコーチングをどのように定義しているのでしょうか？　鈴木義幸さんはコーチングについて次のように定義しています。

　コーチングとは一言でいうと、相手の「自発的」行動を促進するためのコミュニケーションの技術です。どうすれば相手の思考を「しなければならない」から「したい」にかえ、自発的に動かすことができるのか、それがコーチングを学ぶことによって手にする業であり知識です。[27]

　田近秀敏さんは、ディビッド・ピーターソンさんの『Leader as Coach』から次の言葉を紹介しています。[28]

コーチングとは、人々が自分自身を開発し、さらに効果的になるように必要な道具、知識、機会、道具を授けていくプロセスである。

また、田近さんは、ティモシー・ガルウェイの次の言葉も紹介しています。

コーチングとは、会話と人としてのあり方を通じて、相手が本人の望む目標に向かって、本人の納得するやり方で進んでいくことを援助する技術である。
コーチングとは、相手が最大限の成果を創り出す潜在能力を解き放つことである。その人に教えるのではなく、自分自身で学ぶのを援助することによってそれを実現する。

これまでいくつかのコーチング及びビジネス・コーチングの定義を紹介してきました。これらの定義の中には、次のキーフレーズが共通項として入っていました。
「相手の「自発的」行動を促進する」「相手の思考を「しなければならない」から「したい」にかえる」「人々が自分自身を開発し、さらに効果的になれるように必要な道具、知識、機会、道具を授けていく」「相手が本人の望む目標に向かって、本人の納得するやり方で進んでいくことを援助する」「その人に教えるのではなく、自分自身で学ぶのを援助することによってそれを実現する。」
これらの共通項は何なのでしょうか？ それは、相手を動かす（人を動かす）のではなく「相手が自分で動く、自発的に行動する、本人が納得するやり方で進んでいくよう」に援助することにあるようです。
どうしてこのようなやり方が志向されるのでしょうか？ それは、人は人から動かそうと働きかけられたときよりも、自分から動こうと思ったときにこそ力が発揮できるからです。[29]
また、「援助する」という言葉が並んでいることにも気づかれるでしょう。コーチはクライアントを上から見て、支配従属的な人間関係で接するものではなく、対等な立場で協調的な人間関係で接するものであるということも

コーチングの特徴になります。支配従属的な上下関係としたときは、「ヘルプ」（助ける）という表現が適切でしょうが、対等な立場で協調的な人間関係だとすると「サポート」（支援する）という表現が適切だと思います。コーチングはサポートの関係の中で行われるというのが特徴になります。

なお、「コーチ」とはコーチングする側の人のことを、「クライアント」とは、コーチングされる側の人のことをいいます。

(3) コーチングのタイプ

コーチングには様々なタイプがあります。基本となる哲学（考え方）や使うスキルなどは共通なのですが、その使用場面で以下のようにタイプ分けができます。

①ライフコーチング

ライフコーチは、クライアントの人生全体の側面に関わります。個人的な生活、仕事上の生活、健康問題、人間関係などに関わります。例えば、食生活、運動、家族との関係、生活環境などです。私の友人は最近、ダイエット・コーチングを受けています。毎食ごとに自分の食べたものを写真に撮って、コーチに送ったり、朝5時半に起きたよという報告とジョギングシューズを履いた写真を送ることなどをしています。

②経営者コーチング

経営者コーチはトップの経営者のコーチングを専門にします。トップの経営者は孤独な立場にいます。常に重要な戦略的な意思決定を迫られ、常日頃強いプレッシャーの中で仕事をしています。彼らの話を聴く立場の人がいるということはとても貴重なことです。

また、トップは組織の中の誰よりも大きな影響力を持つため、トップを承認し、トップの話を聴き、トップの可能性を引き出すコーチはとても貴重な存在といえるでしょう。

ちなみに私自身もプロのコーチと契約して毎週コーチングを受けていますが、その中で経営者としての課題や会社の目標などを語っていることがあり

ます。コーチに話しているうちに頭の整理がされるような気持ちになることが何度もありました。

③ビジネスコーチング

　ビジネスコーチは、職場での仕事上の課題に関してコーチングをします。このビジネスコーチングの定義についても見ておきたいと思います。本間正人さんは「ビジネスコーチング」について次のように定義しています。

　人間の無限の可能性を信じ、1人ひとりの多様な持ち味と成長を認め、適所適材の業務目標を任せる、経営を持続的に発展させるためのコミュニケーション・スキルである[30]。

　また、田近さんは、「ビジネスコーチング」について次のように定義しています。

　企業・組織の管理監督者あるいは先輩が、部下または後輩の指導者育成のために行う相互の関わりのなかで、対象者の目標達成、問題解決、技術向上を促進することを目的としたコミュニケーションのことを言います。プロフェッショナル・コーチが同じ目的で、契約に基づき、援助することもあります[31]。

　ビジネスの現場での目標達成、問題解決、技術向上、あるいは人材開発にもコーチングの概念や手法は使えることになります。コーチングは、コーチとクライアントが契約して進めていくコーチングと、仕事や人間関係の現場の中でそのスキル、考え方を活用して使っていくコーチングとに分けることができます。ビジネスコーチングの多くは後者で、職場の管理監督者、先輩たちがコーチングの手法を活用してコミュニケーションをとっていく、OJT、部下指導、目標管理面接などに活用するなどのケースが多いかと思います。

④キャリアコーチング
　キャリアコーチは仕事を探している人、キャリアを変えたいと思っている人、しばらく仕事から離れていたけれども仕事に戻る人たちのコーチングを専門とします。

⑤スポーツコーチング
　コーチングはもともとスポーツの世界から生まれました。オリンピックに出るような選手はほとんどみなコーチをつけており、クラブチームなどはコーチが必ずいます。これらの事実からも、コーチをつけると成績が伸びるということが証明されていると思います。また、有名なコーチのもとからは有名な選手が沢山輩出されています。例えば、マラソンの小出義雄監督です。小出監督のもとからは高橋尚子選手、有森裕子選手、千葉真子選手、鈴木博美選手などオリンピック、世界陸上などのメダリストが輩出されています。また、プロ野球の仰木元監督のもとからは、イチロー選手、野茂選手、長谷川選手、吉井選手などの大リーガーが輩出されました。清原選手も仰木元監督を慕っていました。イチローは振り子打法、野茂選手はトルネード投法と独特なフォームを持つことが共通点です。普通のコーチであれば、彼らの風変わりなフォームを手直しさせようとするかもしれませんが、仰木元監督はその個性のまま才能を開花させたように思います。また、小出監督も選手の個性を上手に伸ばすことで有名です。このことは小出監督の本でもうかがい知ることができます。

　　高橋の場合は、普通のやり方では駄目なのだ。鈴木と有森でもそれぞれ違いはあるが、高橋のやり方を試してみたら鈴木はとてもじゃないだろうし、有森でも真似できないだろう。普通の選手にそんなことしたら全部潰れてしまうほどだ。[32]

　こうした監督、コーチの特徴は選手一人ひとりの個性を見極め、一人ひとりに合ったコミュニケーションを図っていることではないでしょうか？
　このようにスポーツの世界ではコーチの力によって選手の力が最大限に引

き出されています。ならば、個人のビジネスでも、プライベートライフでもコーチをつければ成績が伸び、目標達成のスピードが早まるのではないかという発想がでてきます。スポーツの世界からビジネスの世界へ、さらに広い世界へとコーチングがその応用範囲を広げてきたのも当然という感じがします。

　また、どのクラブチームにもコーチがついていますが、成績がかんばしくないとコーチが変わります。コーチが変わると劇的にチームの成績が伸びることもあります。昨年は最下位だったチームがほとんど同じ選手なのに、翌年になったら優勝したというケースをいくつも見てきました。コーチの能力でチームの成果が劇的に変わることもあるのです。こうした事実からもコーチという役割の大きさをイメージできるかと思います。

（4）コーチングの哲学

①どのような姿勢で人に関わるかポイントとなる

　コーチングについて初めて学ぶ人の多くは、スポーツのコーチをイメージするために、コーチがクライアント（スポーツであれば選手）に対して技術、スキルや練習方法を教えるというイメージをもたれているようです。しかし、ここで学んでいく「コーチング」では、答えは相手が持っており、それを引き出してあげるのがコーチの役割だと考えています。

　例えば、あなたが今、食べたいと思っているものは何でしょうか？　あなたは、今、何を考え、何を感じているのでしょうか？　あなたが本当に欲しいものは何でしょうか？　あなたが理想とする家族の関係はどのようなものでしょうか？　こうしたことはあなた自身の中に答えがあり、コーチは、その答えを持っていません。また、クライアント自身も質問されるまではそんなことを考えたことがなかったかもしれません。

　コーチングには次の3つの哲学があると榎本英剛さんは書いています[33]。

1）人は、無限の可能性をもっている。
2）その人が必要とする答えは、すべてその人の中にある。

3）その答えを見つけるためには、パートナーが必要である。

この3つの哲学の発想はコーチングならではと思います。
田近さんも、1つ目の「人は、無限の可能性をもっている」という考え方と似た考え方を次のように紹介しています。

コーチングには前提となる人間観があります。それは、人は偉大な存在だということです。団栗(どんぐり)はあの小さな体のなかに、将来大きな樫の木に育っていくためのすべての資源を有しています。もしも相手が団栗のようにみえたとしても、コーチは始めから樫の木として可能性を見続けます。
しかし、どんなに可能性があったとしても、団栗を乾いたお皿の上に置いたり、コンクリートの上に蒔いたとしたら芽を出すことはありません。団栗がその可能性を開くには、水分や養分の豊かな土壌と光を必要とします。つまり適切な環境を必要とするのです。

また、2つ目の「その人が必要とする答えは、すべてその人の中にある。」と3つ目の「その答えを見つけるためには、パートナーが必要である。」という2点に関連して、『コーチング・バイブル』には次のように書いてあります。

コーアクティブ・コーチング（協調的なコーチング）では、クライアントは必ず答えを持っていると信じることから始めます。コーチがクライアントに与えることができるのは答えではなく、問いなのです。コーチが投げかける問いによって、クライアントが自らの内側を探りさえすれば、実は自分が思っている以上に自分のことをよく知っていることに気づくはずです。それだけではなく、クライアントは自分が本当は何を望んでいるのか、何が自分のやる気を引き出し、何がやる気をなくさせるのか、どんな人生を生き、何を実現したいと思っているのか、また何に恐れ、どこで自分を抑えてしまっているのかといったことについてもすべてすでに知っていることに気づくことでしょう。もしかしたら、コーチが問いを投げかけるま

では考えたこともなかった答えもあるかもしれませんが、答え自体はもともとクライアントの中にあったのです。だからこそ、コーチの役割は、答えを与えることではなく、問いを投げかけることにあるのです。というのも、人は概して、自ら答えを発見した時ほど、強い意欲を感じ、自ら行動を起こそうとするものだからです。[34]

　人材開発に関わる人間が、対象とする人材に対してどのようなスタンスで関わるかはその成果にとても大きな影響を与えることになるかと思います。その点でも、榎本英剛さんのコーチングの3つの哲学はとても重要なものとなります。

②質問がなぜ機能するのか？　質問で何ができるのか？
　さらに、コーチングの特徴を浮き彫りにしている文章を紹介したいと思います。伊藤守さんはコーチングについて次のように書かれています。

◎教えるのではない。聞く。質問する。
◎教えるのではない。ともに歩む。
◎教えるのではない。複数の視点をもたらす。広い視野を持ち込む。
◎教えるのではない。引き出し、考えさせる。
◎教えるのではない。リマインドさせてくれる人がいること。
◎部下のやる気の問題ではない。上司やコーチの目標設定に関する知識の問題。
◎求められているのは、聞かれること。求められているのは、聞き手としての能力。[35]

　伊藤守さんのこれらの文章はコーチングの特徴を鮮明に表してくれているように思います。私たちは人材開発に際して、教えることに傾注しすぎてきたのかもしれません。「答え」を与えることばかりに夢中になるのではなく、「問い」を与え、「質問する」「聞く」ということをしてはいかがでしょうか？
　コーチングでは質問し、聞くということを重視しています。人は質問され

ると自然とその答えを探そうとするという特徴があります。実際に研修や講義の途中で、受講生に質問して答えを待つと、教室の雰囲気はがらっと一変します。質問をする前、私がレクチャーをしていたときは受講生の視線は私に向かって矢印が向いているように感じました。それが質問をして間をつくると、受講生は自分の中に入っていくようであり、矢印を自分の中、内に向けていることが感じられます。深い質問(たとえば「あなたは何が欲しいのですか?」というような質問)をすると、受講生がさらにぐーっと中に中に入っていくのが手にとるように感じ取れます。しばらくすると講師でさえも怖くなるほどの深い凝縮されたような時間に変わっていきます。

どうしてこういうことが起きるのでしょうか? そのことは既にこの本で説明してきました。脳の3つの基本プログラムの話につながります。この3つのプログラムの1つに空白の原則というものがありました。脳は空白が与えられると、その空白を埋めようとして脳を全開にして働かせるのでした。どうしてそうなるのでしたか? それは安全安心欲求と関係がありました。脳は空白があると危険だと認知するのでした。人には安全安心欲求があるので、分からないことや空白をなんとか埋めようとします。その脳の働きを良い方向に活用することができます。それがコーチングでいう質問です。

人に学習してもらいたいとき、人に答えを与えてもなかなか自分のものになりません。ちょうど釣った魚を口の中に入れてあげるようなイメージです。それでは次にお腹がすいたとき、自分で空腹を満たすことができません。それに対して自分から答えを探求して、たどりついた結論は自分のものになっています。自分でたどったプロセスなので似たようなケースが発生したら、そのプロセスをたどって解を導き出すことができます。お腹が空いたら、前回釣ったときのやり方を思い出してもう一度釣ろうと思えばよいわけです。このように自分から答えを探求して結論を出そうとすることを支援するために、コーチは質問をすればよいのです。

また、質問することにより「クライアントに複数の視点をもたらす」ことができます。質問することにより「広い視野を持ち込む」こともできます。さらに、質問することで「引き出し、考えさせる」ことも、「リマインドさせる(思い出させる)」こともできるのです。このように質問することには様々

な機能があるのです。これらの意味するところについては、この後の探求の旅の中でだんだんと理解できることでしょう。

〔3〕コーチングのプロセス（コーチング・フロー）

(1) 成功の公式

　どうしたら成功するのかということについて人生をかけて研究した人がいます。その人は、沢山の成功したと思われる人を訪ね歩いてヒアリングをしました。そして、そこから共通項を導き出し、成功するにはこういうプロセスでやったら良いんだと気づいたそうです。それを公式という形でまとめました。その公式はどんなプロセスからなっていると思いますか？　私がその公式を見たとき、なんだそんなことか、と思いました。

　また、あなたが「あの人は成功した人だ」と思う人を思い浮かべて、その人がどのように功を成してきたかを少しイメージして欲しいと思います。その人はどのようなプロセスで成功してきたのでしょうか？

　成功について研究を重ねたデイビッド・テイラー氏は、沢山の成功した人々を研究し「成功の公式」を次の5つのプロセスで定義しました。
　①自分がどこに行きたいかを知る
　②自分がいまどこにいるかを知る。
　③行きたいところに行き着くためには何をする必要があるかを知る。
　④それを実行する。[36]

　この公式の4つのプロセスを見てほとんどの方は納得されるのではないでしょうか？　しごく当たり前のプロセスだと思われるでしょう。要はこれを具体的に実行できるか次第ですね？
　コーチングのプロセスも基本的にこの成功の公式と同じだと考えてもらえば良いと思います。
　コーチングを、その語源である「馬車」から発想して、「相手が今いるとこ

ろからその人が行きたいと思っている目的地まで送り届ける」と定義したとき、コーチがクライアントを導くときには、なんらかのプロセス（フロー）のようなものがあった方が理解しやすいし、実行に移しやすいと思います。伊藤守さんもこの点に関して、「現状とあるべき姿のギャップを明確にし、目標を達成していくのが、コーチング・フロー。そのコーチング・フローを作るのがコーチの役目」と書かれていて、コーチング・フローを次のように示されています。

①現状の明確化
②望ましい状態の明確化
③現状と望ましい状態のギャップを引き起こしている理由と背景の発見
④行動計画の立案
⑤フォローと振り返り[37]

伊藤守さんのコーチングのプロセスはビジネス的な発想を得意とする方にはとてもしっくりくるものではないでしょうか。通常、仕事の現場でマネジメントサイクルを活用して仕事をしている方には、このコーチングフローのプロセスとマネジメントサイクルは似ており、イメージしやすいものかと思います。

(2) GROW モデル

GROWとは成長するとか、育てるとかいった意味があります。では、人を成長させる、人を育てるプロセスというのはあるのでしょうか？ あなたが部下を、あるいは後輩を、あるいはお子様を育ててきたプロセスはどのようなものだったでしょうか？ さらに、人を育てるにはどのようなプロセスで進めたらよいのでしょうか？ どう思われますか？

コーチングのプロセス（フロー）にはいくつかのモデルがあり、その代表格としてGROWモデルと呼ばれるものがあります。コーチングのプロセスの各段階を英語にしたときの頭文字をとるとGRROWになり、それを少し変えてGROWモデルと呼んでいます。

GRROWの頭文字で始まる各段階を簡単に説明します。Gは、「ゴール」

第 4 章　コーチング——学習と行動を促進する方法論　169

Goal	目標の明確化	どこに行きたいのか？
Reality	現実の把握	今どこにいるのか？
Resource	資源の発見	目標達成に使えるものとは？
Options	選択肢の創造	目標達成の方法は？
Will	目標達成の意思	具体的な行動計画は？

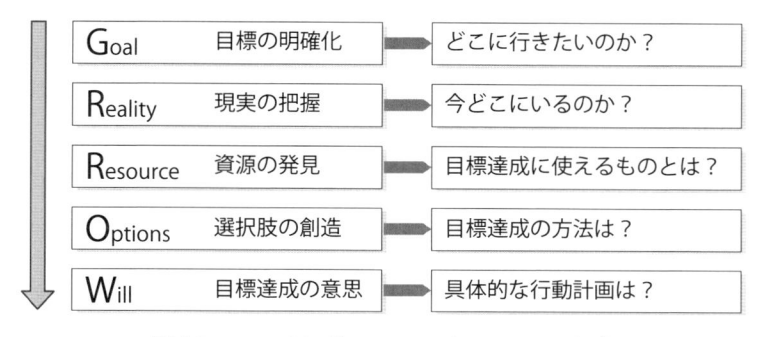

図 18　コーチング・フロー（GROW モデル）

(Goal) です。最初にクライアントが行きたい場所、すなわち目標とか願望を明確化します。1つ目のRは、「現実の把握」(Reality) です。クライアントが現在いる場所、すなわち、現状で何ができている、どこまでできているなどを明らかにして、目標と現状のギャップを明らかにする段階です。2つ目のRは「資源の発見」(Resource) です。リソース（資源）とは、目標や願望実現のために使えるものをいいます。たとえば、目標実現のために使えるもの、人、お金、情報、時間などはないかという点を明らかにしていきます。Oは「オプション」「選択肢」(Options) です。これは目標地点に達するまでの道程をいくつか考えるものです。目標や願望を実現するためにはいくつかの方法があるはずです。そのいくつかの代替案となる選択肢を考えて、その中から一番力が湧き、効果的、最適な選択肢を選びます。Wは「目標達成の意思」(Will) です。クライアントに目標達成の意思がどれだけあるかを確認し、具体的行動計画に落とし込み、クライアントの背中を押すプロセスです。

　実際にコーチがクライアントを送り届ける場合のプロセスはケースバイケースで杓子定規にこれから示すプロセスどおりに実施しなければならないというものではありません。あくまでも柔軟性が必要になります。

　このようにGROWモデルとは、コーチがクライアントを目的地まで送り届けるときのプロセスの1つであり、GRROWのそれぞれの文字を頭文字とする5段階からなります。以下では、このGROWモデルに沿って各段階ごとに詳しく見ていきたいと思います。

（3）目標の明確化（ゴール、Goal）

①目標を立てると生活が変わる

「あなたの目標は何でしょうか？」今日の目標でも、この章を読む上での目標でも仕事の目標でも生活の目標でも人生の目標でもいいです。少し考えて下さいませんか？

まずクライアントは行きたいと思っている目的地を明確化する必要があります。コーチはクライアントが目指すところがどこなのかを明らかにするサポートをします。

目指すところ、あるいは目標が明確化されると、その目標達成への意欲を持ち続けることが可能になります。そして、その人の生活、人生がそのときから大きな変化を遂げることが期待されます。眼の色が変わる、顔つきが変わる、生活が変わるといった変化をもたらします。

私自身、大学生時代、演劇部に所属し、バイトをしたり、バイクの免許をとったり、旅行をしたり、とても楽しい大学生活を過ごしていました。そんな生活の中で、年に3回か4回、演劇部の公演があり、数ケ月単位で公演のための準備をしました。そして、次の公演のための練習を開始するその朝になると朝早く布団をはねのけて飛び起き、今までとは打って変わり、目の色を変えて気合いあふれる精神状態になりました。当然、生活も公演の練習中心の生活になり、生活時間も食生活も全てが公演の準備に向けて最適なやり方に切り替わりました。公演という目標が1つ立てられただけで、ガラリと生活が変わることに周りの友人も驚いていました。当時の自分はなんとも思わなかったのですが、今思うと、具体的な日時まで入った目標ができたことにより本気のスイッチが入り、生活自体がガラリと変わったのだと思います。

また、私は大学院を卒業してから、働きながら、税理士試験、社会保険労務士試験、中小企業診断士試験と立て続けに国家試験にチャレンジする生活を6年くらい続けました。税理士試験がだいたい片付いたと思えた年、試験が終了したその週末には社会保険労務士試験の受験学校に説明を聞きに行っていました。また、社会保険労務士試験が合格したのではと思えた年は、そ

の試験の終了したその週末に中小企業診断士試験の受験学校を訪ねていました。今考えると、高い目標を持った緊張感のある生活を継続したかったのではないかと思います。資格試験に向けた緊張感溢れる生活に中毒状態になっていたのかもしれません。そして国家試験を受験すると決めた瞬間からスイッチが入り、不適切な表現かもしれませんが、日常生活は戦時体制のようになっていきました。平時の日常生活では心身が満足できないような状態になってしまっていたように思います。

　私の演劇部時代の後輩に私と似たタイプの女性がいます。税理士試験を合格した後、不動産鑑定士試験に合格し、さらにその後はフルマラソンに挑戦し続けているのです。彼女の場合も目標をもった緊張感ある生活に中毒状態なのかもしれません。その気持ちも理解できるように私は思うのです。

　また、ある友人からメールをもらいました。彼は2週間後、富士山のふもとの陸上競技場から5合目のゴールまでの20数キロ走るチャリティーマラソンに出場することを決めました。それまで走る習慣もなかったのに、いきなり20数キロ、しかも富士山を中腹まで登って行く（走る）なんて無謀だと思ったのですが、友人の誘いにのって申し込んでしまいました。その彼からいただいたメールを途中から紹介します。

　で、ほんとに22キロ走りました。とは言っても、走りっぱなしは無理なので、ラン＆ウォークですが……。結局、17時くらいから21時近くまでかかりました。もちろん、リュック背負って、水もって、さらにナイトウォーク用のヘッドライトも持参です。自宅から4キロ前後に木曽川があって、その左岸にサイクリング＆ジョギングロードがあるので試してみました。

　最初、折り返し地点の木曽三川公園の138タワーがはるかかなたに見えて、あそこまで行けんのかな？　って思ってたけど、はじめから遠いと一歩づつ確実に進むことだけしか考えないので、案外平気。順調に折り返し地点まで来て、人間て案外やれるもんだね〜なんて思って、止まることなく折り返し、さすがに帰りは暗いので用意してきたヘッドライトを装着。なんか、24時間マラソンを走ってる気分？

　15キロくらいまでは、順調だったけど、やっぱ、足が痛くなってきた。

ヒザの心配してたけど、足首の痛みと足の裏のだるさ……。普通なら、やめちゃうとこだけど、チャリティーマラソン走るって決めたから足を動かすしかないんだよね。
　なんかね、目標があるから、練習しようと思うし、走りきれるんだなぁって、ほんとに思った。ゴールが明確だから、そこまで行かないと終わらない。願望の実現のゴールもこんな感じに描くといいなって、感じたな。なんでも、やってみないと始まらないし、ゴールにたどり着くまでやり続けることって、感覚がちょっとわかったかな……。
　まぁ、平地だったので、坂道でのトレーニングも必要なんだけどさ。でも、まず22キロを止まらずに完走できた自分は、すごいなって思う。ちょっと、いい感覚つかめたな……。しか〜し、帰ってからが大変だった……。足首やふくらはぎはシップだらけで、動けん……。夜中に足がつらなきゃいいけど……。

　「目標があるから無理だと思えた22キロまでたどり着けた」という彼の言葉は目標の効力というのを教えてくれるように思います。また、彼はとても楽しそうです。[38]
　このように自分にとって魅力的で高い目標を掲げると「シビレル」（ワクワクする）ような緊張感が生活の中で味わえ、生活自体がある意味、「生きた」時間になっていくような効果があるように思います。これは目標を明確化することの効果といえるのではないでしょうか？
　そういう意味で、仕事で目標を持ち、ある程度のプレッシャーを感じるということは人を成長させる刺激剤となる可能性があります。

②山頂を見続けているからこそ富士山に登り続けられる
　ところで、私は、川を漕ぐ「カヤック」というスポーツにはまっていた時期がありました。神戸に住んでいたときは、朝5時台の電車に乗り、電車を乗り継いで数時間乗り、奈良県の吉野川という川まで行っていました。京都の保津川も下ったことがあります。また、愛知県に移り住んでからは岐阜県の木曽川、長良川などの川に車で行っていました。これらの川は場所によっ

第4章　コーチング──学習と行動を促進する方法論　173

ては流れが急で、その急な流れがある場所で練習をつんだことが何度もありました。例えば、急流の中、対岸の川まで漕ぎ渡るという練習があります。見るからに上流から下流までかなり早い流れになっています。うかつに川に漕ぎ出でると一気に何十メートル、何百メートルも下流に流されてしまいます。そこでカヤックのコーチは大きな声でいくつか注意をします。私たちは内心、その流れを恐れひるみながらも、コーチの注意に必死になって耳を傾けます。コーチは大学時代カヤック部すなわち運動部に在籍していた人たちなので、こういう現場ではほとんど体育会の練習のような雰囲気に豹変します。我々はコーチの言う注意事項を聞くしか、生き残る道はないというような感じで真剣に耳を傾けています。そして、コーチは言います。

「まず1つ目は、パドルで左右漕ぎ続けること！　漕ぐのをやめた瞬間に船は傾き、沈没する！　だから、絶対に漕ぐ手を止めないこと！」

コーチは1つ目にこの言葉だけを言いました。理由はそのときは説明してくれませんでしたが、後で原理がわかりました。カヤックの船は川と接しています。カヤックの船底は平らではなく逆三角形のようになっているのでイメージとしては、船底の一点が川と接しているという感じになります。そして、左右両手で持ったパドルを漕ぎ続ければ、舟の左右にも支点ができることになります。すると舟底、そして、左右と合計3点の支点ができて船は傾くことなく安定します。この原理を後で聞いて、なるほどと納得しました。

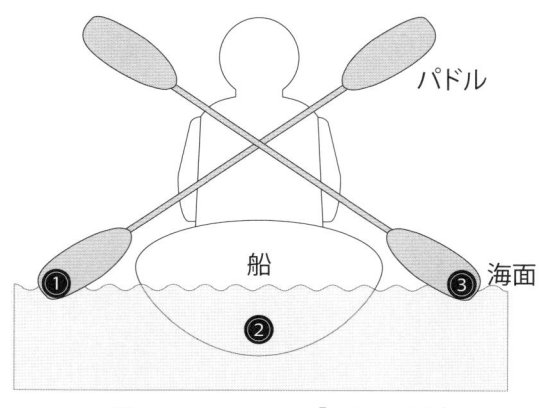

図19　カヤックの「3点の支点」

この話を知るまでは、ただ沈没したくないという一心で、とにかく必死で漕ぎ続けていましたが、この話を知ってからは肩の力が少し抜けて漕ぎ続けることができました。

続いてコーチは言います。

「2つ目はもっと大事なポイントです！　それは、対岸のあの岩の裏に船を入れるので、あの岩から目をはずさないこと！　あの熊のような形をした大きな灰色の岩、見えますか？　目を岩からはずした瞬間に10mは下流に流されて取り返しがつかないことになるから、必ず守ること！」

私たちはコーチの指差した大きな岩を見つめて、ただ頷きました。かなり遠くにその岩は見えています。

そして、1人ずつ順番にコーチの指示をもらってから上流45度に船先を向けて漕ぎ出します。ほとんど神に祈るかのような心境で腕に力を入れ、船に入れた足、膝に力をこめて漕ぎ出します。上流に向けて漕ぎ出した船は急流ですぐにも船の向きを変えようとします。そして、水の勢いは船を横から押し上げるようにして船体をぐらつかせます。ここで油断すると一気に船が傾き、沈没しそうです。そこでコーチの1つ目の注意を思い出して、とにかく死の物狂いで左右漕ぎます。左右必死で漕いでいると、コーチの大声が響きます。

「岩から絶対に目をはずすな！」

そうです。岩から目をはずしかけた途端、水の勢いは船の向きを一気に変え、船を押し流そうとしていました。私はもう一度岩に目を釘付けにして、左右の腕にさらに力をこめ、回転を早めました。するとまた船の方向が岩の方に戻りました。岩から目をはずした瞬間、たしかに船は一気に下流へと流されようとしていました。私はそのことを体感しました。このとき実体験でコーチの2つ目の教訓のありがたみが身にしみたのです。

急流の中、対岸のあの岩まで行くという、その目標を達成するためには、あの岩から目をはずしてはならない、ということを体が思い知りました。あのときから今に至るまでこの教えは忘れたことはないし、この教えに疑いの余地をはさむことは全くありません。

そして、必死の形相でなんとか岩の裏に船をもぐりこませ、もう流される

ことはないと感じたとき、私はやっと安堵しました。顔に水しぶきをあび、達成感と少しの誇らしさも感じていました。

　このカヤックでの教訓が人生での教訓になるということを知るのはそれから何年もの月日が必要でした。私はコーチングを学び始めました。そして、コーチングのGROWモデルを学び、その第一ステップが目標の明確化であると知ります。そして、ある本にこう書いてありました。「富士山に登る人は頂上を見続けているから頂上まで登れるのです。」と。

　頂上を見ることなく、頂上まで登ることは至難の業だというのです。確かに、登山をする人は頂上を見続けて、頂上まで登ります。実際に頂上が見えていなくても頂上、あるいは頂上に到達したときの様子をイメージしながら登ります。そして、頂上に到達したとき、達成感を味わいます。カヤックも目標とする岩を見続けることにより対岸の岩までたどりつけます。この富士山の話を読んだときに、はっと思ったのでした。このカヤックの教訓は人生の教訓であると。

　私たちの日常生活は本当に様々なことが起きます。予想だにしないことも起きます。仕事でも生活でも様々なことが次から次へと起きて、そうしたことに日々ふりまわされ、日々忙しく感じている方も多いと思います。かくいう私もそうでした。人生はまるであのカヤックの練習をしていた急流の川のようです。日々の生活は隙あらば今にも飲み込まんとする川のようです。あっと気付くと、思いもしなかったところまで流されつづけている、そんな感じがする方もいらっしゃるかもしれません。私も実際にそう思います。少し仕事が忙しくなると、2週間、いや、1ケ月くらい経つのはあっという間です。今年も、気付いたらもう6月になっていたという感じ（つい先日、新年を迎えて年賀状を送ったばかりなのに、もう半年経っていたという感じ）がします。本当にあの急流の川に流されてしまったような感覚になります。そして、私たちはこうした急流の川に翻弄されて予期せぬところまで流され続けるのでしょうか？　あるいはあの大きな岩まで渡ろうと決めて、岩を見続けて漕ぐのでしょうか？

　目標を明確化するから目標に行ける、目標を決めるから流されないで済む、目標を決めて視線をはずさないからパドルを漕ぎ続けられるのかもしれ

ませんね？
　そして、目標というのはあの熊のような形をした大きな灰色の岩というように特定の具体的なものである必要があります。あそこらへんの岩というのでは視点をどこに置いていいかわからないうえに、いつのまにか見失ってしまいます。つまり、目標は明確化する必要があるということになります。

③明確な目標とは？──SMARTな目標設定の仕方

　目標を立てると、日常生活に良い意味で緊張感が生じ、しびれるような時間を過ごせるというメリットがあるのではないかということを演劇部での体験、国家試験の挑戦の例を出して書かせていただきました。また、目標を見続けるから目標に到達できるのだということもカヤックでの川の横断、富士山への登山の例を入れて書かせていただきました。そこでは、お芝居の次の公演の成功、国家試験の合格、対岸に渡る、富士山頂に到達するという具体的な目標がありました。あなたには、現在、具体的な目標はありますか？そして、具体的な目標を立てるにはどうしたら良いのでしょうか？
　また、目標を明確化する際にはどういうことに気をつけたら良いのでしょうか？
　具体的な目標設定の方法の１つとして5W1Hで具体化していくというやり方があります。すなわち誰がいつ何をどのように、なぜ行うのか、といった観点で目標をより具体化していく方法です。5W1Hに沿って、次のような質問をしていき目標を明確化していきます。

　◎What　何を？
　◎When　いつから？　いつ？　いつまでに？
　◎Who　誰が？
　◎Where　どこで？
　◎Why　なぜ？
　◎How　どのように？

　あるいはSMARTの観点で目標を具体化するという方法もあります。すなわち
　◎具体的に（Specific）、

Specific	具体的に
Measurable	測定可能な
Attainable	達成可能な
Relevant	相互関連のある
Time Phased	期限の定められた

図20　SMARTな目標設定

◎測定可能な（Measurable）、
◎達成可能な（Attainable）、
◎相互関連のある（Relevant）、
◎期限の定められた（Time Phased）、

という観点で的確な目標かをチェックすることになります。以下ではこのSMARTな観点での目標設定について説明したいと思います。

ア）具体的（Specific）な目標設定

まず、具体的（Specific）な表現で目標や願望を設定する、思い描くことが大切です。あいまいな目標ではエネルギーの焦点が絞れず、ぼやけたままで力を発揮できません。また、あまりに大きな目標であったとしたら、何をしたら良いか見えないことになります。目に見えるかどうかという基準で明確化をしていくことも良いと思います。目標を口にしていく段階で、ぼやけているところはまだ見えていない証拠です。コーチの立場としては、目標や願望を質問して聞き取るなかで、ぼやっとして見えにくいところをさらに質問で聞き取り、鮮明にしていくことが求められます。理想はコーチ自身がクライアントの目標や願望が目に見え、まるで自分の目標や願望であるかのごとく語れることだと思います。

目標さえ具体化できたら、目標達成されたのも同然だとか、目標さえ具体化できたら7割方目標は達成できたと言える、ということを言う人がいます。

私もこれらの意見には同感です。

　本当に自身が達成したいと思える目標を具体的にイメージできさえすれば、その後は自動的に本人が達成しようと行動するからです。

イ）測定可能な（Measurable）な目標設定

　測定可能な（Measurable）というのは、目標を数値などで測定可能なものにできるのであれば、その方が望ましいというものです。数字で見えるとどの程度進んできたのか自分の進度が分かり、あとどれくらい進めば目標に到達するのか見えやすく、モチベーションアップにつながります。公認会計士試験、税理士試験、中小企業診断士試験などの受験生がよく苦しそうに口にするのは「合格に向かって進んでいるのかわからない、果たして伸びているのかどうか分からない、あとどれくらいで合格するのかが見えないんです。」ということです。こんなときは、少しでも測定可能なものにして「見える化」（可視化）の工夫をすると良いと思います。例えばどんな工夫ができるのでしょうか？　私の体験では例えば、合格への距離がどれくらいあるのか、今、どこまで進んだかは、専門学校などの答案練習会や模擬試験の得点や順位で数値化され確認できます。毎年の合格者がどのくらいの得点や順位をとってきたかという情報が手に入れば、大体の合格の目安は分かるはずです。こうなれば、今まで、漠然としていて全くイメージできなかった合格というものが目に見える世界に近づいてきたといえるのではないでしょうか？

　また、短期的には、1ヶ月単位あるいは1週間単位で勉強してきた成果を数字などで記録して目に見えるようにしていくのも良いと思います。手帳やノートに勉強時間を書き込んでいく受験生もいます。その結果、1年間の総学習時間が簡単に計算できてしまう人もいました。私も手帳に勉強できた日は勉強できた時間分だけ赤い色で塗りつぶしていました。また、記憶した問題番号とか、解いた問題番号を手帳や問題集の表紙裏のページに書いたりしていました。時には表にして表の升目に解いたり暗記した日付を書いていました。さらには問題集で解けるようになった問題の右端、左端の角を切っていったこともありました。時間が経つにつれて問題集をとじたときの右上肩がほとんど破られている状態に近づいていきました。そうした工夫によ

り、日々の達成感を感じていました。手帳を赤く塗りつぶす、問題集に貼った表に日付を書き込んでいくと、その行為自体が喜びにつながりました。第2章で紹介した「快・痛みの原則」に照らしますと、「快」を刺激します。また、赤く塗りつぶせない日がたまにあると、ものすごく気持ちわるく、それはまさに「痛み」を感じるものでした。痛みを避けるために、どんなに疲れている日でも、少しは勉強しようと思えました。疲れているので眠るという「快」よりも、手帳に赤い色が塗れないという気持ち悪さ、すなわち「痛み」を避けたいという欲求の方が強かったことを記憶しています。これはジョギング大会に参加すると目標を決めて走ることを習慣化していた日々でも同じやり方をしていました。食卓のある部屋の毎日目に入る壁にカレンダーを貼り、そこに毎日走った距離と体重を記入していたものです。カレンダーにある程度記入が進んでいくと、ある一点からは、記入できない日があると強烈に嫌な気持ちになるのでした。

　また、仕事での事例も出して考えていきたいと思います。例えば、「従業員のスキルアップ」という目標についてはどう思われるでしょうか？　「従業員のスキルアップ」という目標では、どの点でスキルアップしたらよいのか、どの程度スキルアップしたら良いのか見えてこないのではないでしょうか？　これでは、1日の終わり、1週間の終わり、1ケ月の終わりに振り返ったときに、目標を達成したかどうかが不明確なままではないでしょうか？当然、途中段階でどの程度まで達成できたのか、あとどれくらいで目標達成できたのかも明確になりません。測ることで目に見えるようになり、やる気がアップし、今まで以上のスピードで成果が上がる可能性が出てきます。

　「従業員のスキルアップ」という目標は定性目標と呼ぶことができるかと思います。数値目標化できるものは数値目標（定量目標）にした方が定性目標よりも達成確率が高まると思いますが、定性目標の場合には、具体的にはどういう状態になったら目標を達成できたとするのかという具体的な状態を定義すると良いと思います。なお、定性目標とは、定量目標を達成するために必要な状態や条件を目標化したものです。[39]

ウ）達成可能（Attainable）な目標設定

達成可能な（Attainable）とは、そもそも達成などできるわけないと思えるような目標ではなく、努力すれば達成できる可能性がある目標を設定すべし、というものです。そもそも達成できると思えない目標では誰も力を出そうとは思えません。やる前からあきらめている状態です。かといって、たいした努力もなしに達成できると分かっているような目標では、その人の可能性を拓き、その人の育成、人材開発にはつながりません。そういう意味では、背伸びをしたらなんとか届くという意味を表す「ストレッチ」目標というのが人材育成、人材開発には望ましいと言えます。

エ）相互関連のある（Relevant）目標設定

相互関連のある（Relevant）というのは、ビジネスでコーチングを活用するときに、本人の目標、願望と組織の目標とが相互に関連している、適切であるという意味です。一般的に組織には、その組織のビジョン（理念）があり、戦略があり、方針があり、計画があります。それらと、個人が目標とするものとの方向性などについてズレがないかどうか、相互に関連性があるかなどという点が大切になります。又、RをRealistic（現実的な）という人もいます。

オ）期限の定められた（Time Phased）目標設定

期限の定められた（Time Phased）、というのは、期限が明確になっていないという状態を避け、目標達成に締め切りを設けることを言います。目標に締め切りを設けることで達成確率が高まることになります。「いつかやります」「時間ができたらやります」「そのうちやります」ということを言って実現したためしがどれほどあるでしょうか。

我が家の子どもたちもよくこの言葉を口にします。

「わかったよ。やるからだまってて！」

「じゃ、いつやるの？」

「後で！」

このような発言を聞いても、真剣みは全く感じられません。案の定、しば

らくすると子どもたちは寝ています（笑）。

　私自身も、「いつかやります」「時間ができたらやります」「そのうちやります」というような言葉を口にしている時点で本気にはなっていません。そして、自分で実現できないことを目標として描いた時点でそのことに気付いているように思います。

③目標を明確化しない方が目標達成できる？

　具体的な目標設定の方法として、5W1H、SMARTな目標設定ということを紹介しました。これらはコーチングの本などにもよく書かれているものです。これらのアプローチは、思考や言葉を使った意識的なアプローチになっています。仕事の目標を立てるとか、達成したいという場合はこういうやり方が有効なことも多いでしょう。仕事のよくできる方は、これらの方法を応用して高い目標を達成し続ける方も多いと思います。

　私もこのアプローチで何度か仕事上、あるいはプライベートな目標の明確化にチャレンジしました。そして、仕事ではある程度成功したものの、プライベートな目標設定にこれらの方法をあまりタイトに使おうとすると途中で息切れしてしまうことがよくありました。目標の明確化自体が1つの「仕事」のようになって、目標を明確化している途中でギブアップしたくなるのです。また、たとえ目標を明確化できたとしても、最初目標をアバウトにイメージしたときのワクワクするような感覚がなくなってしまったように感じることもありました。

　このように意識的な（具体的な目標を言葉にして文章化していくような）アプローチにあてはめようとすると窮屈な気持ちになり、目標設定が義務的な、やりたくない仕事を無理やりやるような感じがしてきたことがありました。

　そこで、意識的なアプローチではなく、無意識的なアプローチでの目標設定というのをご紹介したいと思います。こちらの方がより本当に目指したいもの、欲しいものに近いものが目標として描ける可能性があります。目標の明確化はした方が当然良いのですが、同時に目標は言葉や文章にできなくて（意識化できなくて）も大丈夫だと思うのです。たとえば、ぼやーっとした

映像で見えるとか、なんとなく感覚的に感じられるとか、音でイメージできる、それでも十分だと思います。映像であろうと、感覚であろうと、音であろうと、存在しているということが明確であればそれで十分です。それだけで私たちの生活の、人生の北極星になります。実際に私の場合は、今は、そうしたなんとなく見える映像プラス感覚的なものを北極星として、そちらに向かって進んでいるような感覚でいます。

　また、NLP（神経言語プログラミング）などのイメージワークで具体的に映像、音、感覚で体験できればなお良いことは言うまでもありません。映像、音、感覚、それぞれでイメージした体験は強烈な体験として残ります。強烈な体験は文字通りインパクトがあるので学習効果が高いのです。集中できたワークの体験は一発でプログラミング化される可能性があります。また脳は現実の体験とイメージの体験を区別できないそうです。ワークで体験したイメージの体験も脳は実際の体験と勘違いして記憶されるようです。それに成功すれば、脳の中に目標達成状態がプログラミングされていることになります。[40]

　イメージワークによるプログラミングなどについてはなかなか体験しないとご理解いただけないかもしれません。無意識というのは意識化できていないからこそ無意識と呼ばれるものなので、うまく言葉で説明しきれないことをご了承ください。

　最後に、イチロー選手の目標についての言葉と、大脳生理学の視点から目標設定の重要性について書かれた上原春男先生の文章を紹介させていただきます。

　　自分自身が何をしたいのかを、忘れてはいけません。今日、ぼくがいいたいのは、目標をもってもらいたいということです。
　　（イチロー選手の言葉）[41]

　続いて上原先生の文章も紹介させていただきます。

　　目標を、数字化などしてはっきりと定める。すると、不思議にそれが実現

する。「言ったことはかなう」という実例を私は何度も目撃してきました。でも、それは不思議なことでも何でもなく、口にし、書くことで明確化された目標が、私たちの成長意欲をおのずと高め、人をやる気にさせて、達成に向けて積極的に行動するようになるということなのです。その結果、私たちは自然と成功へと近づいていくのです。

創造やひらめきは偶然から生まれるものではなく、「目標を設定しなければ創造は絶対出てこないものだ」と武田氏（大脳生理学の研究で有名な先生）は断言しておられます。明確な目標を持つことで、人間の脳には目標達成のための回路ができ、必要な情報の収集選択機能が働いて、創造性が発揮され始めるのです。目標のはっきりしている人とそうでない人では、脳の活性化度が明らかに異なっています[42]。

あなたはどのように目標を立てられますか？　そして、今、改めて問わせていただきます。

「あなたの目標はどのようなものですか？」

そして、その目標を見たとき、あるいはイメージしたとき、どのような気持ちになりますか？　どのような感覚になりますか？

（4）現状の把握（Reality）

先に「あなたの目標は何ですか？」とお聞きしました。具体的にあなたの目標は何でしたか？　その目標に対して現在どのくらい進んできましたか？

「目標到達した状態が目盛りにして10だとすると今、何段階目まで来ましたか？」例えば、6段階目まで来ているとしたらどうでしょうか？　あと4段階進めば目標達成ですね。この4が目標と現状とのギャップですね？　もし今、「目標に対して進んでいるのかどうか自信がない、手ごたえがない」というのであれば、進んだと思う6の部分に焦点をあてて聞いてあげると良いですね？

「6段階まで来たというけど、具体的に何ができるようになったと思う？」というように聞いてあげるのです。また、進んでいる手ごたえが感じられたのであれば、さらにギャップの4を埋めていくためのリソースの発見、

選択肢の創造をサポートしていけば良いのです。

①現状を見るからギャップが見える

　目標が明確化されたら、今度はその目標に向かって歩んでいく途中過程で、クライアントがどこまで進んでいるのか、現在、どこにいるのかなどをつかむ必要があります。目標まで歩んでいる本人はどれほど歩んでこれたのか、なかなか自分の目に見えにくいものです。そこで、第3者であるコーチが質問をして確認することで、クライアントは自分の歩んできた距離、成長の度合いなどを確認でき、目標までの距離感などを改めて確認することになります。それにより勇気が出て、また明日から歩んでいこうという力が湧いてくる可能性があります。

　そして、現状が把握できると、目標との差、距離、ギャップが見えてきます。ギャップが見えれば、次に何をどれくらいすれば目標を達成できるのか見えてくる可能性が高まります。目標と現状とのギャップのことを「問題」と定義することもできます。目標と現状とのギャップのことを「問題」とするならば、そのギャップを埋めることを「問題解決」と呼ぶことができます。また、「問題意識が低い」ということは、目標と現状との間のギャップに対する意識が低いということになるので、目標が見えていない、あるいは、現状認識が甘い、と言っていることになります。

　また、現状を把握してあげるということには、本人が歩んでいくうちに往々にして忘れがちな当初の目標を思い出せるという効果もあるかと思います。これを「リマインド効果」と呼ぶことができます。

　目標と現実とのギャップを可視化するために、たとえば以下のような質問をしてあげてもよいでしょう。

　「目標達成を100だとすると、いまいくつくらいまで来た？」

　「目標を頂上だとすると、今、何合目まで来た？」

　このように質問してあげることにより、ギャップがどれくらいあるのかが見えるようになります。同時に、意識をギャップから外し、達成できたことの方に意識を向けることも可能です。

　例えばこういうことになります。

「目盛りで表し、目標達成が10だとすると今、いくつになる？」
「4くらいです。」

　なかなか目標達成まで進まない、距離があるという人の多くは、3〜6くらいまでしかいっていないと、焦りと無力感を感じているように思います。このような人はあと、7〜4ものギャップを埋めないといけないと焦りを感じているはずです。そのとき、次のように意識のフォーカスを変えることができます。

「4まで来たんだ？　では、4まで来たっていう、その4について教えてくれる？　これまで何と何と何が達成できて4まで目盛りがあがったと思う？」

「そうですね……、計算問題はかなり早く解けるようになったと思います。それに、理論科目も去年は覚えているだけで全然理解していませんでしたが、今年はだんだん理解できてきて、意味がよく分かるようになってきました。」

「ほかに？　ほかの幾つかのうちの一つは？」

「そうですね……、○○について本当の重要性みたいなものがやっとわかるようになってきました。本当に大切なことはこれだっていうことが……。」

「そうなんだ。計算問題がかなり早く解けるようになり、理論科目も覚えているだけではなく、理解ができるようになってきたんだ。それに、○○についての本当の重要性がわかってきたりしたんだ。ほかにもいろいろできるようになってきて、4まできたんだね？」

　通常はここまで会話をすると、答えている本人の表情は変化しているはずです。最初の「4までしか進んでいません。」と答えたときの悲観的な思いつめたような表情から、明るい誇らしい顔に変化しているかもしれません。

　同じ事実、同じ状況においても、足りないことの方に意識を向ければ悲観的になり、できたこと、達成したことに意識を向ければ希望を持てる表情に変わるのでしょう。ギャップの埋め方について思案するのは、希望を持てる明るい表情に変わってからでも遅くはないでしょう。

　その次は、たとえばこのように進めても良いでしょう。

「では、今、計算問題がかなり早くなり、理論科目も理解できるようにな

り、〇〇も本当の重要性がわかるようになり、4まで進んできたんだよね？
　すごいね。そして、その4を今度は5に進めよう。何があったら5まで目盛りは進むのかな？」
　「そうですね……。」
　この段階ではかなりクライアントの思考は活性化し、積極的に答えを探しにいくようになっています。このように足りないことの方に意識を向けたときは悲観的な思いつめたような表情をしていたのが、達成したことに意識を向けた結果、希望をもてる表情に変わったのです。まさにリフレームが起きたということになりますね？　リフレームして状況を見た結果、クライアントはどうなったのでしょうか？　とてもリソースフルな状態になったと言えます。ギャップを埋めるべく探索の旅に出るには、極力リソースフルな状態で出発した方が良いですね？

②事実を客観的に把握する
　現実の把握という点に関しては、事実を客観的にとらえるということが大切になってきます。第2章で事実は無色透明である、ということを説明してきました。その事実を人は、削除、歪曲、一般化のプロセスを経た後、言葉にします。クライアントが話す言葉は既に削除、歪曲、一般化のフィルターを通過しているために、もともとの事実とは異なるものになってしまっています。クライアントから現実の状況を聞きだし把握するとき、言葉になったものをそのまま受け取るのではなく、言葉になる以前の生データ（一次的体験）にまで戻って把握する方が可能性が拓けることになります。事実は無色透明なので変化しやすいということも既に書いてきました。では、言葉になる以前の生データにどのように戻っていったらよかったのでしょうか？　どのような質問をしていったら生データにたどり着けたのでしょうか？　この点は第3章の終盤で既に触れました。
　また、客観的な情報に対して、コーチが評価をしないようにするということもポイントになります。コーチングではコーチは相手を承認することはあっても評価する場面は少ないのです。コーチ側が評価をしてしまうと（特にコーチ役が上司である場合には）、その評価が決まってしまったかのよう

にクライアントは感じてしまい、そこからクライアントが学ぶことが少なくなってしまうからです。クライアント自身が評価することによって学習が始まると考えた方が良いのです。

ここまで現実把握のプロセスについて説明してきました。現実が把握できると、目標とのギャップがあとどれくらいあるかが見えてくるかもしれません。その際に、目標自体を見直すということも出てくるかもしれません。目標自体を見直さないまでも、そもそも目標がどのようなものであったかをクライアントに思い出してもらうような機会（これを思い出してもらうという意味で、「リマインド」といいます）を設けると良いでしょう。

ところで、さきほどお聞きしたあなたの目標は何でしたか？

（5）資源（リソース）の発見（Resource）

あなたはこれまで目標を達成するためにどんな工夫をしたことがありますか？　私も様々な工夫をしたことがあります。手帳に目標を書いて常に見るようにしたことがあります。部屋には尊敬する人や目標とする人の写真を飾り続けています。手帳に学習した時間を棒グラフのようにして色で塗っていったこともあります。そうすると学習時間が確実に捻出できるようになりました。「未来の物語」という未来のありたい姿を現在形、現在進行形で書いた物語を書いて100日間、読み続けたこともあります。

また、毎日の生活を家族、従業員、取引先など様々な人たちに助けられて切り盛りしています。私はこれまで自分の目標を達成するためにこうした様々な人々に助けられました。さらに、それまでに成功したパターンを次の目標達成に活用しました。税理士試験の学習法は社会保険労務士試験や中小企業診断士試験に活用できました。それらの資格試験のときの生活パターンはその後の仕事でも活用し続けてきました。

このように目標達成に活用できるもの（尊敬する人の写真、時間、助けてくれる人々、過去の成功パターンなど）を、資源（リソース）と呼びます。あなたは目標達成にどのようなリソースを発見し、それを活かしていますか？

①目標達成に使えるもの（リソース）とは？

　資源（リソース）の発見とは、現在地点から目標地点にまでたどり着くため、すなわち現状と目標地点とのギャップを埋めるために使える「もの」を一緒に探すプロセスです。ここで「資源」とは目標達成に使えるものすべてで、人、もの、お金、情報、時間、それに体験も資源になります。

　例えば、何か物を使って目標達成までの距離を縮めることもできるかもしれません。例えば、今、人の手を使ってやっている作業を機械やパソコンなどで行うことで目標までの距離を縮めることができるかもしれません。全国の店長を集めて会議をしたいけれど店長を東京本社に集めて会議をするだけの時間がとれないというのであれば、テレビ会議システムを使って会議はできるかもしれません。

　自分ひとりでは目標とする仕事ができそうにないのであれば、自分の仕事の一部を手伝ってくれる人を探して頼むことができれば、目標達成はできるかもしれません。私は現在、税理士事務所を経営していますが、何人もの職員に手伝ってもらっているお陰で一人では担当できない数のクライアントと契約ができています。

　また、友人の受験勉強を手助けしたケースを紹介したいと思います。友人は受験直前期にさしかかろうとする時期、まだ残業を毎日続けて十分な勉強時間を確保できずにイライラしていました。そんなとき、私は彼に迫りました。「本当に受験に合格したいのならば、一時期くらい仕事を犠牲にする覚悟ができないの？　今のままの生活ならば試験日までに間に合わないと思う。」とピシャリと伝えました。それに対して、友人は考えるところがあったのでしょう。翌日、会社でチームの同僚に頭を下げたそうです。「受験日までの2ケ月間、残業はやめて帰ることにするから、頼むから助けてください。受験が終わったら何でもします。何時まででも仕事をします。」とお願いして協力してもらえる体制を作ったそうです。そして、彼はその日から残業をぷっつりとやめて、夕方から受験勉強をすることができました。そして、見事にその年の試験で合格しました。このケースでは、期限までに十分な時間がとれないとわかったのならば、自分の業務の一部を誰かに手伝ってもらうことにより、自分の時間を作って目標達成にその時間を使うこともできま

す。

　仕事というのは基本的にこの応用形で考えれば良いのではないでしょうか？　最初は一人で始めた仕事も量が多くなれば、誰かに手伝ってもらうし、仕事の内容が高度化してくれば基礎的な業務はすべて他の人に譲って、自分は高度な業務の仕事に携わるということではないでしょうか。さらに規模が大きくなってくれば、やがて作業と管理（人を使って仕事を上手にまわしていくこと）とを分けていくことになります。いわゆる管理職を設けることになります。さらに組織の規模が大きくなって組織の中の人が増えてくれば、その管理職自体を階層化し、トップマネジメント（大会社であれば取締役などの経営陣）、ミドル・マネジメント（大会社であれば部長、課長など）、ロワー・マネジメント（大会社では係長、職長など）と垂直に階層化していくことになります。

　また、お金が十分に足りないということであれば、どこか違うところでお金を節約してうかしたお金を使うことができないかと考えることもできます。このままでは目標達成できないと思うとき、その分野に精通した人からノウハウなどの情報を聞きだして、それを活用することによって目標が達成できるかもしれません。

　時間が足りないというクライアントとはなんとか時間を確保する方法を模索することもできます。私自身、受験生の指導経験が長かったため、先ほどの友人の例以外にも、このリソースの創造にはよく関わりました。社会人の受験生はほぼ全員が「時間が足りない。」とか「時間がない」と言います。余談ですが、社会人でなく、一日勉強だけをしていられる学生でも同じことを言うので不思議です。時間がないという社会人の受験生に対しては、一日の生活を聞きます。例えばこんな感じです。

　「朝の通勤はどうしているの？」「電車です。」「電車の中で何しているの？」「満員電車のなかなので勉強できません。」「本を持たないと勉強にならないと思っていませんか？」「はい？」「本をもてないからこそできる勉強があるのですよ。本を持てないから、取り出せないからこそ、自分でアウトプット訓練すると効果的な学習法になります。昨晩、勉強したことすべて頭の中でアウトプットして自分で自分に説明するような感覚で再現してはどうですか？

満員電車では、本をとりだせないから、どこがわかっていて、どこがわかってないのかが明確になります。しかも電車の中は時間が決まっているので、その時間に復習を終えると決めれば、締め切り効果（締め切りを決めることで緊張感が高まり、時間密度があがる効果）で効果的な学習ができますよ。」

こんな会話をしながら、今まで学習できない時間帯であった朝の通勤電車の時間（夜道の歩いて帰る通勤ルートも同様です）を学習時間に転換していきます。

また受験勉強に専念している学生は最近、ノートを写真にとって携帯電話で見れるようにしたり、携帯電話に問題と解答を打ち込んで、夜道や満員電車でも学習できるように工夫している人なども増えてきています。

このような受験勉強の時間の発見に関する究極のケースは、寝ている時間を活用することです。私は受験生に寝ることは受験勉強で大切な時間だと伝えています。それは、脳科学者の方々が言われるように、寝ている間にその日一日の情報が再整理されているからです。寝る前までさまざまな知識を脳にほうりこんでおいても、朝起きたときにはすっきりとして、昨晩の知識が体系的に風景が見渡せるように見える気がしたことはありませんか。睡眠している時間は有効な、最高に効果的な学習時間に変えられます。また、ある学生から次のような発言を聞いたこともあります。

「最近、寝る前に今一度、教科書をざっと見て頭の中で繰り返しながら寝ることをやり始めています。先生が授業法で教えてくれた「未完成効果」（空白の原則）により、普段より興味が沸き、勉強することの楽しさを知ることができました。これも一つのモチベーションのあげ方だと知りました。」

また、その目標を既に達成した人（ロール・モデル）を知っていれば、その人も資源となりますし、その人が書いた自叙伝などの本、その人の語った言葉、その人が紹介された雑誌・新聞の記事、写真、映画、音楽、講演テープなども目標達成のための資源となります。私自身、15年くらい前からロール・モデルとなる人の写真や行きたいところなどの写真をコラージュにしてポスター大の「夢の地図」を作ってきたと第1章で書きました。似た手法として「ソース」[43]のワクワクのコラージュというものもありますし、最近では、「宝地図」というのが有名になってきています。ちなみに私の場合は、その

地図に、尊敬する人、こんな雰囲気の経営者に憧れるなあという人の雑誌から切り抜いた写真、ピカソや日比野克彦さんが制作している写真、インドの雑踏の写真、パルミラ遺跡の写真、愛・地球博のチラシ、ゴッホの絵など好きなものをありとあらゆるジャンルから選んで貼り付けてあります。そして、常に目に入るところに置いてあります。この効果は人それぞれだと思いますが、目標を意識しておくこと、資源を活用するという点ではやらないよりやった方が良いことは間違いないと思います。なによりも作っているときのワクワク感というのが私は大好きです。大体5年に一度くらい思い立って、正月休みなどに没頭して作っています。

②過去の体験も目標達成に役立てることができる

　また、クライアントの体験・経験もリソースとして活用することもできます。例えば成功体験です。

　「そういえば、昨年までは部下を上手に使ってプロジェクトを成功させていたよね。そして、高い成果を生み出したよね。あのときの人の使い方をふり返ってみて、どうだろう？　あのときうまくいったいくつかのやり方のうちで、今回のケースで使えるやり方を1つ、2つあげてみてくれないか？」

　こう聞くことにより、昨年のプロジェクトで部下を上手に使って高い成果をあげた成功体験を思い出すことができます。そして、そのときいくつかのうまくいったやり方があったことを前提として、そのときのノウハウの一部を今回に活用できないかという思考にクライアントを導いています。

　その人の成功体験を思い出してもらう質問をすることは、それらの体験を思い出すだけで、その人がリソースフルな状態（エネルギッシュな状態）になっているはずですね？　そういう意味でもリソースを発見できたといえるのかもしれませんね？　そして、単に過去の成功体験を挙げてもらうだけでなく、その活用法まで本人に考えさせるような質問をするということも大切なことだと思います。

　最後に、改めてリソースについてどんなものがあるのか書いておきたいと思います。

　◎物的資源：読んだ本、目にとまった雑誌の記事、写真、パソコン、機械、

器具、道具、技術、必要とする情報が入ったDVD、CD、カセットテープ。
◎人的資源：家族、友人、同僚、部下、上司、取引先、近所の人たち、以前からの人間関係、所属する（してきた）サークル、クラブ、団体などの人的ネットワーク。
◎時間：目標に到達するために費やせる時間、あらたに捻出できる時間。
◎ロール・モデル：その目標を既に達成した人を知っていれば、その人。そして、その人たちが書いた自叙伝などの本、その人の語った言葉、その人が紹介された雑誌・新聞の記事、写真、映画など。
◎あなた自身の資質：目標に到達するために使えるあなた自身の資質、能力、スキル、思想、哲学、ビジョン、感性、自己イメージなど。

(6) 選択肢の創造（Options）

　仏教の言葉に大道無門という言葉があります。悟りに達する方法はひとつではないという意味があります。目標達成についても同様のことが言えるかと思います。目標を達成する道のりは1つではないということです。様々なルートで目標にたどり着けるということです。コーチングでは、コーチはクライアントの選択肢を複数見つけ出すサポートをしていきます。あなた自身、今の目標を達成する方法が今考えているやり方以外にもいくつもあることに既に気づかれているかもしれませんね？

　選択肢の創造とは、目標地点までたどりつくための道のり、方法をいくつか選択肢として創造することを言います。コーチは目標達成までの道のり、方法などの選択肢をひろげる質問をしていきます。その際、選択肢は2つよりも3つ以上創造し、それらの中からクライアントに選んでもらうようにするのが良いでしょう。1つしかない場合は、それを選ぶか選ばないかの二者択一しかありません。コーチがクライアントに質問したとしても、やるかやらないかだけになってしまいます。また、2つの選択肢の中から選ぶ場合でも、クライアントは自分の意思で選んだという気持ちが弱くなる可能性があります。たとえば、チャーハンしかメニューがなければ、チャーハンを食べるか食べないのかを問うことになり、チャーハンかラーメンしかなければチャーハンかラーメンかどちらを食べるのかという選択を問うことになりま

す。それが「チャーハンかラーメンかカレーがあるけどどれにする？」という質問になれば、自分から好きなものを選択したという気持ちがより出やすいのではないでしょうか？

既に紹介したように、相手に主導権を残すことが相手の能力を効果的に発揮してもらうようにするコツでしたね？　その意味でも、3つ以上の選択肢からクライアント自身が選んだということはクライアントに主導権を預けていることになるかと思います。

選択肢を創造する際には、既に紹介した視点を変える方法（リフレーム）が役に立つことがあります。例えば、上司の立場に立ってもらい考えてもらう、部下の立場に立って考えてもらう、さらに上の上司の上司、たとえば社長の立場から考えてもらう、お客さんの立場から考えてもらうことも有効でしょう。その場合、以下のように質問すれば良いでしょう。

「もし、君の部下がそのような問題を抱えていたら、あなたはどのようなアドバイスを送りますか？」

「もしもあなたがお客さんの立場だったら、どのように考えるだろうか？」

「もしもあなたが社長だったらどのように考えるだろうか？」

「もしもあなたがあなたの尊敬する〇〇さんだったらどのように考えるだろうか？」

これらの質問が考えられると思います。

このように「もしあなたが〜だったら、どうする？」というような質問をするやり方をAS IF（アズ・イフ）フレーム（「もし〜だったら」という枠組み）といいます。

非常に強力な質問の仕方になります。

このAS IF（アズ・イフ）フレームを違うやり方で活用することもできます。

「もしあなたが3年後、自分自身をふり返るとしたらどのように見えるだろうか？」

「もしあなたが80歳になったとき、今のあなたにアドバイスするとしたら、どのように言うだろうか？」

といったタイムライン（時間軸）上で立ち位置を変えることにより違う視

点で見てもらうことができるのです。

　NLP（神経言語プログラミング）では、選択肢をひろげる、選択肢を多くもつということはとても価値があることで、豊かなことだといいます。例えば、選択肢が少ない人は、例えば、「やる」か「やらないか」しかありません。やるかやらないか（例えば喧嘩でも戦争とか）という選択肢しかないことは非常に貧しい生き方しかできませんね？　仮に「中庸」という選択肢をもっていれば、全く違う生き方をしていくことになるかと思います。そして、選択肢を沢山持つということは、言葉を沢山持つことに相通ずることもご理解いただけると思います。

（7）目標達成の意思（Will）

　ここまでのプロセスで、目標を明確化しました。現状を把握しました。目標と現状とのギャップを把握しました。そのギャップを埋めるためのリソースを発見しました。ギャップを埋めるための方法をいくつか考えました。そして、そのうちから1つを選択しました。あとはやるだけです。では、具体的にどこから手をつけましょうか？　それをいつやりましょうか？　いつまでにやりましょうか？　このように具体的な行動計画に落としこんでいきます。「まず、何をやりますか？」「いつまでにやりましょうか？」という質問はコーチングでよく使われる質問になります。では、あなたの場合はどうですか？　具体的に何からやりますか？　それをいつやりますか？

　「目標達成の意思」のプロセスには2つの意味があり、ひとつは本人の目標達成に対する意思や、やる気を確認することであり、もう1つは、選択肢の中から1つを選んだり、優先順位をつけて、具体的な実行計画におとしていくことになります。

　また、このプロセスは目標が確実に達成されるようにするコーチングのしめくくり（最終段階）のプロセスになります。ここまでのプロセスで、目標まで行き着くための選択肢を創造し、その中から最も力が湧き、最短で行けるルートも選択しました。その後で、「さあ、がんばってね」とつきはなして終わってよいのでしょうか？

　それでは目標の達成確率がまだ低いままなのです。コーチはさらに目標達

成までのペースメーカーとしての役割を持っていて、クライアントの目標達成の道のりと進捗状況を確認する役割があると考えた方が良いのです。また、モチベーションの炎が燃え盛っているかを確認し、その火が小さくなってきたときは、目標や初志を思いださせ、再びモチベーションを上げる必要があるでしょう。

そのためには、まず「私が援助できることはありますか？」と尋ねることが効果的な場合もあるでしょう。あるいは、フォローアップの約束することもできます。例えば、後日、進捗状況の聴き取りの機会を決めて約束します。「来週の水曜日の面談の日に状況を聞きますね。」とか、「来週のセッションを楽しみにしています。そのとき、どこまで進んだか聞けるのを楽しみにしています。」といった具合です。

実際のプロのコーチングセッションでは、1週間後のセッションを約束し、それまでの具体的な宿題や行動計画などを聞くこともあります。1週間後のセッションを締め切りとして定めたことにより、締め切り効果が表れ、先週に決めたことを何とかしようというエンジンがかかることがあります。また、コーチと約束したという事実が契約効果（約束は守らないといけない、いい意味での拘束力をもつようになる）を生んで達成確率を高めることがあります。また、実際のフォローアップの機会には、クライアントがそれまに達成したこと、前進したことを確認し、承認し、1週間で学んだことを明確化したりします。

また、モチベーションの確認には、「達成できる確率はどのくらいだと思いますか？」と聞くとよいと思います。ここでも数値目標を使うと可視化できますので、「目標を達成できる確率はどのくらいだと思いますか？　10段階で教えてくれませんか？」と聞く方法もあります。その際、帰ってきた答えが8か9とかの答えがかえってくれば本人もかなり手ごたえがあるのでしょう？　他方、5とか6となると、本人にまだ自信がない証拠です。

あるいは、数値化ではなく、本人から帰ってくる答えから達成確率がある程度推しはかれることもあるでしょう。時に、相手に強く迫る口調で（声をおとして）、眼を正面から見つめて「やれますね!?」と聞くことがあります。この後の本人の反応である程度、本人の自信の程度が見て取れるでしょう。

さらに具体的な行動計画に落としこんでいくこともあります。たとえば、「まず、どこから手をつけましょうか？」「いつまでに何をしますか？」などの質問をすることができます。

　以上、コーチングのプロセス（フロー）の代表格としてGROWモデルと呼ばれるものを紹介してきました。GROWモデルは、「ゴール」(Goal)（最初にクライアントが行きたい場所、すなわち目標とか願望を明確化する）、「現実の把握」(Reality)（クライアントの現在いる場所、すなわち、現状で何ができている、どこまでできているかなどを明らかにする、目標と現状のギャップを明らかにする）、「資源の発見」(Resource)（目標や願望実現のために使えるリソース＝資源、を明らかにする）、「選択肢の創造」(Options)（目標地点に達するまでの道程すなわち選択肢を複数、できたら3つ以上考える）、「目標達成の意思」(Will)（選択肢の中から1つを選び具体的行動計画を立てる）の各段階からなりました。

　必ずしもこのGRROWの順番どおりに進める必要もありません。時として、途中で目標設定に戻ったり、現実把握に戻ったりすることもあるでしょう。特に大切なプロセスは目標を明確化すること、そして、クライアントの目標達成をサポートするというコーチの一貫した姿勢が大切になると考えます。

　そして、人材開発ではこの手順どおりにコーチングをするというよりは、各段階の良いところをその場その場で選択して使うというイメージをもっていただきたいと思います。

〔4〕NLPコーチング　完璧な目標設定の方法

(1) 8フレームアウトカムで目標設定をする（NLPコーチング）

　ここでは再度、目標設定の仕方について書かせていただきたいと思います。さらに効果的な目標設定の仕方を、NLP（神経言語プログラミング）の考え方を導入して紹介したいと思います。また、この章で説明してきたコー

チングの考え方の全ての知識を包括して組み込んでいるので今までの復習にもなります。また、これまでの学びをさらに深く掘り下げていくことにもなるでしょう。

ここではNLPコーチングの考え方のうち㈱NLPラーニング社のセミナーで学んだ「8フレームアウトカムによる目標設定」を紹介して、そのフレームをもとに私が解説を加えたいと思います。自己流の目標設定をするとなかなかうまくいかないことが多いため、より完璧な目標設定を以下の8つのフレーム（9つの質問）に沿って行っていくものです。

質問は以下のものです。

---

① あなたの欲しい結果は具体的に何ですか？
② 成果が手に入ったらどのようにわかりますか？
③ 成果は、いつ、どこで誰と創りますか？
④ それを手に入れるとどのような影響がありますか？
⑤ A）あなたがすでに持っているリソースは？
　　B）成果を手に入れるためにさらに必要なリソースは？
⑥ 現在、成果を手に入れるのを止めているものは何ですか？
⑦ 成果を手に入れることはあなたにとってどんな意味がありますか？
⑧ では、初めの行動は？　まず何から始めますか？

---

(2)「8フレームアウトカムによる目標設定」にこめられた本質

では、上記の質問に沿って解説を加えていくことにしましょう。それぞれの質問に答えながらお読みいただけますと幸いです。

① あなたの欲しい結果は具体的に何ですか？

NLPでは目標のことをアウトカムと呼びます。まずアウトカムを具体的

に答えてもらうような質問をします。目標は大きすぎると達成に向けて何かをしようという動機が起きませんので、大きな目標はチャンクダウンして（小さい塊にくだいていく）具体的なレベルの目標に細分化していきます。そのために「具体的に」という言葉を入れています。

② 成果が手に入ったらどのようにわかりますか？

これは目標を達成した証拠を明らかにする質問です。証拠がなければ目標を達成できたかどうか確かめようがありません。そこで何らかの目標を達成したとき、わかるものを明確化しておきます。例えば、目標を達成したときに何が見えるか、何が聴こえるか、何を感じるのか、五感で体感するものを表現すると具体的な証拠が手にはいります。

③ 成果は、いつ、どこで誰と創りますか？

この質問は具体的な行動についての質問です。目標を達成するためには、いつ、どこで誰と何をするのかを明らかにしていきます。いつ、どこで、誰と目標達成に向けた活動をするかさえも明確になっていなければ、まだ目標は漠然としているということにはならないでしょうか？

④ それを手に入れるとどのような影響がありますか？

これはエコロジーフレームと呼ばれるものです。目標を達成した結果として周囲にどのような影響を与えるのかを明確にしていきます。目標を達成した結果、良い影響を周囲に与えるだけなら良いでしょうが、悪い影響を与えてしまう可能性もあります。

まずは良い影響を与える事例を挙げたいと思います。例えば、この質問をされたときに「子どもたちが私のことを誇らしく思い、私の背中から働くということを学びとってくれると思います。」という答えが出てきたならば、目標を達成しようというさらなる強い動機が引き出せるはずです。目標を他人の喜びまで結びつけると強力な動機付けになるというタイプの人もいます。その意味でも、良い影響を目標設定の段階で明確化しておくことにはメリットがあるでしょう。

他方、目標達成することにより悪い影響が出る可能性もあります。一例をあげましょう。Ａさんは「創業し、会社の経営者としてその会社を上場させる。そして、売れっ子経営者として有名な経営誌にインタビュー記事などが取り上げられるようになる。」という目標を立てました。Ａさんはそれからというもの寝る間も惜しんで、仕事に没頭しました。文字通り365日間、土日も夕方の休息もなく、ほぼ24時間仕事のことを考え続けて日夜努力して、創業し、上場し、経営者として経営誌などにとりあげられてちやほやされるようになるまで成功しました。目標設定から5年後のことです。時代の寵児としてマスコミからももてはやされ誰もが憧れる生活を手に入れました。食べたいときに食べたいものを食べられ、経済的にも何も困らない生活になりました。5年前、食べるものさえ切り詰めてお金をためて創業にたどりついたあの頃のことを思うと、まるで『王様と乞食』のようだとＡさんは思います。目標は120パーセント達成されたと言っても良いと思います。目標達成という観点でＡさんは大成功者です。他方で計算外のことも起きました。目標を立てたときには、Ａさんの周りには夫思いの優しい妻がいました。また、小学生低学年の子どが2人いて、まさにかわいい盛りでしたが、今、Ａさんのもとには家族はいません。3年前、家族はＡさんのもとを去りました。家にまったくいない父、家庭を一切かえりみない父に愛想をつかして家を出ていったのでした。あれほど好きだった温かい家庭の食卓がもうＡさんにはありません。Ａさんは目標を見事に達成すると同時に、5年前、最も大切にしていたものを手放していたのでした。

　Ａさんのケースのように目標を達成することで周囲にマイナスの影響を与えてしまうことがあります。目標設定段階であらかじめ、周囲（の環境）にどのような影響が及ぶかをチェックしておくことが必要です。そのためこの質問をエコロジーチェックの質問とも言います。無意識は意識よりも優秀なので、目標を達成するとどのような影響が出てくるか、意識できていなくても気づいていることがあります。悪い影響が出ると無意識が気づいていれば、どんなに意識側で（頭で）目標を達成しようと努力しても、身体は動きません。無意識が自然とストップをかけてしまうのです。その目標を達成すると家族が離れていってしまうということに無意識が気づいていれば、無意

識は目標を達成することは危険だ、そちらに進んではいけないと身体を止めたことでしょう。

　第1章とこの章で、15年くらい前に「夢の地図」というコラージュを作成したときの話を書かせていただきました。このコラージュは、自分の欲しいと思うもの、自分が手に入れたいと思うことなどの写真や絵を切り貼りしてポスター大の紙に貼り付けたものでした。その中に貼られたもので手に入ったものも、また、なかなか手に入らないものもありました。そして、手に入らないかったもの（の写真など）を見ていると、自分の心の中に「痛い」ような、「止める」ような気持ちがあることに気づきました。このように「痛い」「止める」ような気持ちがするものは手に入らないのではないかと気付きました。このことは無意識が環境への影響を考えて私を止めていたのかもしれません。もちろん、それだけではないのですが、1つの理由として環境への影響を無意識が気遣ってくれていたのかもしれません。「頭ではやらなくてはと思いつつ、身体はその通りには反応してくれずに、ついつい先のばししてしまう。」ことの理由の1つもここにあるのかもしれません。

　⑤ A) あなたがすでに持っているリソースは？
　リソースについては既に説明しました。目標達成のために使えるもの全てのことです。リソースを明らかにしていく上で、今持っておらずこれから手に入れないとけないリソースよりは、既に手元にあるリソースを使った方がてっとりばやいです。そのためにまずは手元にあるリソースから明らかにしていきます。

　⑤ B) 成果を手に入れるためにさらに必要なリソースは？
　既に持っているリソースを使うことはより有効なのですが、今、必要とするリソースがない場合もあります。そのために、さらに必要なリソースは？
　という質問をすることでそれを明らかにしていきます。

　⑥ 現在、成果を手に入れるのを止めているものは何ですか？
　あなたにはここまで目標設定の質問を自分自身にしていただきましたが、

この質問もご自身に問いかけてみてください。いかがでしょうか？

　この質問はかなり強力な質問です。せっかく目標を設定しても、止めているものがある限りは達成できません。そこであらかじめ目標設定段階でこの止めているものを明確にします。いわば目標設定のブレーキが何であるかをあらかじめ明確化しておくわけです。自分を止めているものは意識レベルではなかなか気づけないことが多いのですが、この質問をしてみると無意識の中からなんらかの止めているものが出てきて、意識化できるものです。このことは実際に体験してもらうしかないので是非、ご自身でこの質問をしてみてください。あなたの場合は、どんな答が出てきましたか？　その答は人によって違うでしょう。

　4番目の質問すなわちエコロジーフレームのところで既に紹介しましたが、無意識が目標達成を止めることはよくあることです。その1つの理由は環境への影響を考慮して行動を止めることが考えられます。

　この他にも自分を止めるものがあります。ここでは環境への影響以外のものを1つご紹介します。「だって、私にはやっぱり無理だと思う」「おまえには無理だという自分の声」というような答えが出てきた方もいらっしゃるかもしれません。これはどういうことでしょうか？　このことを自己イメージとか自己肯定感という表現で呼びたいと思います。どうせ俺には無理だという気持ちがある限りは、目標は実現できないのです。そういう気持ちがある限りは、自分でできないと決めていることになります。自分が実現できることは自分ができると思うことが限界値であるとも言えます。東京大学に進学する方はどういう人かと言うと、東京大学に受かる資格があると思う方です。自分なんかに東京大学は無理だと思い込んでいる人はそもそも東京大学を受験しようとは思いません。だから東京大学にはいかないのです。逆に、周りから「君では東京大学は無理だから、レベルを落として受験しなさい。」と言われる人でも、「いや、俺は東京大学に行くんだ。」という思い込みが大きい人は、かなりのハンディを乗り越えてでも合格して東京大学に行くというケースがあります。私の周りにもこのような事例がいくつかあります。つまり自分の自分自身に対するイメージが低ければ低い目標しか目指さないのです。たとえ意識レベルで、「自分は東京大学に行く資格があるのだ。」と考

えていても、無意識レベルで「でもやっぱり自分には分不相応だ。」と思っていたとしたら、やはり目指せないわけです。

⑦ 成果を手に入れることはあなたにとってどんな意味がありますか？

この質問は目標の目標のようなものを明らかにするための質問です。目標を手に入れることの価値のようなものです。目標のことをアウトカムと言うので、この質問は目標の目標を明確化する質問だとするとメタ・アウトカムと言えます。「メタ」とは「～を超えて」という意味です。

なぜ人は東京大学を目指すのでしょうか？　それは東京大学自体に魅力があるというだけでなく、東京大学に入れば、その後、官僚になれる、政治家の道もひらけると考えていた学生も従来は多かったのではないでしょうか？

あるいは、社会でのエリートたる地位、ステータスが手にはいると考えた方もいらっしゃるでしょう。人から尊敬を集めることができると考えた方もいるでしょう。周りが喜んでくれるからという人もいたでしょう。人より秀でているという証が欲しかったという人もいたでしょう。なんとなくお金持ちになれると考えた方もいたでしょう。女性にもてるのではと考えた方もいるかもしれません。東京大学はそうした何かの象徴あるいは手段だったのではないでしょうか？

そして、ステータスを手にいれたいと考えるのであれば、東京大学に入学する以外にも方法があるのかもしれません。人から尊敬を集めたいということであれば、東京大学に入学する以外にも方法があるかもしれません。お金持ちになりたい、女性にもてたいというのならば東京大学に行く以外の方法があるかもしれません。このように目標を手に入れることの価値あるいは目標の目的（目標）を明確化すると、本当に欲しいものが明確化されると同時に、その本当に欲しいものを手に入れるための方法としてもっと違う方法が見つかるかもしれません。お金もちになったり、女性にもてるためにはもっと違う簡単な方法があるかもしれないのです。とすれば目標自体を変更しても良いかもしれません。これらがメタ・アウトカムを明確化する効果です。

また、目標の先にある本当に欲しいものをみながら目標を目指せばより強い動機で行動できるはずです。例えば、人から尊敬を集めたい人にとって

は、東京大学に入学するというイメージよりは東京大学に入学してその学生証を手にして学割のサービスを受けるたびに尊敬のまなざしで見られるイメージをした方がよりゾクゾク（熱く）なれるのではないでしょうか？

　少し似た例をご紹介します。100m競争を走るのに100mのゴールテープを目指して走るとどういうことが起きるでしょうか？　ゴールテープを目指して走ると、100mの手前でスピードが落ちませんか？　つまり100m競争で100mをトップスピードで駆け抜けようと思うのならば、100m地点のゴールテープを目指して走るのではなく、120mあたりを目標として走らなければなりません。

　また、私が少林寺拳法を習っていたとき、胴突きについてこのように教えてもらったことがあります。胴突きというのは、相手の腹をこちらの拳で突く（ボクシングで言うとパンチのように）ものです。このときに相手の腹をめがけて突くと、相手の腹のところで力が止まってしまうのです。相手に強い突きをうつためには、相手の背中まで拳が突き抜けるイメージで突けと言われました。実際に相手の背中まで私の拳と腕が突き抜けるイメージで打つと、相手に強い力を加えることができました。この違いは段違いでした。

　さらに、私はこれまで仕事で面接指導を沢山してきました。その際、1m、2m先に座る受験生がぽそぽそと話し、何を言っているか分からないというケースがありました。そのときは、面接官である私の背中ごしの教室の壁に向かって声をぶつけてごらんと指導して練習させました。何度かやり直させていると少しずつ声が大きくなっていきますが、それでも面接官に聞こえる程度の声です。本人は私の背中ごしの壁に向かって声を出しているつもりですが、実際は面接官に届くくらいの声しか出ていないのです。よくあるのが本人は5m先まで届くと思って声を出しているのですが、実際は2m〜3m先までしか届いていないということがあるのです。スポーツなどの練習でもこのようなことはよくありませんか？　本人がやれているとイメージしていることとの7割くらいが実際に本人ができていることだったりしないでしょうか？

　さらに、NLPトレーナーの山崎啓支先生はプレゼンテーションの練習のときこのように語られたことがあります。ちょうど6人くらいの前に1人が

出てプレゼンテーションするという練習のときでした。
　「目の前には6人の人がいます。でも、決して6人に向かって語らないでください。6人の方々の後ろにいる方々に向かって語りかけてください。6人の方々の後ろにはご家族もいます。友達もいます。友達たちにはさらにそのご家族や友達の方がその後ろにいます。つまり、目の前の6人の方々の後ろには百万人もの人がいるのです。その方々に向かって語ってください。すると奇跡が起きるのですよ。私が話した話をその6人の方々が家族や友達に話し始めるのです。そして、その人たちに私の話が届くのです。」
　このとき、実際には目の前の6人の人たちに向かって語るのですが、その後ろの沢山の人たちのことを意識して語って欲しいと言われたのです。そして、私たちがその練習で語ったときには、6人の方々の後ろを意識して語ろうとするのですが、力及ばず6人の人たちに届く程度で終わることも多かったかと思います。それでも6人にしっかり届き、感動のプレゼンテーション練習になったことを思うと成功だと思います。ちょうど、さきほどの面接練習と似ています。そして、もう少し熟練してくると、本当に6人のみならず、1000人に伝わるようになるかもしれませんし、100万人に届くようになるプレゼンテーションができるのかもしれません。
　目標を達成する価値（目標の目標）を明確化することの意義を説明してきました。そして、東京大学に何故行きたいのかという話、100m競走の話、少林寺拳法の胴突きの話、面接の練習の話、そして、目の前にいる人の後ろの人たちに向かって語るというプレゼンテーションの話を書かせていただきました。
　目標の価値を明確化して、その価値を具体的なイメージとして意識するからこそ、目標に到達するだけの力が発揮できる、その努力を継続するだけの動機付けにつながるのだということを言いたかったのです。

⑧　では、初めの行動は？　まず何から始めますか？
　最後の質問は、具体的な行動計画を明らかにしていくものです。どんな目標も具体的な行動が明らかにならない限り実行されませんし、達成されません。そこで単に目標を設定した段階で終了するのではなく、目標を具体的に

どのように実現させるのか、その第一歩の行動計画を明確化して8フレームアウトカムによる目標設定の質問が終了します。

是非一度やってみて下さい。

〔5〕コーチング・スキル　（コーチングの道具箱）

(1) 承認のスキル

　承認とは相手の存在を認めることだといえます。これはスキルと呼びたくないと思うほど本質的な概念だと思います。ここでは、まず田近秀敏さんの説明に沿って「承認」を紹介します。

　人は他の人から認められたい、承認されたいという欲求をもっています。その人の存在を認めることを意味する何らかの行為によって充足されます。その行為のことを「ストローク」といいます。ストロークは、握手など身体の接触によって与えられる場合もあります。また、相手を見たり、言葉をかけたり、あるいは態度で「あなたのことを気にかけていますよ」という意味合いを示すことなどで与えられることもあります。
　ストロークには、肯定的なストロークと否定的なストロークがあります。肯定的なストロークは相手に自分という存在は重要なのだという体験をさせます。相手を気分よくさせ、嬉しくさせます。肯定的なストロークは、相手に対する愛情や尊敬、賞賛、能力の認知などを表現しています。
　人は承認を求めています。そのため、もしも十分な肯定的なストロークが得られないと、人は往々にして逆に否定的なストロークであっても得ようとします。
　子どもの例が分かりやすいかもしれません。
　人には承認欲求があるので、自己承認が不足していると他人から承認を得ようと右往左往するようになります。賞賛を得るために、注目を得るため、自分の力を誇示するためなどの言動をするのは、社会人としてあまり健全

とはいえないでしょう。

　さらにこの承認について少し書かせていただきたいと思います。さきほど肯定的なストロークについて書かせていただきましたが、言葉による承認というのもあります。この言葉による承認を伝える方法として、YOUメッセージ、Iメッセージ、WEメッセージというものがあります。
　今、どなたか一人の方をイメージして褒めてみてください。できたら褒めた言葉を書き出しておいて欲しいと思います。
　例えば、「思いやりがある方だと思います。」「しっかりと仕事をされる方だと思います。」「仕事に対して責任感のある方だと思います。」「大人だと思います。」「コミュニケーション能力が高いと思います。」などあがったかもしれません。
　これらの文章をよく読んでください。表には表現されていないものの、全て「○○さんは」という主語が入るような文章です。ようするに「○○さんは、△△です。」（例えば「あなたは素晴らしい。」）というような文章になっています。このようなメッセージをYOUメッセージと言います。
　それに対して、「○○さんの真剣な仕事ぶりを見ていると私もしっかりしないといけないと思います。」とか「○○さんの人への接し方を見ていると、私も見習いたいと思います。」というようなメッセージを送られる方もいらっしゃるでしょう。こういうメッセージは主語が私になっており、Iメッセージといいます。
　さらに、「○○さんがいてくれて、私たちは励まされます。」とか「○○さんのお陰で我々は大変に助かっています。」とか「○○さんがいてくれて、私たちは百人力です。」というようなメッセージは主語が私たちになっており、WEメッセージといいます。
　YOUメッセージ、Iメッセージ、WEメッセージのそれぞれにあなたの名前と特性を入れて書いてみてください。そして、その文章を読み上げてみてください。できましたら他人に呼んでいただいた方がさらに良いと思います。
　　YOUメッセージ……「○○さんは、△△です。」
　　Iメッセージ……「○○さんの人への接し方を見ていると、私も見習いた

いと思います。」
WEメッセージ……「〇〇さんがいてくれて、私たちは励まされます。」
例えば、こんな感じで具体化して読み上げていただきたいと思います。
YOUメッセージ……「加藤さんは、仕事のやり方が大変素晴らしいです。」
Iメッセージ……「加藤さんの仕事ぶりを見ていると、私も見習いたいと思います。」
WEメッセージ……「加藤さんがいてくれて、私たちは大変に助かります。」
あるいはこんな感じです。
YOUメッセージ……「加藤さんは、大変素晴らしいです。」
Iメッセージ……「加藤さんを私は尊敬しています。」
WEメッセージ……「加藤さんがいてくれて、私たちは大変に嬉しいです。」
　そして、その言葉を聞いて感じていただきたいのです。どんな感じがしますか？　ここではしっかりと立ち止まって体感していただき、違いを感じていただきたいと思います。
　では、YOUメッセージ、Iメッセージ、WEメッセージのそれぞれの特徴について説明したいと思います。YOUメッセージについては、「あなたは〇〇だね。」と相手のことを伝える言い方になります。YOUメッセージは、上から下へ発せられるメッセージ、すなわちメッセージを発する側が評価する人で、受け取る側が評価される側ともいえます。
　Iメッセージについては、相手の行為、相手の存在が、私(I)に対してどのような影響を与えているかを言葉にして相手に伝えるやり方になります。Iメッセージは、評価する側と評価される側の上下関係ではなく、対等な関係のメッセージとなります。対等な人間として相手から受けた影響を相手に伝えます。Iメッセージは実際にこちらが受けた影響を伝えるので、相手は反論ができません。Iメッセージは相手の心に強く残りやすく、相手に与えるインパクトも大きくなります。その理由として鈴木義幸さんは次のように書かれています。

　人は、どこか深い部分では、自分がどのように他人に影響を与えているのか、聞いてみたいと思っているからです。自分の影響が確認できるという

ことは、自分の存在価値が確認できるということであり、この社会の中における自分の居場所を明確に認識するようなものです。だから真剣なトーンの「I」は、とても強く人の心に届くのです。[47]

　WEメッセージについては、私たち（WE）が受けた影響を相手に伝えるやり方です。Iメッセージ同様に相手の心に強く残りやすいものです。WEメッセージは、Iメッセージ以上に受け取った相手が充実感や達成感を覚えたりすることがあります。それは組織に貢献できたことが表現されていたり、組織の構成員の人たちから認められたと思える表現を含むからです。WEメッセージは、主語が私たち（WE）であるために、組織の一体感を醸成するという効果もあります。
　さて、承認とは何でしょうか？　さきほどその人の存在を認めることだと書きました。この逆に存在を認められないとはどういうことなのでしょうか？　例えば職場で、朝出社しても誰も「おはようございます」とさえ声をかけてくれない、出張先から帰社して自分の席に着いても、課の他のメンバーは誰も「お帰りなさい。」という声をかけてくれない。セミナー会場でも同じように考えることができます。セミナー会場に遅れて入っていったとき、トレーナーがあるいは周囲の人がアイコンタクトで「よく来たね。」というシグナルを送ってくれると本当にほっとするのですが、そういうシグナルを何も受けずに、私が会場に入っていっても誰も何の反応を示さず、何もなかったかのようにセミナーが進行していったとき、どれほど寂しい思いが押し寄せてくるものでしょうか？　そして、そのセミナーが次の休憩時間を迎えたとき、メンバーの誰も声をかけてくれず1人でいないといけないとしたら、どれほど寂しい思いをするでしょうか？　その日、セミナーが終わるまで誰も話しかけてくれなかったとしたら、それだけで疎外感を味わい、私ならば心折れることでしょう。私は歓迎されていないのだ、私は必要ないのだ、というように考えるでしょう。セミナーだけでなく町内会でもサークルでもどんな組織でも同様でしょう。休憩時間に、「待ってたよ。よく来てくれたね！　嬉しいよー！」と走り寄ってきてくれる友達がいたら、どんなに心強いことでしょう。ここでいう「嬉しいよー」は、Iメッセージですね。

他方、組織の中で遅れてきた私に何もメッセージを送ってくれないとしたら、これは否定のWEメッセージと言えないでしょうか？　否定のWEメッセージは強烈なものがあります。組織の誰からも必要とされていないと本人がとらえても仕方ないと思います。この否定のWEメッセージは声を出さないメッセージと言えます。それに対して声を上げる否定のWEメッセージもあります。以前、ワールドカップ・サッカーで日本代表のフォワードのある選手は大会で1得点も挙げられずに、日本に帰国しました。それまでマスコミでもたたかれていました。日本の空港に帰ってきたとき、その選手には罵声も飛びました。それどころか水までかけられました。このときその選手はどう感じたでしょうか？　おそらく日本中の人たちが罵声を浴びせ、自分を否定していると感じたのではないでしょうか？　どれほどつらかったか想像できないほどです。日本には昔から「村八分」という言葉があります。悪いことをすると村八分にされたのです。これほど厳しい仕打ちはなかったことでしょう。

　ところで、現在の日本の死亡原因の第1位は病気でも事故でもありません。なんと自殺なのです。自殺にも様々な原因があります。そして、社会の中で必要とされている実感が得られないというような村八分につながるものが多いのです。承認を得られない、マイナスの承認を受けるということは、人を死に追いやるほどにきついものだということになります。

　私が始めてインドに行ったとき、最初に降り立った地はカルカッタでした。カルカッタの安宿街に向かっていくと、道路上に下半身がなく上半身だけの物乞いをする人が沢山寄ってきました。両手に何かをつけて、手だけの力で駆け寄ってくるのです。私の足元まで来ると、片方の手を差し出します。「バクシーシ（貴賎）」つまりお金を出してくださいという意味です。立ち往生しているとまた違う人が寄ってきます。すると小さな子どもを抱えたサリー姿の母親が手を出して寄ってきます。うかうかしているとそういう人たちに取り囲まれます。慌てて、私はその場を立ち去りました。足早に歩いていると、道端に大きな「物体」があるのに気づきました。近くに行くまで灰色なのでよく分からなかったのです。布団を大きく丸めたような灰色の物体かと思いました。よく見ると、一番上に人の顔のようなものがあり、目が

ぎろっとこちらを見るのが目に入りました。それは人だったのです。路上に人があお向けになって寝ていたのです。下半身は上半身の数倍にまで腫れあがりとても直視できません。あの体では自分で自分の身体を移動させることができないのではないかと思いました。あのままずっと路上に一日中寝転がっているのだと思いました。いや、死ぬまであのまま路上に寝転んだままではないかと私は思いました。とても正視することはできずにその場を足早に立ち去ることしかできませんでした。この当時のインドでは日本で絶対に見ることのできないものを沢山見続けました。

　そのカルカッタで施設を守っていたマザー・テレサという人がいます。マザー・テレサはどんな仕事をしたのでしょうか？　路上で命を落とそうというような人たちを施設に運び、せめて死ぬときだけは誰かに看取られたという体験をさせてあげたのでした。せめて、死ぬときだけでも、私は必要な人間だったのだという承認感を感じて逝かせてあげたいということであったと思います。

　そのマザー・テレサの本の一部をご紹介したいと思います。

　わたしたちは忙しすぎます。ほほえみを交わすひまさえありません。ほほえみ　ふれあいを忘れた人がいます。これはとても大きな貧困です。
　多くの人は病んでいます。自分がまったく愛されていない　関心をもってもらえない　いなくてもいい人間なのだと……。人間にとっていちばんひどい病気はだれからも必要とされていないと感じることです。
　人は一切れのパンではなく　愛に、小さなほほえみに飢えているのです。だれからも受け入れられず　だれからも愛されず　必要とされないという悲しみ　それこそほんとうの飢えなのです。愛を与え　愛を受けることを知らない人は　貧しい人のなかでも　もっとも貧しい人です。
　愛はまず家庭から始まるのです。愛は家庭に住まうものです。こどもたちは家庭のなかに愛やほほえみを見つけることができません。こどもたちはさびしすぎるのです。さびしさをまぎらすために外へさがし求めにゆくのです。
　あなたはこの世に生まれてきたたいせつな人。あなたがなんであり、どこ

の国の人であろうと　金持ちであろうと　貧乏であろうと　それは問題ではありません。あなたは同じ神さまがおおくりになった同じ神さまのこどもです。[48]

　承認とは何であるか、少しずつでも理解が深まってきたでしょうか？　それは、とてもスキルなどという軽い言葉で呼べるようなものではないのです。人間関係において最も大切なものだと言っても過言ではないと思います。コーチングが行われている間、この承認というものが一時も絶えることはないと私のコーチは言われています。

(2) 環境設定のスキル

　よくテレビドラマで男性が女性を口説くシーンが出てきます。どんな場所で口説いていますか？　牛丼屋さんやファーストフード店ではないですね？
　そうです、バーのカウンターに座って口説いているシーンを良く見ます。他方、テレビドラマのプロポーズシーンはどんな場所が多いですか？　あなたがどこでプロポーズしたかではなく、テレビドラマでよくあるシーンの話です。どこですか？　フランス料理店でテーブルを挟んで正面に座った男性が女性に対して、指輪の箱を取り出して開けて、指輪を女性の指にはめさせてあげるシーンは見たことありますよね？　さらに、春闘の時期、労使交渉はどのように行われていますか？　そうですね、テーブルを挟んで向かいあって労使が座って妥協点を探ろうとしています。男性が女性を口説く（女性が男性を口説いても良いのですが）シーンではバーのカウンターで隣り合わせに座り、プロポーズのシーンでは、フレンチレストランのテーブルを挟んで向き合って座り、労使交渉ではテーブルをはさんで向き合って座ることが多いようです。何か理由はあるのでしょうか？　そして、あなたは仕事ではどんな位置に座りますか？　深く考えたことはありますか？

①相手の名前の呼びかけ方
　コーチングにおいてはコミュニケーションをとる環境がとても大切です。すなわちコーチングをする環境（場所、座り方、座る姿勢、相手の名前の呼

びかけ方)がとても重要な要素になってきます。コーチングがうまくいくかどうかは、この環境設定がうまくいったかという点に依存する部分がかなり大きいのです。

　この「環境」と呼ぶものにはいくつかの要素がありますが、例えば、相手をどのように呼ぶかという点も、関係性にかなり影響を与えることになります。例えば、上司と部下の関係、あるいは、友人関係などでどのように相手を呼びかけるかで聞き手の印象はかなり変わることになります。

　既に説明したように言葉は体験・経験に名札付けしたものであり、その体験・経験には様々なイメージや感覚がついています。名前1つとっても様々な感情がそこに含まれている(つながっている)ことになります。たとえば、「加藤ちゃん」と呼ばれたとき、私は、サラリーマン時代にU部長から親しみをこめて「加藤ちゃん」と呼ばれていた体験を一番に想起します。そして、そこに懐かしいような有難いような、また、温かみのようなものを感じます。又、「加藤先生」と呼ばれると、そこにはビジネススクールあるいは会計大学院の教室で背筋を伸ばして仕事をしているイメージが湧きます。そして、少し緊張した感じになります。「ゆうちゃん」と呼ばれると、プライベートの勉強会で仲間として認められている、承認されているという感覚を覚えます。「ゆうじ」と呼ばれると、高校時代の友達と放課後に遊んでいるイメージがします。そして、とても楽な感じがします。このように呼び名によって想起する体験・経験あるいはイメージは異なり、それに伴い、つながってくる感覚、感情も違うものになります。

　もう一段階入った話をしますと、それぞれの呼び名にはそれぞれのアイデンティティのようなものが付随しています。「パパ」と呼ばれたときは父親としての、「先生」と呼ばれたときは先生としてのアイデンティティを思い出すのです。「社長」「所長」と呼ばれたときは社長あるいは所長のアイデンティティを思い出すのです。そして、ある呼び名で呼ばれたとき、瞬時にそのアイデンティティを取り戻して、表情や姿勢などが変わるのではないでしょうか？　例えば、日曜日、スーパーで子どもたちと買い物をしていて、子どもたちを叱っていたすぐその後で、学生に「加藤先生」と声をかけられたことがあります。その瞬間に、怖い父親としてのアイデンティティを隠し、

教師としてのアイデンティティを、緊張感を取り戻し、それなりの表情をしようしました。それでもぎこちないのが自分でも分かり、居心地の悪さを後で味わうような感じがしました。こんな体験をしたことはありませんか？

　あるいは、携帯電話でお客さんから「先生」と呼びかけられて話していたとき、とてもしっかりとした意識、表情で話していたとしましょう。電話を切ると、目の前で母親が「ゆうじ、あなた、お客さんにはそれほど親切なんだから、子どもたちにももっと目をかけてあげなさいよ。」と言ったとしましょう。その瞬間、私は、「わかった、わかった、うるさいなあー。」とぞんざいな言葉を母親にぶつけるかもしれません。そのときの私は完全に子どものアイデンティティにはまりきっているでしょう。このように呼び名によってアイデンティティが変わってしまい、意識も行動も言動も全て変化してしまいます。呼び名はそれだけ強力なパワーを持っているということです。

　コーチングの場面においては、相手が今、どのような名前で呼んで欲しいのかを本人に聞いてもよいし、聞けないときは、相手の反応をうかがいながら最も適切な呼び名を呼ぶことが効果的だと考えます。

　私自身、「加藤さん、今週どうでしたか？」と聞かれるか、「加藤先生、今週どうでしたか？」と聞かれるか、「ゆうちゃん、今週どうでしたか？」と聞かれるかで、答え方や答える言葉が変わるような気がします。いかがでしょうか？

　ここまで相手の名前の呼びかけ方について書かせていただきました。これほどに言葉というのは強力な影響力を持つという一例としてもとらえられるかと思います。また、呼び名という言葉だけでなく、どう呼ぶかという準言語、あるいは非言語のコミュニケーション状態も相手に大きな影響を与えることになります。

　「加藤さん」と呼びかける場合でも、どんな語調で、どんな声の高さで、どんなスピードで呼びかけるかで全く違うイメージになります。相手に伝えるイメージも違います。私は演劇部出身ですが、現役当時であれば、この「加藤さん」という5文字を発するだけで、相手を励ます、相手を温める、相手を承認する、相手を包み込む、相手をつつく、相手を刺す、相手に冷たい空気を与える、相手を笑わせる、相手を怖がらせる、赤い色、青色、軽い感

じ、重い感じ、柔らかい感じ、強い感じ、など様々なメッセージを伝えることができると思います。

同様に非言語の状態により、これまた全く違うイメージのメッセージが伝わることになります。ニコニコして「加藤さん」と呼びかけるか、優しい仏様のような表情をして呼びかけるか、穏やかな表情をして呼びかけるか、硬い表情をして呼びかけるか、緊張した面持ちで呼びかけるか、怖い顔をして呼びかけるか、無表情で呼びかけるかによって全く違うメッセージが伝わることになるかと思います。

このように相手の名前をどのように呼びかけるかで全く違うメッセージが伝わることになります。無意識にコミュニケーションをとるのではなく、呼びかけ方を選択してコミュニケーションをとっていただきたいと思います。

②会話する場所、座る位置

環境づくりについては、コーチングをする場所や、コーチとクライアントの座る位置というのも、とても大切です。以前、自治体の研修でカウンセラーの方とお話をしましたが、クライアントと会話をする部屋と座る位置には細心の注意をするとお聞きしました。窓がある部屋なのか（窓がないと閉じられた空間になり影響があるのでしょう）、窓がある部屋ならば窓を背にして座ってもらうことが多いとおっしゃっていました。窓を正面にすると差し込んだ陽が顔にあたって表情が読み取りにくいから問題なのだと教えてくれました。

ここでは座る位置関係について考えみましょう。

相手と正面に向き合うとき（図21①）、クライアント側の人はどのように感じるでしょうか？　良い悪いではなく、どのようなメッセージをそこから受け取るでしょうか？　また、どんな場面だと正面で座るコミュニケーションが力を発揮するのでしょうか？

また、コーチの斜め横にクライアントが座る位置関係（図21②）はどうでしょうか？　この位置関係で座ったとき、クライアント側の人はどのように感じるでしょうか？　良い悪いではなく、どのようなメッセージをそこから受け取るでしょうか？　また、どんな場面で斜め横に座るコミュニケーショ

①正面　　　　②斜め横　　　　③ハの字

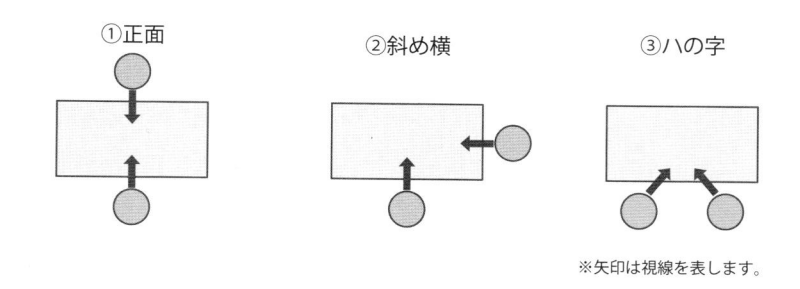

※矢印は視線を表します。

図21　座るポジション

ンが力を発揮するのでしょうか？

　さらに、コーチとクライアントとが隣り同士に座り、ハの字に視線を向ける座り方（図21③）についてはどうでしょうか？　クライアント側の人はどのように感じるでしょうか？　良い悪いではなく、どのようなメッセージをそこから受け取るでしょうか？　また、どんな場面で隣同士で座るコミュニケーションが力を発揮するのでしょうか？

　相手と正面に向き合うとき、クライアント側の人はどのように感じるでしょうか？　コーチング研修では実際にこの姿勢で会話をしていただきます。正面から向き合ったとき、多くのクライアント（話し手）側の方は話しにくいといいます。その理由として視線が合うことに抵抗感があり、そのやり場に困るとか、どの程度合わせてよいか迷うという声を聞きます。また照れくさいという声も聞かれます。数は少ないのですが話しやすいという方もいらっしゃいます。そうした方は、正面からしっかりと話を聞いてくれている感じがしたと言われる方がいます。また、しっかりと話を聞けたという人もいます。

　以前、私の友人にこんな話をされたことがあります。その女性とランチを食べようとしている時でした。

　「私の正面には座らないでくれませんか？　斜めに座ってくれませんか？
　正面に男性が座ると私は食事ができなくなるのです。子どものとき、厳格な父が食卓で私の正面に座っていて、よく叱られたのです。そのことが影響して、食事のときに男性が正面に座ると食事がのどを通らないのです。」

このように食事の時、男性が前に座ると緊張して、食事が喉を通らないという人もいるのです。このことは学習について説明したページの中にあった「アンカリング」という概念で説明がつくと思います。男性が正面に座る→厳格な父が叱る場面→緊張感→食事が喉を通らない、というような回路でつながっているのだと思います。すなわち、男性が正面に座るということに、食事が喉を通らないという状態が結びついて（アンカリングされて）いるのです。
　夫婦や親子で会話するときテーブルをはさんで向き合って話すこともあるでしょう？　あなたは、こんな座り方で家族同士が向き合うとき、どのような場面を思い出しますか？　どんな感情がやってきますか？
　あなたが思い出すのは、日常の温かい家庭での会話の場面かもしれません。ある人は夫婦喧嘩の場面かもしれませんし、ある人は、親が子を真剣に諭す場面かもしれませんし、親が子の相談を親身になって受けている場面かもしれません。このように座り方にも相手の顔にも何かがアンカリングされているのだと思います。
　いずれにせよ、正面で座るときというのは、真剣な話のときが多いようです。そして、上司と部下で正面に座って話すときはどうでしょうか？　おそらく部下は緊張する可能性が高いのではないでしょうか？
　他には、正面に座る場面はどんな場面があるでしょうか？　労使交渉や日朝協議などお互いの利益を主張しあうような場面では正面に座ることが多いようです。コーチングでは、斜め横、あるいはハの字の位置関係の方が向いています。
　このように誰とのコミュニケーションであるのか、どんな場面でのコミュニケーションであるのかということにより、座るポジションが決まってくるのです。

(3) 傾聴のスキル

　人に話を聴いてもらいたいときはありますか？　どうしても話を聴いてもらいたかったことはありませんか？　人に話を聴いてもらってすっきりしたことはありませんか？　あるいは、救われたことはありませんか？　ただ傍

らにいて話を聴いてくれた、そのことにただただ感謝したことはありませんか？

① LISTEN するのではなく、ASK する

聴くことと質問することは違います。コーチングの研修で、聴く練習をしていると、質問された相手（クライアント）がその答えを探して考えている（思っている、感じている）最中にも、質問した側がその「間」に耐えられなくなって、二の矢を放つ（口をはさむ、次の質問をしてしまう）ことがあります。あるいは日常会話でこちらが話したいことがあり話しているときに、口をはさまれてもどかしく思ったことはありませんか？「ちょっと待ってよ。私の話は途中よ。」とか「私の話を最後まで聞いてよ。」と思ったことはありませんか？　プロカウンセラーの東山紘久さんもその著書の中で次のように書かれています。

「よく聞いてください」と言われた人が、相手の話を聞かずに質問ばかりしていることがありますが、聞き上手とは、LISTEN することで、ASK することではありません。たずねると聞くのとのいちばん大きな差は、「たずねる」のが質問する人の意図にそっているのに対して、「聞く」のは話し手の意図にそっていることである。だからたずねてばかりいると、自分が望んでいる情報ばかりを集める結果になり、相手がその人なりの相手の立場から発した情報が得られなくなってしまいます。[49]

②「相づち」と「うなずくこと」

「きく」には3つあると田近秀敏さんは『実践ビジネスコーチング』で書いています。1つ目が「聞く」(hear) です。2つ目が「聴く」(listen) です。3つ目が「訊く」(ask) です。

1つ目の「聞く」(hear) とは、情報が耳に入ってきている状態を言います。2つ目の「聴く」(listen) は、熱心に関心を持って耳を傾け、適宜反応している状態を言います。3つ目の「訊く」(ask) は、こちらが知りたいと思うことを尋ねることです。コーチングで大切なのは2つ目の「聴く」(listen) ことに

なります。これを傾聴と言います。

　あなたのまわりに「この人は聴き上手だなあ。」とか「この人と話していると気持ち良いなあ。」と思える人はいませんか？　その人と話していると、「思いもしなかったことまで話していたなあ」というような体験はありませんか？　そのような人の特徴にはどんなものがありますか？　聴き上手な人の共通項にはどのようなものがあるのでしょうか？
　西郷隆盛も聴き上手だったようです。

　西郷の特技は聞き上手になことであった。対座し、一見無のごとき表情をして相手の説をきく。相手はついひきこまれるように弁じつくしてしまう。竜馬は、つい弁じた。

　坂本竜馬には外にも「この人と話しているとついつい多弁になる」という女性がいたようです。司馬遼太郎の小説『竜馬がゆく』に、お田鶴さまという女性の話がでてきます。

　竜馬は、妙なことにこのお田鶴さまと話していると、つい多弁になる。お田鶴さまの相槌の打ちかたが絶妙なのだ。
　こわい話になると、
「まあ」
と、しんぞこ怖がってくれるし、心配なはなしだと、
「そうお、……」
と表情まで暗くなる。楽しい話だと竜馬の心のなかまで洗われるような笑顔でころころと笑ってくれるのである。お田鶴さまの場合、もう対座しているだけで、それが神韻にみちた芸術家だとさえいえそうであった。〔中略〕
（利口な人だ）
というより、お田鶴さまにひきだされるままにしゃべっていると、竜馬は、自分でもいままで考えてもいなかった考えがつぎつぎに湧いてきて、
（おや、おれは、こんなことを考えていたのか）

とおどろいてしまう。
（まったく奇妙なひとだ）
考えてみるとお田鶴さま自身には、さほどの意見も思想もなさそうなのである。
しかし巧みに相手の頭の中にねむっているものを引き出させてやる、というような天賦の能力がこの女性にはそなわっているようであった。[52]

　私の周りにも聴き上手といいたくなるような人がいます。たとえばＡさんです。Ａさんと話をしていると多くの人が気持ちよくなるのでしょう、普段他の人には話さないような話まで話してしまっているようです。そのＡさんの聴き方を振り返ってみますと、いくつかの特徴があることに気付きます。あなたの周りでも聴き上手と呼びたくなるような人はいませんか。あの人と話していると気持ちいいと感じる人です。
　あなたにも、どなたか聴き上手と思える人がいたら、その人が話を聴いているときの様子を思い出して欲しいのです。どんな特徴があるでしょうか？
　その人たちのやり方を私たちも真似をすればよいのです。
　そして、傾聴行動の1つとして、うなずくことがあります。相手の話にあわせてうなずきます。
　相手の話に合わせてテンポ良くうなずくことは、話している人にとっては、ちゃんと聴いてもらっているという気持ちにさせてくれます。私の友人にＫさんがいます。Ｋさんと話していると話を聞いてもらえているなあと実感できます。どんな相手を前にしても、話を聞きながら、深くうなずいています。Ｋさんのうなずくことの特徴は相手の話に合わせてゆっくりと深くうなずいていることです。話をちゃんと聞いてくれていると感じると同時に、誠実さを感じました。この人には聞いてもらえると思うだけでなく、この人とは話ができると感じられました。聴き上手になるためにまずは、このうなずくことから練習すると良いように思います。研修などでもこの練習をすることがあります。事前にうなずきに意識するよう強めに言って、普段より大きく、多少、大げさでわざとらしくなってよい、という注意事項を言います。意識的有能の状態にします。

また、先に紹介したAさんです。Aさんの特徴は、相づちです。相手に話を聞きながら、「ええ」「そう？」「へー？」「なるほどー！」「そうなんですか？」とさかんに相づちを打っています。今原稿を書きながらでもAさんの相づちの声が聞こえてくるかのようです。
　相づちには、相手の話を促す効果があるようです。そして、この相づちについては田近さんによると以下のように分類されます。[53]

　1.同意を表す表現
　　　「はい」「ええ」「なるほど」といった表現をとります。
　2.　感嘆を表す表現
　　　「へぇ、そうなんだ」「驚いたなあ」「すごいね」といった表現をとります。あるいは言葉に発しなくても、目をまるくしたりする非言語で伝えることもあります。
　3.　疑問を表す表現
　　　「そうかなあ？」「本当？」といった表現をとります。この際、首を軽くかしげたりする非言語的な表現が伴うかもしれません。
　4.　話の先を促す表現
　　　「それで？」「そして、どうなったの？」「もっと教えてください。」といった表現をとります。この場合は、語調は早くなり、相手にその先の話を促すような準言語的な表現が伴うこともあります。
　5.　自分の意見を表す表現
　　　「私もそう思う」「僕はそう思わないな。」「私は逆の立場だな」「そう、そうなんだ」といった表現をとります。

　うなずく練習に続いて、この相づちも練習してみることを勧めます。「はい」という2文字でも表現の仕方で、同意を表すこともでき、感嘆を表すこともでき、疑問を表すこともできます。先にコミュニケーションはキャッチボールであるというメタファー（比喩）で表現しました。このように考えるとき、相手の言ったことをまずはキャッチャー・ミット（グローブ）で受け止めることが大切です。そのキャッチャー・ミットの1つとして、うなずく

ことと相づちを上手に使えると良いと思います。
　周りで会話している人たちの様子を見て、会話が弾んでいる人たちに相づち、うなずくことがどれほど活用されているかを観察することも良いと思います。さきほど紹介しました司馬遼太郎さんの小説『竜馬がゆく』に出てきたお田鶴さまという女性は、相づちの打ち方が絶妙だという話は既に紹介したところです。お田鶴さまは、話の聴き上手だということだけでなく、「相手の頭の中にねむっているものを引き出してしまう」のでした。これこそまさにコーチングの関係と言えます。

　③繰り返し
　積極的傾聴法という言葉があります。聴き手が相手の話を聴いていることを積極的に示すことを通して、さらに相手が話を進めていくことができるように促す行為のことです。積極的傾聴法の一つとして繰り返しというものがあります。この繰り返しにも2つあります。ひとつが相手が口にした言葉を繰り返すものです。特に相手の話の中で重要なキーワードを繰り返すと効果的になります。もう1つは相手の話を要約してポイントを返すというものです。前者の例はこうなります。
　「とても頭にきたのですよ。」
　「頭にきたのですね。」
　このように相手の使ったキーワードを繰り返します。
　また、相手のメッセージを要約するケースは次のようなものです。
　「昨日、ある自治体職員たちの会話をきいていて、何か違うなあと、思ったのですよ。自治体職員の人たちは、役所では事務の人たちはモチベーションが高いまま仕事していて、一所懸命に仕事しているのに対して、現業の人たちは、モチベーションが低いというのですよ。しかも現業の人たちが事務の仕事に配置転換になることがあって、そうすると現業の人は仕事ができないっていうのですよ。私はそれがおかしいと思ったのですよ。だって事務の人が現業の仕事をやれっていわれたら、できないじゃないですか？　逆のことも言えるわけですよ。ということは、自治体職員の方たちは現業の人を下に見ているのじゃないかって思ったのですよ。それっておかしいのじゃない

かと思ったのですよ。」

「なるほど、自治体職員の方の発言が上から見ているように思えたのですね。それをおかしいと思ったのですね。」

このように相手が言った発言を要約して返します。この要約は、相手の話をかなり集中して聴いていないとできません。最初は、相手の話の最後の部分を繰り返すことから始めると良いと思います。今回のケースであれば、「おかしいんじゃないかと思ったんですね？」というように、です。それができるようであれば、話全体を要約した形で伝える一段階高度なやり方にチャレンジされると良いと思います。

人は話しているとき、最初から頭の中が整理された状態で話していることは少ないと思います。むしろ、話しながら、次から次へとアイディアが出てきて、時折、全く違う話を思い出し脱線し、ということを繰り返していることが多いと思います。話し手も話しながら思いもよらなかったアイディアが浮かんでは消えていっていると思います。人は話しながら自分の話を再整理しているのですが、話している最中は、その話の再整理の真っ最中だということが多いと思います。そのため聴いている方がそれらの話を要約して返すということは、再整理真っ只中である相手の頭の中を整理して返してあげることになります。要約してくれて言葉を返してもらう方からすると、とても有難いことだと思います。「そうそう、私が言いたかったのはそのことなのよ！」というような反応が返ってくるかもしれません。

(4) 質問のスキル

通常、質問というと、こちらが知らないことを相手に聞く、あるいは、こちらが関心あることを相手に聞く、というイメージがあります。それだけではなく、質問の目的はもっと沢山あります。たとえば、質問で相手の学習を深めるということができます。質問で相手を特定の感情に導くこともできます。質問で相手の可能性を引き出すこともできます。

質問には様々な働きがあります。NLPの共同開発者であるクリスティーナ・ホール博士は、質問の機能について次のことを言われています。

質問の第一の機能はもちろん情報収集ですが、情報収集以上のものもたくさんあります。注意の焦点を合わせることもそのひとつです。
「質問は情報を組織化している」のだということを経験してほしい。情報収集以上のものだと知ってほしいのです。

これ以降も、クリスティーナ・ホール博士の質問に関する文章を紹介しながら実例を通して質問のスキルの本質について学んでいきたいと思います。[54]

①質問で学習を深める

コーチングの目的は、相手の学習を進めること、相手の行動を進めることであると書きました。質問をすることで、相手の経験をより豊かにし、理解を深めることができます。すなわち相手の学習を深めることができます。博士も次のように言われています。

> 質問は経験をより豊かにすることができる、理解を深めることができる、何か新しいことを学ぶことができる。

例えば、「その出来事から何が学べましたか？」「今の顧客との会話から何かを発見するとしたらどんな新しい発見がありますか？」といった質問は経験について立ち止まり深く堀りさげて考える「空白」を相手にプレゼントすることができます。このような空白を与えられた本人は意識レベルでも無意識レベルでもその答えを探しにいかざるをえません。
さらに経験を豊かにする、理解を深める質問の例を挙げたいと思います。
「そのテーマについて学んできて、そこで学んだこと、発見したことで役に立ち続けていることは何ですか？」
このように聞くことで、今まで学んできたことが実際に役立ってきたのだという新たな発見を引き出すかもしれません。「そのテーマの学びはどのようにして人生や生活の質を豊かにしましたか？」という質問も同様です。

②質問でつながりをもたせる

　学習は、何かと何かを関連付けていくことで進んでいきます。例えば、未だ知らないと思えることも既によく知っていることと結びつけることで進んでいきます。質問することで何かと何かを結びつけるように招待していくことで、質問された本人は思いもしなかったつながりに気づく可能性があります。博士も次のように言われています。

　その人が、これは関連づけできないと思っているふたつのことを質問によって関連させることができる。

　例えば、「君がサークル活動のリーダーとしてチームをうまくまとめていたことと、顧客とのさきほどの会話でうまくいったこととの共通点を発見するとしたら、どんなことがありますか？」というような質問をします。これにより、本人はサークル活動と営業活動という一見、無関係なものを結びつけて考えることができます。その結果、その人は、サークル活動と営業活動といった個別の活動を超えたレベルでの自分の才能、能力、ノウハウに気づくかもしれません。第1章では、郵便局、信用金庫、不動産販売出身の生命保険提案のトップセールスパーソンの話を書かせていただきました。彼ら彼女らは無意識のうちに自分のそれまでのキャリアで培ったノウハウと、新しい生命保険提案という分野とを結びつけているのだと思います。新人はそうした能力が高くありませんので、両者を結びつける質問をすることで、異なる2つのものを結びつけることに招待してあげると良いでしょう。

　また、「今日の経営学の講義で学んだことや発見を、この先の何日か、何週間か、何ケ月かのあなたの生活で、どのように役立てることができますか？」といった質問は、学生たちがつなげることができないと思っていた経営学の講義と実生活とをつなげることに招待することができます。

③質問で経験を引き出す、特定のステイト（状態）を経験させる

　質問することによって相手の経験を引き出すことができます。本人でさえも忘れていたような（無意識下にある）経験にアクセスさせることもできま

す。本人から経験というリソースを引き出し、その経験をどのように活用したらよいかという学習を深めることも可能になります。博士も次のように言われています。

　質問によって、記憶にアクセスしたり、またさまざまなステイト（状態）を経験したり、質問によって、その経験を強化することもできます。

　例えば、リソースの発掘のところで以下の質問を紹介しました。
　「そういえば、昨年までは部下を上手に使ってプロジェクトを成功させていたよね。そして、高い成果を生み出したよね。あのときの人の使い方をふり返ってみて、どうだろう？　あのときうまくいったいくつかのやり方のうちで、今回のケースで使えるやり方を1つ、2つあげてみてくれないか？」
　また、質問で特定の経験を引き出し、思い出させることによって、特定のステイト（状態）を経験させることができます。「バスケットボール大会で優勝したとき、決勝戦はどんな感じだったの？」と質問されれば、その人はその決勝戦のときのことを思い出すでしょう。そして、その決勝戦のときのエネルギッシュな状態を思い出すでしょう。おそらくその質問に答えている相手はとてもエネルギッシュな表情をし始めているでしょう。仮にその人がその質問をする前に人間関係で悩んで落ち込んだ表情をしていたとしても、その質問に答えているときは気力溢れる表情になり、はずむ声を出しているかもしれません。
　焦点化の原則というのを既に紹介しましたが、人間の脳は2つ以上のことに焦点をあてるのが苦手なので、バスケットボール大会の決勝戦に焦点をあてているとき、同時に人間関係で悩んで落ち込んでいる状態に焦点をあてることはできません。意識の座は1つなのです。「元気だせよ。」と言われても普通はなかなか元気が出せませんが、特定の経験のことについて考えるとその経験につながる感情やステイト（状態）を体験することができます。元気なときの経験を思い出せば、同時に元気なステイト（状態）を体験することができるわけです。博士も次のように言われています。

質問を通して相手のリソースにアクセスし、相手のステイトにアクセスする。そして質問を通して、それらをコネクトしていくということです。それぞれのリソース同士やステイトを関連させていく。そしてまた、質問は同時に、意識的、そして無意識的なプロセスのペーシングにほかならない、ということ。〔中略〕
質問を使ってラポールを作ったり、ラポールを強めていくこともできます。この質問によって、バックトラックやフューチャー・ペーシングもしているのですが、新しい関連づけによって、今までとは違った形で情報を処理することに、招待しているのです。

少し難しい文章ですので1つの質問を例にあげて説明したいと思います。
「あなたは今何に興味があり、そして触発されていますか？ これからの日々、何を学ぶことに興味があり、触発されていますか？」という質問をします。この質問により参加者はその場（学び）に、より動機付けられることになります。今興味があること、触発されていることと、その日の学びとを結びつけようとするからです。そして、参加者の多くが動機付けらることで場全体に方向性ができ、ラポールが醸成されることがあります。なお、「これからの日々、何を学ぶことに興味があり、触発されていますか？」という質問はフューチャー・ペーシングをしていることにもなります。フューチャー・ペーシングとは、未来を想像して作っていくこと（未来ペーシング、未来へに向かってのリハーサル）を言います。

また、「今何に興味があり、そして触発されているか」「これからの日々何を学ぶことに興味があり、触発されていますか？」という質問を通して、相手の中にある興味、触発されるものというリソース（資源）にアクセスできるようになります。それにより、相手のとても良い状態（たとえば好奇心溢れる状態、ワクワクする状態など）にアクセスできるようになります。さらに、「今」と聞いたときの答えと、「これからの日々」と聞いたときの答えが自然と結びついていく（コネクトしていく）ことになります。たとえ意識レベルでは気づいていなくても無意識レベルでは両者をつなげていることでしょう。

第4章　コーチング——学習と行動を促進する方法論　227

④質問の中の前提で相手にメッセージを送る

　さらに質問の強力な機能について説明したいと思います。博士は次のように言われています。

「あなたは自分がこれまでどれくらい学んできたか、今気づいていますか？」という質問があります。表面意識は、はい、いいえと答えようとします。ここでの前提は、「あなたは学習というプロセスの中にいる」ということです。ですから、その答えがイエスでもノーでも、それは問題ありません。しかし、その質問に答えるためには、聞かれた人は、今まで学習してきたという経験にアクセスしなければならないのです。
私は前提を、「言葉の中に隠された影響」と呼んでいます。聞かれた人は、その前提の中に含まれた指示に従って、情報を組織化しなければなりません。〔中略〕
前提とは隠れている影響力であると述べました。なぜ隠れている影響力、なのか。それは、前提が私たちの思考に影響を及ぼしているという自覚がないからです。

　博士は一つの質問を出して質問の効果について説明しています。

このトレーニングであなたは皆と一緒にどんなことを学ぶことに興味があり、また、学びたいというひらめきを感じていますか？

　この質問に答えるためには、まず「興味がある」という部分にアクセスしなければなりません。そして「興味がある」という部分の意味を知るためには、その人がその「興味がある」という体験をしなければなりません。これを博士は「導入」と呼んでいます。また、この質問に答えるためには、質問の中にある、もう1つの質問（これを博士は「サブ・クエスチョン」と呼んでいます）に答えなければならないといいます。すなわち、「ひらめきを感じている」という部分です。その人は、この部分にも意識を向けて、その体験をしないといけません。

さらにこの質問には3つ目のサブ・クエスチョンがあります。それは、「学ぶ」という部分です。この3つ目のサブ・クエスチョンに答えようとすると、その人は自分の過去をさかのぼり、「学ぶ」という体験にアクセスしなければなりません。人はまったく自覚がないものの、どんな瞬間にも、こういう多重的な情報処理が行われているというのです。

　この質問で、その人は、まず「興味を持つ」という体験にアクセスし、また、「ひらめきを感じている」という体験にアクセスし、さらに、「学ぶ」という体験にもアクセスしなければなりません。このようにその人は情報を収集しておいて、その後にそれらの情報を「and」（そして）でつないでいくことになります。興味を持ち、そして、ひらめきを感じ、そして、学ぶ、という体験を積み重ねていっていることになります。これにより、興味を持つということと、ひらめきを感じることとが別々のことではなく、同じ経験の一部になったというのです。そして、積み重ねていくと、積み重ねていった全体は、その一部よりも大きなものになるといいます。

　このようにたった1つの質問の中に山のように様々なことが入っているのです。

　ここまで、質問のもつ様々な目的、効果についてみてきました。たとえば、質問で相手の学習を深める、質問で相手を特定の感情に導く、質問で相手の可能性を引き出す、質問で未来の体験のリハーサルをする、質問でラポールを築くなどがありました。是非、効果的に使っていただきたいと思います。

(6) 提案・要望のスキル

　相手に提案（アドバイス）や要望をすることがあるかと思います。コーチングでは、相手の可能性を拓くということを大切にするので、相手に提案をしたり、要望をしたり相手に意見するということは基本的には多用しませんが、提案・要望することにより相手の可能性が拓ける場面もあり、その場合は用います。その際、どのように提案したらよいのでしょうか、どのように要望したらよいのでしょうか？

　人に何かを相談すると一方的にアドバイスをされ、辟易した経験は何度もあるのではないでしょうか？　男性と女性とではその性質に違いがあり、男

性は女性から話をされると、何かアドバイスをしなければならないと考える傾向があるようです。たとえば、仕事から帰ったところ、食卓で奥さんからその日にあった話をされることもよくあるかと思います。

「今日、小学校のPTAでご飯食べたのだけど、田中さんが、こんなこと言ったのよ。それでそれに対してよせばいいのに、木村さんが、こんな風に返したから、私たち目を丸くして、それで〜になって……」

なんて話をすることも、されたこともあるかと思います。そんなとき、よく男性の方はこんな風に返されるかもしれません。

「だから言ってるじゃないか。そんなPTAの連中の言うことなんかまにうけずに聞き流しておけば良いんだよ！ いつも言ってるじゃないか。だから、おまえはだめなんだよ。」

こう言われた女性は、「あなたにアドバイスなんか求めていないわよ。言うんじゃなかった！ 私はただ話を聴いて欲しかっただけなのに……！」と思うかもしれません。

女性に限らず、人が誰かに話しかけるとき、まず自分の話を聴いて欲しいと思っていることが多いようです。話をしてきたからといってアドバイスが必要だとは言ってない可能性が高いということです。そんなときに一方的にアドバイスを与えようとすると相手にとってはありがた迷惑になってしまうのではないでしょうか？

先に、人には安全安心欲求という本質的な欲求があり、自分が主導権を握っておきたいという感情が強いということを書きました。アドバイスを言われて、さあ、アドバイスに従えというようなメッセージを受け取るということは、まさに主導権が奪われた状態になります。これでは相手にとって居心地の悪いコミュニケーションになり、何かを受け入れたり、可能性を拓いたりはできないことになります。

したがって、提案、アドバイスは相手が求めているときに与えるものという原則を知っておいて欲しいと思います。また、上司が部下にアドバイスした場合は、そのアドバイスを拒否する権利がないように部下は受け取る可能性があります。そして、提案、アドバイスをするときは、次のような手順ですると効果的になります。

①相手に尋ねて、許可を得る。

相手が提案、アドバイスを必要としているか、提案、アドバイスを受け入れる余地があるかどうかを尋ねます。例えば次のように尋ねます。

「私の方から1つ提案をしてもよろしいでしょうか？」

「今、アドバイスをした方が良いですか？ それとも後でした方が良いですか？」

「今、1つアイディアを思いついたのですが、私の方からそれを口にしても良いでしょうか？」

このように相手から許可を得ることにはどんな効果があるのでしょうか？

空になったペットボトルを思い浮かべてください。そこに水を入れようとします。ペットボトルの蓋が開いていれば、水は入ります。逆に、蓋がしまっていれば、たとえ中が空であったとしても水は入っていきません。水はこぼれるだけです。こぼれるだけでなく、こぼれた水があたりを濡らすことになります。これでは悪いことばかりです。たとえ提案・アドバイスする側が相手のためによかれと思ってアドバイスをしたとしても、逆に良いことはなく、悪影響だけが残ることになってしまいかねませんね？

②相手に提案、アドバイスをする。

相手に具体的に提案、アドバイスの情報提供をします。

その提案、アドバイスを受け入れるか受け入れないかは相手に選択権があります。

③提案、アドバイスを相手がどのように応用して使うかを尋ねる。

提案、アドバイスが話し手の体験からくることはよくあります。その場合、その提案、アドバイスをそのまま相手が実践に移せるとは限りません。こちらが伝えた提案、アドバイスを相手が実際に使って実践する場合には、なんらかのアレンジや工夫や応用が必要になるかと思います。そこで、提案、アドバイスをどのようにアレンジ、工夫、応用をして実践に移すのか、相手に尋ねます。

「私の提案、アドバイスは使えそうですか？ どのように使えそうです

か？」

「私の提案、アドバイスはどんな場面で使えそうですか？」

「今の私の提案、アドバイスですが、どのようにあなたのケースに応用できますか？」

「今のアイディアをヒントに何か考えられましたか？」

これらの質問により相手に学習が起きます。

この章では、学習と行動について探求してきました。コーチングは学習を深め、行動を進めることを目的としていました。コーチングについて理解が深まったでしょうか？　例えば質問の効果がいくつもありました。どのようなものがあったでしょうか？　質問を活かしたコミュニケーションもできるようになりたいものですね。

次章では、影響を与え、他人に変化をもたらす方法についてメンタリングという領域を探求しに行くことにしましょう。

第5章

メンタリング
——影響を与え変化を促す方法論

　我々は人材開発という大陸を探求しています。
　第1章では、変化という概念、学習という概念、行動という概念、影響という概念を探求してきました。
　第2章では、学習という領域を探求する旅を続けて来ました。人は何を学ぶのか、人はどんなときに強く学ぶのか、脳の3つの基本プログラムの活用、意識的な学習と無意識的な学習、フレームという概念などを学んできました。
　第3章では、コミュニケーションについて探求してきました。言語、準言語、非言語レベルでのコミュニケーションについて探求してきました。また、人間関係が良くなるコミュニケーションの方法についても探求してきました。
　第4章では、コーチングについて探求してきました。コーチングは、学習を促し、行動を促進することで変化への支援をしていきます。コーチングフローと呼ばれるコーチングのプロセス（GROWモデル）やコーチングスキル（承認のスキル、傾聴のスキル、質問のスキル、提案・要望のスキルなど）などを学んできました。
　ここまで様々な知識やスキルを学んできました。しかし、人が変化するかどうかは知識やスキルを沢山知っていることと直接は関係ありません。逆に知れば知るほど学べなくなるのではと書かせていただきました。ポイントは自ら進んで実践しようと思うかどうかです。組織的には、自分から行動しようと思う人材を育成できるかがポイントではないでしょうか。そうした人材を自立型人材と呼びますが、どのようにして自立型人材を育てたら良いのでしょうか？
　また、人は、影響を受け、学習し、行動を変化させていると書いてきました。私も沢山の人たち、あるいは出来事から影響を受け、学習し、行動が変化して、今日に至ったように思います。人が影響を受けるとはどういうことでしょうか？　どんなときに人から影響を受けるのでしょうか？
　私たちは、その秘密をメンタリングという分野に探ってみたいと思います。
　では、さらなる人材開発の未知の世界に冒険の旅に出て行きましょう。

〔1〕 メンタリングと人材開発

（1）人材を開発するとは？（人を育てるとは？）

　人を育てるということはどういうことでしょうか？　この本では、学習、コミュニケーション、コーチング、論理的思考、プレゼンテーション、トレーニングなどの理論や手法について解説しており、これらの理論や手法のいくつかについて少しずつ理解が深まってきたのではないかと思います。では、そのことをもって人材開発された（人材開発することができる）、あるいは人が変化した（人を変化させることができる）と言えるのでしょうか？

　第1章で、吉田松陰の「知行合一」という言葉を紹介しました。知っていて行なわないのはまだ知らないのと同じで、学んだことを行動に移して初めて知識は完成したと言えるのだと紹介しました。ところが、実際には学んでも行動段階まで至らないことがよくあります。人材開発も学ぶだけでなく、実際に仕事、生活における現場レベルの行動に移して初めて成功と言えないでしょうか？

　また、理論や手法を身につけるだけでなく、それらを最大限に活用しようとする人材に育て上げていくことこそ人材育成と言えるのではないでしょうか？　学んだ理論や手法を自主的に活用しようとする人材に育てるために何ができるのでしょうか？　その答えを探求する旅を「メンタリング」という分野に求めたいと思います。メンタリングでいう「メンター」とは、よき教育者、理解者、ロール・モデルなどのことを指します。振り返ってみれば、私自身も、沢山のメンターの方々との出会い、邂逅のお陰で変化し続けられました。そのことが私自身の人材開発に大いに役立ったと言えます。

　この章では、まずメンタリングとは何かについて説明します。そして、メンタリングについて独自の理論と実践で沢山の人のメンターとなっている福島正伸先生のメンタリングについてご紹介します。

(2) 人は何によって育つのか？

「彼ら（彼女たち）を人材育成する」「社員の人材開発をする」と言った表現に違和感を感じるのは私だけでしょうか？

人材開発あるいは人材育成という言葉を口にしたとき、私たちの前提条件を疑ってみる必要があるかもしれません。これらの表現の中に、十分に人材育成、人材開発された側が、まだ人材育成、人材開発が十分でない人たちに教えてあげるというニュアンスを感じるのです。こちらが成熟していて、あちらは成熟していない、こちらはよく分かっていて、あちらはよく分かっていないというニュアンスを感じてしまうのです。

また、企業など様々な組織では、いろいろな人材育成、人材開発の方法が考えられ、実践されています。コーチングが流行すればコーチング研修を実施し、ファシリテーションが流行れば、ファシリテーション研修を実施する、コンピテンシー制度が流行ればコンピテンシー制度を、成果主義が流行れば成果主義を検討しています。自治体などでも、同様な傾向がないでしょうか？　私自身も様々な組織に呼ばれて様々なテーマの研修講師をしてきました。与えられたテーマについて全力を尽くして講師の仕事を全うするのですが、果たして研修をやったくらいで職員の能力が本当に変わるのか、研修で実施したテーマを日常で使い続けてくれるのか疑問に思うことがありました。

新しいテクニックやスキルを教え込むことで本当に人は変わるのか、人材開発されるのだろうかという疑問は消えません。もちろん、学んだ人がその手法を実践して成果を出しているケースも多々あるでしょうが、その多くは自主的に参加して学んだ場合が多いように思います。

人はどういうときに変化するのでしょうか？　人は何に影響を受けるのでしょうか？　この章ではこのことを考えてみたいと思います。あなたはこれまで何に影響を受けましたか？　何に影響を受けて変化しましたか？

人は研修によって、教育によって、人事システムによって、人事異動によってどれくらい人材開発されるのでしょうか？　また、人材開発に影響を与えるものはそれら以外にあるのでしょうか？

第5章　メンタリング――影響を与え変化を促す方法論　237

また、理論や手法を教えることと、それを実践しようという気持ちにさせることは、また別のものではないでしょうか。

（3）メンタリングとは？

①メンターとは？

メンターとはメンタリング行動をとる人たちのことを言います。その語源は、ギリシャ神話に登場する人物メントールの名前を語源としています。メントールは、トロイ戦争で有名なオデュッセウス王の親友であり、オデュッセウス王がトロイ戦争の戦場に出かけるにあたり、その留守の間に、将来王位を継ぐ息子のテレマコスの教育を託された老賢人です。メントールには、政治学、帝王学などの習得のほかに人格的成長を促すことで、テレマコスを次の王にふさわしい人間に育てることを託されました。ホメロスの叙事詩では、メントールは、よき教育者、理解者、ロールモデル、後見者として歌われています。

その後時代がくだり、ヨーロッパに大学という高等機関が生まれてからは、学生を個人的に指導する役割を果たす教員のことをメンターと呼びました。メンターと呼ばれる教員は、論文指導など学業上の指導を通して、一人前の学者、専門家として育っていくことを助けるのを役割としていました。学業以外の相談にも乗り、専門家としての社会的成熟にも心を配り、就職にも関与したそうです。メンターは、担当の学生の全人格的形成に影響を与え、職業人としてのモデルでもあったそうです[55]。

また、近年、メンターという言葉が一層注目を集めるようになったのは、1978年にイェール大学のダニエル・レビンソンらの著作『人生の四季』が出版されてからです。レビンソンたちは職業軍人、専門職、企業管理者からなる中年期の白人男性40人に対して、自らのライフ・ヒストリーを話してもらうという方法を用いて、詳細な聴き取り調査を行いました。その結果、白人男性にとって、未成熟なヤング・アダルトから成熟したミドルへのキャリア発達をスムーズに行うには、メンターに恵まれるか否かが極めて重要であることが、証拠をもって示されました[56]。

このような語源を持ち、だんだんと注目を浴びるようになってきたメンタ

リングですが、日本の企業や地方自治体の中でもこの制度を取り入れて人材育成に役立てようという取組みが行われてきています。私自身もある中核市で新人を受け入れるメンターを教育する仕事を経験してきました。また、㈱アントレプレナーセンターの福島正伸代表は、全国でこのメンタリングを広めるセミナーを数多く担当され、メンタリングの普及に大きな影響を与えています。

②メンタリング行動とは？

メンターとは「メンタリング行動をとる人」のことを言います。また、メンタリング行動は『メンタリング入門』で次のように定義されています[57]。

> メンタリング行動は、メンターである先輩と受け手（メンティ）である若手との間の直接の人間関係で繰り広げられる行動です。そして、情報の提供、フィードバックの方法は多様で、教え、アドバイス、サポート、ときには叱責、アクティブ・リスニング（積極的傾聴）など、状況と相手に合わせていろいろあります。

ちなみに、メンターに対して、メンタリングを受ける立場にある人をメンティあるいはプロテギと呼びます。メンティの代わりにフランス語に由来するプロテジェという言葉を使う場合もあります。

また、前掲書では、メンタリングの目的について次のように説明しています。

> 職場でこのメンタリングを導入する場合は、若手がその職場にうまく適応し、仕事になじみ、一人前の社員として成長することで、組織の発展にも貢献する人になれるように支援することを目的としています。
> 〔中略〕
> 上司によるメンタリングは、若手社員にとっては成長するのに必要な「栄養」補給、経験豊かな職業人にとっては、生涯発達的な意味で、さらなる自己成長のための発達課題だといわれています。

また、福島正伸先生は、メンターを次のように定義されています。[58]

相手が自発的に自らの能力と可能性を最大限に発揮する自立型人材に育成することができる人。

この章では、メンターとは、相手をやる気にさせ、相手の持つ潜在的な可能性を最大限に引き出し発揮させることができる人と考えたいと思います。では、どのようにして相手が本来持っている潜在的な可能性を引き出すのでしょうか？

メンターは、相手が本来持っている潜在的な可能性を最大限に引き出します。すべての人が、生まれながらにして無限の可能性を持っているにもかかわらず、それを出し切っていないだけなのです。
ただ、ここで「引き出す」と表現すると、こちらが何らかの方法を使うことで、無理にでも引っ張りだすというイメージがあるかもしれません。そうではなく、「引き出す」というのは、自発的に潜在的な可能性を最大限に発揮したくなるように導くということです。
人は自発的にならない限り、自分の能力と可能性を発揮することはないからです。〔中略〕
（メンターは）説得することもなく、強制することもなく、相手の自発性を引き出すのです。その結果、相手は指示がなくとも、自分の意志で考えて、行動することができるようになります。つまり、メンターは自立型人材を育成することができるのです。

このように言われると、自分にはメンターになることはとても無理と思われるかもしれませんが、福島先生はさらに次のように言われています。

そもそもメンターとは、究極のリーダーのあり方ですから、それは目指すものなのです。メンターと言われる人々は、メンターを目指しているもの

の、まだまだ自分はメンターではないと思っています。つまり、自分はひたすらメンターになることを目指すことで、その人は相手から見てメンターになることができるのです。

メンターになることを目指すことであれば、私にもできそうな気がしてきます。いかがでしょうか？

〔2〕 人は人によってしか育たない
福島正伸先生のメンタリング

(1) 人と出会い、人から学ぶ

　私自身、自分の学びの歴史をふり返ってみたことがあります。そして、人に憧れたり、人に惹きつけられたりして、学んできたのだと気づきました。又、人に出会え、人の姿を見て、また人から言葉をかけてもらって学び続けられました。また、人の本気に触れて、その本気の熱が伝染するかのように、その本気の世界に巻き込まれ、いつの間にか自主的に熱くその世界に飛び込んでいる自分がいました。そして、メンターと呼べる方が沢山いたことに改めて気づくことができました。

　あなたにも、是非、学びの歴史をふり返っていただきたいと思います。私の場合と同じように人の影響を受け続けてきたことに気付かれるかもしれません。だとすれば、どんな研修機会よりも、人事システムのどの要素よりも、どんな仕事の機会よりも人との出会いが学びの最大のチャンスと言えるのかもしれません。

(2) 人は人によってしか育てられない

　人はどのようにして人材開発されるのでしょうか？　どのようにして人材育成することができるのでしょうか？

　メンタリング・マネジメントの第一人者の1人である福島正伸先生は「人

が最も影響を受けるのは、テクニックではなく、自分のまわりの他人の生き方です。」と書かれています。また、「人は人によってしか、育てることはできません。」とも言われています[59]。

　私自身の学びの歴史をふり返ってみても、自分の周りの人々に影響を受け、人によって育てられてきたということが実感できます。

　人材開発でも、どんな人に出会うか、どんな人が周囲にいるかがとても大切であることは理解できます。ならば、良い影響を受けられる人と出会う場をどのように創るか、あるいは、影響を与えられる人材をどのように創るかという点にも興味が湧いてきます。あるいは、部下や社員の人材開発に関して上司や経営者やリーダーにできることは何かという点にも興味がもてます。

　それに対して福島先生の答えは明快で、次のように言われます。

　人材の育成のためには、自分が見本になればいいのです。相手に対してどう接するかということは、あまり重要な問題ではあません。それよりも、本当に重要な問題は、相手の前で自分がどう生きるかということなのです。そして、信頼され、尊敬されてこそ、はじめて相手はこちらの話をすべて真剣に聞いて、自らを成長させていくのです。

　人材育成というと、部下や社員が未熟なため、（成熟した）上司や経営者、リーダーなどが彼らをいかに人材育成、人材開発してあげるか、というような視点に立ったものが多いように感じます。こういう視点では、焦点があくまでも社員、部下、フォロワーに当たっています。人材育成は社員、部下、フォロワーの問題であるという認識に立っています。

　それに対して、福島先生は、人材育成を部下や社員の問題として考えるのではなく、上司、経営者、リーダーの問題として考えています。

　人は人によってしか、育てることはできません。つまり、人が育たない全ての原因は、育てようとするリーダー自身の側にあると考えることが必要なのです。相手のせいにしたところで、何も解決することはありません。

面白いことに、こちらが相手を育てようとしなくとも、相手はこちらから影響を受けて、それに合ったように育ってしまいます。尊敬している人の前では、相手はやる気になりますし、そうでない人の前ではやる気がなくなります。

こちらが相手を育てようとしなくても、相手はこちらから影響を受けて、それに合ったように育ってしまうという言葉は印象的です。さらにこのように書かれています。

相手は自分の鏡です。相手の反応を見れば、自分のレベルがわかります。そもそも自分を成長させることでしか、相手を成長させることはできないのです。

このように福島先生は、人が最も影響を受けるのは、テクニックではなく、自分のまわりの他人の生き方であり、人は人によってしか育てることはできないと書いておられます。しかも人は育てようと思わなくても自然に影響を受けて、こちらに合ったように育ってしまうと書いています。そして、他人を人材育成しようと思うならば、まず自分が成長しなければならないということを書かれています。そうした意味で上司、経営者、リーダーはメンターであるべきと言われています。

〔3〕期待される人材像　自立型人材の育成

(1) 自立型人材とは　自発的に行動する人は疲れない

人材育成を考える際に、「どのような人材を育成するのか」ということも考えておく必要があり、その答えをこれ以降、自立型人材と位置づけて進めていきたいと思います。
　スキルやノウハウを身につけたとしても、それを活用しようと思い、実際

に活用する人材になってくれなければ意味がありません。

　福島先生は、「自主的に考え、自主的に行動し、自主的に学ぶような人材」を「自立型人材」と呼んでいます。我々もこのような自立型人材を育成するというスタンスに立ってこの後、探求してきたいと思います。

　まずは、自立型人材とはどのような人材か、福島先生の前掲書から詳しく見ていきたいと思います。

　夢や目標を達成するために、自ら行動することができる人材を「自立型人材」と言います。つまり、人を育てるとは、自立型人材をいかに育成するかということに尽きると言えるのです。〔中略〕
　人は嫌々行動するとすぐに疲れてしまいます。なぜなら自分の意志で行動しているわけではありませんから、エネルギーが湧いてこないのです。しかし、自発的に行動する人は疲れません。それは自分の意志で行動していることで、無限のエネルギーが沸いてくるからです。そのような人々は、常により良いものを追及し、新たな発見と成長を楽しんでいるのです。

　筆者自身の学びの歴史をふり返ったとき、周囲から与えられた研修機会や教育機会の経験ではなく、自主的に学んでいった機会のことばかり思い出しました。このことからも分かるように自ら「学びたい！」と思ったとき、人はより強く学ぶように思います。しかも、ほとんど疲れないのです。どんなに疲れているときでも、学びたかったことを学びに行っているときには、疲れを忘れて目を輝かせて学んでいました。第1章で、娘がいやいやながら都道府県の県庁所在地を覚えていた一方、ハンモックの制作を友達とするときには生き生きしていたという話を紹介しました。自発的に行動する、学んでいるときには福島先生の言われるとおり楽しんでやっているようです。

（2）プラス受信　物事を客観的、好意的、機会的に受け止める

　自立型人材について、さらに学んでいきましょう。今度は、自立型人材はどのような思考パターンをとるかという点についてです。

　自立型人材は「プラス受信」「自己依存」「自己管理」「自己責任」「自己評価」

の思考パターンに基づいて行動すると福島先生は言われます。これらの思考パターンについて一緒に学んでいきましょう。まず「プラス受信」についてみていきましょう。

　すべての出来事は、前向きに考えればチャンスとなり、後ろ向きに考えればピンチとなる。
　問題が起きたことが問題ではなく、どう考えたかが本当の問題である。

　すべての出来事は無色透明であり、そこにどのような名札づけも可能になります。どのように名札づけしたかで、そのときの感情などの状態も変わり、その後の選択肢も変わるということを、第3章で説明してきました。福島先生は、全ての出来事は、前向きに考えればチャンスとなり後向きに考ればピンチになると言い切っています。また、問題が起きたことが問題ではなく、それをどう考えたか、どう名札づけしたかが問題であると言われます。

　ピンチとチャンスは同じ状況です。ピンチはピンチと受け止めただけですし、チャンスはチャンスと受け止めただけです。また、無駄なことと、役に立つことも同じことです。一方は無駄にしただけで、かたや役に立つようにしただけです。さらに、困ったことと、うれしいことも同じです。困ったことと受け止めただけで、かたやうれいしいことと受け止めただけです。

　このように福島先生は全ての出来事、物事をできるだけプラス受信しようと言われています。そしてプラス受信とは、物事を客観的、好意的、機会的に受け止めることだとして、客観的、好意的、機会的については次のように説明されています。
　①**客観的**——その場の感情に流されず、客観的、冷静に考える
　②**好意的**——相手の発言、行動などついて好意的に受け止める
　③**機会的**——起きた出来事をチャンスとして考える
　以下では、福島先生の本に沿って、もう少し詳しく学んでいきましょう。

①客観的 ──その場の感情に流されず、客観的、冷静に考える

　私たちは、何かが起きると感情に流されたまま考え、発言し、行動します。その結果、状況を悪化させることが多いように思います。客観的とは、その場の感情に流されず、客観的、冷静に考えることを言い，福島先生は次のように言われています。

　私たちはどうしても、その場の感情に流されてしまうことがあります。流されることが悪いことなのではありません。そうではなく、流されないような努力をしているかどうか問題なのです。〔中略〕
　感情的になってしまうと、何事も正しい理解ができなくなってしまいます。なかなか難しいことかもしれませんが、正しい判断をするためには、起きた出来事に感情が左右されないようにすることが大切です。

　我々は、無意識に行動していると、どうしても起きた出来事や物事に対して、感情的になってしまいます。そこを少しでも意識的になり、その場の感情に流されないで、客観的に、冷静に考えることができるように努めることが大切です。

②好意的 ──相手の発言、行動などついて好意的に受け止める

　好意的とは、相手の発言、行動などついて好意的に受け止めることを言います。コミュニケーション・ギャップは相手の発言を発言者の意図とは違う意図で受け止めることによって起きていることがよくあります。既に紹介したように、私自身も意図しない言葉の捉え方をされて、相手の怒りを買い、大きな葛藤にまで発展したことがあります。逆の立場も沢山経験しているのではないかと思います。すなわち相手の意図とは違うように相手の言葉をとらえ、相手の発言を悪くとらえて、その言葉とそのときの感情を「石に刻む」ようなことがあったように思います。福島先生は好意的ということについて次のように説明されています。

　ある人に言われると腹が立つことが、友人に言われると自分が反省する

きっかけになる、ということがあります。
　私たちは、親友同士、恋人同士の会話では、自然とすべての発言を、お互いに好意的に受け止める傾向があるのです。いつも仲が良い相手との会話は、好意に満ちあふれています。
　それは、何を言われたかが問題なのではなく、誰から言われたかが問題だからです。それはとりもなおさず、相手の発言を自分がどのように受け止めたか、という問題に他なりません。
　相手の発言や行動を、好意的に受け止めようと意識をするだけで、少し気持ちが和らぐようになると思います。それによって、次の行動も変わるはずです。まわりのすべての人の発言や行動から、私たちは何かを学び、自分を成長させることができるのです。

　このように相手の発言や行動を好意的に受け止めようと意識をすることで、かなり葛藤も減るのでしょう。

③機会的——起きた出来事をチャンスとして考える

　「機会的」とは、起きた出来事をチャンスとして考えることを言います。私の友人の千田さんという方が、何が起きても「チャーンス！」と口癖にしているという話を第3章で書かせていただきました。この千田さんも、福島先生のプラス受信の話を聞き、実践したのでした。

　「この出来事は、何のチャンスだろう」と考えることを、習慣にしてみましょう。私は問題が起きた時には、心の中で一言つぶやくことにしています。「この時を待っていたんだ！」、あるいは「この時のために準備してきたんだ！」と。そうして、気持ちを入れ替えてから、後で、さてどうしたらそうなるのかを考えるのです。そうすると不思議なことに、新たな発想が次々と湧き出てくるようになります。
　チャンスにできない出来事はありません。チャンスにしない人がいるだけです。「これは何のチャンスだろう」と考えることで、どんなに辛い出来事も、どんなに大きな失敗も、人生の中では必要なこととなり、後になっ

てそのことがきっかけで、大きく成長することができたと言えるようになるはずです。

(3) 自己依存　他人に期待せず、自分自身に期待する

　自立型人材は「プラス受信」「自己依存」「自己管理」「自己責任」「自己評価」の思考パターンに基づいて行動します。「プラス受信」とは、物事を客観的、好意的、機会的に受け止めることを言います。そして「客観的」とは、その場の感情に流されず、客観的冷静に考えることを言い、「好意的」とは、相手の発言、行動などについて好意的に受け止めることを言い、「機会的」とは、起きた出来事をチャンスとして考えることを言います。

　続いて「自己依存」とは、他人に期待せず、自分自身に期待することを言います。つまり、あらゆる物事を、あの人の問題、彼らの問題、世の中の問題というようにとらえるのではなく、自分の問題として考え、自分に期待することを言います。

　他人に期待すると裏切られて、それが不満となって自分に返ってきます。他人や会社に「ああしてほしい、こうしてほしい」と思えば思うほど、不満は増えるばかりとなるでしょう。〔中略〕
　不満をなくすためには、他人に期待せず、自分自身に期待すればいいのです。他人や会社が自分に何をしてくれるかではなく、自分が他人や会社のために何ができるかを考える。

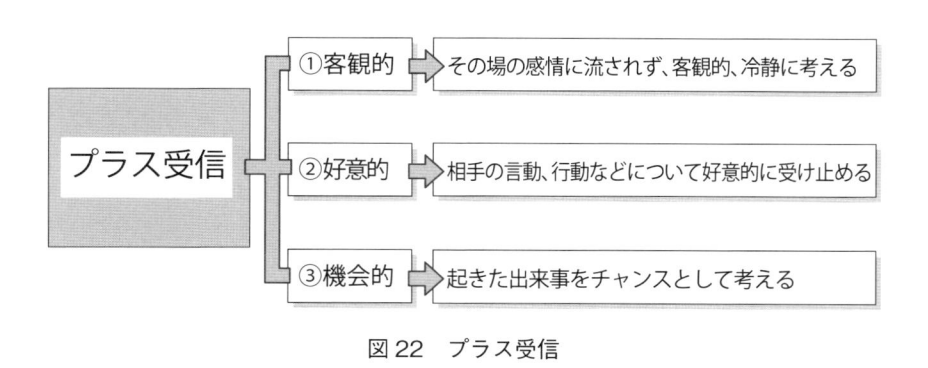

```
                ┌─ ①客観的 ─→ その場の感情に流されず、客観的、冷静に考える
                │
  プラス受信 ────┼─ ②好意的 ─→ 相手の言動、行動などについて好意的に受け止める
                │
                └─ ③機会的 ─→ 起きた出来事をチャンスとして考える
```

図22　プラス受信

そして、自分が今できることからあきらめずに取り組んでいけば、不満と感じるものはなくなっていくはずです。不満と感じたら、それは自分の出番なのです。このように、自己依存とは、「すべてのはじまりは、自分にある」「自分から行動することで、すべてが変わる」と考えることです。つまり、まわりがどうかではなく、自分がどうするかということです。〔中略〕

例えば、「まわりの社員にやる気がない」「職場が暗い」という場合、自己依存で考えると、「自分がまず、やる気になって仕事に取り組む」「自分が明るく仕事をする」ということになります。〔中略〕

どんなに小さな行動であっても、自分が見本になることからはじめていかなければ、何も解決することはないはずです。

このように、自己依存とは、他人に期待せず、自分自身に期待することを言います。

(4) 自己管理　自分の可能性を最大限に発揮する

自立型人材は「プラス受信」「自己依存」「自己管理」「自己責任」「自己評価」の思考パターンに基づいて行動しますが、「自己管理」とは、自分の可能性を最大限に発揮するために自分自身をやる気にさせることを言います。

自己管理とは、自分自身をやる気にさせることです。やる気は勝手に沸き起こるものではなく、それは自分の努力によって、自分自身の中から沸き起こらせるものなのです。〔中略〕

もともと人は、何も考えていなければ、やる気がないが普通の状態です。ですから、やる気がないからといって、何かがおかしいわけではありません。むしろ、何も考えていないのに、やる気になっているほうがおかしいと言ってもいいでしょう。〔中略〕

「もともと人は、何も考えていなければ、やる気がないが普通の状態です」とまで言い切ってしまう福島先生の言葉には一瞬驚きました。では、どのようにして自分をやる気にさせたらよいのでしょうか？　この点に関しては、

福島先生は次のように書かれています。

> やる気になるためには、夢を確認することが必要です。どうしても達成したい夢、考えるだけでワクワクする夢を持ち、それを確認することでやる気になることができます。
> しかし、このやる気はすぐに消えてなくなってしまいます。気がつくと目の前の小さな出来事に意識が振り回されて、やる気がなくなっていることでしょう。やる気を起こし、その気持ちを維持する習慣を身につけておくことが大切なのです。
> それは夢を確認する習慣です。私たちは、いつでも夢を確認する習慣を身につけることで、やる気を維持することができるようになります。

このように「自己管理」とは、自分で自分をやる気にさせ、自分の可能性を最大限に発揮することを言います。自分をやる気にさせる方法は上記以外にも人それぞれ様々な方法があると思いますが、福島先生は自分の夢を確認することで可能だと言われます。第4章で説明した「目標」の確認と同じことだと思います。あなたには自分をやる気にさせる方法がいくつかありますか？

（5）自己責任　問題の真の原因は自分にある

自立型人材は「プラス受信」「自己依存」「自己管理」「自己責任」「自己評価」の思考パターンに基づいて行動しますが、「自己責任」とは、問題の真の原因は自分にあるととらえることを言います。さきほど、自己依存について説明したとき、あらゆる物事を、あの人の問題、彼らの問題、世の中の問題というようにとらえるのではなく、自分の問題として考え、自分に期待することと書きました。それに似ているのですが、問題の真の原因は自分にあるととらえることが自己責任になります。

問題から逃げたところで、また同じ問題が降りかかってきます。それを解決しない限り、何度でも同じような問題が起こるのです。問題から逃げる

のではなく、問題を受け止め、それを解決し、乗り越えていかなければなりません。またそれによって、自分自身を成長させていくことができます。問題が起こると、それを他人のせいにしてしまうことがあります。しかし、他人のせいにした問題は解決できなくなります。部下のせいだ、上司のせいだ、会社のせいだ、世の中のせいだ……。こう、いくら叫んだところで、何も変わりません。他人のせいにすることは、問題の解決を放棄することと同じなのです。

　私たちは問題の原因を、どこにでも自由につくることができます。

　福島先生の言われるとおり、問題の原因を他人のせいにも、環境のせいにもすることができます。どのようにも原因を作ることができるように思います。しかし、他人の問題は解決できないし、環境の問題も解決できないですね？「景気が悪いから売れない。（だから売上が上がらない、利益も上がらない。）」とも言う経営者がいます。あるいは、「どこの業種が今、景気が良い？」という質問もよくされます。これらの発言の前提には売上や利益が上がるか上がらないかは景気や業種に依存しているという考えがないでしょうか？　景気が悪いときにも売上や利益を伸ばしている企業はあるし、同じ業種に属する企業でも業績が良い企業も、悪い企業もあるのではないでしょうか？　受験生についても同じことが言えます。「今年は問題の傾向が変わったから対応できなかった。」と言う言葉をよく聞きますが、問題の傾向が変わっても、合格する受験生がはいます。傾向が変わることも想定に入れて準備できている受験生と、過去の傾向線上でしか準備をしていない受験生とでは勝負が分かれますね？　逆に過去の傾向そのままの問題が出題されたら、受験生のほとんどが合格するかと言ったらそれもありえないですね？

　大リーガーのイチロー選手のバッティングを見ていても同じことが言えます。「次に来るボールの予想が外れたから打てなかった。」という言い訳はしないですね？　どんな球が来ても体が反応するような練習を日頃からしています。このイチローのバッティングから我々が学ぶことは多いようです。どんな球が来ても体が反応できる技術、最近であれば、ボール・ゾーンさえもヒットにする技術、あれは意識してバットを振っているのでしょうか？　そ

うではないですね？　学習の4段階でいう「無意識的有能」そのものですね？
　そして、そこに至るまでには、千回、一万回では足りない鍛錬があるのですね？　我々が何かを学び身につけるときのエッセンスがイチローのバッティングの世界にはあるように思います。
　話は、自己責任、つまり問題の真の原因は自分にあると捉えることについてでした。
　先に進みましょう。

　例えば、部下にやる気がなく言われた仕事しかやらない、という場合、どのような原因が考えられるでしょうか。
「部下自身の問題だ。あんな仕事の仕方をしているようでは、どこに行っても役に立たないぞ」
「学校教育の弊害だ。言われたことしかできない人材に、学校が育てているんだ。行政の責任だ。」
〔中略〕
　これらは全て他者に原因を求めています。この後に続くのは、たいてい次のような言葉でしょう。
「仕方がない」「自分にはどうしようもない」「困ったことだ」……。
　つまり、自分に原因を見いだしていないために、解決できなくなってしまうのです。
　一方、自己責任で考えると次のようになります。
「自分自身が、部下のやる気を引き出すことができないのだ。相手のやる気を引き出せるように、自分自身が成長しよう」
　この場合、この後に続く言葉は、次のようになります。
「部下が成長できるかどうかは、自分次第だ！」
　自分自身に問題の原因を見いだし、自分の出番に変えていくために必要な考え方が自己責任なのです。

　このように、「自己責任」とは、問題の真の原因は自分にあるとらえることを言います。

確かに他人の問題は解決できないですね？

(6) 自己評価　常に本物・一流を目指す

　自立型人材は「プラス受信」「自己依存」「自己管理」「自己責任」「自己評価」の思考パターンに基づいて行動しますが、「自己評価」とは、常に本物・一流を目指す姿勢のことを言います。

　一流の人物は、どれほど他人から高く評価されようとも、いつも次のように答えます。
「まだまだ未熟です」
　一流の人物は、他人の評価に惑わされません。常により高い目標を持ち、そこに挑み続けるチャレンジャーなのです。
　このように他人の評価がどうであれ、自分自身が本物・一流を目指して、さらに成長し続けていこうとする姿勢を、自己評価と言います。〔中略〕
　また、自己評価では、他人の評価を行動基準とするのではなく、昨日の自分との比較を行動基準とします。常に、昨日の自分を越えることを、目標にするのです。それによって、日々少しずつであったとしても、本物・一流に近づくことができるようになります。

　確かに、大リーガーのイチロー選手も、常に自分のバッティングについて、まだ未熟です、と答えている印象があります。このように、「自己評価」とは、常に本物・一流を目指す姿勢のことを言います。
　以上説明してきたように、自立型人材は「プラス受信」「自己依存」「自己管理」「自己責任」「自己評価」の思考パターンに基づいて行動します。

第5章 メンタリング──影響を与え変化を促す方法論　253

```
自立型人材 ─┬─ (1) プラス受信 ─┬─ ①客観的
           │                  ├─ ②好意的 ─── 受止める
           │                  └─ ③機会的
           ├─ (2) 自己依存 ─── 他人に期待せず、自分自身に期待する
           ├─ (3) 自己管理 ─── 自分の可能性を最大限に発揮する
           ├─ (4) 自己責任 ─── 問題の真の原因は自分にある
           └─ (5) 自己評価 ─── 常に本物・一流をめざす
```

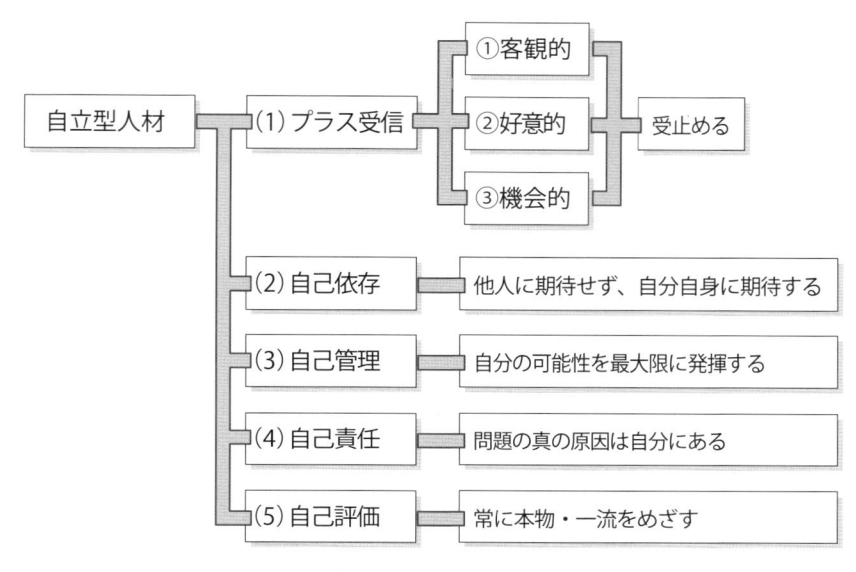

図23　自立型人材の思考パターン

〔4〕指導から育成へ

(1) 育成なくして指導なし　まずやる気にさせて、その後で指導

　ここまで自立型人材の思考パターンを学んできました。他人を人材育成しようと考えるのであれば、まず私たちが自立型人材の思考パターンで考えられる人間になれるように努力していく必要がありそうですね？
　さて、福島先生は「育成なくして指導なし」と言われます。まず育成をする、すなわち相手をやる気にさせ、その後で指導すると言います。決して指導が先にあるわけではないのです。

　人を育てる際、私たちはいかにして正しいことを相手に伝えるかを考えることがあります。しかし、正しいことを教えれば、人は育つのでしょうか。残念ながら、いくら正しいことを教えても、人は育つことはありません。

極端な話かもしれませんが、もし教えることで人が育つのであれば、「立派な人間になれ」と言えばいいだけになります。そうすれば、立派な人間に育つはずですから。
実は、教えても人が育たない場合もあれば、教えなくても人が育つ場合があるのです。

福島先生の言われるとおりではないでしょうか？ 人は必ずしも正しいことを言う人についていくのではなかったですね？ 私たちが快・痛みの原則に基づいて行動していることを考えても納得できますね？

人を育てるために、認識しておかなければならないことがあります。それは、「指導」と「育成」です。自分が今、指導をすべきなのか、それとも育成をすべきなのかを正しく判断することが、人材の育成にあたって、まずはじめに求められる重要なポイントになります。

福島先生は「指導」と「育成」という概念を明確に分けて使っており、「指導」については次のように書いています。

指導とは、問題解決のため、あるいは生産性向上のために、必要とされる問題解決法などの手法や知識、技術、情報などを、相手に伝えることです。つまり、それは相手に「教える」ことです。
指導には、一つ注意しなければならない点があります。それは何事にも万能な手法や知識があるわけではなく、なおかつ手法や知識は無限にあるということです。〔中略〕
他人が成功した方法だからといって、自分がやってみると成果が出ないことがあります。それぞれのアドバイスは、すべてがそれなりに意味あるアドバイスなのですが、どのアドバイスがその時の自分にとって、ぴったりと合うかはわかりません。
自分でも納得できるアドバイスがあればいいのですが、どれが自分に合うかわからない時には、実際にやってみて、成果を出すことができたアドバ

イスが正しい方法であり、その時の成功手法なのです。
このように、指導で大切なことは、相手に選択させることです。
「教える」ということは、教えた通りのことを相手にやらせることではありません。そもそも、教えたことを相手がやるかどうかは、相手が決めることなのです。

　これまでの章で、相手に主導権を残すということの大切さを説明させていただきました。福島先生も相手に選択権を残すという表現で似たことを説明しています。つづいて、福島先生は「育成」については次のように書いています。

　何よりも重要なことは、教えたことを相手がやる気になってやる、ということです。そして、そのために必要なのが育成です。
　育成を一言で表現すれば、「やる気にさせること」です。それは、どんな困難に対しても、勇気を持ってチャレンジしていく自立型姿勢を身につけさせることに他なりません。
　そのためには、まずこちらが相手の見本となって、自立型姿勢を見せることが必要となります。
　つまり、指導とは「教える」ことですが、育成とは「見せる」ことです。人はやる気になってはじめてこちらの話を聞き、教えられたことを行動に移すようになります。つまり、育成ができていなければ、指導したことが活かされず、無駄になってしまうのです。
「育成なくして指導なし」

育　成	やる気にさせること	まず見せることが大切
指　導	知識や手法を与えること	相手に選択させることが大切

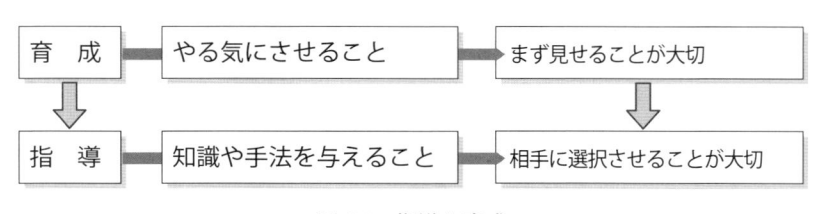

図24　指導と育成

指導と育成についての概念の違いが理解できたでしょうか？　そして、まず人をやる気にさせること、そのためにはこちらが相手の見本となって自立型姿勢を見せること、すなわち育成することが必要だと言われます。その後で、指導をするからこそ指導したことが活かされるということになります。

(2) コントローラーとメンター
依存型人材と自立型人材のどちらを育てるのか？

福島先生は、依存型人材を育てるのが「コントローラー」、自立型人材を育てるのが「メンター」だと言っています。ここでいう「コントロール」とは、他人を自分の思い通りにしようとすることをいい、人はコントロールされることで依存型人材となり、支援されることで自立型人材となっていくといいます。

時間がないからと、具体的な行動を指示して、こちらの言った通りに行動させようとするほど、相手は依存型人材になってしまいます。つまり、自分で考え、自分で判断することができなくなってしまうのです。次第に、自分から意見を言わなくなり、いつも指示が出るのを待っているだけになってしまうのです。

また、コントロールの基本概念は、「恐怖」によって人を動かすことです。それに対して、メンターの場合は、「尊敬」によって人を動かすこと、とも言っています。

そして、メンターとは相手をやる気にさせ、相手の持つ可能性を最大限に発揮させることができる人のことでした。メンターが見本となり、メンティが目指す人になることが究極の姿といえるようです。

(3) メンターになるには　組織学習の基本

①目指す人がいると、やる気になる

第1章で、玄関の靴がいつもピシッと揃っている家庭と、玄関の靴がいつ

も脱ぎっ放しになっている家庭があると書かせていただきました。あるいは、いつも明るく元気な挨拶ができている組織と、挨拶ひとつできていない組織があるとも書かせていただきました。同様にいつも社員が楽しそうに仕事をしている会社といつもつまらなさそうに仕事をしている会社があります。どうしてこんなにも組織によって違ってくるのでしょうか？

　最近、サッカーや野球、ゴルフ、テニスなど、海外でも、日本人選手が活躍することが増えてくるようになりました。そして、世界で活躍する選手が出てくると、若者たちの間でそのスポーツが流行るようになります。
　人は自分が目指す人が見つかることで、やる気になることができます。会社の中で目指す人がいると、俄然、仕事にやる気が出てきます。

　確かに、私自身もサラリーマンのときは仕事ができる先輩に憧れて、「いつかあんな風になってみたい。」「あんな先生になってみたい。」という一心で仕事をしていたように思います。

　部下に仕事を楽しんでもらいたいのであれば、まずは自分が仕事を楽しむことです。自分が仕事を楽しんでいなければ、部下も仕事を楽しむことができません。

　福島先生は、上司が仕事を楽しんでいる組織は、部下も仕事を楽しめると書かれています。親が仕事を楽しそうに語る家庭では子どもも早く大人になって仕事をしたいと思うでしょう。親が自分のお店の経営のつらさを毎日語っている家庭では、子ども達はその事業を継ぎたいとは思わないのかもしれません。

　②メンターに必要なもの ──**生きる姿勢の問題**
　メンターは相手をやる気にさせ、相手の持つ可能性を最大限に発揮させることができる人のことでした。尊敬で人を動かすということでした。ただし、人から尊敬されるようになるということはとても難しいことのように思えま

す。では、人から尊敬されるようになるにはどうしたら良いのでしょうか？
　また、メンターにはどんな能力が必要となるのでしょうか？

　実は、尊敬されるために最も必要なことは、自分自身が一日一日の人生を大切にして、一所懸命に生きることです。自分の人生を精一杯生きていくこと、それ自体がメンターになることなのです。
　ですから、メンターになれるかどうかは能力や経験とはまったく関係ありません。自分が夢を持ち、本気になって自立した生き方を実践することで、メンターになることができます。それは、相手がどうかという問題ではなく、自分自身の生きる姿勢の問題なのです。

　メンターになるのに能力や経験が全く関係なく、自分自身の生きる姿勢の問題だとしたら、メンティと信頼関係を作るにはどうしたら良いのでしょうか？

　信頼関係をつくるノウハウは「本気」です。相手が成功したいと持っている気持ちより強い気持ちを持って、相手を成功させるべく行動することです。つまり、相手より本気になるということです。〔中略〕
　知識や経験では及ばなくとも、気持ちであれば相手よりも強く持つことは可能です。自分のやる気以上に、他人をやる気にさせることはできません。

③見せるリーダー ——究極のメンターは、存在そのもの
　では、メンターはどうあるべきなのでしょうか？

　メンターとは、いわば究極のリーダーです。それは「教えるリーダー」ではなく、いわば「見せるリーダー」です。
　メンターにとって重要なことは、決めたことができるかできないかではなく、決めたことをとことんやりぬくという姿勢です。つまり、困難や問題に対して、どのような取り組み方をするのか、日々どのような生き方をするのかということです。メンターにとっては、相手にどう接するかよりも、

相手の前でどう生きるかが問題なのです。
「メンターは、どうあるべきか」という問題は、結局のところ、「自分がどう生きるか」という問題に他なりません。究極のメンターは存在そのものが、まわり人々にとって勇気となります。教えずとも、語らずとも、メンターの生き方がまわりの人々の生き方に大きな影響を与えるのです。〔中略〕
自分が本気でなければ、他人を本気にさせることはできません。困難や問題に対して、そこに挑んでいく勇気を見せて希望を与えるのがメンターです。

(4) メンターの役割　見本、信頼、支援の順番で

ここまでメンターになるにはどうしたらよいかということをみてきました。続いてメンターの役割についてもみておきたいと思います。
メンターの役割には順番があるといわれています。それは、以下の順番になります。
①見本
②信頼
③支援

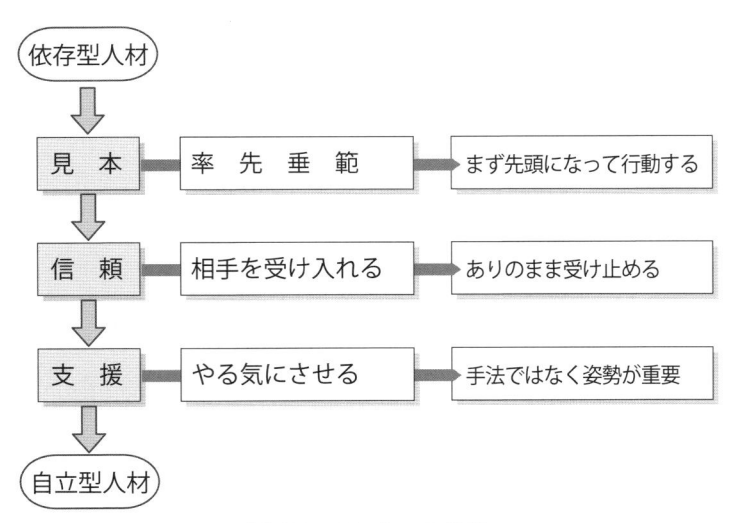

```
依存型人材
   ↓
 見 本 ── 率先垂範 ──→ まず先頭になって行動する
   ↓
 信 頼 ── 相手を受け入れる ──→ ありのまま受け止める
   ↓
 支 援 ── やる気にさせる ──→ 手法ではなく姿勢が重要
   ↓
自立型人材
```

図25　メンターの役割

まず、相手の見本になります。そして、相手を信頼します。さらに、相手を支援します。
　以下では、見本、信頼、支援のそれぞれについてみていくことにしましょう。

①見本　育てようとしなくても育っている
　メンタリングとは、自らが見本となって行動し、相手を信頼し、支援するという、とてもシンプルな概念だと福島先生は言われます。それは姿勢の問題なので、特別な技術を学ぶ必要もなく、誰でも簡単に始められると言われます。
　「見本」とは、自らがまず先頭に立って行動すること、「信頼」とは、相手のすべてをそのまま受け入れること、そして「支援」とは、相手のために尽くすことです。福島先生は、「見本」に関して、「ミラー効果」のことを書かれています。

　上司に部下の様子を聞けば、上司のことがよくわかります。
　よく上司が部下について話をする時、私はその人自身のことを言っていると思って話を聞くことがあります。
　「うちの職場はどうも暗い」
　——この上司が職場に行くと、みんなも暗くなるんだな。
　「最近の若者は、自分のことしか考えていない。夢がない」
　——この上司に夢がなく、みんなに夢を語っていないんだな。
　「私の部下は、どうもやる気がない」
　——この上司にやる気がないんだな。仕事は辛くて大変なもの、と思っているのかもしれない。
　つまり、職場が暗いと言う明るい上司もいなければ、反対に職場が明るいと言う暗い上司もいません。職場が暗いと言うのは暗い上司で、職場が明るいと言うのは明るい上司です。
　自分のまわりの他人を見れば、自分がこれまで他人に何をしてきたのかが

まるで鏡のようによくわかります。
○まわりの人にやる気がないのは、自分にやる気がないから。
○まわりが助けてくれないのは、今までまわりのことを助けてこなかったから。
○まわりを笑顔にするためには、まず自分が笑顔になればいい。
○部下が話を聞かないという前に、部下の話をよく聞くようにする。

自分が相手に求めているということは、まず自分から相手に与えることです。他人は鏡なのです。自分がやったことが自分に返ってくる。
このことを鏡になぞらえて、「ミラー効果」と言います。
「どうしてこの人は、こんな行動をするのだろう？」
「どうしてあの人は、あんな発言をするのだろう？」
これらのように、相手のことばかり見ているようでは、根本的な問題を解決することはできません。相手は自分のことを教えてくれているのです。

また、福島先生は、「育てようとしなくても、人を育てている」のだと言われます。

忙しくて人材を育成する時間や余裕がない、と言う人がいますが、私たちは好むと好まざるとにかかわらず、毎日自分の生き方で人を育ててしまっているのです。なぜなら、自分の発言、仕事への取り組み方、一日の時間の使い方で、それに合ったようにまわりの人が育っているのですから。

さらに、見本になるためには、どんな状況でも自分自身に本当の原因を見い出すことが大切だとして、以下のように書かれています。

見本になるためには、どのような状況であったとしても自分自身に本当の原因を見い出すことが必要です。そして、自分自身に原因を見いだすことができれば、どのような見本になればいいのかがわかります。しかし、他人や環境など自分以外に原因があると考えてしまうと、自分の出番がなくなり、見本になることができなくなってしまいます。どのような問題が起

ころうとも、自分自身に原因を見いだし、チャンスとして自分の出番に変える。そのような前向きな生き方をすることが、メンターになるということなのです。

②信頼　どこまで相手を受け入れるか
見本の次は信頼です。
まずメンタリングでの関係とはどのようなものなのでしょうか？

メンタリングでは、相手との関係を、力関係ではなく、人間と人間の信頼関係でとらえます。それによって、相手は開放感を持ち、自分らしく可能性を最大限に発揮するようになります。信頼関係は人の気持ちを前向きに変える力を持っているのです。〔中略〕
こちらがどこまで相手を受け入れるかによって、相手もどこまでこちらを受け入れてくれるかが決まります。〔中略〕
「困った人だなぁ」と思った時から、相手は自分にとって困った人というレッテルを貼ったことになります。そうなると、そのレッテルを見ながら、すべてその後の対応を考えることになります。そうなると、そのレッテルを見ながら、すべてその後の対応を考えることになってしまいます。つまり、そのレッテルがある以上、適正な対応をすることが難しくなってしまうのです。

我々は、人にも名札を貼ってしまっているようです。それは人を一般化してとらえ、その一般化に基づいてある名札づけ、すなわちレッテル貼りをしてしまっているようです。
　一度レッテルを貼ってしまうと、そのレッテルによる見方以外の見方でその人を見ることはとても難しくなってしまいます。そして、そのレッテルにもとづいて相手に対して行動してしまいます。常にレッテルを疑うことが必要だと思います。

　私たちは、他人との関係において、すでに第一印象で思い込んでしまって

いることがあります。さらに、長くつきあっていれば、それまでの経緯から、相手の性格まで決めつけてしまっていることもあるかもしれません。しかし、この自分の思い込みが、相手と同じ気持ちになる時に、最大の障害になってしまうのです。

ですから、相手と同じ気持ちになるためには、あらかじめ自分が相手に対してどのような思いを持っていたとしても、それを一時忘れて考えてみることが必要です。上司対部下の関係や、これまでの行動に対する評価、好き嫌いなど、自分の思い込みを一時忘れて、相手を一人の人間として、その思いや感情をありのまま受け止めてみるのです。

信頼とは、相手がこちらの思い通りにならなくとも、そのまま受け入れることです。いわば、「信頼できない人を信頼すること」が信頼なのです。つまりこちらが信頼することで、相手からも信頼されるようになります。相手がこちらを受け入れた時、はじめてこちらの話を聞くようになるのです。

③支援　どのような気持ちで支援するか？

メンターの役割には順番があり、それは、まず相手の見本になり、相手を信頼し、そして、相手を支援するということでした。では、支援とはどういうことでしょうか？

支援とは手法ではなく、姿勢です。ですから、どのような支援をするかよりも、どのような気持ちで支援するかが重要になります。相手を支援しようとする気持ちがあれば、具体的な支援の手法は問いません。その時、自分にできるベストな手法を選択すればいいのです。

たとえ、その手法で効果がなかったとしても、さらに新たな手法を用いて支援し続ける姿勢そのものが支援なのです。

とはいえ、相手が抱えている問題があまりに難しくて、自分には何も支援できることがない、と思うときがあるかもしれません。

しかし、支援する姿勢さえ持っていれば、具体的な支援が何もできなかったとしても、ずっとそばにいるだけで、あるいは二十四時間いつでも相手

からの電話に出るだけでも、すばらしい支援になるのです。
支援において大切なことは、相手を思いやる純粋な気持ちです。
支援の目的は、相手をやる気にさせることであり、その活動とは、相手に「尽くす」ことです。見返りを求めないほど、本物の支援ができるようになります。〔中略〕
メンターは相手をやる気にさせるために、いつでも、どんな時でも励まします。具体的に支援が何もできない時でも、励ますことならば、いつでもできるはずです。〔中略〕
励ますとは、自分の気持ちを相手に移すことです。自分が前向きな気持ちで励ますことで、その気持ちを相手が受け取り、同じように前向きな気持ちになることができます。〔中略〕
メンタリングにおいて大切なことは、「手法に頼るのではなく、姿勢に頼る」ことです。

ここまで、メンターの役割を学んできました。メンターの役割には順番がありました。まず、相手の見本になり、続いて相手を信頼し、さらに相手を支援します。

(5) メンタリングの実践技術、支援の方法

ここでは、メンタリングの実践技術について学んでいきたいと思います。福島先生の本からポイントだけを抜粋して紹介したいと思います。

①聞く ──相手が自分で問題を解決できるように
聞くことは、真剣に相手の話を聞くことであり、相手が自分で問題を解決できるようにすることであり、相手から学ぶことだと福島先生は言われます。

相手にとって、たとえ解決策を見いだすことができなかったとしても、自分の話を真剣に聞いてくれる人がいることは、それだけでも大変うれしいものです。それによって、それまでよりも勇気を持って、問題に立ち向か

うことができるようになるはずです。

②相談に乗る ── 考えることを一緒に楽しむ

「相談に乗る」ということは、「一緒に考える」ということであり、相手が自分で解答を見つけ出すお手伝いをすることです。つまり、相手が主役ですから、こちらは脇役に徹して、相手のために尽くす気持ちを忘れてはなりません。共にアイデアを出し合ったり、相手と一緒になって考えることを楽しみましょう。

③述べる ── 自分の意見を伝える

自分がもし、相手と同じような立場になったらどうするかを伝えます。この時大切なことは、必ず相手に選択権を与えるような伝え方をすることです。

その伝え方として、話す内容の話の前に「私ならば」という表現を用いる方法が有効です。

④助言する、提案する ── 相手のために貢献する気持ちで

助言、提案で大切なことは、相手のために貢献する気持ちを強く持つことです。前向き、好意的な表現で、一つでも多くの解決策やアイデアを提供して、相手のために尽くします。この時も、決して判断を急がせたり、押し付けたりすることのないように注意しなければなりません。

メンターは、どうすべきかという手法を細かく指示することはしません。細かく指示すればするほど、相手はこちらに依存してくるようになってしまうからです。

⑤教える、指導する
　── 相手がわかる言葉で、わかるように伝える　相手が求めていることに貢献する

教える、または指導するということは、必要とされる知識や情報、技術などを相手に伝えることです。

その際、注意することは相手のレベルに合わせて、わかる言葉で、わかる

ように伝えることです。特に、専門用語には気をつける必要があります。難しい言葉には、解説も加えるようにしましょう。相手にとって、わからない言葉が一つあるだけで、こちらが何を言っているのかわからなくなってしまうことがあるからです。

⑥語る――自分の体験談や夢を語る、相手がやる気になる話をする
自分の体験や夢を伝えることで、相手に何かを気づかせたり、勇気を与えたりすることもできます。〔中略〕
ただ、自慢話にならないように、謙虚に、相手に貢献する気持ちで話すことが大切です。

⑦励ます――相手がやる気になる言葉を用意しておく
励ます時には、心の底からそう思って伝えることが、何よりも大切なことです。気持ちが伴わなければ、どんな励ましの言葉も空虚なものに響いてしまいます。そしてその上で、励ましの言葉をたくさん用意して、相手に合わせて使い分けるようにしましょう。
自分がやる気になる言葉が、必ずしも相手にとってやる気になる言葉であるかどうかはわかりません。例えば、「がんばれ」という言葉が、必ずしも相手をやる気にさせるとは限らないことは、多くの方が経験上知っていると思います。
言葉の意味は、辞書で調べれば正確に定義されています。しかし、それとは別に、私たちは一つ一つの言葉に対して、自分なりの特別な意味をつけているものです。好きな言葉、嫌いな言葉、やる気になる言葉、やり気にならない言葉など、いわば自分だけのオリジナル辞書を持っていると言ってもいいでしょう。
つまり、相手にとってやる気になる言葉があるのです。それは、他人には簡単にわかるものではありません。ですから、支援する際には相手の辞書にある言葉をいろいろ試しながら探し出して、励ますようにする必要があるわけです。

⑧誉める ——心の底から、誉める

「誉める」ということは、自分が喜ぶことです。〔中略〕

また、誉めるためには、誉めるところを見つけ出す力が必要です。そのためには、小さな実績を見つけ出して、前向きに評価します。

さらに、相手の個性的な部分を長所として受け止めるようにします。特に個性ともなれば、長所にもなります。相手自身が、気がつかないような長所を見つけ出し、誉めることで、やる気にさせることができるようになります。

⑨感謝する、感動する ——共に喜び分かち合う

相手に感謝し、「ありがとうございます。感動しました！」と伝えることで、相手は自分の存在価値を認識し、自身を持って生きることができるようになります。

⑩委任する ——相手の判断で自由にやらせる

目標と期限を明確にして、その上ですべてを相手に任せることを、委任と言います。〔中略〕

失敗してはいけないから、できるようになるまで任せない、というのではなく、メンターはどんどん相手に任せていきます。この場合、はじめは小さなことから任せ、次第に大きなことを任せるようにしていくようにしましょう。やらせてみせて、自分で体験を積み重ねさせるのです。失敗してもかまいません。大切なことは、失敗した時に、それをどのように受け止め、次にそれをどのように活かしていけばいいのかを、まず自分が見せて、そして教えていくことです。そうすることで、相手はどんな失敗があったとしても、それを糧にして成長し続けていく自立型の人材になっていくことができます。

⑪促す——相手の話に便乗する、自分の気持ちで後押しする

「促す」というのは、相手が今一歩踏み出せないでいる時には、後押しす

ることです。

⑫導く、体験させる ——共に行動する、自分が先頭に立つ
自分がまず先頭に立ち、相手に後ろからついてきてもらうことで、やればできるという体験を積ませていきます。〔中略〕
導く際に大切なことは、その行動や仕事を通して、自分が楽しんでいる姿、輝いてる姿、そして感動している姿を見せることです。その上で、相手のレベルに合わせて、できることからやらせるようにします。

⑬出番を作る ——自らの行動で相手をやる気にさせる
「出番をつくる」ということは、相手のために自らができることを探し出して、行動し続けるということです。その目的は、相手を成功させることではなく、感動させ、本気にさせることであり、それによって相手が自分の力で問題を解決することができるようになることです。
自分の出番をつくる、といっても、それは相手の目の前にある障害を取り除くことではありません。そうではなく、相手が本気になってその障害を乗り越えていくことができるように、こちらの本気を示すことです。本気は伝播します。相手よりも本気になるからこそ、相手も本気になることができるのです。

⑭提供する ——資金や情報を差し出す、人を紹介する
提供とは、やる気にさせてから与えるものです。
やる気にさせずに提供することは、逆効果になってしまう危険性があります。また、相手が困っていることを解決することは、相手をより依存させてしまうことになりかねません。気をつけなければならないことは、提供することによって相手を楽にしたり、動機づけをしたりしないようにすることです。その意味では、相手をやる気にさせてから提供することが大切です。提供することで、やる気のない人をやる気にさせるのではなく、「提供」することで、やる気のある人をよりやる気にさせるようにするのです。

⑮そばにいる ——いつでもそばにいる、どんな時でも相談に乗る
現実には相手の状況は、一人一人によってあまりにも様々で、メンターといえども、どんな支援をしていいのかわからない時もあると思います。しかし、どんな時でもできる支援があります。それが「そばにいる」ことです。〔中略〕

意図的に何も与えずただそばにいることもあります。例えば、相手が解答を見つけ出すことに悩んでいる時、そばにいることで安心感を与え、精神的な助けとなるのです。悩むべきことに対して、すぐに解答を与えてはなりません。悩むべきことは、逃げずに悩むことが大切なのです。そして、その支援をするのがメンターです。

ここまでメンタリングについて探求の旅をしてきました。人が影響を受けるとはどういうことなのか、どんなときに人は人から影響を受けるのか、こうした秘密をメンタリングという分野に探ってきました。また、理論や手法を学んだという段階から、それらを自主的に使おうという段階にまで階段を上がるにはどうしたら良かったのでしょうか？　何か秘密があったのでしょうか？

こうした秘密が少しは見えたでしょうか？　万が一、まだよく見えていなくても心配しないでください。この後も、あなたの無意識は自然と学習を続けてくれています。できたら何度かこの章を読み返していただければ幸いです。

この章では、まずメンターとは何かについて説明しました。メンターとは、「相手が自発的に自らの能力と可能性を最大限に発揮する自立型人材に育成することができる人」という定義を紹介しました。つまり、相手をやる気にさせ、相手の持つ可能性を最大限に引き出し発揮させることができる人のことでした。

そして、メンターは、説得することもなく、強制することもなく、相手の自発性を引き出します。その結果、相手は指示がなくとも、自分の意志で考えて、行動することができるようになります。つまり、メンターは自立型人材を育成することができるのでした。

その自立型人材の思考パターンや、メンターの役割についても学んできました。これには順番があり、見本、信頼、支援の順番で役割がありました。そして、最後に、メンタリングの実践技術、支援の方法について15種類学んできました。

　また、この章では、知識や手法を与えることを「指導」といい、相手をやる気にさせることを「育成」といい、両者の概念を明確に分けました。つまり、指導とは教えること、育成とは見せることであり、育成できていなければ、指導したことが活かされずに無駄になってしまいます。まさに「育成なくして指導なし」と言えますね？

　では、次章にうつることにしましょう。次章も影響力を行使するための方法論について探求していきます。論理的思考という領域に足を踏み入れることにしましょう。

第6章

論理的思考とプレゼンテーション
——影響力を発揮する方法論

　我々は人材開発と名づけられた大陸を探求しています。
　第1章では、変化という概念、学習という概念、行動という概念、影響という概念を探求してきました。
　第2章では、学習という領域を探求する旅を続けて来ました。人は何を学ぶのか、人はどんなときによく学ぶのか、脳の3つの基本プログラムの活用、意識的な学習と無意識的な学習、ものをみるときのフレームについても学んできました。
　第3章では、コミュニケーションについて探求してきました。コミュニケーションとは、人と人との間に橋を架けるような作業と言えます。そして、言語、準言語、非言語レベルでのコミュニケーション、人間関係が良くなるようなコミュニケーションなどを探求してきました。
　第4章では、コーチングについて探求してきました。コーチングは、学習を促し、行動を促進することで変化への支援をします。コーチングフローと呼ばれるコーチングのプロセス（GROWモデル）やコーチングスキル（承認のスキル、傾聴のスキル、質問のスキル、提案・要望のスキルなど）を学んできました。
　第5章では、メンタリングについて探求してきました。メンターとは、相手をやる気にさせ、相手の持つ可能性を最大限に引き出し発揮させる人のことを言いました。いくら手法や理論を教えこんだところで、本人が自主的にそれらを実践に移そうとしない限り絵に描いた餅です。では、自主的に行動する人材を育てるにはどうしたら良いのでしょうか？　その答えをメンタリングの領域で探求してきました。筆者自身、これまでに沢山のメンターから影響を受け、自主的に学習し、行動できてきたように思います。あなたにも沢山のメンターが思い起こされることでしょう。そして、あなたも誰かのメンターであることでしょう。
　第3章のコミュニケーションおよび前章のメンタリングの領域では、影響に関する方法論を探求してきました。この章でも、影響に関する方法論をさらに探求していきたいと思います。人に影響を与えようと思えば、相手に納

得感を与えることが不可欠になります。腑に落ちるようにすることが必要になります。納得してもらうためにはどうしたら良いのでしょうか？　あるいは、腑に落ちるようにするためにはどうしたら良いのでしょうか？　こうした点について、論理的思考とプレゼンテーションという領域に秘密を探しに行きましょう。ここでは、今までとは少し違う風景（左脳的な世界）が見え、違う香りがしてくることに気付くでしょう。

第6章　論理的思考とプレゼンテーション――影響力を発揮するの方法論　273

〔1〕論理的思考、プレゼンテーションと人材開発

(1) 影響力を増す方法　相手に納得してもらう方法

　ここまでで意識と無意識の話をたくさんしてきました。例えば無意識の力が意識に比べて断然大きな力を持つと書いてきました。また、意識は思考、無意識は感覚、意識は頭、無意識は体、というようにも書いてきました。無意識の力を借りれば、思いもしなかったようなアイディアが湧いてきたり、思いもよらなかったようなエンジンが働いたり、思いもよらなかったようなブレーキが作動したりします。では、無意識に全てを任せれば、それで仕事も人間関係も全てうまくいくのでしょうか？　そうとも言えないところがあるようです。

　例えば、経営者がよく直感を使って重要な意思決定をします。そして、その意思決定はかなり質の高い意思決定であったとしても、その意思決定を実行に移していき、周囲の人々を巻き込んでいこうと思えば、意識的な説明、説得というのが必要になります。たとえ優れた意思決定だと感じていても、「直感的に思ったから」という理由では、周囲はなかなか納得できないと思います。

　そこで必要になるのがプレゼンテーションやコミュニケーションの能力であり、その際に必要になるのが、論理的思考だと考えます。

　たとえば、「わが社はXを実行すべきです。」と言われたとき、「何故ならばYだからです。」という言葉で理由を説明します。結論に理由を添えることで周囲は（頭で）納得ができます。「なるほど、それならば確かにXを実行すべきだ。」と思えます。このように結論に対して妥当性の高い理由を添えることで周囲を納得させ、提案を受け入れてもらい、人々をプロジェクトに巻き込んでいくことが可能になります。それにより、仕事や物事の実現力も変わってくると思います。

逆に、「なんでYだから、Xが必要になるの？」と聞き手から首をかしげられた瞬間に、その結論は一気に説得力を失い、周囲を巻き込むことができなくなります。「YだからXである。」という因果関係にどれだけ説得力をもたせられるか、その能力は組織に生きる人間にとって、また、周囲に何かメッセージを送る人にとっては必須の能力になってくるのではないかと思います。

これはなにも難しいことではなく、我が家の小学一年生の息子でさえも、次のようなプレゼンテーションをしています。最近、息子は日曜日に図書館に連れて行ってくれとさかんに主張していました。私は忙しかったのでなかなか息子を図書館に連れていけませんでした。

そのとき、息子（小学1年生）との会話は次のようなものでした。

「パパ、図書館に連れて行って！」

「どうして？」

「だって、『かいけつゾロリ』を借りるんだもん。」

「『かいけつゾロリ』の本を借りたいんだね？」

「そうだよ。『かいけつゾロリ』を借りたいから。」

「そうか。でも、パパ忙しいから、今日は行けないよ。」

「えっ、どうして？」

「パパ、今日は時間ないからさ。」

「でも図書館行こうよ！　だって、『かいけつゾロリ』を読むと、頭良くなるよ！」

この瞬間に私は目を丸くしました。頭が良くなるから『かいけつゾロリ』を借りる必要がある、だから、図書館に連れて行ってくれ、という論理展開になっています。A（頭が良くなる）だからB（『かいけつゾロリ』を借りる必要がある）、B（『かいけつゾロリ』を借りる必要がある）だからC（図書館に連れて行ってくれ）という論理展開です。こんな論理展開を無意識のうちに使って話しているのでした。息子は息子なりに、父親を説得するために理由づけをしたのでした。そして、その理由には、大人の私を説得するのに一番効力がある「頭がよくなる」というものを使ったのでした。第1章では幼稚園年長のときの息子の話を書きました。ポケモンのゲームの攻略本を買って

第6章　論理的思考とプレゼンテーション——影響力を発揮するの方法論　275

もらうためにあの手この手を使って私に買わせようとしました。そのときは、ただ頼み込んだり、泣いたり、怒ったり、私の体をたたいたり体で表現していたのですが、1年経ち、言葉を使って親を説得（プレゼンテーション）する術を覚え始めたのかもしれません。

（2）選択肢を創造する方法　1ケ月で3キロ痩せる方法は？

　何かしたいと思ったときに、その方法として様々なものが考えられます。たとえば、第4章で紹介したコーチングのGROWモデルの「選択肢の創造」は、目標を達成するために選択肢をいくつか描き出します。その際、1つよりは2つ、2つよりは3つの選択肢を創造できた方が良いと書きました。「1ケ月で3キロ痩せたい」という目標を立てたとき、どのように痩せるかということについて直感で方法を列挙するだけでなく、沢山のアプローチを意識的に洩れなく洗い出した方が、より効果的な方法が出てくる可能性があります。そして、「Xをしたいと思います。その方法としては、Aという方法、Bという方法、Cという方法が考えられます。」と言ったとき、A、B、Cがどれだけ多角的なアプローチになっているかが目標の達成確率を高めることと相関関係にあるのではないでしょうか？

　例えば「1ケ月で3キロ痩せたい」という目標を立てたとき、
　A：朝食を減らします、B：昼食を減らします、C：夕食を減らします、と考える人もいるでしょう。
　他方、A：食事（朝食、昼食、夕食）を減らします、B：食事（朝食、昼食、夕食）の内容を見直します、C：食事（朝食、昼食、夕食）をとる時間を検討します、と考える人もいるでしょう。
　さらには、A：食事（朝食、昼食、夕食）及び間食を見直します、B：寝る時間など生活習慣自体を見直します、C：体を動かすことができないか検討します、と考える人もいるでしょう。これらの3つのうち、どれが「1ケ月で3キロを痩せたい」という目標を達成する可能性が高いと思えるでしょうか？

　このように何かをしようと思ったとき、方法（選択肢）を創造する際にも、論理的な思考を身につけることは役にたちます。

（3）論理という架け橋　相手との間に「納得」の橋を架ける

　山田ズーニーさんが「論理」について書いた文章を紹介しておきたいと思います。

　コミュニケーションというのは、人と人との間に、橋を架けるような作業だ。
　だれもが、最初は初対面だった。それが、いつの間にか、一緒に仕事をしたり、心が通じたり、大喧嘩さえもできるようになるのだから、ほんとうに不思議だ。みんな、どうにかして橋を架けているのだ。あなたは、どうやって橋を架けてきたのだろう？
　橋を架ける技術には、いろいろある。
　重宝しそうなのが「論理」という橋だ。この橋を渡りきった先のゴールは「説得」だ。考えが違う人と、「私はこう思う」「俺はこう思う」と言い張っているだけでは、一生、橋は架からない。だから、二人にとって公平な根拠を探してくる。データとか、客観的事実とか。それを、まるで詰め将棋のように、筋道立てて並べていく。「原因がこうだから……、結果がこうなるでしょ……、すると……」
　あっ、なるほど！
　と自分も相手も「納得」したら、そこがゴールだ。その瞬間、すっと腑に落ちる。
　「論理」の橋は、「ひらけ」を生む。一緒に、対等でひらかれた場所に出て行くような快感だ。[60]

　私たちは、無意識の力を使うことについて人材開発をするのと同時に、このように意識的な力を伸ばす人材開発についても手をつけた方が望ましいということがだんだんご理解いただけたでしょう。

第6章 論理的思考とプレゼンテーション——影響力を発揮するの方法論　277

〔2〕論理的思考とは何か？

(1) 相手に伝えるということについてのコントラスト・フレーム

あなたが何かを伝えたいと思ったときに、何から始めるでしょうか？

あなたは「私は何を言いたいのだろう？」とか「（私は）何を言おうかな？」と自問自答することから始めるかもしれません。そして、その自問自答から出てきたアイディアを紙に書き出すかもしれません。それらを順番に並び替えて話す順番、ストーリーを考えるかもしれませんし、その後で、台本どおりに話して時間を計ってみるかもしれません。

相手に「伝える」ということはどういうことでしょうか？　相手に「伝える」とは、「私が言いたいこと」や「（私は）何を言おうかな？」ということを伝えることでしょうか？

他方、相手に伝えようと思ったときに、「相手は何を期待しているのだろう」と考えるところから始める人もいるかもしれません。このような人にとって相手に「伝える」ということは、相手から期待されているメッセージを伝えるということになるのでしょう。

> パート1：相手に何かを伝えたいと思ったときに「私は何を言いたいのだろう」と自問自答することから始める。
> パート2：相手に何かを伝えようと思ったときに、「相手は何を期待しているのだろう」と考えるところから始める。

例えば、仕事におけるコミュニケーションについて、相手に「伝える」とは、パート1の「自分が伝えたいと思うことを相手に伝えるということ」でしょうか、それともパート2の「相手から期待されているメッセージを相手に伝えるということ」なのでしょうか？

> パート1：相手に伝えるとは、自分が伝えたいと思うことを相手に伝えるということである。

パート2：相手に伝えるとは、相手から期待されているメッセージを伝えるということである。

上記のパート1とパート2を何度か読まれてどのように感じますか？

(2) 相手に伝えるべきメッセージとは？ 3つの必要条件

①相手に伝えるべきメッセージに必要な3つの条件

仮にコミュニケーションが相手から期待されているメッセージを伝えるということだとするならば、相手が期待していることは何だろうかとまず考える必要があります。自分が伝えたいことは何かとか、どのように伝えようと考える前に、です。

では、相手に伝えるべきメッセージとはどういうことなのでしょうか？

『ロジカル・シンキング』(東洋経済新報社刊)によると、それは、以下の3つの要件を満たしている必要があるといいます。

1) 答えるべき課題(テーマ)が明快であること。
2) その課題(テーマ)に対して必要な要素を満たした「答え」があること。
3) そのコミュニケーションの後に、相手にどのように反応してもらいたいのか、つまり、「相手に期待する反応」が明快であるかどうか？

このように相手に伝えるべきメッセージには、上記の3つ、すなわち、答えるべき「課題(テーマ)」、その課題(テーマ)に対する「答え」「相手に期待する反応」の3点が必要です。ビジネスの現場でよく言う「私がお伝えしたいのは」とか「私が申し上げたいのは」というのは3つの要素のうちの「答え」に過ぎません。他の2つ、すなわち「答えるべき課題(テーマ)」と「相手に期待する反応」がなければコミュニケーションとは言えないとこの本では言っています。

つまり、聞き手が話を聞いたとき、「今回の課題は○○で、それに対するあの人の答えは□□で、結局、私に対してこうして欲しいのだな。」と分かるものでないと相手に伝えるべきメッセージにはならないというのです。

②課題(テーマ)と答えについての留意点

そして、この3つのうち、課題(テーマ)と答えについての留意点も書いておきたいと思います。それは、課題(テーマ)と答えとがずれていることがよくあるということです。講義中に講師が質問したことと違うことを話し続けている学生がよくいます。また、問題の題意とはずれたことをずれたまま論理展開している回答もよく見かけます。仕事でもまれに課題(テーマ)とは違うことをプレゼンテーションしていることもあります。

準備段階、また、書く前、話す前には、「今回の課題(テーマ)は何だったか?」ということを確認する習慣(癖)をつけて欲しいと思います。

③「答え」「相手に期待する反応」とは何か

続いて、相手に伝えるべきメッセージの3つの要素の1つである「答え」には何が必要でしょうか? 「答え」には前掲書によると次の3つが必要になります。

1) 答えの核の部分である「結論」
2) なぜその答えになるのか、結論の妥当性を説明する「根拠」
3) どうやって実行するのかを説明する「方法」

「答え」には、結論と根拠と方法の3つが必要なのです。結論としての「答え」を言ったときに、どうしてその答えになるのかという根拠、どうやってその結論を具体化するのかという方法が求められることになります。

では、「相手に期待する反応」とは何なのでしょうか? 前掲書によるとそれは次の3つになります。

1) 相手に「理解」してもらうこと
2) 相手に「意見や助言、判断などをフィードバック」してもらうこと
3) 相手に「行動」してもらうこと

コミュニケーションの唯一の成果は相手から返ってきた反応と言えます。何をいったかではなく、何が伝わったかが重要で、相手から返ってきた反応がその成果になります。したがって、事前に相手からどんな反応が返ってきたら、そのコミュニケーションは成功かという点を明らかにしておく必要があります。

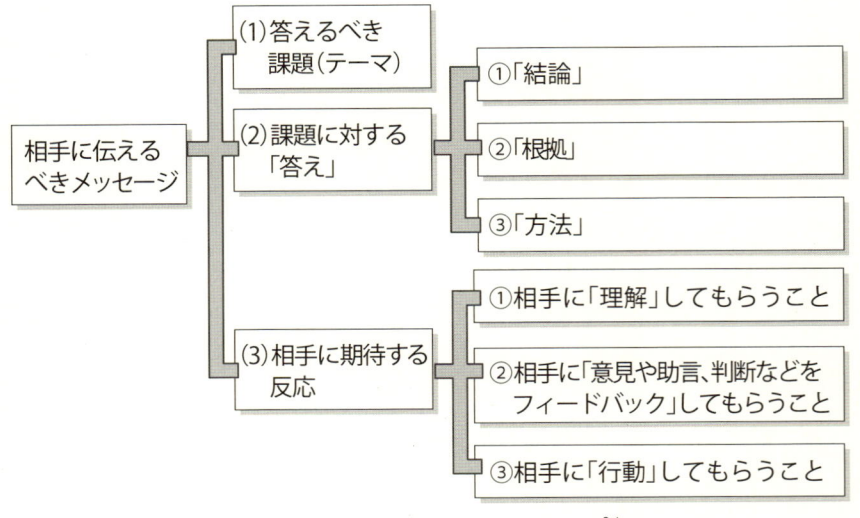

図26　相手に伝えるべきメッセージ[61]

```
相手に伝える     ─(1) 答えるべき課題（テーマ）
べきメッセージ                              ─① 「結論」
              ─(2) 課題に対する「答え」 ─② 「根拠」
                                          ─③ 「方法」
                                          ─① 相手に「理解」してもらうこと
              ─(3) 相手に期待する反応 ─② 相手に「意見や助言、判断などをフィードバック」してもらうこと
                                          ─③ 相手に「行動」してもらうこと
```

　「相手に期待する反応」がないコミュニケーションは単なる独り言になってしまう可能性があります。
　以上をまとめておきたいと思います。
　あなたが相手に何かを伝えたいと思ったとき、相手に伝えるべきメッセージには、3つ、すなわち、①答えるべき課題（テーマ）、②その課題（テーマ）に対する「答え」、③「相手に期待する反応」の3点が必要になります。そして、そのうち「答え」には、①結論と②根拠と③方法の3つが必要です。また、「相手に期待する反応」には、3つ、すなわち、①理解してもらうこと、②意見や助言、判断などをフィードバックしてもらうこと、③行動してもらうこと、の3点が必要になります。

(3) なぜ相手に自分の「答え」が通じないのか？　3つの理由

　相手に伝えるべきメッセージには「答え」が必要でした。そして、答えには、①結論、②根拠、③方法の3つが必要でした。
　なぜ相手に自分の「答え」が通じないことが多いのでしょうか？
　それには3つの理由があります。それは、さきほど説明した「答え」の3要

第6章　論理的思考とプレゼンテーション――影響力を発揮するの方法論　281

素に起因するのです。まず、1つ目に、相手に「結論」が伝わらない、2つ目に、「根拠」が伝わらない、3つ目に、「方法」が伝わらないというものです。前掲書に基づいて説明していきましょう。[62]

　まず、1つ目の「結論」が伝わらないというのには、2つあります。1つは結論自体が明確でないことです。例えば、「状況によっては」「場合によっては」という断りを入れて結論を書いているような場合です。

　もう1つは結論が自分の言いたいことの要約になっていて、そもそも課題に対する答えになっていないということです。

　2つ目の「根拠」が伝わらないというものによくあるのが「AがないからAが必要です」と理由をいうものです。こういうのを「コインの裏返し」と言います。「Aが必要です。なぜならばAがないからです。」というのでは根拠の説明になりません。これでは、現在ないものは全て必要だ、という論理になってしまうからです。

　また、根拠の説明の中で前提が自分の判断とか仮説に基づいている場合も説得力が弱くなります。「Xが必要です。なぜならYだからです。」といったときに、相手から「Yというのはあくまであなたが判断したことでしょう？」「Yはあなたの仮説でしょう？」と言われたときにその根拠は説得力を失います。あくまでも根拠は、客観的事実に基づいた方が説得力があります。客観的事実であれば聞いている相手も反論の余地がありません。経営コンサルタント会社では若いコンサルタントの社員にまず財務コンサルティングから担当させる場合があります。財務コンサルティングであれば、根拠は数字がベースになってくるので、ベテランの社長でも文句のつけようがありません。そういう狙いがあって若いコンサルタントには財務的なコンサルティングから入らせるのではないかと推察しています。

　さらに、3つ目には「方法」が伝わらないというものがあります。その方法に具体性がなく、どこの組織でもいつの時代でも通用するような普遍的な話では説得力がありません。例えば、「御社の強みをさらに強化して、弱みを克服すべきである。」とか「人材の能力アップを図るべきである。」という提案は50年前でも50年後でもあてはまる話です。また、A社であろうと、B社であろうと、C社であろうと、世の中全ての会社、自治体、組織にあてはま

ります。仮に「人材の能力アップ」が必要ならば、具体的にどんな人材のどんな能力のアップが必要なのか具体化する必要があります。

最近の株主総会の株主に質問に対する経営者の答えも私がみたところ、きわめて抽象的な表現がたくさんありました。

「客のニーズの変化をつかむ努力をしていきたい。」(大手家電メーカーの副社長)

「いかに浮上させていくかが我々に課せられた義務」(航空会社社長)

「他社以上の成長で株主の期待に応える」(大手家電メーカー社長)

「徹底した事業構造改革に取り組んでいく」(大手製作所会長兼社長)

果たしてこれらの経営者の声がどこまで出席株主の疑問に対して説得力があったのでしょうか？

(4) なぜ「答え」に説得力がないのか？　2つの欠陥

①説得力のない「答え」に共通する欠陥

なぜ、自分の答えに説得力がないのでしょうか？　自分で話している途中で、また、話し終えた後で、何か説得力が足りないなあと感じたことはないでしょうか？　なぜ、自分の答えに説得力がないのでしょうか？

説得力のない「答え」に共通する2つの欠陥には大きく2つのものがあると前掲書ではいっています。そのひとつは「話の明らかな重複・漏れ・ずれ」です。2つ目は「話の飛び」です。

「話の明らかな重複・漏れ・ずれ」とは、話が重複している（ダブっている）こと、話が漏れていること、話がずれていることからなります。

②話のあきらかな重複

以下のパート1とパート2を読まれてどのように感じられるでしょうか？

パート1：「図書館に連れて行って欲しい、だって次の3つの理由があるから。①頭が良くなるから、②賢くなるから、③天才になれるから。」

パート2：「図書館に連れて行って欲しい、だって次の3つの理由があ

第6章 論理的思考とプレゼンテーション──影響力を発揮するの方法論　283

るから。①頭が良くなるから、②日曜日だといっても、最近、どこも連れていってもらっていないから、③図書館はお金がかからないから。」

　どちらに説得力がありますか？　なんとなくパート2の方のが「なるほど！」と思えないでしょうか？　どうしてこのように感じるのでしょうか？
　1つはパート2の方が理由が多角的で、3つの観点から説得されているように感じるからではないでしょうか？　パート1を読み返してみると、1つの観点からのみの説得になっています。1つの観点の理由よりも3つの観点の理由を言われて説得された方が説得力が増すと思いませんか？　そしてパート1の方は理由が結局1つに集約しているのですね。ということは理由の3つがダブっているのです。
　頭が良くなるのも、賢くなるのも、天才になるのも大体同じ理由なのです。「その話はだぶっているよね。結局は頭がよくなるからという1つの理由におさまるでしょ。」ということになります。
　では以下の2つを読まれてどうでしょうか？　どちらに説得力を感じますか？　どちらかにより説得力を感じるとしたらその理由はどこにあるのでしょうか？

> **パート1**：岐阜市は住みやすい市です。なぜならば、①道路が整備されてきているからです、②インフラ整備が進んでいるからです、③名鉄線、JR東海道線、新幹線と鉄道が通っていて、交通も整備されているからです。
>
> **パート2**：岐阜市は住みやすい市です。なぜならば、①インフラが整備されてきているからです、②市街地は都会である上に、川、山などの自然も近いからです、③人がおだやかで、フレンドリーな市民性をもっているからです。

　パート1の文章の理由の3つはダブっていますね？　それに対して、パート2の方は、インフラ、自然、人という切り口で理由が書かれていて、ダブっ

ていませんね？
　このようにダブった話には説得力がありません。その上に、読み手、聞き手に話全体に疑念を抱かせることになります。図書館に連れて行ってという子どものおねだりくらいだったら良いのですが、仕事でこのような発言をしてしまうと、理由のひとつも頭を整理しないできたのかと疑われてしまいます。あるいは、この人は話を整理する力がないのかなと思われてしまいます。

③話のあきらかな漏れ
　話がもれているという点についても書いてみたいと思います。以下のケースを読まれてどのように感じられるでしょうか？

> **パート1**：御社は富裕層マーケットをターゲットとして絞るべきです。何故ならば①御社の周囲には富裕層がいるからです、②富裕層は余裕があるのでチャンスです、③富裕層は客単価が高くなるからです。
>
> **パート2**：御社は富裕層マーケットをターゲットとして絞るべきです。何故ならば、①御社の周囲には富裕層がいるからです、②中間所得者層、低所得者層マーケットには競合他社が沢山いるからです、③富裕層マーケットでは御社の強みが一番生かされ、他社と差別化をはかれるからです。

　パート1とパート2とでどのように違いがありますか。パート1の「御社は富裕層マーケットをターゲットとして絞るべきです。何故ならば御社の周囲には富裕層がいるからです。」という提案をされた場合、「では、富裕層ではなく中間所得者層ではだめなのか、低所得者層ではだめなのか」と言われた場合にその論理はすぐに崩れます。

④話のあきらかなズレ
　話のズレについても書いておきたいと思います。

第6章　論理的思考とプレゼンテーション——影響力を発揮するの方法論　285

パート1：みかんは冬の果物です。また、みかんは黄色いです。そして、ぶどうはワインの原料にもなります。みかんは甘い果物ですね？

パート2：みかんは冬の果物です。また、みかんは黄色いです。そして、みかんは甘い果物です。みかんをむきながらコタツに入るのは癒されますね。

いかがでしょうか？　パート1を読んでどのように感じられましたか？　みかんの話をしているときにぶどうの話が入ったので、読者は頭が混乱したかもしれません。みかんの話の間にぶどうの話が混じる場合は、同じ果物ですが、もっとひどくなると宇宙の話が混じるケースがありえます。聞き手は、「みかんの話をしているときに、どうしてぶどうの話が混じってくるの？」「みかんの話をしていたのになんで宇宙の話なの？」と話を聞きながら頭は？マークがついた状態になります。

⑤話のあきらかな飛び

他方、話が飛ぶとは「AだからX」といったときに、「なんでAがXになるんだよ。」と聞き手に疑問を抱かせたり、反発を感じさせたりします。例えば次のケースです。

パート1：「私は、旅行が好きなので、みかんが好きです。」
パート2：「私は、甘い果実が好きなので、みかんが好きです。」

パート1を読んでどのように感じますか？「私は旅行が好きなので、みかんが好きです。」と言われた場合、「なんで旅行が好きだとみかんが好きになるのかな？」と思いませんか？　それに対してパート2の方は違和感がほとんどないと思います。

次のケースはどうでしょうか？

パート1：「美濃加茂市は自然豊かな市です。その根拠は、①美味しい

美濃加茂キムチがあるからです。②リサイクルが進んでいるからです。③市街地は中山道の宿場町に由来し歴史があるからです。」

パート2：「美濃加茂市は自然豊かな市です。その根拠は、①飛騨木曽川国定公園があるからです。②健康の森や文化の森など緑溢れているからです。③ナシ、ぶどうなどの果樹栽培が盛んで果樹園が沢山あるからです。」

　美味しい美濃加茂キムチがあるから自然豊かといえるかどうか、リサイクルが進んでいるから自然豊かといえるかどうか、市街地が歴史があるから自然豊かといえるかどうかは疑問ですね？　それに対して、飛騨木曽川国定公園があるから自然豊かである、緑溢れる公園があるから自然豊かである、果樹園が沢山あるから自然豊かである、ということは納得できるのではないでしょうか？

　パート1を読んだとき、多くの人は違和感を覚え、「なんか変なことを言ったぞ。本当に美濃加茂キムチがあるから自然豊かだと言えるんだろうか？」と頭の中で考え始めるでしょう。それは読者や聞き手に「余計な作業」を強いていることにならないでしょうか？

　そして、聞き手がこう思った瞬間から読者は話を疑って聞くようになるかもしれません。あるいは聞く価値のない話（プレゼンター）だと判断するかもしれません。

（5）説得力のない「答え」に共通する2つの欠陥をどのように防ぐか？

　説得力のない「答え」に共通する欠陥には大きく2つのものがありました。ひとつが「話の明らかな重複・漏れ・ずれ」、2つ目が「話の飛び」でした。では、これらの欠陥を防ぐにはどうしたら良いのでしょうか？

　まず「話の明らかな重複・漏れ・ずれ」については、後で紹介するMECEという技術が役に立ちます。MECEというのは「もれなくダブりなし」という意味です。このMECEというのを意識し、自問自答する（「もれはないか、ダブりはないか？」と）ことで、話の明らかな重複・漏れ・ずれを防ぐこと

第6章　論理的思考とプレゼンテーション――影響力を発揮するの方法論

ができます。

　また、「話の飛び」を防ぐためには、これも後で紹介する「So What?」と「Why So?」という技術が役に立ちます。「So What?」は、「だから何なの?」という意味で、「Why So?」は「何故そうなるの?」という意味です。この「So What?」と「Why So?」の2つの質問を自問自答することで話の飛びを防ぐことができるようになります。例えば、「YだからXである」という文章を作るとします。初めに「Yだから何なの?」と自問自答して「YだからXである」という文章を作ります。そして、それが適切かどうかを確認するために、「Xだというけど何故そうなるの?」と自問自答します。「だってYだからです」といったときに納得性があれば適切な論理であると判断できます。

　ところで、論理的思考を身につけることにより、論理的に筋の通った説得力ある構成にでき、受け手にとって分かりやすく納得感のある説得ができます。それにより相手に期待する反応が手に入ります。

　以降で、「話の重複、もれ、ズレ」を防ぐ技術であるMECE（もれなくダブりなし）と、「話の飛び」を防ぐ技術である「So What?」と「Why So?」についてくわしく学んでいきます。その前に、論理展開の2つの方法（演繹法、帰納法）、2つの論理パターン（「結論＋根拠」「結論＋方法」）の説明をします。

　そして、上記の2つの技術と、2つの論理パターンをもとにしてロジック・ツリーという論理の図を描けるようにしてきます。このロジック・ツリーが仕事の場面でもとても役に立つ道具になります。

　何かを人に話すとき、あるいは、何かを書くときは、話す前、書く前に、自分の頭の中を整理しておくことが必要です。つまり、書く作業、話す作業と、考える作業を分けて考える必要があるのです。事前に構成を考えておく、そしてそれを図解しておく、それから話したり、書いたりするのです。

〔3〕論理的思考の技法

(1) 論理展開の方法　演繹法、帰納法

　論理展開の方法には、2つあります。すなわち、演繹法と帰納法です。演繹法は三段論法と言われ、2つの情報を関連づけて、そこから結論を必然的に導き出す思考法です。
　例えば、以下の例が挙げられます。[63]
　「プロテスタントは自由競争を好み、独占を憎む」……一般論
　「基本的にアメリカはプロテスタントの国である」……観察事項
　→「アメリカ国民は自由競争を好み、独占を憎む」……導き出される結論
　では、次の例ではどうなるでしょうか？
　「鳥は空を飛ぶ」……一般論
　「私は鳥だ」……観察事項
　上記の一般論と観察事項から演繹法を使って1つの結論を出してみてください。
　「　　　　　？　　　　　」……導きだされる結論
　「私は空を飛ぶ」となりますね？
　では、次の例はどうでしょうか？
　「人間はいつか死ぬ」……一般論
　「ソクラテスは人間である」……観察事項
　「　　　　　？　　　　　」……導きだされる結論
　大丈夫ですね？
　「ソクラテスはいつか死ぬ」となります。
　他方、帰納法は演繹法とは流れが逆の思考法といえます。ルールと観察事項から結論を導き出すのではなく、観察されるいくつかの事象の共通点に注目し、ルールを導き出すというものです。帰納法は、演繹法とは違って、自動的に結論が導き出されることはなく、結論を導き出すには想像力が必要になります。
　例えば、以下の例が挙げられます。以下の3つの観察事項があったとしま

第6章　論理的思考とプレゼンテーション——影響力を発揮するの方法論　289

しょう。これらの3つ観察事項の共通点に着目し、1つのルール（文章）を導き出してみてください。

　「東京では伝統的に○○党の支持率が低い」
　「神奈川では伝統的に○○党の支持率が低い」
　「大阪では伝統的に○○党の支持率が低い」

いかがでしょうか？

「大都市では伝統的に○○党の支持率が低い」と考えた方もいらっしゃるかもしれませんし、「大都市では○○党の支持基盤が確立できていない。」と考えた方もいらっしゃるかもしれません。どちらも正解といえるでしょう。

もう1つ違う例を出してみましょう。以下の3つの観察事項の共通点に着目し、1つのルール（文章）を導き出してみてください。

　「C社の技術資産はすばらしい」
　「C社の株価は割安だ」
　「C社の創業社長は後継ぎもなく、引退したがっている」

いかがでしょうか？　たとえば「C社は買収・合併のターゲットになるだろう」となるでしょう。このように帰納法による結論は、「～だろう」という推量の形をとることになります。

また、演繹法も帰納法も、後で説明する「So What?」をつかって考えます。「So What?」というのは、手持ちの情報や材料の中から、「結局、どういうことなのか？」と問いかけ、そのエッセンスを抽出する作業です。

（2）2つの論理パターン　結論＋根拠、結論＋方法

さきほど「答え」には3つの要素があると紹介しました。すなわち、答えには、「結論」「根拠」「方法」の3つがありました。そして答えを伝えるときの論理パターンとしては、次の2つのものがよく使われます。

　①結論＋根拠
　②結論＋方法

1つ目のパターンは、結論を言っておいて、その理由、根拠を説明するものです。ビジネスの現場では、提案を言えば、必ずといっていいほど、「な

ぜ？」と問われます。そして、この「なぜ」の部分に説得力があると、相手は「なるほど！」と納得できます。さきほども紹介したようにこの「なぜ」の部分に説得力が足りないと、「うーん……？」と首をかしげられることになります。

　この点に関して、山田ズーニーさんの文章をいくつか紹介します。[64]

「論理はニガテ……」という人も、難しく考える必要はない。必要なのはこれだけだ。
意見となぜ
つまり、自分がいちばん言いたいこと（＝意見）をはっきりさせ、なぜそう言えるか（＝理由）を筋道立てて説明していく。ゴールは相手に「なるほど！」と思ってもらうこと、つまり「説得」だ。
「意見となぜ」は、論理的なコミュニケーションの大原則だ！〔中略〕
話す前に、自分が一番言いたいことを、極力短くはっきりさせておき、それを頭か結論にもってくるだけで、ずいぶん話は通じやすくなる。〔中略〕
言いたいことだけぶつけても、相手との間に橋は架からない。自分がそう考える「理由」を説明することだ。
このとき、自分に都合のいい理由ばかりたたみかけてもだめだ。例えば、あなたの商品企画に反対する上司がいたとして。あなたが、「質のいい商品である」という理由ばかり並べ立てても、上司の意向がそこになければ、効果はない。上司は、「会社が火の車、すぐにでも売れる商品が欲しい」と反対しているのなら、経済効果という角度から理由を用意すると、話がはやい。
あなたと、相手の真ん中に「理由」がある。

　そして、理由を、自分側、相手側、あるいはもっと普遍的な角度からと、多角的に引いてくる方法や、論理的な説得の筋道を組み立てていく技術も必要になると山田さんは書いています。

「なぜ」を考え、「なぜ」を伝える

第6章　論理的思考とプレゼンテーション——影響力を発揮するの方法論　291

これは、好み・背景・考えが違う人々がひしめく中で、ひらかれた対等なコミュニケーションをしかけていくための原則だ。〔中略〕
「意見となぜ」でほぼどこでも
「意見となぜ」のシンプルな形で、日常からビジネス、はては論文まで、話す・書く・読む・聞く・会議、たいていのコミュニケーションはまかなえる。〔中略〕
コミュニケーションでこんがらがったときは、いつでも落ち着いて「意見となぜ」を思い出してほしい。

　そして、2つ目のパターンは、結論を言っておいて、その方法を説明するものです。ビジネスの現場では、何か提案をしたときに、「(あなたの提案はわかりました)では、具体的にどうやってやるの？」と問われます。この時の具体性が必要になります。その方法はどれくらい具体的でしょうか？　例えば、明日にでもとりかかれるもの、あるいは、今からでもすぐにとりかかれるほどの具体性があるでしょうか？

（3）話に説得力をもたせる技法　MECE

　先にも説明しましたように、MECEとは、話に大きな重複や漏れがないようにチェックする技術のことをいいます[65]。
　MECEというのは「もれなくダブリなし」ということを表していると思ってください。このMECEを意識することで、話の明らかな重複・漏れ・ずれを防ぐことができます。
　例えば、人という全体集合をどのようにMECE（もれなくダブリなし）な部分集合に切り分けることができるでしょうか？　日本人という全体集合は、男性という部分集合、女性という部分集合に分けることができます。あるいは、住んでいる地域によっても分けることができます。また、年齢や所得によっても分けることができます。このようにもれなくダブリなく切り分けられます。
　では、日本の都道府県はどのように切り割けられるでしょうか？　以下のようになっていたらどうですか？

パート1：日本の都道府県は、北海道、東北地方、関東地方、中部地方、関西地方、中国地方、四国地方、九州・沖縄地方に分けられる。

パート2：日本の都道府県は、東北地方、関東地方、中部地方、関西地方、中国地方、四国地方、九州・沖縄地方に分けられる。

パート3：日本の都道府県は、北海道、東北地方、関東地方、中部地方、東海地方、関西地方、近畿地方、中国地方、四国地方、九州・沖縄地方に分けられる。

パート1の文章では、全体集合をMECE（もれなくダブりなし）に部分集合に切り分けられていますね？

パート2は、いかがでしょうか？　この例では、北海道がもれていますね？

また、パート3ではどうでしょうか？

この例では、中部地方と東海地方、関西地方と近畿地方はダブっていることになりますね？

この他にも、日本の都道府県は、都、道、府、県の部分集合に分けることもできますね？　このように全体集合を部分集合に分けるときに、部分集合に分ける切り口としてMECE（もれなくダブりなし）になっているかをチェックする習慣をつけるようにすると良いですね？　これも学習のところで説明したように、意識的有能からトレーニングを繰り返すことにより、無意識的有能を目指していただきたいと思います。

(4) 話に説得力をもたせる技法　「So What?」と「Why So?」

「So What?」とは、手持ちの情報や材料の中から、「結局、どういうことなのか？」と問いかけて、その手持ちの情報や材料のエッセンスを抽出する作業です。「だから」「したがって」「よって」の前に述べた情報の中から、自分が答えるべき課題に照らしたときに言える重要なエキスを抽出する作業のことです。この場合、「だから」「したがって」「よって」の後にくる事柄は、前にある情報を「So What?」したものになります。

他方、「So What?」したものに対して、「なぜそういうことが言えるの

第6章　論理的思考とプレゼンテーション──影響力を発揮するの方法論　293

か？」「具体的にはどういうことなのか？」と質問を投げたとき、手持ちの情報、材料できちんと説明できないといけません。この「なぜそういうことが言えるのか？」「具体的にはどういうことなのか？」と質問を投げるときの質問が「Why So?」になります。

A、B、Cという情報を「So What?」したものがXだったとすると、Xに「Why So?」と質問したとき、A、B、Cがその答えとなっているという、背中合わせの関係を作ることが、話の飛びをなくす秘訣となります。

この「So What?」と「Why So?」を使いこなせるようになるためには、何度も何度も「So What?」と、「Why So?」と質問することが必要になります。そして、日々の生活のことあるごとに「So What?」と自問自答すると良いと思います。例えば本を読んでいて、1章読み終わったら、「So What?」と自問自答します。「要するに第1章では何が書いてあったの？」「要するに第1章では何を学んだの？」と質問するのです。これにより精度の高い復習が短い時間でできるようになります。1こまの講義が終わったときも同様です。「要するに今日の講義では何を学んだの？」「要するに今日の講義で重要なことは何だったの？」と問いかけるわけです。もっと身近にできるのは雑誌の記事、新聞の社説などを読んだ直後に自分に問いかけるものです。「要するにこの記事は何が言いたかったのだろうか？」と。

このことは生活の中でも使えます。夜、寝る前に、「要するに今日の1日はどういう日だったの？」「要するに今日1日で学んだことは何なの？」「要するに今日1日はどんな点で成長できたのか？」などとふり返ることは自分を成長させるためのとても良い習慣になるのではないでしょうか？

部下指導の場面でも、部下に対して、「要するに今の営業の場面で何を学んだの？」とか「要するに営業の仕事で大切なことは何なの？」と聞くことでものごとの本質を部下が考えられるようになることをサポートすることができるのです。

(5) 論理的に思考するための技法　グルーピング

日曜日にパートナーから買い物を頼まれたケースを思い浮かべてみてください。次のように言われたとしましょう。2つのパターンをご紹介します。

パート1：「日曜日に、スーパーとホームセンターに買い物に行って来てね。ぶどう、みかん、牛乳、バター、じゃがいも、りんご、卵、サワークリーム、にんじん、ドライバー、かなづち、ねじ、のこぎり、肥料、植木、スコップを買ってきてね。」

パート2：「あなた、今度の日曜日に買い物に行って来てね。スーパーとホームセンターに行って来て欲しいの。スーパーで、乳製品売り場と果物売り場と野菜売り場の3つに寄り、ホームセンターで、日曜大工品売り場と園芸品売り場の2つに寄ってきてね。乳製品売り場では、牛乳、卵、バター、サワークリームの4品を、果物売り場では、ぶどう、みかん、りんごの3品を、野菜売り場では、じゃがいもと、にんじんの2品を買ってきてね。乳製品4つ、果物3つ、野菜2つよ。また、ホームセンターの日曜大工品売り場では、ドライバー、かなづち、ねじ、のこぎりの4品を、園芸品売り場では、肥料、植木、スコップの3品を買ってきてね。」

上記2つのパターンを一度聞いてどちらが頭に入りやすいでしょうか？当然、日曜日に買ってこなければならない16品目を全て一度に覚えることは、どちらのパターンで言われても無理でしょうが、日曜日にどこに寄って、どれくらいの品目をそれぞれ買ってくるか具体的なイメージができるのはパート2の方ではないでしょうか？

グルーピングとは、文字通り情報をグループ化していくことを言います。例えば、たくさんの情報が散らばっているときに、共通項を見つけ出していって類似したものを小グループに分けていきます。そのときMECEな切り口を見つけて、その全体像をつかみやすいように、タイトルをつけていきます。

次にグルーピングとMECEを使った情報の整理の仕方についても説明させていただきます。まず、自分の結論を説得するために役立ちそうな手持ちの情報（ネタ）を、いったんすべて洗い出してみます。そして、似た情報同

第6章　論理的思考とプレゼンテーション——影響力を発揮するの方法論　295

士をグループ化させてくくっていきます。するといくつかの部分集合に分けることができます。それぞれのグループに属する情報を観察して、それらの情報の共通項となるタイトルをつけます。

　そして、その各グループのタイトルを全部集めたときに、大きなもれ、ダブリ、ずれがないかをチェックします[66]。

　では、上記の手順に沿って、情報を整理してみましょう。以下の16個の商品を情報整理していきましょう。

> ぶどう、みかん、牛乳、バター、じゃがいも、りんご、卵、サワークリーム、にんじん、ドライバー、かなづち、ねじ、のこぎり、肥料、植木、スコップ

　まず、似た情報同士をくくってグループ化します。

> 牛乳、卵、バター、サワークリーム

> ぶどう、みかん、りんご

> じゃがいも、にんじん

> ドライバー、かなづち、ねじ、のこぎり

> 肥料、植木、スコップ

　そして、それぞれにタイトルをつけます。このとき、「So What?」と「Why So?」の質問が使えるかと思います。「牛乳、卵、バター、サワークリーム」というのを見て、「So What?」(だから何なの？)と問いかけて、「乳製品」というタイトルを導き出したとしましょう。

> 牛乳、卵、バター、サワークリーム　→　乳製品

　この「乳製品」というタイトルが適切かどうかをチェックするために「Why So?」(どうしてそうなるの？)の質問をかけてみます。

[乳製品] → [牛乳、卵、バター、サワークリーム]

　「どうして乳製品なの？」と。「だって、牛乳は乳製品だし、卵は乳製品だし、バターも乳製品だし、サワークリームも乳製品だから。」と的確に答えられれば、このグルーピングとタイトル付けは適切であったということになります。同様に他のものについてもグルーピングしてタイトルをつけていきます。すると以下のようになるかもしれません。

　[乳製品] → [牛乳、卵、バター、サワークリーム]
　[果物] → [ぶどう、みかん、りんご]
　[野菜] → [じゃがいも、にんじん]
　[日曜大工品] → [ドライバー、かなづち、ねじ、のこぎり]
　[園芸品（ガーデニング品）] → [肥料、植木、スコップ]

　続いて、各グループのタイトルを全部集めたとき（乳製品、果物、野菜、日曜大工品、園芸品というタイトルを見たとき）に、大きなもれ、ダブリがないか（MECEであるか）、ずれがないかをチェックします。今回の場合、16個の商品を並べる上では、もれもダブリもないかと思います。

　さらに、乳製品、果物、野菜、日曜大工品、園芸品というタイトルを見て、これらをまたグルーピングして、タイトルをつけられないか見ていきます。もう一階層上にタイトルをつけられないか見ていくのです。

　[乳製品]、[果物]、[野菜]、[日曜大工品]、[園芸品] → ？

　すると、乳製品と果物と野菜は「スーパーで買うもの」、日曜大工と園芸品は「ホームセンターで買うもの」になります。

　仮に「日曜日に買ってきて欲しいものリスト」が上記の品物であったとするならば、ピラミッド図（ツリー図……ツリー図については次のテーマで説明します）として図解できることになります。

第6章　論理的思考とプレゼンテーション――影響力を発揮するの方法論　297

```
日曜日の          ┌ 1 スーパーで ─┬─ ①乳製品 ── 牛乳・卵・バター・サワークリーム
買い物で購入 ─┤   買うもの     ├─ ②果物   ── ぶどう・みかん・りんご
するもの          │                └─ ③野菜   ── じゃがいも・にんじん
                  └ 2 ホームセンター ┬ ④日曜大工品 ── ドライバー・かなづち・ねじ・のこぎり
                     で買うもの       └ ⑤園芸品    ── 肥料・植木・スコップ
```

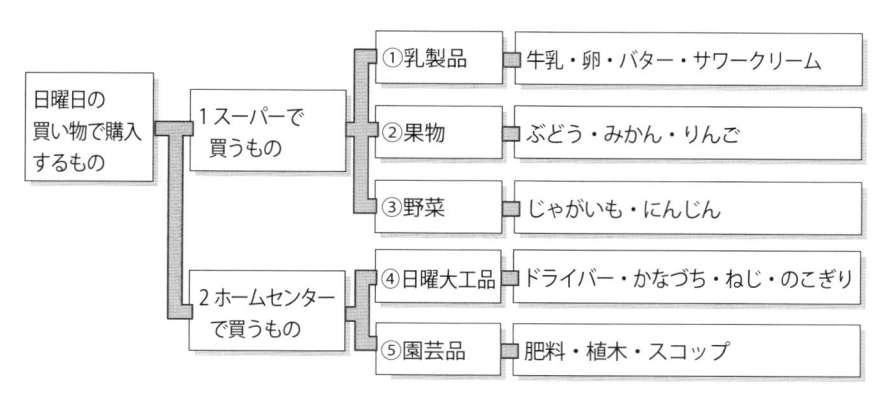

図27　グルーピングした図（日曜日に買い物で購入するものリスト）

　そして、この図を元にプレゼンテーションするとなるとどのようにできるでしょうか？
　たとえばこのようにできるかもしれません。
　「あなた、今度の日曜日に買い物に行って来てね。スーパーとホームセンターに行って来て欲しいの。スーパーでは、乳製品売り場と果物売り場と野菜売り場に寄り、ホームセンターでは、日曜大工品売り場と園芸品売り場に寄ってきてね。乳製品売り場では、牛乳、卵、バター、サワークリームの4品を、果物売り場では、ぶどう、みかん、りんごの3品を、野菜売り場では、じゃがいもと、にんじんの2品を買ってきてね。乳製品4つ、果物3つ、野菜2つよ。また、ホームセンターの日曜大工品売り場では、ドライバー、かなづち、ねじ、のこぎりの4品を、園芸品売り場では、肥料、植木、スコップの3品を買ってきてね。」
　既にパート2としてご紹介した文章です。このように説明されれば聞き手は理解しやすくなる（多少くどくはありますが）のではないでしょうか？
では、パート1の方はどうでしょうか？
　「日曜日に、スーパーとホームセンターに買い物に行き、ぶどう、みかん、牛乳、バター、じゃがいも、りんご、卵、サワークリーム、にんじん、ドライバー、かなづち、ねじ、のこぎり、肥料、植木、スコップを買ってきてね。」

多くの人はこの話を聞きながら、ご自身でなんらかのグルーピングをしようとするかもしれません。もしそうだとすると、読者側、聞き手側が頭の中で情報を整理していることになります。これは余計な作業と言えないでしょうか？　あらかじめ伝え手側が頭の中を整理して、その整理した姿で相手に伝えれば、相手はその整理された姿で頭の中に情報を入れられるわけです。読者や聞き手に余計な作業はさせないで済むのです。

(6) 論理的に思考するための技法　ロジック・ツリー

①ロジック・ツリーとは？

ロジックツリーとは、課題（結論）をMECEの考え方に基づいて、ツリー状に分解・整理した図のことを言います。

ロジックとは、「論理」ということであり、ツリーとは、「葉の生い茂った木」という意味です。課題の原因追求や解決策の具体化をMECEの考え方に基づいて、ツリー状に論理的に分解・整理するやり方です。

さきほどまで、「日曜日にスーパーで買い物するもの」というケースで、ピラミッドのような図を作成しました。あのようにピラミッド図を論理的な思考をしながら作っていくのです。この図を使うことは、1）もれやダブリを未然にチェックできる、2）下位の階層に順次展開していくことで、原因・解決策を具体的に落とし込むことができる、3）各内容の因果関係を明らかに（チェック）できるというメリットがあります[67]。

②ロジック・ツリーの活用法

ロジック・ツリーの活用法としては、問題の原因を掘り下げていくとき、あるいは、問題の解決法を具体化していくときなどが考えられます。

前者について簡単に説明します。問題を解決するときにロジック・ツリーを活用すると、根っこにある具体的原因、すなわち真因を突き止めることができます。真因を突き止めることができれば、半分は解決策の目処が立ってきたといえます。このロジック・ツリーを使って、この根っこの原因を突き詰める際は、「なぜ？（why?）」と自問自答し続けていくことになります。以下に、原因追求のロジック・ツリーのイメージ図を記載します[68]。

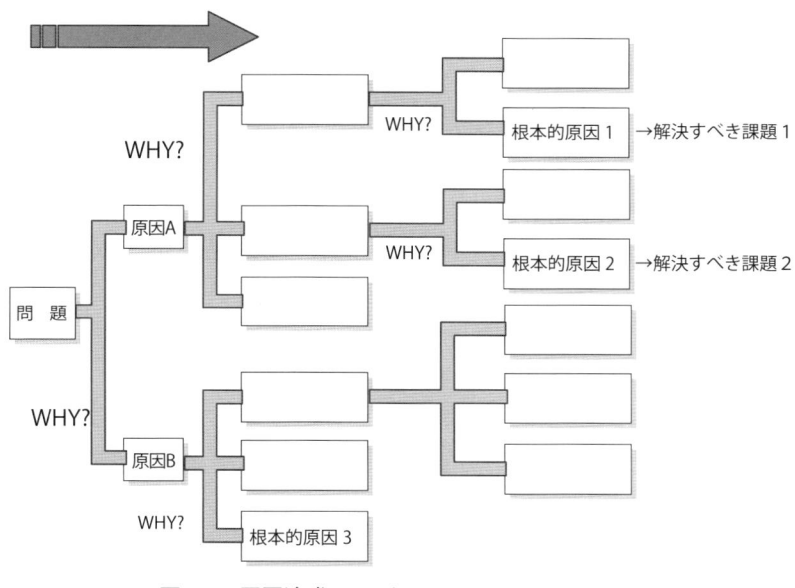

第 6 章　論理的思考とプレゼンテーション──影響力を発揮するの方法論　299

図 28　原因追求のロジック・ツリーのイメージ

　また、解決策の具体化にロジック・ツリーを活用するときは、「How?（どのように？）」と問いかけていくことでより具体的な解決策が考えられます。また、この手法を使うことでもれもダブリもない解決策を網羅できるという利点があります。例えば小売業の利益を上げるためにどんな方法がとれるか、もれなくダブりなく案を考えていくときに次のような図が考えられます。[69]

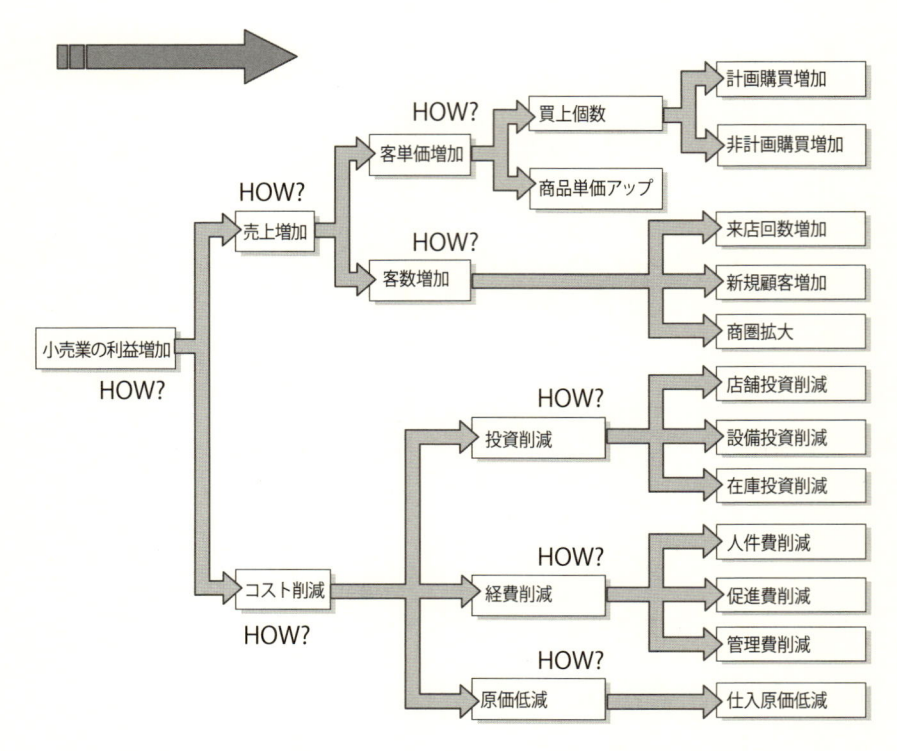

図29　課題解決策のロジック・ツリー（小売業の利益増加策）

（7）論理的思考と「一般化」（ビリーフ）

　ここでは、論理的思考と前章までの内容をつないでいきたいと思います。論理的思考のテキストにほとんど書いていないことを説明させていただきたいと思います。
　第2章と第3章で、体験、経験が言葉になる過程について説明しました。体験、経験に言葉というラベリングがされる過程でどのようなことが起きたのでしょうか？　私たちは、五感の感覚要素で感知したもの（一次的体験）に、言語化して脳に収納することになります。生の一次的体験をそのまま我々内部にとりこむことができないため、その体験にラベリング（言語化）して脳の中に格納することになります。この言語化して脳に収納（認知）す

る段階を二次的体験と呼びました。この言語化（ラベリング）される段階で3つのプロセスが行われ、それが削除、歪曲、一般化でした。（図11参照）

　私たちは五感の感覚要素で感知したもののうち一部を選択し、その他の膨大な情報を「削除」します。次に、情報が言葉になる過程でその人なりのフィルターを通して独特の意味を持つようになります。これを「歪曲」と言いました。同じものを見ても人はそれぞれ価値観が違うため、それがフィルターとなって見え方が違ってくることになりました。さらに、私たちは「一般化」します。すなわち、私たちは何かを決め付けたがるのです。例えば、「私はもてる。」（「私はもてない。」）とか「私はついている。」（「私はついていない。」）とか「私は頭が良い。」（「私は頭が悪い。」）とか、「あの会社は素晴らしい。」（「あの会社はひどい会社だ。」）とか一般化します。「一般化」とは、あるものごとがいっさいの例外は認められず同じ意味を持つということになります。

　私たちは、生存本能からくる強い安全安心欲求をもっており、自分を守るためにこの一般化をする習性があると書きました。まさに私たち人間は、一般化の名人とさえ言えます。そして、この一般化を通して、自分の周りの世界と交流し、自分の体験・経験を作り出していきます。「私はもてる。」という一般化を持っている人は、そのようにふるまうので実際に異性に持てるようになります。「私はもてない。」と思っている人は、そのようにふるまうので実際に異性にもてない人生を歩んでいくことになります（このことは第3章でも説明しました）。

　そして、この一般化は、あるグループ全体を総称する何かを語る文章を作り上げています。つまり、特定の事実をくくりあげて（チャンク・アップして）一般化された文章にたどり着いています。論理的思考でいう「帰納法」を使っているのです。

　また、一般化は、特定の事実（実際には不十分なデータに基づいています）をくくりあげて（「So What?」と問うて）推論をつくりあげています。そのためどんな一般化も「ありそうな」推論以上のものではないのです。既に観察された事実とまだ観察されていない事実の両方に言及しているのがこの一般化の推論です。あくまでも推論であり、たった一つでもその一般化を覆

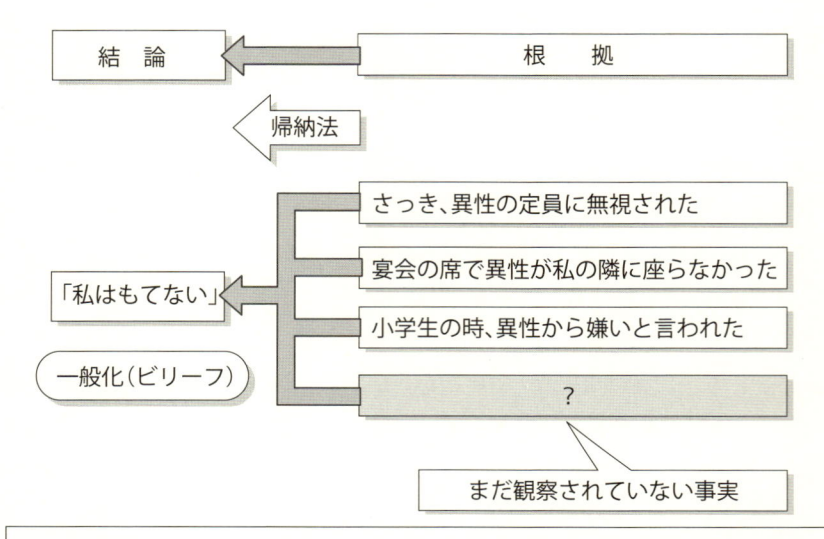

```
                ┌──────┐ ◀────── ┌──────────────┐
                │ 結論 │         │    根  拠    │
                └──────┘         └──────────────┘
                         ◀── 帰納法
                                ┌────────────────────────────┐
                                │ さっき、異性の定員に無視された │
                                └────────────────────────────┘
                                ┌────────────────────────────┐
                                │ 宴会の席で異性が私の隣に座らなかった │
     ┌──────────┐  ◀────        └────────────────────────────┘
     │「私はもてない」│             ┌────────────────────────────┐
     └──────────┘                │ 小学生の時、異性から嫌いと言われた │
     ┌──────────┐                └────────────────────────────┘
     │一般化（ビリーフ）│           ┌────────────────────────────┐
     └──────────┘                │              ?              │
                                 └────────────────────────────┘
                                          まだ観察されていない事実
```

「私はもてない」という一般化（ビリーフ）を、3つの事実をくくりあげて作っています。不十分なデータに基づいていた推論にしか過ぎません。この一般化の推論は、既に観察された3つの事実とまだ観察されていない事実の両方に言及しています。これは、あくまでも推論であり、たった1つでもその一般化を覆す例外的な事実によって覆ります。したがって、人が持つ一般化（ビリーフ）は変化させやすいのです。

図30　帰納法と「一般化」（ビリーフ）

す例外的な事実によって覆るものです。だからこそ、人が持つ一般化は変化させやすいのです。[70]

(8) 論理的思考についてのふりかえり

　この章では、前章に続いて影響に関する方法論をさらに探求してきました。人に影響を与えようと思えば、納得感をもたせることが不可欠になります。腑に落ちるようにすることが必要になります。納得してもらうためにはどうしたら良いのか、腑に落ちるようにするためにはどうしたらよいのか、その答えを論理的思考という領域への旅で探求してきました。

　コミュニケーションとは、人と人との間に橋を架けるような作業だと書かせていただきました。その中で、論理的思考は、「あっ、なるほど！」という言葉とともに、納得という橋を相手との間にかけることができるようにな

第6章　論理的思考とプレゼンテーション——影響力を発揮するの方法論　303

ります。
　そして、相手に伝えるということは、相手から期待されているメッセージを伝えるということだとするならば、相手に伝えるべきメッセージには、①答えるべき課題（テーマ）、②その課題（テーマ）に対する答え、③そのコミュニケーションの結果として相手に期待する反応、の3つの条件が必要でした。そのうち、答えにも3つの要素（何でしたか？）が必要になり、相手に期待する反応も3種類（何でしたか？）ありました。そして、なぜ説得力がないのかという点については、2つの欠陥を紹介しました。さらに、その2つの欠陥への対策をそれぞれ示しました。1つは、MECEで、2つ目が、「So What?」と「Why So?」でした。さらに、この両者を活用してロジック・ツリーを作ることができるとご紹介しました。このロジック・ツリーを使うと、課題の原因追求や解決策の具体化ができるのでした。
　また、体験・経験が言葉になる過程で、省略、歪曲、一般化が行なわれると書きました。その一般化は、論理的思考でいう帰納法を使った推論であると書きました。推論であるがゆえに、人間のつくる一般化は覆りやすいし、変化しやすいという点にもふれました。
　是非、論理的思考のこれらの方法も活用して説得力を増し、より大きな影響力が行使できますよう期待しています。この後は、この論理的思考を使って、さらに影響力を行使できるようプレゼンテーションの探求をしていきます。

〔4〕論理的なプレゼンテーション

（1）論理的なプレゼンテーション

　ここまで、論理的思考についてみてきました。人に影響を与えよう（プレゼンテーションしよう）と思ったら、相手に納得感をもたせることが必要になります。そのためには、伝え手はあらかじめ自分の思考を整理し、大きな重複、漏れ、ずれ、そして話の飛びがないようにチェックして、論理的な組

み立てをつくっておく必要があります。こうした論理的なプレゼンテーションは相手に納得感が生まれ効果的です。[71]

(2) プレゼンテーションとコミュニケーション

　プレゼンテーションのテーマは次章でとりあげるトレーニングとも重なるところがあります。また、第3章のコミュニケーションのテーマとも重なるところがあります。例えば、プレゼンテーションをするときには、言語だけでなく、準言語、非言語も駆使して伝えることが必要になります。このように論理だけでなく共感のプレゼンテーションも必要になってきますが、この点はこの章の最後でふれます。まずは、プレゼンテーションで重要なプレゼンテーション・プランの立案方法や導入部、終わりの部分の展開の仕方などを取り上げて説明することにしたいと思います。

(3) プレゼンテーション・プランの立案手法

①まず目的などを紙に書き出す

　プレゼンテーションに先立ち、プレゼンテーション・プランを考える必要があります。その手始めとして、プレゼンテーションの目的を箇条書きで書き出していくと良いでしょう。その後で、そのプレゼンテーションを伝える相手がどのような聴衆であるかを知る必要があります。つまり、誰にプレゼンテーションするのか分析するのです。

②聴衆分析をする
1) 聴衆のサイズ

　聴衆分析では、聴衆は誰であるのか、何を知りたがっているのかを明確にしていきます。以下ではこうした聴衆分析の手法について学んでいきたいと思います。まず、聴衆についてデータを収集する必要があります。今回のプレゼンテーションの聴衆は、何人なのか、年齢構成はどうなのか、性別はどうなのか、どういう仕事についている人なのか、役割や地位はどうなのか、知識レベルはどうなのか、どこから来る人たちなのか、文化的なバックグラウンドはどうなのかなどを知る必要があります。

聴衆のサイズが少人数であるならば、参加者の一人一人を思い浮かべながらプレゼンテーション・プランを立てていくと良いでしょう。多人数の場合でも特定の聴衆をイメージし、その人たちに向けてプレゼンテーションするイメージでプランを立てていくと良いと思います。

2) 聴衆の知識レベル

聴衆分析では知識レベルがどうかという点についてもよく考慮する必要があります。聴衆の知識レベルに応じて、どの程度専門用語やカタカナの言葉を入れて良いか変わってきます。専門家たちには専門用語を使って説明すべきですし、専門外の方々には専門用語をわかりやすい言葉に置き換えて説明していくことが必要です。

たとえば、「売上総利益」という概念についても専門家には売上総利益という言葉をそのまま使うべきですし、素人の方に始めて説明する時は、

「売上総利益、要するにマージンのことです。」

「売上総利益、要するに粗利（あらり）です、売上から仕入を引いた商品の売買差益です。」

「売上総利益、要するに商品の力を表す利益のことです。」

などと言い換えることにしています。

専門用語だけでなく略語や英語（カタカナ）の入る言葉にも要注意です。専門外の方たちに専門用語をいくつか並べるとそれだけで聞く耳をもってもらえなくなります。

3) 聴衆の役割、地位、性別、年齢層

職業、役割や地位によっても参加者の興味や視点は異なります。経営者を相手にするときは、経営者の視点で語る必要があります。中間管理職を相手にするときは、中間管理職の視点で、現場の担当者を相手にするときは、その視点にあわせて話をする必要があります。営業をする場合でも同じだと思います。システムを営業する場合、経営者を相手にプレゼンテーションをするのであれば、戦略を実行するのに、あるいは戦略を創発するのに、どのようにどれくらい役立つかという視点でプレゼンテーションをすべきであり、

現場の担当者を相手にするときは、いかに使いやすいかという視点でプレゼンテーションをする必要がありますし、経理担当者であれば、費用はいくらか、メンテナンスコストはいくらかかるのか、支払い条件はどうなるのかなどを中心にプレゼンテーションをすべきです。また、導入部で聴衆の心をつかむために、聴衆が若い男性であれば、「もてるためには」というような話、女性であれば、子どもの話や子育ての話、高齢者であれば健康の話をするプレゼンターもいます。

　ある自治体のプレゼンテーション研修で、健康センターなどに勤める方にお会いしました。そのセンターに来られる方には高齢者の方が多く、その人たちは、「皇族の話をすると喜んでくれるので、日頃から皇族のニュースをテレビや週刊誌で手にいれて、そういう話題を話の中に入れるようにしています。」と教えてくれました。

4) 聴衆の態度、雰囲気

　聴衆の情報はこれだけではありません。これ以外にも聴衆の態度とか雰囲気というものも大切な情報になります。会社や組織などから強制されて研修や講演に参加した聴衆は後ろ向きな人が多いものです。自治体の研修では、自治体の規模によって、（同じ規模の自治体でも）地域によって、（同じ自治体の同じ階層でも）年度によって、全く雰囲気や態度が違ったりします。階層が異なれば全く違うことは言うまでもありません。性別によってかなり違うこともあります。研修会場に入ってくる様子を見ていれば、ある程度その日の参加者の態度、雰囲気はつかめます。一般的に早く来た人が後ろからどんどん座っていき、後から来た人が嫌々ながら前の席に腰掛けるような場合は、当然、受動的な参加態度ということになります。研修の前からレジュメとかテキストをパラパラしているような人は積極的です。研修、講演などの開始前に座っている受講生に挨拶をし、話しかけたときに返ってくる挨拶、反応でも大体分かります。無論、始まるときどんな状態でもそれをどんどん前向きな姿勢に変えていき、雰囲気をよくしていくのが講師の務めには違いありません。参加者の態度、雰囲気に関する情報が事前に手に入るのであれば、入れておいた方が冒頭部分の入り方や、プランニングの仕方も変わって

くるでしょう。又、会場に早めに入り、雰囲気を観察することも大切です。

③話の骨組みをつくる

　目的、相手に伝えるべきメッセージが明確になったら、次に話の骨組みをつくっていきます。話の骨組みをつくるためには、まずメインポイントを書き出します。ここではキーワードあるいは箇条書きで書き出すと良いでしょう。そして、メインポイントをグループ化し、取捨選択して優先順位をつけます。そして、ストーリー展開を考えていきます。ここで論理的思考が役に立ちます。また、ストーリー展開では、結論から先に述べるのか、結論を後に述べるのか2つの方法がありますが、ビジネスの現場などでは結論から先に述べる方が適切でしょう。

　ストーリー展開の方法には、たとえば次のような方法があります。

　SDS法

　これは、全体像（要約）を説明して、その次に詳細な（くわしい）内容を説明して、その後でまた全体像（要約）を説明するものです。つまりSummary→Details→Summaryと説明するのでSDS法と言います。

　PREP法

　これはPoint→Reason→Example→Pointという順序でまとめるものです。結論→根拠（理由）→例示→結論という順序で説明するものです。

〔5〕プレゼンテーションの実践

(1) 導入部と終わりの部分が大切

　人は最初の部分と、終わりの部分をよく記憶しています。そのためこの2つの部分に工夫をすることが大切になります。

　まず、導入部についてです。人は第一印象で8割くらい決まるといわれます。これは人が第一印象で「プリフレーム」をつくってしまい、そのフレームを通してその人を見続ける傾向があるからです。第一印象で、「どうもこ

の人は好きになれない。」「なんかこの人はえらそうな人だなあ。上からものを言われているように感じるから、好きになれない！」「この人の話は聞く価値がない」と決められると、それを覆すことは難しくなります。逆に、「この人は正直な人だ。なかなか良さそう人だ。」「この人は面白い人だ。どんな話をするのだろう？」「ああ、この人はすごい人だ。この人の話なら聞く価値がある。」と思われたら、あとはスムーズにプレゼンテーションを進めることができるでしょう。人は第一印象で心を開くかどうか、すなわち心のキャップを開けるかどうかを決めてしまう傾向が強いように思います。

　人には安全安心欲求という強い欲求があると書きました。この欲求があるがために、相手が自分に危険を及ぼす人であるか、安全であるかをシビアに判断せねばなりません。また、人の脳には焦点化の原則があるということも紹介しました。脳は一度に複数のことを考えるのが苦手なので、ひとつのことに焦点を絞って情報処理をしようとする傾向があると書きました。そして、自分の安全安心欲求を満たすためには、早い段階で、「危険な人」か「安全な人」かを決めたがることになります。このように人の一面だけから、「○○さんは△△な人」というように、人を決めつけることを「一般化」と言いました。そして、危険な人と決めた（一般化した）ら、そのフレームで相手を見ることにすれば、その後はそのフレームに基づいて対処すればよく、脳は混乱せずにすみます。人のことを単純に、危険な人、安全な人と決め付けるのはこういう理由があるのだと考えられます。

　このことがプレゼンテーションをするときにも関係してきます。第一印象は二度と作れませんし、第一印象が作られると相手は、その第一印象のフレームでプレゼンターのことを判断することになるでしょう。だから第一印象は大切になります。そして、第一印象は、最初の4分間で作られると言われるように、プレゼンテーションにおいては最初の数分間がとても大切だということになります。

　では、どのような内容を導入部にもってきたら、相手の心のキャップを開けることができるでしょうか？　いくつか具体例を書いていきたいと思います。

(2) 相手に安全安心感（親近感）を感じてもらう導入部

①聴衆に心のキャップをあけてもらうこと

　相手に親近感を覚えてもらい、安全安心欲求を満たすことは相手の心のキャップを開かせるのに有効でした。愛知県出身の学生は、東京や大阪の大学に入学したての頃、同じ愛知県出身の学生がいると、とても親近感を覚えるでしょう。また、海外旅行で久しぶりに日本人と会うと、日本人というだけで心を許せるような気持ちになります。このように我々は近しいものや慣れ親しんだものには緊張感は覚えず、親近感や安全安心感を覚えるようです。このことは以前にも書かせていただきました。

　そして、私たちはプレゼンテーションの導入部で、この原理をどのように活用して、聴衆に親近感や安全安心感を感じてもらえばよいでしょうか？

　私は講演の冒頭で、その講演する場所の話題をよく提供します。例えば、福岡で講演したときは、大学時代に福岡に遊びに来た話、たとえばその時、志賀島に海水浴に行ったこととか、宗像大社に行って宝物館に行って感動した話などをしました。小倉での講演では、その公演をする日に早く小倉市に入って市内を観光した話などをしました。松本清張記念館に行ってそこで感じたり考えた話や、記念館に行くまでにタクシーやバスから見えた風景などの話をしました。松本市や長野市での講演では、安曇野の山上にある温泉に行った話、浅間温泉の日帰り湯に行った時の話、その途中で「松本ぼんぼん」という夏祭りを見かけたときの印象の話、小沢征爾さんを車によく乗せると語ったタクシーの運転手の話などをしました。私自身、もともと旅行好きですので、講演などで全国のあちこちを訪れる時、時間があれば必ず観光したり、現地で食事したりして、現地の人の会話に耳を澄ませています。このあたりは無意識的有能のレベル（意識しないでも自然とできてしまうレベル）です。そして、自分が体験したり、自分が考えたり、感じたことを自分の言葉で語ります。自分自身が好きで語っているのですが、講演の聴衆の方は喜んで聞いてくれているのが感じられます。嬉しそうにうんうんと頷いて聞いてくれている方もいます。

　外の人間の目で見たその土地の感想を率直に言うことは、そこに住んで

る人には新しい視点がもたらされることにもなります。こうしたことも外から外部講師として呼ばれることの意義だと考えることもできます。

②企業研修の例
　企業の研修などでも同じような話をすることがあります。例えば、ある飲食店の全国チェーンのマネージャー研修などでは、その飲食店に行ったときの体験を話しました。
　「御社のあるお店に行こうと思って、一家総出で出かけていきました。あのあたりに御社のお店があっただろうと目指して行きました。駐車場に車を停めて、車を降りようとしたところ、看板が御社の店名でないことに気づきました。そこで慌てて、引き返して、今度はカーナビで御社のお店の名前を入れて、再出発しました。御社のお店の看板って〇〇チェーンのお店の看板と似てますよねぇ。私のように間違うお客さんもいるんじゃないかなと思いました。そして、カーナビをたよりに御社のお店に行って、車を停めて、店内に近づいていくとあることに気づきました。何だか分かりますか？」
　このように質問をしておいて、こちらの話にくらいついてもらうようにします。いくつか参加者から答えがでるかもしれません。そのときは、よく話を聞いて、相手を承認して、お礼を言います。そして、答えを言います。
　「それはですね。店の明るさです。御社の店の方が明るいんですよ。〇〇チェーンの方は暗いんですよ。少し陰気臭さを感じるんですね。御社の方は明るくて、家族ですーっと入っていけるように感じるんです。」
　この話をすると、参加者の多くの人たちの目が輝きだします。「ふーん、そうなのか……？」という反応が見えることもあります。さらに話を継いでいきます。
　「入り口に入ると、若い女性の店員の方がとても気持ちよい挨拶をしてくれたんですよ。とても好印象でしたね。おそらくパートの社員だと思いますが、あんな気持ち良い挨拶をしてくれるというのは、店長の教育がよほど行き届いているのだろうなと思います。また、別の日に御社の違う業態のお店に行ったんですよ。あそこは看板が目立たないように私には思えました。目立ちにくい色の看板に感じたのですね、そして、一歩下がったところに立っ

第6章　論理的思考とプレゼンテーション──影響力を発揮するの方法論　311

ているから隣の建物に隠れて見えにくいんですよね。一度通り過ぎてしまい、また、戻りました。」

　こういう話をすると、取締役とかエリアマネージャーなどはじっと凝視し、真剣にこちらの一言一言を聞き取ろうとされていました。参加者や幹部社員の方から言い訳のような弁解のような一言が返ってくることもあります。返ってきた答えは承認して受け止めます。

③自治体研修の例

　自治体の研修では、その市や県の話題をしておいて、その役所を一周したときの印象を語ることもあります。

　「今朝、研修が始まる前に市役所の1階をぐるりと一周してきました。福祉課で、若い男性職員がおばあちゃんに丁寧に分かりやすい言葉でかみくだいて説明していました。とても好印象を持ちました。」といった後、「国民健康保険課のところで、人が沢山待っていましたね。あそこカウンターの前が狭いじゃないですが、待っている方は少しつらい感じがしませんでしょうか？　レイアウトは変えられないので仕方ないとは思いますが……。」というような話をしたこともあります。

（3）参加者を特定の状態（感情）に誘う導入部

①聴衆と一緒に旅をする

　私は講演の冒頭で、その講演する場所に関する話題をよく提供すると紹介しました。例えば、松本市での講演では、安曇野の山上にある温泉に入りに行った話をしました。

　「去年の春、安曇野の温泉に行こうと友達の車に乗って行ったのですが、途中で川がありますよね。その川沿いに進むと途中で坂を上っていきますよね？　あの川、なんて言う名前でしたっけ？　そうそう、○○川でしたね？

　あの川は澄んでいてきれいですよね？　市民マラソンとかも行われるのですよね？　あの川沿いに安曇野の風景を見ながら走るなんて気持ちいいですよね？　それで、あのときはどこから山を上がっていくのかかなり迷ったんですよ。何度も行ったり来たりして迷いまして……」

こんな話を私がしますと、参加者の数人は視線を上にやって、そのあたりの風景などを思い出していることが分かります。ほとんど私と一緒に車に乗って、安曇野に行くまでのドライブをしているような感じです。脳は現実の体験とイメージの体験は区別がつかないと言いますから、ほとんど私と同じ体験をしてくれていることになります。
　そして、私は言葉をつないでいきます。
　「安曇野に向かって坂道をあがっていくと、延々とリンゴ畑がありますよね？　ものすごいリンゴ畑ですよね？　私、あんなすごいリンゴ畑を初めて見ました。それでワイナリーか何の標識があって、それを目印に上がっていって、頂上に温泉がありますよね？　駐車場からの見晴らしが良いですよね？
　夜景がとてもきれいですよね？　それで、温泉に浸かると、あの温泉、湯質が良いですよね？　とても気持ちよくなりまして、湯上りも肌がつやつやになったような気持ちがしましたし……。」
　ここまで話をすると多くの参加者はいやがおうにも、安曇野の山上の温泉までドライブし、温泉の駐車場に車を停めて、安曇野の夜景を見て、温泉に浸かり、気持ち良い思いをしていることになります。
　もうお気づきになりましたでしょうか？
　プレゼンテーションの冒頭で、ラポールを創ると同時に、参加者に特定の感情になってもらうことに成功しているのです。プレゼンテーションの冒頭で、清流の川沿いとリンゴ畑沿いにドライブをして、きれいな夜景を見て、温泉に浸かりぽかぽかしている状態に参加者もなっているのです。その状態からプレゼンテーションをスタートするのは理想的ではないでしょうか？
　「さきほど近所で交通事故を目撃しまして、人が倒れていて、救急車が来たんです。」などという話をして始めるよりも、よほど良い状態の参加者を相手にスタートできるのです。

②期待感のもたせ方
　又、あるトレーナーはあるセミナーで次のような話からプレゼンテーションをスタートしたことがありました。
　「久しぶりに休暇がとれたのですね。この休暇に、旅行に行くことにした

第6章　論理的思考とプレゼンテーション——影響力を発揮するの方法論　313

のですね。実は、私は、旅行が好きで、ヨーロッパに行ったのですね。今日のセミナーでは、そんな旅行の話なども入れながら進めたいと思います。」
　この話をされたときに、旅行好きな私は、ヨーロッパのいくつかの風景を思い出して、とても気持ちよくなりました。「○○さんはヨーロッパのどこに旅行されたのだろうか？」とも考えていました。そして、どこかにそんな旅行の話が入るのだろうと思うと、その日のセミナーを聞き始めることがとても楽しい気持ちになれました。結局、セミナーではヨーロッパ旅行の話は一切出なかったのですが、冒頭に私は良い期待感をもって聞き始めることができたのでした。

③瞬間的にラポールをつくる

　あるトレーナーの先生は、講演の冒頭では、参加者全員に深呼吸を3度ほどしてもらってからプレゼンテーションを開始します。それにより、ざわついていた場がシーンと静まり返り、息を呑むような雰囲気に一変します。それにより、初めてそのトレーナーの講演を聞きに行った、疑心暗鬼だった参加者も、話を素直に聴こうという雰囲気に変わっていきます。このように呼吸を合わせるというのはとても強力な方法になります。また、そのトレーナーの方は、一連のセミナーの中では、開始時、そして、休憩開け後は、目を閉じ、しばらく間をおいた後、プログラムをスタートさせるのが常です。目を閉じている間、ギュッと場がしまるような感覚を覚えるときがあります。その感覚をつかんだ後、「では、始めていきましょうか！」と声をかけられているように感じました。
　もう一人、プレゼンテーションの冒頭で参加者の良い状態を瞬間的に創ってしまう先生の話を書きたいと思います。その先生が会場に入っただけで会場に澄んだ空気が差し込んだような感じになります。参加者の身体と心ににに魂が入ったような感じになるように私には思えました。言葉を使うでもなく、非言語の呼吸合わせをするわけでもなく、ただ会場に入り、参加者の前に立っただけで一筋の光が差し込み、場ができてしまうように感じました。一流のプレゼンター（トレーナー、メンター）には、それぞれの一流のやり方があるのでしょう。

(4) プレゼンテーション以前とプレゼンテーションとを連結させる導入部

　あるプレゼンテーションの時間が2時間しかないとしましょう。その2時間だけで参加者に学びを完結させるのではなく、その2時間以外の時間もリソースとして活用することが可能です。例えば、そのプレゼンテーション以前のことをそのプレゼンテーションの時間の中で活用していくことが可能です。そのプレゼンテーションが一連のシリーズの中の1回であれば、そのシリーズの前回の内容をふり返ると、今回の学びを効果的に継続することが可能になります。

　具体的な事例を紹介しましょう。経営学の講義の事例です。「前回は、経営学が生まれたときの話からしてきました。工場の中の問題意識から生まれた管理という概念がやがて、工場以外のあらゆる場面でも活用できることが分ってきました。そして、管理するという概念が組織をも対象とするようになり、経営学では組織についての研究が進められるようになりました。実務上、複雑化した社内を秩序だったものにするために新たな組織の形が開発されました。そして、その組織の概念そのものにメスを入れて語り始める研究が生まれてきたのです。今日は、その組織の概念について学ぶところから始めましょう。」

　こういう話をすることにより、今日これから学ぶ概念、テーマが、前回までに学習した概念、テーマとつながるということを受講生に示唆しているわけです。全くゼロから新しい概念を学習するように感じることと、今まで学んだことと新しく学ぶことがつながっているということを意識してから学び始めることとでは、その学習効果には雲泥の差が出ることになります。

　また、それがシリーズものではなく、たった1回のプレゼンテーションであったとしても、そのテーマについて既に学習を継続してきたことに気づいてもらえば、それ以前の時間の体験もリソースとして活用できるようになります。例えば、かつてリスクマネジメント研修について次のような話から始めたことがあります。

　「今日はリスクマネジメントについて2時間、研修をさせていただきま

第6章　論理的思考とプレゼンテーション——影響力を発揮するの方法論　315

す。リスクマネジメントというと難しく感じるかもしれませんが、台風が来そうだと思えば、皆さんはあらかじめ雨戸を閉めますし、植木などを家の中にしまいますよね。同じく、工場の中で、こんなところにパレットが置いてあったら、危ないなとヒヤリとしたら、次の週の会議でそのことを話題に上げますよね。これら全てがリスクマネジメントなのです。我々は無意識のうちにもリスク・マネジメントをやっているわけです。では、こんなことが起きたら、わが社はつぶれてしまうというようなリスクは考えられますか？どんなリスクがありますか？　……今日は、そうした大きなリスクについて、考え、どうしたら良いのかを考える時間にしたいと思うのです。」

　このように語ることは、「リスクマネジメント」という概念が特別な概念でないこと、そして、それは無意識のうちに普段からずっとやってきたことであることを示唆しています。

（5）終わりの部分　要請事項を伝えて終わる

　プレゼンテーションでは、終わりの部分も大切です。人は、物事の中間に行われたことよりも、始まりの部分と、ごく最近のことを思い出す傾向があるといいます。これを「初頭と親近性効果」と呼びます。人は、最初と最後をよく覚えているのです。時間が過ぎていくにつれて、中間のことはぼやけていくことが多いのです。また、「終わりよければ全て良し」という言葉もあります。プレゼンテーションの最後の時間の印象が相手に強く残り、終わりの部分の印象がプレゼンテーション全体の印象として残ることも多いのです。

　また、ビジネスのプレゼンテーションでは、相手に対する具体的要請事項を述べることも必要になります。相手に期待したことが、理解してもらうことであれば、「今日は○○についてご説明しました。○○についてご理解いただけましたでしょうか？」というメッセージを送るべきです。相手に期待する反応が、行動してもらうことであれば、「今日は皆様に□□をしていただきたくてプレゼンテーションをさせていただきました。是非、□□を実施していただきたいのです。よろしくお願いいたします。」というメッセージでプレゼンテーションを終えるべきです。

また、冒頭で聴衆に空白を与えておいて、最後にその空白を埋めるような話で締めるというやり方もあります。ちょうど推理小説で犯人が誰か探しながら読み続けるようなものです。そうすると小説の最後まで興味が途切れることなく集中して読めることになります。実は、この本の構成がそのようになっていることに気付いていましたか？　プレゼンテーションが進むにつれて空白がうまっていくように展開するのです。冒頭の空白を最後に思い出してもらってもよいでしょう。

　最後の部分で未来ペースを入れることもあります。未来ペースについては第4章の質問のスキルについてのページや第7章のトレーニングに関する章で説明しています。

(6) 休憩時間と準備の方法

①効果的な休憩時間のとり方

　「初頭と親近性効果」のため、相手により強い印象を与えようとしたら、頻繁に休憩を取り入れて、その中にポイントとなる実習や話を入れていくと効果的になります。休憩に入る前に行なったこと、話、休憩開け後に行なったこと、話は印象に残りやすくなります。もしも長い実習や話をしたい場合はパートを分けて休憩をはさんで伝えたり実施することも可能です。その際に、バックトラック（ふりかえり）をすることによりパート1とパート2とが

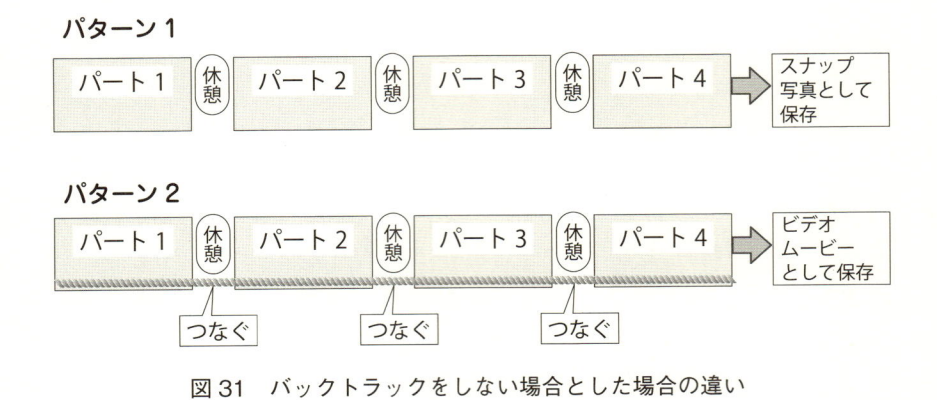

パターン1

| パート1 | 休憩 | パート2 | 休憩 | パート3 | 休憩 | パート4 | → | スナップ写真として保存 |

パターン2

| パート1 | 休憩 | パート2 | 休憩 | パート3 | 休憩 | パート4 | → | ビデオムービーとして保存 |

　　　　　　つなぐ　　　　　　つなぐ　　　　　　つなぐ

図31　バックトラックをしない場合とした場合の違い

つながります。そうすれば、個別なパートではなく、全体性をもったつながりとして理解してもらうことが可能になります。個別のパートでとらえられると、それはスナップ写真のような状態で相手に記憶（保存）されることになります。きちんとバックトラックしてつなげれば一連のビデオムービーのようにパートとパートがつながった形で記憶されることになります。

②リハーサルの方法

リハーサルは必ず必要になります。「段取り8割、実行2割」という言葉があります。それほどに段取りは大切になります。

リハーサルは、実際に時間を計って行うのが良いでしょう。さらに、場所を下見して、イメージトレーニングをすると良いでしょう。

③会場設営のやり方

会場の設営もプレゼンテーションの重要な戦略の一つになります。どのような会場を選ぶかにより予想以上の影響を受けるものです。また、座席レイアウトにも気を配りたいところです。座席配置によってプレゼンテーションの効果がかなり変わることになります。

事前に、マイク・チェックも必要となります。会議室のマイクは入りが悪かったり、電池が切れていることは日常茶飯事です。あらかじめマイクテストをしておくべきでしょう。

以上、論理的なプレゼンテーション及びその実践について説明してきました。以下では共感のプレゼンテーションについて説明していきます。

〔6〕共感のプレゼンテーション

（1）「共感」という架け橋　正論ではなく、共感で人を動かす

前章で、山田ズーニーさんの「論理」に関する次の文章を紹介しました。

コミュニケーションとはいうのは、人と人との間に、橋を架けるような作業だ。
だれもが、最初は初対面だった。それが、いつの間にか、一緒に仕事をしたり、心が通じたり、大喧嘩さえもできるようになるのだから、ほんとうに不思議だ。みんな、どうにかして橋を架けているのだ。あなたは、どうやって橋を架けてきたのだろう？
橋を架ける技術には、いろいろある。
重宝しそうなのが「論理」という橋だ。この橋を渡りきった先のゴールは「説得」だ。考えが違う人と、「私はこう思う」「俺はこう思う」と言い張っているだけでは、一生、橋は架からない。だから、二人にとって公平な根拠を探してくる。データとか、客観的事実とか。それを、まるで詰め将棋のように、筋道立てて並べていく。「原因がこうだから……、結果がこうなるでしょ……、すると……」
あっ、なるほど！
と自分も相手も「納得」したら、そこがゴールだ。その瞬間、すっと腑に落ちる。
「論理」の橋は、「ひらけ」を生む。一緒に、対等でひらかれた場所に出て行くような快感だ。

「論理」という橋を架けることで、多様な人と人の間をつないでいくことができると山田ズーニーさんは言います。山田さんはこの文章に続いてさらに次のように書いています。

ところが、「論理」では、橋が架からないことがある。メッセージは、関係の中で、人の心に届くからだ。正論は、ときに人を傷つける。

第1章で、「人はいつも正しいことを言う人についていくのでしょうか？」と問いかけさせていただきましたが、覚えていますか？　山田ズーニーさんは、正論はときに人を傷つけると言います。

第6章　論理的思考とプレゼンテーション──影響力を発揮するの方法論　319

　そこで「共感」という橋が登場する。初めて会う人同士でも、言葉やふるまいに、何かひとつでも、「そう、そう！　私もまさにそう思ってたの」とか、「わっかるなあ！　その気持ち」ということがあれば通じ合える。理詰めで説得して、肩をゆすっても、動かせなかった相手が、
いいな。
と共感することで、相手の方から動いてくれる。この橋のゴールは、「好き」になること。ファンとか、シンパになることにつながる。ディズニーランドに何度も足を運ぶ人は、説得されたのでなく、好きだから、心が向くからだ。

　確かにディズニーランドに私は家族とともに何度も足を運んでいます。それは来て下さいと言われて説得されたのではなく、好きだから、心が向くからですね？　深い共感が伴って、初めて人に影響を与えられるのでしょう。

　言葉は、関係性の中で、相手の感情に届く。だから共感を入り口にしたコミュニケーションは、正論より、ずっと確実に伝わる。

　やはり私たちは論理的なプレゼンテーションだけでは十分でなく、共感を呼ぶプレゼンテーションが必要なようです。右手に論理、左手に共感を、といったところでしょうか？　論理的であり、同時に共感を呼ぶプレゼンテーションがとてもパワフルな影響力を持つのでしょう。

(2) 言葉を胸に、腹に伝えるためには？

　NLPトレーナーの山崎啓支先生は、「胸で共感すること、お腹で腑に落ちることが大切です。」「言葉を胸に、腹に伝えられて初めて相手に影響を与えることができます。」と言われていました。確かに私たちが感銘を受けたり、覚えているプレゼンテーションというのは共感したり、お腹で腑に落ちたものだったように思います。そして、山崎先生は、胸で共感させ、お腹で腑に落ちるようにするためには次のことが必要だと言われました。

```
頭
身体
(胸)
(腹)
```

論理的に伝わる

共感で伝わる

論理と共感の両方で伝えることが大切

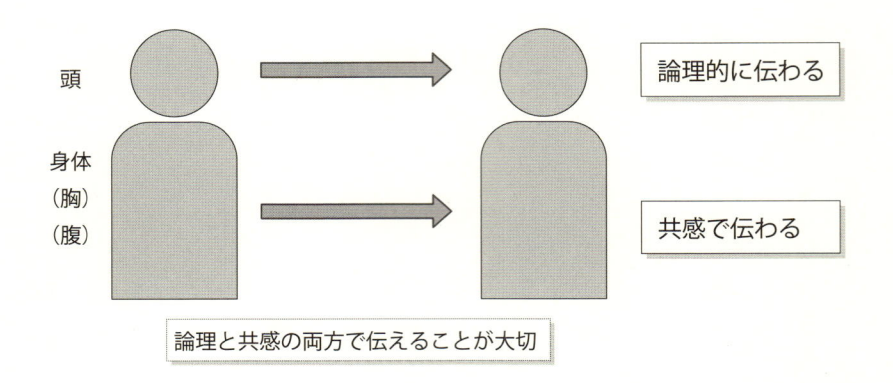

図32　論理と共感に伝える

　プレゼンターが本当に何か熱いものを感じていないと、聴衆は熱いものを感じられないし、胸には伝わりません。〔中略〕
　プレゼンターが本当にお腹で腑に落ちていないと、聴衆も腑に落ちるようにすることはできません。

　プレゼンターが熱いと感じて話していなければ、聴衆も熱いとは感じられないのです。プレゼンターが嬉しいと感じて話していなければ、聴衆も嬉しいとは感じられないのです。だからこそ、この本でも私の実話を沢山ご紹介させていただきました。このことは第1章のとびらのページでも書かせていただきましたので読み返していただければ幸いです。
　この章では、プレゼンテーションについて探求してきました。より大きな影響力を与えるプレゼンテーションにするためには、冒頭部分と終わりの部分がとても大切でした。また、相手に大きな影響を与えようと思えば、論理的なプレゼンテーションであることが求められると同時に、胸やお腹に伝える共感のプレゼンテーションも必要になります。頭と胸、腹に伝えることが必要ですね？　次の章は、プレゼンテーションとも密接な関係にあるトレーニングの設計について探求の旅に出たいと思います。

第7章

トレーニング設計
──学習と変化の方法論

　　我々は人材開発という大陸を探求しています。
　　人は何かから影響（特に人から影響）を受け、学習し、行動を変化させていきます。
　　そして、第1章では、変化という概念、学習という概念、行動という概念、影響という概念を探求してきました。
　　第2章では、学習という領域を探求する旅を続けて来ました。
　　第3章では、影響を与える方法論としてコミュニケーションについて探求してきました。
　　第4章では、学習と行動を促進する方法論としてコーチングについて探求してきました。
　　第5章では、影響を与え、変化を促す方法としてメンタリングについて探求してきました。
　　第6章では、前章に引き続いて、影響に関する方法論を学んできました。人に影響を与えようと思えば、納得感をもたせ、腑に落ちるようにすることが必要になります。相手に納得してもらい、腑に落ちるようにするためにはどうしたら良いのか、その答えを論理的思考とプレゼンテーションという領域に探しに行きました。論理的思考の領域では、それまでの右脳的な世界とは違う左脳的な世界の風景が見え、違う香りがしてきたことでしょう。それまでの章とでは、脳の違う部分が刺激されたことにお気づきになっているかもしれません。
　　又、プレゼンテーションは、論理的なプレゼンテーションだけでなく、共感してもらえるプレゼンテーションも意識してほしいと思います。そのためには、準言語、非言語も意識したプレゼンテーション、本当に思っていることを語るプレゼンテーションが必要になります。
　　そして、この第7章は、人材開発のためのトレーニング設計についての章です。想像を超えるような成果があがる（加速的に人の変化を促す）トレーニングの設計をどのようにしていったら良いか探求していきたいと思います。読者はこの章を読み進めるうちに、この本の第1章から6章までの秘密が解

き明かされるような感覚に襲われるかもしれません。この本も、この章のトレーニング設計に沿って執筆されているからです。又、第1章で、コントラストフレームをいくつも紹介したねらいなども、この章でご理解いただけることでしょう。
　それでは楽しみながら探求の旅を続けましょう。

〔1〕トレーニングの設計と人材開発

　トレーニングや研修で人材開発していこうという場面があるかと思います。その際、トレーニングのプログラムをどのように設計していますか？例えば何を身につけさせたいのか、何を学ばせたいのか、今回のトレーニングをどのような機会にしたいのか、などと考える方が多いと思います。絶大なる効果をあげようと考えたときに、他にどんなことを考えたらよいのでしょうか？

　この章では、トレーニングあるいは研修による人材開発を計画する段階でトレーナーがどのようにその企画をし、設計していったら効果的なトレーニングができるかという点についてクリスティーナ・ホール博士から教えていただいたことをベースに探求していきたいと思います。[73]

（1）計画段階でトレーナーが決める3つのゴール
結果、プロセス、内容

　まずその人材開発の機会で、相手側（受講者、そのトレーニングあるいは研修等の依頼者）が何を望んでその企画をしたのか把握する必要があります。それが把握できたら、次に、①結果ゴール、②プロセス・ゴール、③内容ゴールという3つのゴールを明確にしていきます。その際、次のような質問を自問自答しながら3つのゴールを明確化していきます。

| ①結果ゴール | → | ②プロセス・ゴール | → | ③内容ゴール |

図33　明確化すべき3つのゴール

①結果ゴール

トレーナーは結果ゴールについて以下の質問を自問自答していきます。

「私は何が起こるのを見たいのか？」
「私は何が起こるのを聞きたいのか？」
「私は何が起こるのを感じたいのか？」
「私は何をトレーニングしたいのか？」
「私は人に何を学んで欲しいのか？」
「私はこのトレーニングの最後に、人に何をできるようになって欲しいのか？」

　これらの質問を自分自身に問いかけながら結果ゴールを明確化していきます。トレーニングの一場面がイメージできて、ビリビリ（ワクワク、ジーン、ウォーッなどなど）してくるような感覚が襲ってくるとしたら、イメージトレーニング（未来ペース）ができていることになります。

あなたは、そのトレーニングが終了するとき、何を見て何を聞いて何を感じていますか？

---

②プロセス・ゴール

　第1章で、クリスティーナ・ホール博士の学習について、次の2つのコントラスト・フレームを紹介しました。

- **パート1**：学びとは、もがき、あがくことである。何故なら、一度に全てのことを学び、最初から正しく理解しなければならない。
- **パート2**：学びとは、探求し、発見し、試し、より大きな可能性を行動にもたらし、人生を豊かにする自然なプロセスである。

　プロセス・ゴールは、「私は上記の結果ゴールをどのように実行したいのか？」という問いに答えていきます。例えば、トレーニングを、受講生がも

がきあがきながら学んで欲しいのか、あるいは、探求し、発見しながら学んで欲しいのかなど考えていきます。

トレーナーはプロセス・ゴールに関して、以下の質問を自問自答していきます。

「学習とトレーニングがどのように進行していって欲しいのか？」
「どのような環境や雰囲気の中で学習とトレーニングが進行していって欲しいのか？」
「結果ゴールを実現するために、どんな方法を使うのか？」

例えば、「どのような環境や雰囲気の中で……」という2番目の質問に対しては以下のような答えが導き出せるかもしれません。

「参加者の安全性を最大限確保した場の中でトレーニングを進行したい」
「参加者がお互いを承認し合う関係の中で学んでいって欲しい。」
「参加者に好奇心を持たせ、探索するのを促進するようにしたい。」
「参加者の発見や気づきを尊重していきたい。」
「参加者のインスピレーションを刺激するように進行したい。」
「参加者がトレーニングに魅力を感じられる状況をつくり続けたい。」
「参加者がトレーニングの瞬間瞬間にのめり込むように集中している時間の流れをつくり出したい。」

プロセス・ゴールは、結果ゴールをどのようにして達成したいかという問いに答えていきます。プロセス・ゴールは結果ゴールと同様かあるいはそれ以上に重要です。

あなたは、そのトレーニングがどのように進行していって欲しいのですか？　どのような場を創ろうと思っているのでしょうか？

③内容ゴール

トレーナーは、内容ゴールについて以下の質問を自問自答していきます。

> 「結果ゴールとプロセス・ゴールを支えるために、私が提供したい課題、話題、理論、情報は何だろうか？」
> 「結果ゴールとプロセス・ゴールを支えるために、私が提供したい実習（体験）はどのようなものであろうか？」

提供したい課題、話題、理論、情報と実習とを組み合わせて具体的なトレーニングあるいは研修などのプログラム設計をしていきます。

例えば、経営学の講義での事例を書かせていただきます。その日の経営学の講義では、「組織学習」と「ナレッジ・マネジメント」について教えようと思いました。「組織学習」を「お互いがお互いを教えあい学びあう組織である」と、又、「ナレッジ・マネジメント」を「個人のナレッジ（知識）が組織の中で増幅されるマネジメント手法である」とそれらの「定義」を伝えることはできます。概念を定義で教える方法ですが、社会人経験のない学生にはなかなかイメージができません。社会人の学生たちも、「それって実際どんな組織のことを言うのだろう？」と疑問に思います。そこで、「先日、新聞に出ていた例ですが、Ｐという企業で新製品開発する際に、こういう取り組みをしたそうなのですね。これこそナレッジ・マネジメントですよね？　こんな例を皆さんの職場でも経験したことがあるかもしれませんね？」と実例を出して説明します。すると「うちの職場でもそういうケースがありました。」とばかりに頷く学生もいれば、何となくイメージできるというような反応を示してくれる学生もいます。

もし社会経験のない学生たちがまだ分からないような表情をしていたら、講義のスピードを落として、彼らに身近な事例を話します。学生時代のコーラス部、サッカー部の時の話とかキャンプやボランティアの時の事例などをだして説明します。すると、「なんとなく分かる」という反応を示す学生が何人か出てきます。

また、社会人経験のない学生たちの意欲を高めるために公認会計士試験に

出題された両テーマの問題文を配布して少し読むこともあります。実際に出題されている文章を題材にして講義をすると、受験生の学生たちは試験を受けている自分をイメージできるのか、目の色を変えます。「こういう問題で出題される」「こういう出題のされ方をする」「このような問われ方をする」ということがリアルに感じられるのだと思います。

④内容ゴールに参照体験を組み込む

　別の方法も考えられます。それは言葉で定義を教えるのでもなく、言葉で実例を説明するのでもなく、実際の体験を提供するという方法です。一例を出します。

　これまでの講義の復習を入れた方が良いとその時、私は考えていました。そこで、4人1組のグループを組んでくれるように頼みました。そして、そのグループの中で1人ずつこれまでに学習したテーマについて復習のプレゼンテーションしてもらうことにしました。その際、「車の運転では、運転席に乗って実際に自分で運転しないと、道を覚えられないのと同様で、必ず一人ずつ運転席に座ったつもりで発話してください。」とお願いしました。また、自分の板書ノートや復習ノートを手にして見せながら説明してもよいと言いました。すると、学生の方はおのおの特徴のあるノートやシートを出して説明し合っていました。実際にその光景を見た私は、様々な工夫されたノートに感心しました。「こんなまとめ方があるのか……、参考になるなあ。」とか「この人、こんな几帳面でカラフルなノートを作っているんだ。」とか「この人のは決してきれいなノートではないけれども講義のエッセンスはみんな書き取られているので後で検索ができるな。」などと気づきました。私がノートをちらっと見ただけでもそう思ったのですから、実際にそうしたノートを見ながら、間近でプレゼンテーションを聞いていた学生たちはおそらくもっと沢山のことに気づいたはずです。

　続いて、その小グループの中で面白いノートを示していた学生1人ずつ他のグループに移動してもらいました。すると、その移動した学生のそのナレッジ（知識）が他のグループに伝播します。新しいメンバーを迎えたグループの学生たちは、そのノートを見て、「おおっ！」と驚いているケースもあり

ます。何か感想や意見を言う人もいました。特定の個人の個性的な学習法（＝ナレッジ）がまさにクラス全体のナレッジとして増幅されていることになります。

　こうした体験をしてもらった後で、「ナレッジ・マネジメントってイメージわきますか？　こういうことが職場でできていると素晴らしいでしょう？」と問いかけました。そして、「組織学習とはこういう状態を言うのです。日本では伝統的にQCサークルというのが盛んで、現場でいくつもの小集団が現場改善のアイディアを出し合って話し合ってきたでしょう。こういうことが自然と行われてきた日本企業の業績が優秀だったのも理解できますよね？」というような問いかけをしました。これにより多くの学生はこれまでの実際の体験と言葉とを結びつけられました。言葉と体験が結びつき、「理解」できるようになったのでした。

　話をもとに戻しますと、「内容ゴール」についての事例を紹介してきました。内容ゴールでは、提供したい課題、話題、理論、情報と実習とを組み合わせて具体的なトレーニングあるいは研修などのプログラム設計をしていきます。「組織学習」と「ナレッジ・マネジメント」の理論を教えたいと思ったときに、どんな<u>事例</u>（例えば○○企業の例）、<u>情報</u>（例えば公認会計士の試験問題）、<u>実習</u>（例えばグループでの教えあい）を組み合わせて教えていくのかを設計していくのが内容ゴールです。

　以上、結果、プロセス、内容の3つのゴールについてプログラム設計段階でトレーナーが自問自答すべき質問を紹介させていただきました。これらの質問を自問自答しながらトレーニングを計画していくと良いでしょう。

あなたは、このトレーニングで、これだけは必ず提供したいと考えている話題はどのようなものですか？　また、この実習を是非体験して欲しいと思うようなものはありますか？

(2)「場」の形成　トレーニングで最も大切なもの

　トレーナーあるいは人材開発に関してサポートする側の人たちは、上記のゴールを実現するために理想的な「場」が形成されるように配慮をする必要があります。例えば、「安全安心な場を創る」ということです。これまで何度も書いてきたように、人には生存本能からくる強い安全安心欲求があり、人材開発の場面にはこの安全安心欲求を満たした場をつくることが大切です。

　トレーニングの場で、安全安心という基盤が形成されていれば、参加者は安心してプロセスを楽しみながら、体験的に、試行的に探索することができます。このことは第2章でも書かせていただきました。安全安心や承認感を実感できるからこそ、人は進んで自己開示をするということも書かせていただきました。

　又、その人材開発の場面で、参加者が相互交流して、お互いから学びあうことが必要だとすれば、相互交流が積極的に行われるような場創りに配慮する必要があります。

　あるいは、お互いの世界観を認め、尊重し、違いを認めたり、互いから学び合える開放された雰囲気が必要だと考えるのであれば、そうした雰囲気が(基盤として)創られるように配慮していきます。例えば、「〜かなあ？」「〜と考えているのですが……」「もし〜だったら……」といった質問をすることや、さらなる可能性を探ることを支援し、励ます場が創られるように配慮することになります。

　こうして計画され、創られていった「場」の中で、参加者は、徐々に自分の内から外へと学んでいくことができるでしょう。例えば、自発的な(予想外の・嬉しい)洞察、実感、気づきなどが溢れていることでしょう。このように、どのような「場」であるかといういことが、学びに最大の影響を及ぼします。このことを意識して、常にその理想的な場の創造に力を尽くすことが必要となります。

　私自身が参加した各種のトレーニングでも、そうした場を創るために様々な工夫がされていました。例えば、次のようなトレーニングの「グランドルール」を決め、冒頭で説明することがありました。守秘義務を徹底する、

トレーニングの間はお互いを営利目的で何かに誘わない、お互いを承認しあうなどです。

　あるいはチューター（メンター、「リソースパーソン」つまり参加者にとって資源となりうる存在という意味）などの参加者をサポートするような役割の人をトレーニングに入れることもあります。参加者はトレーニングの最中に疑問に思ったことなどでトレーナーに直接聞きにくいようなことをこうした役割の人たちに尋ねることができます。また、逆にこういう役割の人たちは参加者の状況を観察し、何か変化に気づけば、すぐにトレーナーに報告します。トレーナーはこうした報告から、どのような場になっているのかを常に観察しています。

　又、サポートする役割の人を中心にして小グループを組んでいく工夫もされます。そして、トレーニングの期間の冒頭、あるいはその日のカリキュラムの終了前にはその小グループごとに気付いたり、学んだことをシェアをする時間をもちます。多人数の中では意見を言いにくくても気心の知れた小グループの中では自己開示をしやすくなります。まずは小集団の中で安全安心を感じてもらい、少しずつ自己開示してらえるようにし、やがて別の小集団の人たちにも自己開示ができるようにしていくのです。私が参加したあるセミナーでは、場創りを非常に注意深く慎重に進めていました。トレーナーが大丈夫と判断するまでは、その小グループ単位で食事に行くように指示されたほどでした。また、実際のトレーニングの場でのラポールができるまではメーリングリストを開設させないほどの場作りへの配慮が徹底されていました。

　また、特定の人物が場を壊していると判断したら、その人物へのアプローチも必要になるでしょう。そのようにしてトレーナーは常に場の創造に力を注ぐのです。

　このようにサポートする役割の人を公式に作るトレーニングもあれば、公式にはそういう役割を作らずに、リピーターの受講生をトレーニングの中に忍ばせることもあります。リピーターの受講生は既にそのトレーニングの進め方や特徴をよく分かっています。そういう人物が目立たないように場を創ることに寄与しているケースもあります。例えば、最初にそうしたリピー

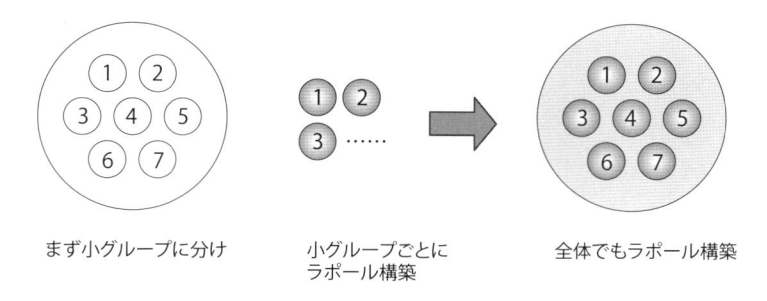

図34　セミナーでのラポールの構築

ターに前に出てもらい、一言ずつ話してもらうトレーニングもありました。ただし、リピーターの人を使って「操作」すると、初参加の方が逆に疑心暗鬼に陥ることもありますので、さじ加減も必要になるかと思います。

> あなたはトレーニングでどのような場を創りたいと考えているのですか？
> そして、その場ができているとどのようにして確認することができますか？

(3) 学びのプロセス　大人はどのようにして学んでいくのか？

①大人が新しいことを学ぶとき

人は新しいこと、よく知らないことが目の前に現れたときに、その新しいこと、よく知らないことと、自分が既によく知っていることとの間につながりをつくっていきます。人の学びはそのようにして起きていると考えることができます[74]。

新しいこと、よく知らないことが最初は奇妙に見えるかもしれません。そうした奇妙に見えることでさえも、既に知っていることとの間につながりをつくっていくことで学んでいけるのです。

具体例で説明したいと思います。大学院の経営学の講義で、バーナードという人が提唱した「組織が成立するのに必要となる3条件」というテーマを教授します。組織が成立するには①共通目的、②貢献意欲、③コミュニケーションの3つの条件が整うことが必要となるという理論です。この理論を言

葉だけで教えると、ただ覚えるだけで、ありがたみも感じられずに、時として苦痛になります。
　そこで、私は、経営学の講義の冒頭で次のように語ります。
　「我々は今まで沢山の組織に属してきました。今日でも沢山の組織に属しているのです。たとえば、職場の組織もあるし、職場の委員会も、労働組合もあるかもしれませんし、家族も組織ですし、親戚の集団も組織かもしれないし、消防団も組織かもしれないし、大学院も組織かもしれないし、サークルも組織でしょうし、ファンクラブなども組織でしょうし、このクラス自体も組織かもしれません。」
　このように前提を入れた上で、「生まれてから今日までで一番、うまくいったと思う組織をひとつ思い出してくれませんか？　そして書き出してくれませんか？」という質問と、「生まれてから今日までで、あれはうまくいかなかったなと思い出す組織を1つ書き出してくれませんか？」という質問をします。このプロセスを前段階でやっておいて、このバーナードの理論を説明します。その上でうまくいった組織とまずかったと思う組織に、この理論をあてはめて考えて欲しいと言います。すると学生たちは、納得したような顔をします。
　「たしかにうまくいっていた組織では、全国大会に出るという共通目的があったし、チームのためならという貢献意欲をみんなが持っていたし、お互いがお互いにアドバイスを送るなどコミュニケーションがよくとれていたなあと思います。」というような発言をしてくれます。さらに、野球やサッカーが好きそうな学生がいる場合は、その時点で強いプロチーム（たとえば読売巨人軍とか）と弱いプロチームの名前を挙げて、これらのチームがバーナードの言う3つの条件が整っているか整っていないかイメージできますよね、と伝えます。さらに、グループワークをした後であれば、そのグループワークのチームにこの3つの条件はどれくらい備わっていたでしょうか、という質問をします。これで自分自身の直前の参照体験に照らし合わせてこの理論を考えることができます。このように伝えたい理論、演習、実話を組み合わせて伝えるようにしています。このことは、先に内容ゴールのところで説明したものと同じです。

第7章　トレーニング設計——学習と変化の方法論　333

　そして、「バーナードの組織成立3要件」という「新しい」「よく知らない」テーマも、はじめは「奇妙に」見えたかもしれませんが、「よく知っている」組織とのあいだにつながりをつくっていくことで理解できていくことになります。実際に何人かの社会人学生は、このバーナードの「組織が成立するのに必要となる3条件」のことを大学院で最も価値ある学びだと語ってくれました。そうした学生の共通項は、職場でチームあるいは組織づくりに悩んでいたり、問題意識をもっていた学生たちでした。この本の最初の方で、人はどんなときにより学ぶのかという点について説明しました。人は、①自分にないと思うもの、②自分に必要だと思えるもの、を強く学ぶことになります。まさにこの一例だということができます。

> あなたは、新しいこと（よく知らないと思われること）を参加者に伝えるときに、その新しいこと、よく知らないことと既によく知っていることとの間にどのようにしてつながりをつくっていきますか？

②大人がよく知っていることを学ぶには？

　続いて、もう1つの学習のプロセスの話をしたいと思います。人は、①自分にないと思うもの、②自分に必要だと思えるもの、を強く学ぶと書きました。逆に言えば、そんなこと既に知っているよ、自分は既にもっているよと思われてしまえば学んでもらえません。では、どのようにしてこの壁を乗り越えたらよいのでしょうか？

　その1つとして、既に知っていると思っていることでも別の見方ができることを紹介してはどうでしょうか？[75]

　「よく知っているもの」を「新しいもの」として見ること、つまり、慣れ親しんだものに新たな別の見方をすることが、学習においてはとても大切なプロセスになります。トレーニングの場では、トレーナーは参加者がこのような体験ができるように誘っていきます。このことは、既に紹介した「ディフレーム」あるいは「リフレーム」という概念でも説明できるかと思います。

　たとえば、この本でも、冒頭から「学習」「変化」といった「よく知っている（と思っている）もの」を「新しいもの」として見るように読者を誘ってきまし

た。

　もう1つ事例を書かせていただきます。私たちは膨大な過去の記憶がありますが、それらについても、「よく知っている」と思っているのではないでしょうか？　それらに対しても、トレーナーがリフレームをもたらすことは可能です。過去の出来事やその記憶をまた違う「リソース」（資源）として見ることへと誘うことが可能なのです。例えば、本人にとっては失敗の体験としてとらえていたことを、次の目標達成に使えるリソースとして見るように誘うことができるばすです。また、それらをリソースとしてみてそこから何かを学ぶことや、それらを利用する方法を探究することへ誘うこともできるのではないでしょうか？

　このように「よく知っているもの」を「新しいもの」として見ること、つまり、慣れ親しんだものに新たな別の見方をすることが学習においてはとても大切なプロセスになります。と同時に、先に説明したように、「新しい情報」「新しい活動」や「新しいふるまい」を伝えるとき、参加者がすでに知っているものにつなげることにより、すでに知っていることとあまりかけ離れていないように見せることも大人の学習には大切なことです。

(4) 計画を手放すこと　柔軟性を発揮すること

　ここまでトレーニングの計画などについて説明してきましたが、実際にトレーニングの幕がいったん開いたら、トレーナーには柔軟性の発揮が求められます。どんなに用意周到にプログラムを計画したところでそのとおりに進行することはほとんどないでしょう。受講生の状況、反応はその場に至るまでは分からないのです。受講生の前に立ち、実際にトレーニングが始まり、受講生から返ってくる反応を観察しながら、それにあわせてトレーニングを進行していくことになります。

　なお、企業研修や自治体研修などで複数のクラスに対して同じプログラムを時間通りに進行していくように決められることがあります。例えばある県で主査研修を10班に分けて連日実施するという場合、全て同じ話（事例を提示する場合も同じ事例の話）をして、全て同じ実習をして、同じ時間配分で、板書する一字一句まで統一して欲しいという要望をいただいたこともあ

ります。研修を企画する側の気持ちや考えは理解できないものではないのですが、そのやり方では柔軟性が発揮できず、本当に生きた研修は（テーマなどによって異なりますが）できなくなります。研修効果を下げることにつながる場合もあります。

　トレーニングで柔軟性の発揮はとても大切なことになります。クリスティーナ・ホール博士が柔軟性について語られた文章をいくつかご紹介します。

> 「プロセスを開始するときには、そのプロセスがどう発展していくのか、（意識的には）完全に明確である人はいません。誰も、わかるまえにはわからないのです。」
>
> 「私は計画を立てるのが大好きなんです。でも、計画どおりにはいかないものなのです。それが人生です。」
>
> 「話そうと思っていたことを言わないこともあります。休憩前に言い忘れたら、休憩後に付け加えれば良いのです。」
>
> 「どのようにトレーニングが進んでいくかは事前には分かりません。私は最終的には計画を手放すことにしたのです。」

　トレーニングの計画や企画について世界中で指導する「計画のプロ」でさえこのように語るのですから、計画を手放し、柔軟性を発揮することがどれだけ大切かということが理解できるかと思います。

〔2〕人材開発トレーニングのプロセスの作り方

　大人の学びがより深くなり、広くなり、早まる方法があったら良いと思いませんか？　大人が思考と行動の柔軟性や創造性をさらに広げながら学習す

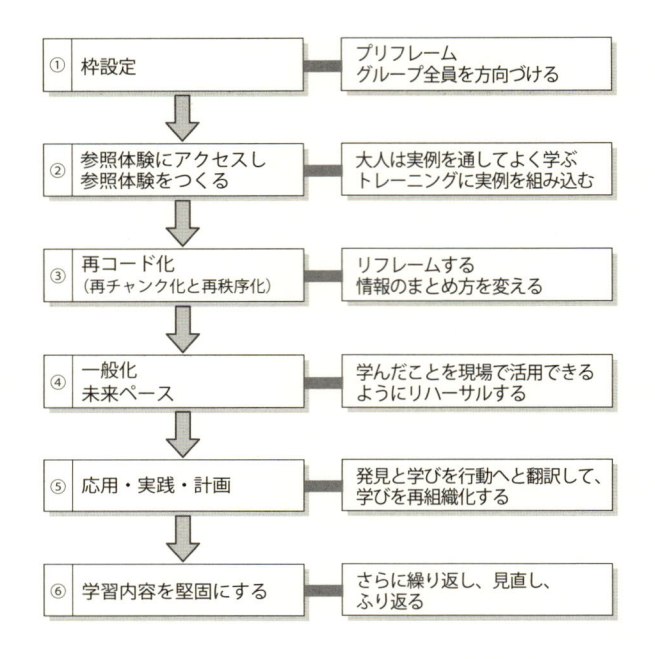

① 枠設定	プリフレーム グループ全員を方向づける
② 参照体験にアクセスし 参照体験をつくる	大人は実例を通してよく学ぶ トレーニングに実例を組み込む
③ 再コード化 (再チャンク化と再秩序化)	リフレームする 情報のまとめ方を変える
④ 一般化 未来ペース	学んだことを現場で活用できる ようにリハーサルする
⑤ 応用・実践・計画	発見と学びを行動へと翻訳して、 学びを再組織化する
⑥ 学習内容を堅固にする	さらに繰り返し、見直し、 ふり返る

図35 トレーニングと学習の全体的プロセス構造

るプロセスがあったら良いと思いませんか？　これらの方法があったらどんなに素晴らしいことでしょう。

　ここでは、大人が加速的に（相乗的に）思考と行動の柔軟性（創造性）を広げつつ学習する、「全体的なプロセス」について考えていきたいと思います。これを「トレーニングと学習のプロセス構造」（クリスティーナ・ホール博士に教えていただいた）に沿って説明していきたいと思います。

　これはトレーナーがプレゼンテーションを組み立てる際に貴重なツールとして活用できます。

　「トレーニングと学習のプロセス構造」は、①枠設定（プリフレーム）、②参照体験にアクセスし参照体験をつくる、③再コード化、④一般化（未来ペース）、⑤応用、実践、計画、⑥学習内容を堅固にする、の各段階からなります。それぞれの段階について説明していきます。

（1）枠設定　トレーニングのフレームを設定する

　「トレーニングと学習のプロセス構造」の1段階目は、「枠設定」（プリフレーム）です。この枠設定をすることで、トレーニングの最初に、グループ全員が一つになるように方向づけることができます。なぜならば、以下の6つの効果が期待できるからです。①状況を定義する、②意味を与える、③状態を抽出する、④より深いレベルの目的につなげる、⑤焦点を集中させる、⑥方向を設定する、の6点です。以下では、これら枠設定の6つの効果についてそれぞれ説明していきたいと思います。

①状況を定義する——ストーリー・テリング

　トレーニングの最初にトレーナー自身の体験を話すことが効果的なケースがあります。たとえば、そのテーマについてトレーナー自身が学び始める前の体験、学び始めようと思ったときの体験、学び終えた後の体験を話すことで、それを聴いた参加者は、自分の体験を思い出し、そのテーマを学び始めようと思った体験や動機を思い出すことになります。そして、トレーニングにすんなりと入っていけることになるでしょう。こうした冒頭にトレーナー個人の歴史や思っていること語ることを「ストーリー・テリング」と言います。

　そうした話（ストーリー）は、参加者にこれから始まるトレーニングについてどのように学んでいくかということについての枠設定（プリフレーム）をすることになります。

　これにより人材開発の機会の最初の段階でさらに強い動機で学び始めることができるようになります。

②意味を与える——主要な概念の意味づけをする
1) 主要な概念についてのディフレームの序曲——何のために変化するのか

　人間は意味を与える存在だと言えます。人間は、体験・経験やものごとに意味を与え、枠組み（フレーミング）をします。「フレーミング」とは、意味を与えることであり、意味を管理することとも言えます。

人は名札（言葉）をつけようとするという話を何度かしました。人間は、名札（言葉）をつけることで、意味を与え、フレーミングをする存在なのです。そのため全ての言葉は枠組み（フレーミング）ともいえます。
　トレーニングの冒頭で、主要な概念（言葉）について、意味づける（意味を管理する）ことは、トレーニングでの前提を作っていることになります。実例で説明していきましょう。
　この本でも、「学び」「変化」「行動」「影響」「コミュニケーション」といった鍵となる概念についての読者のフレームを壊し（ディフレームし）たり、新しい枠組みを提供（リフレーム）するように誘いました。
　そのディフレーム、リフレームする具体的な手段について説明していきたいと思います。例えば、講師が冒頭の話の中で、その主要概念について問いかけ、参加者の多くが抱いているイメージ（あるいは概念の定義）を覆すような概念の定義を紹介、あるいは断言してしまうこともできます。
　例えば、こんなケースです。
　<u>「「変わる」とは、どういう意味でしょうか？　そこには、何が起きているのでしょうか？　何の目的のために「変化」するのでしょうか？」</u>
　と参加者に質問します。参加者は、ここまで「変化」について深く考えたことはなかったかもしれません。とすれば、参加者の中に「ゆらぎ」のようなものが起きてくることが想像できます。

2) 主要な概念についてのディフレーム ──変化自体には価値がない
　その上でトレーナーはこのように断言することもできます。
　<u>「「変化」それ自体には特定の価値はありません！　価値を見いだすのはその人自身だからです。」</u>
　すると、参加者の中ではどのようなことが起きるのでしょうか？　おそらく多くの人にとって、「変化」は良いもの、怖いもの、できたら避けたいもの、などのイメージがついているのではないでしょうか？　それらのイメージとは全く違う「変化それ自体には特定の価値はない。」という枠組み（フレーム）が提供されたことになります。
　自分の内面がゆらいでいる状態の中に、予想だにしないメッセージがパー

ンと入ってしまったかもしれません。たとえ、それ以前に「変化」が痛いものと思っている人が多かったとしても、この言葉を聞いた瞬間に、「変化」という言葉を聞いたときの痛みとか感覚、感情はやわらいでいる可能性があります。

　また、別のケースを紹介します。例えば、「私たちは影響を与えざるをえないのです。」と断言してしまえば、影響を与えることは大変なことだと思っていた参加者の見方を変えてしまう可能性があります。あるいは「私たちは成功するように設計されているのです！」というような断言をすれば、成功することは難しいことだと思っていた人の見方を変える可能性があります。これらにより、参加者の「学び」「影響」「成功」という概念に対する見方を壊してしまう（ディフレームする）可能性があります。

3）主要な概念についてメタファーで表現──学びのプロセスは旅のよう

　そして、次のように、鍵となる概念をメタファーの使用によって定義することが有効な場合もあります。

　「学びのプロセスは旅のプロセスのようです。」

　このようなメタファーを使った主要概念の説明をすることで、学ぶということは大変な努力がいる、つらいプロセスだと考えていた人の見方を変えてしまう可能性があります。学びを旅というメタファーに結びつけてしまえば、学びと聞いたとき、旅のもつ感覚などを連想するようになるからです。たとえば、旅のもつ意外性、楽しさ、ワクワク、感動、新しい出会いなどにつなげてイメージすることができるようになるかもしれません。そうだとすれば、学びを苦しいものだ、忍耐が必要なつらいものだと思っていた人たちの視点をディフレームできるかもしれません。

　ある言葉（概念）をメタファーで表すことの効果については先に説明しました。メタファーを使えば、くどくどと長い文章を語り継いで説明する必要もなくなります。例えば、「学びのプロセスは、意外性に富み、始める前には予想だにしないできごとがおきたりするものです。また、その途上でいろいろな人に会い、ときにつらいこともあり、ときに楽しくてたまらないことも起き、時に退屈にみえ、時に予想以上の風景を見たり感動したりするもの

なのです。」などと言葉をくどくどと並べなくても、「学びのプロセスは旅のプロセスのようです。」という短い言葉だけで足りるものです。

4) 主要な概念についての紹介 ──変化について分かっていなかった
　その主要概念についてトレーナー自身が考え続け、探し続けてきたプロセスを話しても良いでしょう。こんな風に話します。
　「あるとき、私はある男の人のセッションを担当していました。そのとき、目の前でその男の人に変化が起きたのが見てとれました。しかし、その後、同じようなことをやっても変化することもあったし、変化しないこともありました。その頃は、どうしたら人は変化し、どうしたら変化しないのかといったことがわかっていませんでした。また、変化にはどのような意味があるのか、ということ自体も、私には意識的には分かっていなかったのです。それから自分に問いかけ続けました。「変化」にはどのような意味があるのか、と。また、どのようにしたら人は変化するのか、と。」
　こういう実話を紹介してから入ると、より「変化」というテーマについての学習を始めやすいかと思います。参加者が自分の事例に引き合わせてイメージしやすいからです。すうっとその話に引き込まれて、そのテーマに入っていくことができるかもしれません。トレーナーと一緒になって変化というテーマについての新しい旅に出る準備ができるかもしれません。

5) 主要な概念のリフレーム ──変化とは常に体験しているもの
　先ほどの例に少し戻ってさらに説明を続けましょう。さきほどの例では、「変化」のディフレームをしました。
　<u>「「変化」それ自体には特定の価値はありません！　価値を見いだすのはその人自身だからです。」</u>
　続いて次のように展開することもできます。
　<u>「変化とは、長い時間がかかるもの、変化とは、痛みを伴うものと私は教わってきました。変化が痛くて、長い時間がかかるものならば誰が変わりたいと思うのでしょうか？」</u>
　そして、続けます。

「変化というものは、我々が常に体験しているものなのです！」
　さきほどは、「「変化」それ自体には特定の価値はありません！」と言いました。それにより、参加者の「変化」に対する感覚、感情はニュートラルなものに変化していったかもしれません。この時点で一度、ディフレームされていることにもなります。その上で再度、「変化は、我々が常に体験しているもの」と言われてリフレームされたかもしれません。
　というものの、言われた人は意識的には、「何のこと？」と疑問に思っているかもしれませんので、「変化は我々が常に体験しているもの」という結論に対する根拠を具体例で出しても良いでしょう。
　<u>「今、私は話しながらも、声の調子も変えています。立っている位置も変えています。考え方も変わっています。5歳のときの考え方とは違う考え方をしています。」</u>
　こんな身近な事例を出されて、「それはそうだよな。」と思いつつ、「変化は我々が常に体験しているもの」という結論を多少なりとも受け入れてしまっているかもしれません。
　この後に、トレーナー側の変化に関する話をしても良いかもしれません。例えば、次のような話です。
　<u>「変化は知覚と関係があります。考え方を変えるのです。一番簡単なのは、観点を変えるということです。ものの見方を変えるということでもあります。ものの見方を変えるということは言葉を変えるということです。」</u>
　かなり抽象的で本質的な話がここで展開されます。ということは、このトレーニングの目的は、考え方を変える、観点を変える、ものの見方を変える、言葉を変える、それにより変化し続けることである、という前提が隠されているように思います。

6) 主要な概念についてのコントラスト・フレーム
　　——変化とは痛み、それとも自然なプロセス？

　このように、トレーニングの冒頭で、主要な概念について、意味づける、意味を管理することにより、トレーニングでの前提を作ることができます。こうした話を、主に「変化」のテーマを中心に展開してきました。少しふり

返らせてもらいます。まず、こんな質問から入りました。

「「変わる」とは、どういう意味なのでしょうか？　そこには、何が起きているのでしょうか？　何の目的のために「変化」するのでしょうか？」

そして、次の一連の質問でディフレームをしかけました。

「「変化」それ自体には特定の価値はありません！　価値を見いだすのはその人自身だからです。」

「変化とは、長い時間がかかるもの、痛みを伴うものと私は教わってきました。変化が痛くて、長い時間がかかるものならば誰が変わりたいと思うのでしょうか？」

「変化というものは、我々が常に体験しているものなのです！」

そして、我々が常々変化を遂げていることを示す具体的な根拠となる事例を示しました。

さらに、これらの一連のプロセスの後で、その主要概念（例には「変化」）について、受講生でディスカッションさせて掘り下げさせることが有効な場合もあるかと思います。

その際、既に紹介した学びについての2つのフレーム（コントラスト・フレーム）を板書して、それぞれについて、どう思うか、どう感じたかを話し合う時間をつくることもできます。

> **パート1**：「変化とは、長い時間がかかり、痛みを伴うものである。何故なら、今まで慣れ親しんだ考え方ややり方を変えなければならないからである。」
>
> **パート2**：「変化とは、気付かないうちにも絶えず起き続けているものである。そして、より大きな可能性を行動にもたらし、人生を豊かにする自然なプロセスである。」

同様に、学びとか経営学についても、コントラスト・フレームが作れます。

> **パート1**：「学びとは、もがき、あがくことである。何故なら、一度に全てのことを学び、最初から正しく理解しなければならな

い。」

パート2：「学びとは、探求し、発見し、試し、より大きな可能性を行動にもたらし、人生を豊かにする自然なプロセスである。」

パート1：「経営学は、企業や企業を経営していくことに関する幅広いテーマについて概念、理論、フレームなどを理解し、それら全てを正確に覚え、問題に対して適切な回答を作成しなければならない。」

パート2：「経営学は、企業内の営みや企業を経営していくことに関するテーマについての概念、理論、フレームなどを理解し、それらを使って実際の営みを観察したり、新たな洞察を得るためのものである。」

　学びについて、「学びとは、もがき、あがくことである。」と意味を与えるか、それとも「学びとは、探求し、発見し……人生を豊かにする自然なプロセスである。」という意味を与えるかで、その後の参加者の経験が違ったものになります。「学びとは、もがき、あがくことである。」と意味を与えられた場合は、その意味付けに適した体験を、また、「学びとは、探求し、発見し……人生を豊かにする自然なプロセスである。」という意味が与えられた場合は、その意味付けに適した体験を探していくことになるでしょう。このように枠組むこと、あるいは意味を管理することにより、参加者の意識が方向付けられていくことになります。

　さらに「学び」自体について、例えば「意味」「価値」「目的」「本質」などの切り口を提示して、その連想を参加者に話し合わせ、それをマインドマップなどにまとめさせるなどの手法が有効な場合もあります。

　参加者は、これらの枠設定（フレーミング）によって、その後のトレーニングの全過程で、この枠（フレーム）を使って物事を見ていくようになります。

③状態を抽出する ──参加者の状態を誘導する

トレーナーも参加者も「状態を誘導せずにいることはできない」のです。トレーナーは、「トレーニングと学習のプロセスに、どんな状態を喚起し、つなげたいか？」と自問自答しながら進めていくことになります。

そして、使う言葉、実施するワークが参加者や場の状態を抽出していきます。このことは避けられません。さきほど学びについての2つのフレームを紹介しました。

学びを、もがき、あがくことだととらえるか、それとも探求し、発見するものだととらえるか、どちらのフレームをとるかで感じるものが変わり、参加者の状態が変わります。トレーニングの雰囲気もがらっと変わります。

又、その日のテーマについて、トレーナー自身が学び始める前のこと、学び始めようと思ったときの話などをすると、参加者は自動的に自分がそのテーマを学び始めようと思ったときの体験を思い出し、その思い出にまつわる感情を感じることになります。このようにして参加者の状態、参加者の集団の特定の状態を抽出していることになります。

先に紹介した「私はトレーニングと学習のプロセスに、どんな状態を喚起し、つなげたいか？」という問いに対する答えとなるゴールの「状態」を抽出するように試行錯誤していくことになります。[76]

④より深いレベルの目的につなげる──強力に動機づける

さきほど「学び」自体について、例えば「意味」「価値」「目的」「本質」などの切り口を提示して、その連想を参加者に話し合わせ、それをマインドマップなどにまとめさせる手法を紹介しました。ある鍵となる概念について、「意味」「価値」「目的」「本質」などの切り口で連想をしていくことや、思考を掘り下げていくことは、より深いレベルの目的を明らかにして、日々の学びをその目的につなげていくことができます。

公認会計士試験の学習を始めるのであれば、その「公認会計士」について、「意味」「価値」「目的」「本質」などの切り口で連想を作っていくことは、公認会計士試験の学習をすることのより深いレベルでの目的につなげていくことができます。

このようにトレーニングの冒頭で、参加者により深い目的を意識させておくことは参加者がより強い動機で学習を継続することにつながります。

この他にも参加者に以下のような質問をすることで、より深いレベルの目的につなげることもできます。[77]

「あなたに最初に興味を閃かせたのは何ですか？」

「学ぶプロセスを始めるための行動を起こそうと思った動機は何ですか？」

これらの質問で原点となる動機を引き出していきます。「初心忘るべからず」という言葉がありますが、初心は最も強い動機になります。その初心を引き出しておくことは動機付けに役立つことになるでしょう。

また、原点からこれまで学び続けてきた過程をふり返る次のような質問もできます。

「そのテーマについて学んできて、そこで学んだこと、発見したことで役に立ち続けていることは何ですか？」

「そのテーマの学びはどのようにして人生や生活の質を豊かにしましたか？」

このようにそのテーマを学んできたことでどんな役立つことがあったかを明確化し、参加者の動機付けを強化しています。さらにこんな質問もできます。

「あなたがトレーニングを受け、学び、目指す結果を達成するプロセスで、あなたを支えてくれるパワフルな内的リソースとして、自分にあると思うものをいくつかあげてくれますか？」

トレーニングを続けていくにあたって、参加者自身の中にあるリソース

（資源）で使えるものをあらかじめ明確化しておくことで、学びの「エンジン」にしていくことができます。

> 「トレーニング中の発見や学びを、この先の何日か、何週間か、何ケ月かのあなたの生活で、どのように役立てることができますか？」

このような質問をすることで、あらかじめそのトレーニングや学びの成果を実生活の中で具体的に活用しているイメージをすることになります。すなわち実生活で成果を役立てる場面をリハーサル（未来ペーシング）しています。

⑤焦点を集中させる──参加者の意識を方向づける

ある概念に意味づけをすること、枠組みをすることは、焦点をそこに集中するという効果があります。その概念の意味づけを証明するような事例や事象を探求し、発見し、新しい可能性を探る情報を得ようとするからです。例えば、「学びは探求し、発見し……自然なプロセスである」と意味づけすると、その意味付けにマッチした体験・経験を探し始めます。

⑥方向を設定する──参加者の経験を誘導する

ある概念に意味付けをすること、枠組みをするということは、どの側面とどの部分に焦点をあて、どこを除外するかを選択することになります。枠組みは、何を強調するかだけでなく、何を排除するかについてもその力を発揮することになります。そして、そのことは参加者の意識を方向性づけることになります。

また、「④より深いレベルの目的につなげる──強力に動機づける」の中で紹介した一連の質問も、その人を方向付けます。トレーニングの冒頭でこうした質問を問いかけることは、参加者の意識を方向づけ経験を誘導する上で有効です。

(2) 参照体験にアクセスし参照体験をつくる
大人は実例を通してより学ぶ

①具体的な参照体験を提供する

　大人は、定義を通してよりも、実例を通してよく学ぶという特徴があります。そのため、トレーニングには実例を組み込むことが必要になります。また、トレーニングの設計段階では、「情報を提供するということ」（レクチャーをすること）と、「何か（実習）をするということ」とのバランスをとることが大切になります。「情報を提供するということ」は、概念的な枠組みを提供する、何かについて知る、学ぶという体験を提供することになります。「何か（実習）をする」ということは、その枠組みや情報を実際に使ってみる、実行してみる（プロセスを体験する）ということになります。トレーニングでは、この2つのバランスをとることが大切です。クリスティーナ・ホール博士が、「情報を通してのみ何かを学ぶということはあり得ない」とは言われるように、大人は実例を通してよく学ぶからです。

　わたしたちが提示しているスキル、パターン、プロセス、理論の例となるような、具体的な体験（実習、物語、デモンストレーション、その他）を計画する必要があります。つまり、「することによって学ぶ」ために、「する」体験を考え、組み込んでいくプロセスです。

　例えば、「お互いから学ぶのです」という枠組みを先に提示したならば、それを実際の体験を通じて体感するようにします。そのためには、実際に「お互いから学ぶ」体験を参加者に提供しなければなりません。

　そして、その体験をふり返る機会を作ります。実際に「お互いから学ぶ」体験をして、どんなことが起きたのかを参加者自身にふり返ってもらい、言語化してもらいます。そして、「お互いから学ぶ」体験はどのような効果があり、さらにどのような選択肢を作り出してくれるかをふり返ってもらうのです。後者のふり返りでは少しチャンクアップ（まとめあげている）していることに気づきますか？　ここでは一般化するプロセスへと進んでいます。

②コントラスト・フレームを提供する

　参照体験をつくるときに、2つの対照的な例を出してそれぞれを体験してもらい比較しながら学ぶことが有効になります。例えば、以下の2つのパターン（コントラスト・フレーム）を示しておいて、それぞれのプロセスを体験してもらいます。

　　パターン1：学ぶということは、一人で本を読んで理解して、それを覚えることである。
　　パターン2：学ぶということは、人と人との関係性の中で自然と学んでいくものである。

　それぞれのプロセスを1分から2分でイメージしてもらい、体験してもらいます。その後で、それぞれの体験についてフィード・バックの時間を作ります。それぞれの体験が例えば15分くらいの体験になると、時間が長いといえます。他の要素が混じってしまうからです。

　何故、このように2つの対照的なパターン（コントラスト・フレーム）を示して、体験してもらうと良いのでしょうか？

　私たちは、「熱い」ということを知るためには、「冷たい」ということを知らないと分からないですね？　そのため、対照的な例を比較することで、それぞれの違いを知ることができます。このような対照的な枠組み（フレーム）を「コントラスト・フレーム」と呼んできました。この本でも最初からずっとこのコントラスト・フレームを多用してきたことにお気づきになられたと思います。

　「学びはもがき苦しむものである」という意味づけと、「学びは探求し、発見し、……自然なプロセスである」という意味づけもコントラスト・フレームですね？　このようにコントラスト・フレームを提示することが効果的な学びにつながります。参加者はコントラスト・フレームを通して学び、脳に保存することになるでしょう。

(3) 再コード化（再チャンクと再秩序化）
情報のまとめ方を変える

　同じ情報でも、まとめ方が違うだけで異なる結果がでます。まとめ方を変えることを「リフレーム」と呼ぶこともできます。そして、体験・経験をふり返ることにより、まとめ方を見直し、再評価をすることになります。そのときに体験・経験に違う意味をつけることが可能になります。

　ちょうど友達の家に遊びに行ったときの行く途中の道をふり返るようなものです。振り返るときは、行くときとは違うイメージがしてくるでしょう。「家に着くまで遠くて大変だと思ったけど、ふり返ってみるとまっすぐ行って、3回交差点を曲がるだけで着いたのだな。案外、分かりやすいんだなあ。」という感じです。

　それまでやってきたことを別の知覚位置から再考し、ふり返ることが学習には効果的なのです。

　その際、逆順でふり返ることも有効になります。「友達の家に行くには、あの交差点を左折して200m進んだところだったな。ちょうど旗が立った観音様のところの交差点だったな。その左折した交差点から50m戻ったところで、左折したんだったな。そこは銀行のある角だったな。」というような具合に逆順でふり返ることも有効です。人は時間的に古いことよりも新しいことの方が記憶に残っています。「昨日の朝、何を食べましたか？　そして、昼は何を食べましたか？」と聞くよりは、「昨日の夜、何を食べましたか？　そして、昼は何を食べましたか？」と聞いた方が記憶をたどりやすからです。

　このように逆順で学ぶことは効果的な学習に有効な手法となります。

(4) 一般化、未来ペース
トレーニングの成果を日常生活の中に持ち込む

　「一般化、未来ペース」のプロセスとは、トレーニング（セミナー）の状況を越えて、さまざまな状況（日常生活の現場）へと移動（アンカー、応用）させていくものです。セミナーを越えた日常生活の中で、学んだことを活用で

きるようにしていく準備、リハーサルになります。学んだことを日常生活の中で具体的に活用しているイメージトレーニングをしていくことを、「未来ペース」あるいは「未来ペーシング」と言います。

では、参加者がトレーニングの中で習得した学びやスキルを、トレーニングの場を越えた日常の体験へと適切に当てはめ、一般化できるようにするためには、どうしたら良いのでしょうか？

それには、実習の手順に未来ペースを入れておくことが有効です。それが明示的であれ、暗黙的であれ、そのプロセスがその後の違いをもたらします。実習の最後に次のような質問を入れておけば、暗黙的に、未来ペースをしていることになります。

> 「あなたの発見や学びは、この先、どのように役立ちますか？」
>
> 「あなたは発見や学びを、この先の数日間、数週間、数ケ月間、あなたの日常の活動にどうつなげることができますか？」
>
> 「あなたは発見や学びを、この先の数日間、数週間、数ケ月間、あなたの日常の活動で応用できる方法を、いくつか挙げてくださいませんか？」

余談ですが、こうした未来ペースをしておいてから、研修受講後のアンケートを書いてもらうと受講者の方は研修についてのコメント欄（何を書いても良いフリースペース）に沢山のコメントを書いてくれます。

(5) 応用、実践、計画　発見、学びを行動に移す

「応用、実践、計画」のプロセスでは、発見と学びを行動へと翻訳していくことになります。学んで組織化した知識、情報を実際の行動に移していくプロセスになります。学んだことを実践に移すということになります。

そして、実践していく中で、新たなフィード・バックが得られて、学びの再組織化が行なわれます。それまで学んだこと、実践の中で学んだこと、得られたフィード・バックなどを組み合わせ、統合されて、また新しい知識、

理解へと向上させていきます。

(6) 学習内容を堅固にする　さらに繰り返す

　学習内容を堅固にするために、さらにくり返します。復習、レビューをしていくことで、見直し、ふり返ることができます。これにより、1回目には気づかなかったことに気づく機会が得られるかもしれまれせん。何かをやっている渦中では何か新しいことを発見することは難しく、ふり返ることでそれが可能になるのです。トレーニングや学びで大切なことは、くり返すということです。1つのパターンを1回やって習得することはあり得ないのです。

　私たちは、話すということ、書くということ、箸をとって食べるということを覚えてきました。すなわち学習してきました。何度も何度も練習して自動的にできるようになってきました。私たちは生まれてしばらく立つことができませんでした。つかまり立ちから練習し、何度も何度も転びました。そして何かにつかまらなくても立てるようになりました。また、話すということも、何度も何度も周りの人の話す様子を真似しながら少しずつ話せるようになってきました。割り箸を割ることも練習したかもしれません。箸を使うことも両親から何度も何度も注意されながら覚えていった人は多いのではないでしょうか。それが今や、我々は、立ち食い蕎麦屋で、立ち話しをしながら、割り箸を割って、ざる蕎麦をつゆに入れて食べることも余裕でできるようになったのです。全て無意識的有能な状態まで到達できました。その過程では繰り返し繰り返しの学びの過程があったのです。同様に、大人が何かを学ぶときも、何度も何度も繰り返して練習していきます。学びとトレーニングのプロセスでは、繰り返しが必要なのです。くり返すことにより学習内容を堅固にしていくのです。

　また、くり返すときに、似ているが違う例を出すとさらに学びが強化されます。

　このようにして、学習内容、スキル、能力を強化していきます。

　これまで、大人が加速的に、相乗的に、思考と行動の柔軟性、創造性をさらに広げつつ学習する方法、すなわち「トレーニングと学習のプロセス構造」という全体的なプロセスについて説明してきまた。このプロセスは、①枠設

定、②参照体験にアクセスし参照体験をつくる、③再コード化、④一般化（未来ペース）、⑤応用、実践、計画、⑥学習内容を堅固にする、の各段階からなりました。

　是非、このプロセスを活用していただきたいと思います。私もこのプロセスを活用したところ、講義、講演や研修の効果が飛躍的に高まりました。

　次章はいよいよ最後の章です。第1章で掲げたコントラスト・フレームをここでもう一度見直してもらってもよいかもしれません。あなたの空白が埋まり続けてきていることに気付いていますか？

第8章

変化への旅

　我々は人材開発と名づけられた土地を探求してきました。
　第1章で、人材開発とは、人が「変化」すること、あるいは、その変化を支援することではないだろうかと書いてきました。また、私たちは何から影響を受け、学習し、行動して、少しずつ変化、すなわち人材開発し続けているのではないかとも書いてきました。そして、変化という概念、学習という概念、行動という概念、影響という概念を探求してきました。そこではいくつものコントラスト・フレームが示され、空白が提供されました。
　第2章では、その空白をもって学習という領域を探求する旅を続け、学習がどのように行われるかそのメカニズムを探究してきました。
　第3章は、影響に関する章で、コミュニケーションについて探求してきました。言葉とは何か、その本質的な探究もしてきました。
　第4章では、学習と行動に関する章で、コーチングについて探求してきました。人間にとって、承認感というものが重要であること、質問で人の可能性を拓くことができることなども学んできました。
　第5章は、影響に関する章で、メンタリングについて探求してきました。「人には人によってしか育たない」という福島正伸先生の言葉も紹介しました。
　第6章も、影響に関する章で、論理的思考とプレゼンテーションについて学んできました。人をプロジェクトにまきこもうとした時、論理的であると同時に共感を生むプレゼンテーションが必要となります。
　第7章は、学習と変化に関する章で、人材開発のためのトレーニング設計について探求してきました。想像を超えるような成果があがる、加速的に変化に導くトレーニングの設計をどのようにしていったら良いか探求してきました。
　そして、第8章までたどり着きました。第1章で、いくつものコントラスト・フレームで問題提起をしてきました。その問題提起（空白）に対して、今までの旅の成果を使いながら、一緒に探究していきたいと思います。
　「変化」というのは実務の現場では最も大きな関心事の1つではないでしょうか？　変わりたい人がいる、変えたい人がいる、でも、なかなか人は変わ

らないと実務の世界で試行錯誤している人は多いのではないでしょうか？その「変化」について一緒に考えていきたいと思います。変化の概念については第7章の中盤でも様々な問いかけをしていますので、それらのページにもつなげて探求してください。この章は、これまでの人材開発と名づけられた大陸の旅の振り返りでもあります。

　私たちはここまで沢山のことを考えながら探求の旅を続けてきました。この成果を使って、これからどのような成果を生み続けるのでしょうか？

〔1〕変化についての探求

（1）変化についてのコントラスト・フレーム

①安全安心を求めるがゆえに変化に対して強い反応をする

第1章では、変化についてのコントラスト・フレームを下記のように示しました。

パート1：変化することは、痛みを伴い、怖く、嫌なことだ。できたら避けたい。
パート2：変化（＝成長）しないことこそ怖く不安である。だから変化しなくてはと思う。

このコントラスト・フレームでは、ある人は変わりたくないと思い、また別の人は変わらなくてはと思う、と書きました。両者をよく見比べてください。全く正反対の反応ですが、その根っこにあるものは似ているということに気づかれると思います。両者とも根っこに安全安心欲求があるがゆえに、一方は変化に強く抵抗し、他方は変化しなければならないと強く思っているのではないでしょうか？

②安全を求めても安全は手に入らない

代替医療のパイオニアと言われるディーパック・チョプラ博士（医学博士）は次のように言っています。

　安全性を追い求めることは幻想です。[7][8]

私たちは安全性を強く求めているはずなのに、安全性を追い求めることが

幻想だと博士はいうのです。どうして、安全性を求めることは幻想なのでしょうか？

　安全性を追い求めることは幻想です。古代の知恵の伝統によると、こうしたジレンマ全体への解決策は、不安定さの中にある英知、または不確実性の英知にあるとされています。これは、安全性と確実性を求めることは、実際には既知のものに執着しているという意味です。

　それでは、既知とはどういうことでしょうか？　さらに続きを読んでいきましょう。

　既知とは何でしょうか？　既知のものとは、私たちの過去です。
　既知のものとは過去の制約の牢獄に他なりません。そこには進化も発展もありません。まったくないのです。そして進化や発展がないとき、そこにはよどみや緩慢、無秩序や腐敗があるだけです。

　安全性を求めるということは既知のもの、すなわち過去のものに執着していることになるそうです。それでは安全性は手に入りません。

③**私たちは何を求めたらよいのだろうか？**
　では、私たちは何を求めたら良いのでしょうか？

　一方、不確実性は純粋な創造性と自由の肥沃な土地のようなものです。不確実性とは、私たちの生活一瞬一瞬で未知のものに足を踏み入れることです。
　未知のものはすべての可能性の場で、常も新鮮で、常に新しく、いつでも新しい物事の創造に対してオープンです。
　不確実性と未知のものなしには、人生は使い古した記憶のつまらない繰り返しです。あなたは過去の犠牲者になり、今日のあなたを苦しめるのは、昨日のあなたの残り物です。

では、不確実性と未知の世界に足を踏み入れると、どんな経験が待っていると言うのでしょうか？

既知のものへの執着を手放し、未知のものに足を踏み入れてください。そうすれば、あなたはすべての可能性に足を踏み入れます。
未知のものに足を踏み入れようとすれば、あなたには不確実性の英知という要素が組み込まれます。これは、あなたの生活の一瞬一瞬において、興奮や、冒険や、神秘を経験するということなのです。あなたは人生の面白さを経験します。
――魔法のような出来事や、祝いごとや、陽気さや、あなた自身のスピリットの喚起を。
すべての可能性の場で起こり得ることに対して、毎日、あなたは興奮を探し求めることができます。不確実性を経験するとき、あなたは正しい道にいるのです。

安全性（や確実性）ではなく、不確実性と未知のものに足を踏み入れようすることこそ、人生の面白さを経験できる道だというのです。そのためには既知のもの、過去への執着、すなわち安全性（と確実性）への執着を手放してくださいと言っています。

④**進化と退化 ――環境変化対応は退化？**
脳機能学者の苫米地英人博士は「進化」のことを、「陸にあがった魚」のことをいい、ダーウィンが進化論を思いつくきっかけとなったといわれる鳥のフィンチのくちばしは「過去の最適化であり、進化ではない」と言っていました。また、「ダーウィンが言った進化は誤りである。キリンの首が長くなったのは、環境に適合しようとしただけで、それは逆に退化と呼ぶべきものである。そうではなく、「魚が陸に上がろう！」というのが進化である」ということを言われていました。

環境変化対応への対応についても次のように言われていました。今いる環

境に合わせるために変化することは、現状に対する最適、もっといえば過去に対する最適化であり、これを「退化」と呼び、未知の世界へ自ら「変わりたい」と思って変わることを「進化」と呼ぶのだと。

　環境変化対応が過去に対する最適化で退化だとすればそれは滅びにつながる道になります。そして進化こそが生き延びるための道と言えるのかもしれません。環境も時代も変わり続け、私たちは進化し続けなければ、生きていくことはできずそのためには不確実性と未知のものへ足を踏み入れることを考えるべきでしょう。

　今いる環境に安住するのではなく、知らない土地に足を踏み入れて、その未知の大地を巡ることこそ進化と言えるし、知らない人に出会うことこそ進化と言えるのでしょう。

⑤蕁麻疹が出てまでも旅立った未知の世界

　第1章で書いたインド・中国旅行に行ったときの話を覚えていらっしゃいますか？　この旅行に旅立つ前は蕁麻疹が出るほど怖くてたまらなかったのですが、なんとか旅立つことができて、私は予想を超える大きな体験をしました。そして、次のコントラスト・フレームにまとめました。

> **パート1**：「2ケ月のインド・中国旅行は、怖い、不安だ。異国に旅行に行かずに日本で生活していれば安全だ。」という気持ち。
> **パート2**：「インド、中国の未知の国に、過酷な旅に身を置くことが自分には必要なのだ。自分は変わらないといけないのだ。」という志。

　人は安全安心欲求を求めるので変わろうとはしないと以前、私は思い込んでいました。この発想に立つと、大学2年生のときの思い切った旅立ちについてどうしても説明がつかず、どう考えたらいいのだろうかと思案していましたが、このチョプラ博士と苫米地博士の文章を読んで説明できそうな気がしてきました。私は、未知、不確実な世界に足を踏み出すことこそ興奮を覚える進化の道だと無意識で知っていたのではないでしょうか？　でなけれ

ば、あんな怖い思い、大きなリスクを背負ってまで旅立たなかったのではないかと思うのです。

そして、あの時旅立たなければその後の私の人生もがらっと変わったものになったと思います。又、第4章では変化に関する次の文章を紹介しました。

一般に、人生は小さな選択の連続です。大きな変化というのはしばしば、たくさんの小さな変化が積み重なって蓄えられ、いざという瞬間に、大きな変化をもたらすことが多いのです。私たちはひとつひとつ選択をする時、これまで通りの居心地の良い道にとどまるのか、それとも自分が本心から望む方向に向かって進むのかどちらかに意思決定しているのです。

あのときは、未知のものに足を踏み入れることの怖さを超えて、心の奥底で望む方向に進む意思決定をしていたのでしょう。

(2) 変化のプロセス、変化の方法

①変化のプロセスは痛みを伴うものか、それとも自然なプロセスなのか？

変化とはどのようなプロセスで進行していくものでしょうか？　これについても以下のコントラスト・フレームで示しました。

> **パート1**：変化とは、長い時間がかかり、痛みを伴うものである。何故なら、今まで慣れ親しんだ考え方ややり方を変えなければならないからである。
>
> **パート2**：変化とは、気付かないうちにも絶えず起き続けているものである。そして、より大きな可能性を行動にもたらし、人生を豊かにする自然なプロセスである。

事実は無色透明だと何度も書いてきました。「変化」という事実自体も無色透明で特定の価値をもっておらず、なんらかの色をつけているのは人間の側だと書きました。だから変化は長い時間がかかるものだと見ることもでき

るし、変化は気づかないうちに起きているものだという見方もできます。
　ただ、パート1のスタンスに立つと、変化したいとはあまり思えませんし、とても窮屈で苦しいプロセスのように感じます。そして、かなり意識的に努力をしないと変われないように感じます。それに対して、パート2のスタンスに立つとどうでしょうか？　変化というのは決して特別なものではなく、当たり前の自然で継続的なプロセスだと感じられます。無理に意識的にならないでも自然と変化しているというイメージをもつことができます。

②変わらない自分がいるというのは錯覚
　私たちは水分を出し、水分を吸収しています。私たちの体の50〜75パーセントを成すといわれる水を日々、出し入れしているはずです。何日かすれば私たちの体は全く別のものに変化しているのではないでしょうか？
　また、私たちの多くは毎日、テレビを見て、新聞を読んで、看板などの広告を目にしています。それらを通じて様々な情報を取り入れています。そのうちのいくつかを記憶します。そして、様々な情報を忘れていきます。そして、知らないうちにそれらの情報に影響されて、私たちの考え方も思い方も感じ方も日々変化しているのではないでしょうか？　5年前の自分と比較して、あるいは大学生時代、高校生時代の自分と比較して、同じ価値観で、同じものの見方で、同じ考え方、思い方をしている人はいないのではないでしょうか？
　私たちは苦しく、つらいプロセスを経て変化したのでしょうか？　たしかに、一部はそういうものだったかもしれませんが、いつの間にか変化していたということも多かったのではないでしょうか？　そうだとすれば、パート2のスタンスに立って変化をとらえることは難しいことではないと思います。そして、このスタンスに立ったときに、おそらく多くの人が肩の力が抜けて気楽に何かにチャレンジできるのではないでしょうか？
　変化なんて特別なことじゃない、ほっておいても自然と変化しているというフレームで捉えても良いのではないでしょうか？
　朝日カルチャーセンターなどで上座部仏教の伝道などに従事されているA・スマナサーラ長老は変化について次のように言われています。

「変わらない自分がいるというのは錯覚だ、全て瞬間瞬間生滅変化しているので、自分という意識も瞬間瞬間変わっていくものだ、実体・我・霊魂・魂と世間で言っている永遠不滅のものはない」と悟らなくてはならないのです[79]。

私たちは自然と変化しているし、また、私たちには変化する力があるのでしょう。私たちは、未知と不確実性にベクトルを合わせて、進化するために変化をし続けていくこともできるのではないでしょうか?

③変化の方法──言葉を変える

変化はどのようにして行われるものでしょうか? 人材開発という視点にたって考えていきたいと思います。

第3章で人間は省略し、歪曲し、一般化すると書きました。すなわち人は見たいものしか見ない(省略)し、見たいようにしか見ない(歪曲)し、何かを決め付ける(一般化する)傾向があると書いてきました。そして、一般化して決めつけると、それがビリーフ(信念)となって人の行動を制限してしまうと書いてきました。

例えば、「あの人は悪い人だ。」と決め付けると、「あの人は悪い人だ」という視点であの人を見ることになり、あの人が良い人という側面は見えないようになります。あの人が行うことや発言することは全て悪い人という視点で見るようになります。どんどん「あの人は悪い人だ」という視点は強まり、やがて、それは疑うことのない事実であるかのように変化していきます。そこまでいきついた一般化は、ビリーフとなって人の行動を縛りつけ、制限することになります。あの人を悪い人として見続けることを捨て去ることはとても難しいし、あの人には近づかないでおこうと努力するようになるでしょう。ひょっとすると、一生、あの人と交わることはないかもしれません。

また、「私はだめな人間だ」と一般化し、それをビリーフまで強めた人はずっと、そのビリーフをもって生きる可能性があります。そうなると、「私はだめな人間だ」ということを証明する人生になっていくかもしれません。

使う言葉が変わるということは、ものの見方（視点）が変わるということです。ものの見方が変われば、行動が変わり、人生も変わるでしょう。

つまり、あの人（自分）に対する言葉が変わるということは、あの人（自分）に対する見方（名札）が変わることになります。例えば、「悪い人」（「だめな人間」）という言葉を使うのか、「私を試してくれる人」（「発展途上の人間」）という言葉を使うかで、あの人（自分）に対する行動が変わってくるはずです。あの人（自分）に対する言葉が変われば、行動も人生も変わってくるでしょう。

④変化の方法――プログラムを書き変える

例えば、犬恐怖症の人は大の大人になっても子犬を見たら走り出して逃げてしまいます。また、私たちはある曲を聴けば特定の体験を思い出しある気持ちになり、ある風景をみれば特定の体験を思い出しある気持ちになります。ある人を見れば特定の体験を思い出し、ある気持ちになります。ほとんど自動反応のプログラムのようです。ある音を聞いたり、ある風景を見れば幸せになり、ある音を聞いたり、ある風景を見れば気分が悪くなるのです。また、夫婦喧嘩を何度もした家にいれば、その家にいるだけで、あるいは、パートナーの顔を見ただけで夫婦喧嘩の体験を思い出し、自動的に気分が悪くなるのかもしれません。

このような自動反応のプログラムに任せているかぎり、私たちが幸せになれるかどうかは他力本願なままです。私たちには変化する力があると書いてきました。このような自動反応のプログラムについても、まず自分が自動反応してしまっているという事実に気付き、書き換えることもできるのです。[80]

［2］ 学習と影響についての探求

（1）学習についてのコントラスト・フレーム

学習についてもいくつかのコントラスト・フレームを紹介してきました。

パート1：勉強あるいは学習とは、教室の中で教えてくれる教師がいて、テキストを使い、黒板があり、ノートをとるものである。
パート2：勉強あるいは学習とは、日常生活の中で、家の中でも外でも、会社の中でも外でも、1人でもいつでも行われているものである。

パート1：人はなかなか学習しない。そのため毎回のように同じ失敗をしている。
パート2：人は常に学習し続けている。そして学習の結果、手柄をおさめている。

パート1：大人はなかなか学習しないので、いつまでも同じ失敗を繰り返している。人の癖、習性、習慣はなかなか変わらない。
パート2：大人は自然と学習している。その中でいち早くコツをつかんでやり方を変えた人がトップセールスパーソンである。

　第1章で、息子の幼稚園時代の事例を書かせていただきました。息子は、朝起きるとすぐにゲーム機を立ち上げポケモンゲームに興じながら、ゲームを学習し続けているだけでなく、そのゲームの攻略本をいかに手にするかについても学習していました。
　さらに、小学校になると大人を説得する方法も進歩して、「頭が良くなるから、図書館に連れて行って。」というような大人好みの論理を作って説得するようになりました。ゲームの上達も、ゲームの攻略本の獲得も、日曜日に図書館に連れて行ってもらうことも、彼にとって①自分に必要だと思うもの、②自分にない（できない）と思うもの、という2つの学ぶ条件を満たしています。他方で、靴を揃えなさいと何度言っても靴を揃えようとしないのは、自分に必要だとは思っていないからでしょう。
　又、何を強く学ぶのかという点については、①インパクトがあること、②繰り返すことという2つの基準で考えられました。息子は「暗闇恐怖症」で、

暗いところに1人おかれると大騒ぎになります。息子が「暗闇＝危険」だと幼少期に暗闇でとても怖い気持ちになったことがあるからではないでしょうか？　他方、息子が、通学路や校歌などを覚えているのは何度も何度も体験して、繰り返したからでしょう。

　また、脳の3つの基本プログラムというものもありました。すなわち、①空白の原則、②焦点化の原則、③快・痛みの原則の3つでした。1つ目の空白の原則とは、脳は空白ができると無意識のうちにその空白を埋めようとして活動するというものでした。2つ目の焦点化の原則とは、脳は同時に2つ以上のことをとらえるのが苦手であり、1つのことに焦点をあててとらえ、意識を向けようとするというものでした。

　小学生の娘と塾に行くまでの車の中で会話していると、娘はその日、学校であった嫌なことを話し始めました。

　そこで、私は次のように聞きました。

「今日、学校で楽しかったことは何かな？」

「そんなのないよ。」と娘。

「あえて探すとどんなことがあるの？」

「……あえて言うと……、そうだなあ、○○が面白かったよ。」

「そうなんだ？　そんなに面白かったの？」

「うん、面白かったよ。」

「そうなんだ……。」

　この頃には娘の表情は小学生らしい最高の表情に変わっています。

　このように娘に質問で空白をプレゼントしました。すると娘は答えを無意識のうちに探しにいってくれました。そして、答えを口にするとき、その表情は一転していました。脳は空白ができると無意識のうちにも全力で埋めようとします（空白の原則）。また、良いことに焦点をあてて考えているとき、悪いことを同時には考えることはできないのです（焦点化の原則）。

　3つ目の快・痛みの原則は、脳は快を求めて、痛みを避けるという原則でした。「快」とは、喜び、嬉しさ、幸せなどの快感という感情につながるものです。「痛み」とは、言葉どおり痛みなどの感情につながるものでした。息子は、母親にきつく叱られるとさすがに懲りて、次からはそのことをしな

くなります。他方で、おばあちゃんに褒められると嬉しくて、次もおばあちゃんの手伝いをしようと思います。

人材開発の際には、これらの原理を上手に使っていくことですね。

(2) 良質な空白を絶妙なタイミングで

①どんな空白を提供するのか？
　　──学習、授業などについてのコントラスト・フレーム

私たちが他人を人材開発しようと考えたときに何ができるのでしょうか？第1章で、以下のコントラスト・フレームを紹介してきました。

> **パート1**：試験があるので仕方なく都道府県の県庁所在地の名前を暗記しているが、いやいやながらしているのでなかなかはかどらない学習。
> **パート2**：友達と話し合った末、ハンモックなどを作ることを決めて、自主的にインターネットで作り方を調べ、日曜日に材料を買いに廻る学習。

> **パート1**：釣った魚を目の前までもってきて、食べさせる講義。
> **パート2**：魚の釣り方を身につけさせる講義。

> **パート1**：「この問題が分かる人、手を挙げて！」と生徒に聞く。
> **パート2**：「この問題に、意見がある人は手を挙げて！」と生徒に聞く。

第1章（と第4章の質問のスキルのところ）で、生命保険業界のトップセールスの人たちの話を書きました。トップセールスの人たちは、決して同じタイプではないものの、お客さんに買ってもらうノウハウ、コツをつかんでいます。郵便局出身、信用金庫出身、不動産セールス出身などそれぞれのキャリアを活かして各自のコツをつかんでトップセールスを実現している人も多いのでしょう。つまり、トップセールスとは、それぞれの現場で試行錯誤しているうちに見つけた（すなわち学習した）「コツ」（＝魚の上手な釣り方）を

再現できるように学習した人ではないでしょうか。

②トップセールスを育成するAさんの手法

　私の友人で住宅営業のコンサルタントをされているAさんがいます。Aさんから聞いた話を書かせていただきます。その方は長い間、研究職の仕事をしていたそうです。研究という仕事は自分がどれだけの成果を上げたのかが見えにくく、もっと成果がはっきりと分かる仕事をしたいと考えて、転職し、営業の仕事に就いたそうです。住宅営業ですので、飛び込みで一軒ずつ家を回る営業をされたそうです。それでも全く成果は上がらず転職を後悔されたそうです。そんなとき、社内でトップセールスのBさんから「俺の営業について来い。」と言われたそうです。

　Bさんは、知らない家の庭に入っていって、その家の人に話しかけられるのだそうです。松の木を見ながら「いい松ですなぁ。」というような調子だそうです。立ち話のまま庭の話、木々の話を延々とされているのだそうです。そのうち、「立ち話じゃなんだから上がってお茶でも飲んでいきなさい。」と言われるそうです。お茶を飲みながら庭談議が続いていると、ふと「ところで、あなたはどんな仕事しているの？」とその家の人から言われます。「実は住宅の営業をしていまして、また何かありましたら声をかけてください。」と言って会社案内と名刺を置いて帰ってくると、数日後、その家から注文の電話がかかってくるそうです。このようなやり方でトップセールスになったというのです。私の知人は、Bさんのノウハウを知って、早速、本屋に行き、庭や木についての本を買い込んで勉強したそうです。そして、Bさんと同じ営業のやり方をしたそうです。Aさんは、これでいけると思ったそうですが、どうでしょうか？　この後、Aさんは売れるようになったと思いますか？

　AさんはBさんのやり方をそのまま真似しました。その結果、Bさんのように売れるようになりませんでした。さっぱり売れません。そこで、Aさんは考えました。自分には自分のやり方があるのではないかと。そこでAさんは玄関から入り、玄関にある絵などを話題にして帰るようにしました。Aさんはもともと研究職だったので研究熱心です。さらに玄関に置いてあるものを一通り勉強し、置物などあらゆるものの話題を持ち出して話して帰って

くるようにしたそうです。しばらくすると、Ａさんの営業成績が上がってきました。やがてトップセールスにまで登りつめました。その後、Ａさんは、部下を持つ管理職になりました。今度は部下を売れるセールスパーソンに育てる仕事に代わったのです。Ａさんはこの仕事にも四苦八苦したそうです。自分で売っていた方がよっぽど楽だと思いました。中でも全く売れる気配のないＣさんという部下には手をやいたそうです。仕事のミスも多いし、「使いものにならない」とさえ思ったそうです。あるとき、ＡさんはＣさんに、「日曜日、家で何をしているんだ？」と聞いたそうです。Ｃさんは、「ずっとテレビを見ています。」と答えたそうです。Ｃさんはずっと家でテレビを見続けていて、テレビ番組にしか興味がなく、仕事にも興味を持てない人物だったのです。そこでＡさんは考え、Ｃさんに次のように言ったそうです。「じゃあ、これから飛び込んで訪問したら、テレビ番組の話だけしてこい。営業の話を一切しなくて良い。ただテレビ番組の話だけして来い。」と指示したそうです。ＣさんはＡさんの言われたことを愚直に実践したそうです。好きなテレビ番組の話だけしてくればよいのだから、営業の仕事も苦痛ではなくなったようです。ときには、「家にあがれ」と言われて、家にあがってテレビ番組の話を延々として、一緒にその家でドラマを見ていました。Ａさんはその様子を聞きながら、一切、口をはさまなかったそうです。この結果はどうなったと思いますか？　しばらく時間が経った頃からＣさんは注文をとれるようになったそうです。さらに時間が経つと、なんとトップセールスになってしまいました。かつてＡさんがあげていた数字を上回る成績をあげるダントツのトップセールスになってしまったというのです。

　他人の人材開発に関わるとき、私たちには何ができるのでしょうか？　例えば上質な「空白」(問い)をプレゼントし、上質な問いの世界に招待してあげることではないでしょうか？

　「あなたの得意なことを今の仕事に活かすとしたらどのように活かすことができますか？」という質問をしてあげれば、結びつくことはないと思っていたもの同士が結びつくようになるかもしれません。少なくともＡさんは、「彼の特技を営業に活かすとするとどのような活かし方があるのだろうか？」という質問を常に自問自答していたのだと思います。

転職してトップセールスパーソンになった人たちは、皆、この問いを自問自答しているはずです。そして、自分でトップセールスパーソンになり切れない人には上質な問いかけをしてあげるというのも1つの方法ではないでしょうか。

③プロ野球の落合監督のコーチング

良質な問い（空白）はタイミングを一瞬たりとも逃さず、ここだというタイミングで相手に渡してあげることが大切です。

このタイミングに関して、中日ドラゴンズの落合監督の言葉を、その著書『コーチング　言葉と信念の魔術』から紹介したいと思います。

> 私の第一声は「こちらからは何も教えません。聞きたいことがあれば来てください。」だった。相手が何を望んでいるのかがわからないうちは、こちらも何を話していいのか分からない。[81]

落合監督は教えるということのタイミングをよく知っている人だと思います。相手が必要だと思わない限り、何かを教えても相手に入らないということを知っているのでしょう。欲しいと本人が強く思えたときこそ、教える、あるいは問いを渡すときなのだと思います。

まずは本人が強く悩み、本人が「知りたいこと」を知る必要があるでしょう。本人が知りたいと痛感していない段階でいくら教えても人は学ばないからです。また、本人ができていないと思わない限りは学びません。人は、①必要性を感じるもの、②自分にないと思っているものを学ぶのでした。この絶妙なタイミングこそ学ぶタイミングであり、教えるタイミングだと思います。落合監督は次のようにも書かれています。

> のみ込みの早い者なら、指導者が教えたことを、一時はできるようになるだろう。だが、これで安心してはいけない。一度できたことを、継続してできるようになることのほうが大切なのだ。

どうしても知りたいと思えば、何かを聞きにくるでしょう。そのとき、新たな空白を与えれば良いのではないでしょうか？　その空白は本人が自然と埋めようとするでしょう。そして、本人が悩んだ末に考え出したり、つかんだものは忘れないものだと思います。そして、その後は継続してできるようになるでしょう。

　つまり、釣った魚を口まで持っていって食べさせれば、一時は食べられる（打てる）ようになります。しかし、それでは次に食べられる（打てる）保障はありません。おそらく又、食べられなく（打てなく）なるでしょう。食べられるなく（打てなく）なったらまた聞きに来なければなりません。大事なのは継続して食べられる（打てる）ようになることだと思います。そのためには、釣った魚を口までもっていくのではなく、魚の釣り方自体を教えることが必要なのではないでしょうか？

④トップセールスパーソンやトップ選手になるためのトレーニング

　良質な空白を最高のタイミングで、後輩たち、部下たち、周囲の人たちにプレゼントすること、そして、その人にとって一番必要な人をそばにつけることができれば人は育ちやすくなるのではないでしょうか？

　ところで、人が継続してできるようにはどんなプロセスが必要だったのでしょうか？　覚えていますか？　それには、気づいたり、たまたまできたことを意識化すること（つまり、言語化）が必要です。第2章で紹介した「学習の4段階」の「意識的無能」の段階です。

　そして、意識化できたことを練習して再体験できるようにすることです。「意識的有能」の段階にもっていくことです。そのためにはトレーニングが必要になります。トレーニングをくり返すと、意識しなくてもできるようになります。苦もなく再現、再体験ができるようになります。「無意識的有能」の段階です。イチローの卓越したバッティング・テクニックも、トップセールスパーソンの抜け目のないセールスもこの段階に達しているのでしょう。

　このトレーニングは、繰り返し繰り返しやることです。人が強く学ぶ条件は、①繰り返し、②インパクトの2つでした。トレーニングは繰り返して「無意識的有能」にするためのものです。

そして、習慣化すれば無意識に任せることができます。『NLPのすすめ』という本にも次のような文章がありました。

我々が学習する1つの方法は個々の行動を意識的に覚え込み、それをより大きな断片にまとめて、やがて無意識的な習慣にしてしまうことである。習慣になれば他のことに自由に注意を向けられる。

無意識的有能にしてしまえば、本を読みながらコーヒーを飲めるようになるでしょうし、レベルは違いますが、イチロー選手のようなバッティングができるようになるでしよう。

(3) 靴がいつも揃う組織のつくり方

組織的な学習についてもコントラスト・フレームを示してきました。

パート1：いつも玄関の靴がピシッと揃っている家や会社がある。
パート2：いつも玄関の靴が脱ぎ捨てられたままで乱れている家や会社がある。

パート1：いつでも正しいことを言ってくれる、頭の良い人に影響を受ける。そのような人についていこうと思う。
パート2：（多少変なことも言うが）好きな人からこそ影響を受ける。好きな人についていこうと思う。

人は周囲を見て、他の人を見て自分の行動を決めています。人から必ず影響を受けます。特に好きな人からは強い影響を受けます。好きな人が靴を揃えていれば、自分も靴をそろえ、好きな人が明るく大きな挨拶をしていれば、自分も明るく大きな挨拶をするというように伝播して、それが組織の学習となっていくのではないでしょうか？
組織を変えたいのならば、まずは自分が変わるということが手始めになるのではないでしょうか？　この点に関連して、メンタリングの章では福島先

生の以下の文章を紹介してきました。

> 人は自分が目指す人が見つかることで、やる気になることができます。会社の中で目指す人がいると、俄然、仕事にやる気が出てきます。〔中略〕部下に仕事を楽しんでもらいたいのであれば、まずは自分が仕事を楽しむことです。自分が仕事を楽しんでいなければ、部下も仕事を楽しむことができません。

人を変えたければ、まず自分が変わり、見本となることが必要なようです。

（4）勉強／学習が大好きか、大嫌いか？

学習についてさらにこんなコントラスト・フレームも紹介してきました。

パート1：勉強あるいは学習とは、暗記、つらい、義務、我慢、がんばることである。
パート2：勉強あるいは学習とは、ライフワーク、人生、好奇心、知識欲、さらなる発見、自己実現、社会へのお返しである。

パート1：学びとは、もがき、あがくことである。何故なら、一度に全てのことを学び、最初から正しく理解しなければならない。
パート2：学びとは、探求し、発見し、試し、より大きな可能性を行動にもたらし、人生を豊かにする自然なプロセスである。

パート1：勉強は仕方ないからやる。試験があるから仕方なくやる。勉強は大嫌いだ。
パート2：勉強は、放っておいても、時間があればずっとしている。勉強が大好きだ。

パート1：研修は強制されているから行かざるを得ない。いやいやながら行くものだ。

パート2：研修に出たくてたまらない。参加したい研修が沢山ある。

　学びとは、もがいたり、あがかねばならないものでしょうか？　大学院で何度もこのコントラスト・フレームを示して意見を聞きました。もがくこともあがくことも学習には必要です、という意見を言う人がどのクラスにもいました。本当にそうでしょうか？
　例えば、経営学を学習していて、私はたいしてもがきませんでしたし、あがきませんでした。ただし、大学院生の中には経営学を学習しながらもがいたり、あがいたりしてきた人もいるようです。特に公認会計士試験の試験科目として受験学校で学んでいる人はもがいて、あがいて経営学を学んでいる方が多いようです。受験勉強とはもがきあがくのが当たり前だとさえ言う人もいます。
　それに対して、私のクラスに来て学ぶ学生たちがサークル活動でもするかのように楽しそうに学んでいるときがあります。[82]何人かの学生は、講義の受講後、経営学の本ばかり読むようになってしまいました。読んで下さいとも言っていないのに自主的に図書館に分厚い経営学書を借りに行ったりしていました。また、何人かの学生から経営学のみならず、学習、勉強が楽しくなりましたという声を聞くことも多々あります。もがかないと身につかないとか、あがかないと身につかないというのは錯覚ではないでしょうか。
　このように同じ科目、同じテーマを学習していても、一方はあがき、苦しみ、他方は、時間を忘れて楽しみ、自治体の職員研修でも、ある特定の研修をどうしても行きたいと熱望する人がいれば、絶対に行きたくないという人もいるのです。
　事実は無色透明で、同じことをある人は楽しんでいるのに、別の人はあがいて、苦しんでいます。どうせするならば楽しく時間を忘れるがごとく学習できたら良いですね？　世の中にはあなたがあがきながらしていることを、時間を忘れて没頭して楽しみながらしている人もいるのです。そして、楽しく学習することに招待する方法もこの本の中で紹介してきました。

〔3〕行動についての探求

（1）行動についてのコントラスト・フレーム

　行動についても、いくつかのコントラスト・フレームを書いてきました。

> **パート1**：頭ではやらなくてはと思いつつも、身体はその通りには反応してくれずに先延ばししてしまう。
> **パート2**：頭でこうした方が良い、こうすべきだと思うことを、そのまま自然に行動に移せる。

> **パート1**：（良いことだと）わかっちゃいるけど、どうしても続かない。やりだせないことがある。
> **パート2**：（良くないことだと）わかっちゃいるけどやめられないということがある。

　頭ではやらなくてはと思っている、頭ではやらないといけないと思っている。でも、どうしてもできないということはありませんか？　私の場合、沢山あります。どうしてこういうことが起きるのでしょうか？　頭で考えていることと違うことを私の中の違う部分が命令しているような感じです。私の中のもう一人の人間が私を止めているような感じです。この感覚分かりますでしょうか？

　私の意識は進めと言っている、でも私の無意識はやめなさいと言っているのだと思います。また、私の頭はやりなさいと言っている、でも私の身体はちょっと待てと強く止めているのです。意識と無意識、頭と身体が葛藤したら、どちらが勝つでしょうか？　そうです。無意識であり、身体の方が圧倒的にパワフルなので勝つのです。意識も頭もたちうちできないのです。

　言い方を変えますと、無意識のブレーキがかかって前へ進めない感じです。やりたいことをやるためには無意識のブレーキをはずさなければならないのです。又、意識がやりたいと考えることをやる（頭で進みたいと思う方

向に進む)ためには、無意識もやろう(そちらの方向へ進みたい)と考えない(感じていない)と行けないし進めないのです。つまり、意識と無意識のベクトルをあわせなければならないのです。

では、無意識のブレーキにはどのようなものがあるのでしょうか？

(2) エコロジー・フレームによるブレーキ

コーチングの章で、「8フレームアウトカムによる目標設定」というものを紹介させていただきました。完璧な目標設定の仕方として紹介したものです。質問は以下のものでした。

---

① あなたの欲しい結果は具体的に何ですか？
② 成果が手に入ったらどのようにわかりますか？
③ 成果は、いつ、どこで誰と創りますか？
④ それを手に入れるとどのような影響がありますか？
⑤ A) あなたがすでに持っているリソースは？
　　B) 成果を手に入れるためにさらに必要なリソースは？
⑥ 現在、成果を手に入れるのを止めているものは何ですか？
⑦ 成果を手に入れることはあなたにとってどんな意味がありますか？
⑧ では、初めの行動は？　まず何から始めますか？

例えば、4)の「それを手に入れるとどのような影響がありますか？」という質問は、この無意識のブレーキにあたるものをチェックする質問です。

創業して上場して経営者として成功したいと目標設定して、その目標達成したときに周りから家族がいなくなっていたAさんのケースを紹介しました。このように目標を達成することで周囲にマイナスの影響を与えてしまうことがあるので、目標設定段階であらかじめ、周囲(の環境)にどのような影響があるかをチェックしておくというものです。この質問をエコロジー

チェックの質問と言いました。無意識は意識よりも優秀なので、目標を達成するとどのような影響が出てくるか、意識できていなくても気づいていることがあります。悪い影響が出ると無意識が気づいていれば、どんなに意識側で（頭で）目標を達成しようと努力しても、身体は動きません。無意識が自然とストップをかけてしまうのです。

（3）自己イメージ、自己肯定感によるブレーキ

①自己イメージ（自己肯定感）というブレーキ

その他にも無意識のブレーキがかかることがあります。例えば、よくあるのが自己イメージ（自己肯定感）に関するものです。「どうせ私なんか」とか「私には無理だろう」とか「私にはそんな大それたことをやる資格はない」というような思い込み（ビリーフ）があると、どれだけ意識でやろうと思ってもストップがかかってしまいます。これまで研修や講義で接してきた人たちを見ていると、非常に多くの人が低い自己イメージ（自己肯定感）を持ち、その人の限界を決めてしまっている姿を見てきました。この場合、自己イメージを変える、自己肯定感を高める処方箋が必要になります。

②自己肯定感を高める方法

そこで、私は大学院の「地方自治体人材開発論」の講義で、この対策に取り組み、「私の好きなところ探し」という演習を1ヶ月〜2ヶ月かけてやってきました。この演習でやることは簡単で、自分の好きなところ、自分の長所（と思えるところ）を書き出していき、1000個必ず挙げるというものです。「1000個もない」と最初は思われるかもしれませんが、どんな人でも必ず達成できます。必ず書き出せます。その根拠は、事実は無色透明ということにあります。事実は無色透明ですので、あなたが自分の欠点だと思うことでも他人から見れば長所になりえます。欠点が1000個あがるならば長所はその裏返しにすれば良いのですから1000個はあがる可能性があります。

そして、この演習は非常に強力です。もし人材開発の方法を1つだけ教えてくださいと言われたら、私はこの方法を勧めます。

③自己肯定感を高める方法

　ちなみに私自身もこの「私の好きなところ探し」の演習を学生たちと一緒に実施し、現在1700個くらいまでいきました。この演習は、できたら仲間と一緒に進めていくと良いでしょう。1年前の大学院のクラスでは、受講生のメーリングリストを立ち上げており、次のような書き込みがされました。

「好きなことは、今日、57個書きました。あと、743個、書きますよ。」
「○○さんの頑張りの様子をお知らせいただくと、自分も背中を押されているようで、ほんの少し頑張れました。まだまだ○○さんには及びませんが、690個まで行きました。あと310個頑張ります。」
「○○さん　イチローの恩師の愛工大名電高校の中村元監督の「やらされている百発よりやる気の一発」という言葉をいただき有り難うございます。いくら指導者が熱を入れても、選手側が「やらされている」という意識でダラダラ練習をしていたのでは何の進歩もない。○○さんのおかげで、この課題をやる時にふと思い出しました。」
「□□さん、900個すごいですね。□□さんならきっと出来ると思っていましたよ。とりあえず、あと100個頑張ってくださいね。」

　このように誰かがメーリングリストに書き込むことにより、他の人の力になっていきます。クラス全員に勢いが出てきます。
　さらに、この演習について説明していきたいと思います。
　私の場合、最初は、「酒が飲める」「声が大きい」「息子とキャッチボールができる」「家族で楽しく焼肉パーティーをしている」「初心に返れる」「靴をそろえられるし、日頃、そろえている」などと書き始めました。こんな感じでいいので、とにかく書き続けることがコツになります。やる前は、知人から200個か300個あたりで1つの壁が来ます、そして、500個か600個あたりでまた1つの壁が来ます、と事前に教えてもらっていましたが、実際に進めていくにつれてどんどん違う風景が見えてきました。[83]
　学生たちの中には、最初の週で180個くらいまでいった学生がいましたし、「自分の好きなところ、120で行き詰まりました。」とメールをくれた学

生もいました。「自分の好きなところは、まだ100にも到達していませんが、自分の好きなところを探していると、楽しくなりますね。」とメールをくれた学生もいました。

また、別の学生は次のように書いてくれました。

私は、自分の好きなところを見つける課題に、悪戦苦闘中です。私は、自己肯定感に乏しいので、自分の内面を探っていくと、ついついプラスでない自分に行き当たってしまいます。これではいけないと思い直しているのですが、60を前にして、ペンが止まっている状況です。わたしは、飛躍的に能力を伸ばしたいと考えています。また、私は、自分を大きく変えたいと願っています。今の心境は、とても苦しいです。今の私にとっては非常に重たい課題です。加藤先生のたびたびの書き込みを読みながら、突破口を探しています。私はまだ、暗闇の中で手探り状態です。

さらに、30個くらいまでやったところで、「こんなこと（してもしょうがない）」と放り投げかけた学生がいました。この人は、内心、疑心暗鬼だったのでしょう。それに対して、「たった1つのことさえ途中で放り出して自分を変えたいなんて甘すぎる。とにかく1000個までいこう。何か言うのならばやってからにしよう。」と言ったこともありますし、静かにその人のことを待っていた時もありました。結局、その人は1000個まで到達しました。

④「私の好きなところ探し」の演習のコツ

私がこれまでにこの演習で気づいたコツの1つは、一時にまとめてやろうとしても限界があることです。何かをやっているときには、その時の視点で10か20くらい連続して書き出せますが、そこから手が止まってしまいます。また時間を置いて、違うことをやった後だと、違う視点でいくつも書き出せます。例えば、友達と会った後で、家に帰って書くと、違う切り口で沢山出てきます。たとえば、「今日、その友達からこんなことを言ってもらえた。」と書くと、数珠つなぎに沢山書けます。そういえば、「別のあの友達からはこんな良いことを言われたことあるなあ。」とか、「あのグループでこんなふ

うに褒められたことあったな。」と出てきます。
　また、ある学生は次のように書いてくれました。

　「自分の好きなところ探し」の書き出しはまだ今のところ200個には達していません。しかし、今週は同窓会があったり、実家へ帰るなどの行事がありましたので、友人や両親、兄弟に自分の良いところを聞いてみたところ、一気に書き進めることができました。おもしろいのは、今まで自分が気付かなかった指摘が多かったことです。ああ、自分にはそんな良いところがあったのかと。自分自身のことって、意外と知らないものですね。

　また、講義や研修会を受けた後でも、違う視点で沢山のことを書き出せます。「今日は先生にあてられてうまく答えられた。」「少しだけ度胸があるところが好き。」「上手に人前で説明できた経験がある。」「講義で他の学生の支援ができている。」「他の学生の良いところを素直に尊敬できている。」「前向きな姿勢で最前列で講義を受けられている。」といった具合です。さらに「あのときの講義であの先生からこんなことを言ってもらえた。」というようなことも思い出し始めます。このように他人から言われた言葉は結構、素敵なリソースになります。つまり、コツの1つは、まとめてやろうとせずに、ことあるごとに取り組むことです。日々、継続してやることが大切です。それにより色々な視点で書き出せることになります。こんな工夫を披露してくれた学生もいました。

　私は、昨日までの生活から一転し、本日は、駅伝や懐かしの曲をききながら、「自分のすきなところ探し」をやっています。やっと430個になりました。
　〔中略〕
　今日は箱根駅伝を見て、高校サッカーを見ながら、「自分の好きなところ探し」をやり、先ほどやっと500個になりました。

　1000個という数に到達する過程では様々な自分と向き合うことになります。ある学生はその途上で次のようにシェアしてくれたことがありました。

400を過ぎたあたりからものすごく深い内容に入りましたので、もう皆さんにお見せすることはないと思います。500後半からだんだんすすまなくなり、現在635です。また思い出系の簡単な項目を書いているところです。過去に遡らないとわからないこともあるのだろうと思いながら進めていますが、まだ20代前半です。この年代に経験したことが大きすぎて、他の年代はインパクトが薄い気がします。続けますが、進まない苦しみがわかってきました。

自己肯定感を高めることと少しずれているかもしれませんが、私はこれもあって良いと思います。様々な形で自分と向き合うことは尊いと思います。

（4）ただ１つのことを愚直に実践し続けて欲しい

私のクラスでは、ほとんどの方が1000個を達成していきます。この1000個のリストは時間が経ち、また読み返すとそれぞれの人の力になってくれると思います。私も忘れた頃にこのリストをパラパラとすることがあります。

今年、バリ島に旅行に行ったとき、私はこのリストを持って行きました。炎天下、リゾートホテルの森林に囲まれた静かなプールサイドでこのリストをパラパラとしました。又、カエルが鳴きヤモリが壁をつたい、ランプの灯りがゆらめく静かな夜、ホテルの部屋のベランダでこのリストを読んでいました。すると自分の人生が走馬灯のごとく見えたような気がしました。人生の最後には、こんな風景を見るのかなとさえ思いました。

自分を人材開発したいと願っている方には、たった１つのこと、例えばこの演習をただひたすら続けて欲しいと思います。

そして、第1章のコントラスト・フレームを思い出しましょう。

パート１：自分を変えるセミナーや本を学び続けるほどに変われなくなる人がいる。

パート２：他人のたった一言で考え方を変え、行動を変え、人生を変えてしまう人がいる。

パート1：何十とダイエットの方法を知り尽くしているけれども、どれ1つとして実行していない人がいる。
パート2：たった1つしかダイエットの方法を知らないけれども見事に成功する人がいる。

　本当に、必要だと思っている人、本当に自分に足りないと思っている人は、愚直に継続するものです。沢山のことを知っている人が変化するのではありません。たった1つのことを愚直に継続した人が変わるのです。
　いよいよこの本（旅）も終わりに近づいてきました。長い旅でした。人材開発という大陸を一緒に長旅してきました。変化について、学習について、行動について、影響について探求を続けてきました。この旅はあなたにとってどんな旅でしたか？　人材開発について何らかの考えがまとまってきましたか？　あるいはまだ答えが見つかっていないかもしれませんし、今後、さらに変わり続けるものかもしれません。旅は、旅から帰った後も続いているものでした。
　そして、この本の「はじめに」で、「どのようにしたら人材開発がうまくいくのか」という問いを書かせていただきました。最後に、その1つの答えが出たようです。
　「ただ1つのことをやり続けてください。もう1つのことを知るよりも、ただ1つのことをやり続ける方を選択してください。」
　そして、私たちは人類の進化と向上に寄与するためにこの世に生れてきたのではないだろうかと、今の私は考えています。
　そのためにも、
　「ただ1つのことをやり続けてください。ただ1つのことをやり続けることを今、ここで決断してください。」
　と申し上げたいと思います。
　また、他人の人材開発を支援したい、あるいは組織で人材開発を進めていきたい、と思う方にも1つの答えが見えてきたのではないでしょうか？　その答えは第5章にありました。

「育てようとしなくても、人を育てています。」
「自分を成長させることでしか、相手を成長させることはできないのです。」
　あなたの人材開発を、あなたの組織における人材開発を、心よりお祈りしています。

【注】

1 私自身、中小企業診断士や公認会計士といった国家試験の受験指導に 15 年以上かかわり、様々な受験生を見てきた体験から書かせていただきました。

2 「シングル・ループ学習とは、所与のコンテキスト（与えられた目標や制約条件の集合）のもとで、手段行動のエラーのみを修正する「サーモスタット」のような学習をいう。一方、前提となる価値、目標、政策などのコンテキストそのものの修正を伴う学習を「ダブル・ループ学習」という。さらにダブル・ループ学習がもたらす「学習することを学習する」というプロセスを、「第 2 段階学習」と呼ぶことがある。」（桑田耕太郎・田尾雅夫著『組織論』有斐閣アルマ、301 頁）。

3 「科学的にいうと「ホメオスタシスの同調」というものがあります。わざわざ人に同調しようとなくても、ひとつの臨場感空間を共有するだけで人々は完全に同調するのだそうです。例えば、一緒に住んでいる女性同士の生理周期が同じになるとか、呼吸が一致したり、まばたきが一致したり、いろんな一致がおきるそうです。これは臨場感空間なので、一緒の寮に住んでいるという物理的な臨場感の共有だけでなく、テレビや映画などの仮想空間の共有でも同調が起きるそうです。」（苫米地英人著『残り 97％の脳の使い方』フォレスト出版、43-44 頁を一部修正）。

4 苫米地英人著『残り 97％の脳の使い方』には次の文章があります。
「あなたは見えているものは少ない！」
「人は重要なものしか見えない。人は見る準備をしているものしか見えない。」
「1 つの情報に集中してしまうと、他の情報が見えなくなってしまう。」

5 けもの道を刻み込む話は『「わかりやすい教え方」の技術』藤沢晃治著、講談社ブルーバックス、38-41 頁を参照しました。

6 脳の 3 つの基本プログラムについては、NLP（神経言語プログラミング）の理論を分かりやすくするために山崎啓支先生がまとめた理論です。ちなみに本文にもあるように、「空白の原則」のことを、NLP の共同創設者であるクリスティーナ・ホール博士は、「未完成原理」と呼んでいます。

7 ジョセフ・オコナー、ジョン・セイモア著『NLP のすすめ』チーム医療。

8 中毒症状については脳科学者の池谷裕二先生の本の文章を使って補足させていただきます。
「ドーパミンという物質があります。「快楽を生み出す神経伝達物質」だと昔から言われるそうです。そのドーパミンの神経細胞がたくさんある場所に、「腹側被蓋野（ふくそくひがいや）」があるそうです。そこを刺激するとドーパミンが沢山出るそう

です。
「覚醒剤やニコチンなど快楽をもたらす薬は、どうやら腹側被蓋野を活性化するらしいのです。快楽のやっかいな点は、ただ気持ちよいだけでなくて、習慣性や依存性が出てくるということがあります。」
「交際を始めてから間もないアツアツの男女に、愛する相手の写真を見せたとき、脳のどこが反応するか調べました。まさに「腹側被蓋野(ふくそくひがいや)」だったのです。つまり、恋愛というのは相手のことを想っているだけで気持ちいいという状態です。「恋愛中毒」という言葉があるのもうなずけます。
(池谷裕二著『脳は何かと言い訳する』祥伝社、61-62頁)。

9　司馬遼太郎著『竜馬がゆく(4)』文春文庫、125頁。
10　司馬遼太郎著『竜馬がゆく(5)』文春文庫、265頁。
　　また、『翔ぶが如く(1)』文春文庫、310頁には西郷隆盛のことを語った(増田宋太郎の)詩が紹介されています。「かの人はまことに妙である。一日かの人に接すれば一日の愛生ず。三日かの人に接すれば三日の愛生ず。しかれども予は接するの日をかさね、もはや去るべくもあらず。いまは善悪を超えて、この上はかの人と死生を共にするほかない。」
11　坪倉優介『ぼくらはみんな生きている──18歳ですべての記憶をなくした青年の手記』幻冬舎文庫22-23頁。
　　理解を深めるためにこの本からもう一つの記述を紹介させていただきます。
「胸があつくなる
　いままで見たこともない人が、家にきて、事故まえのぼくのことを話して、かえっていく。どうしてあの人たちは、ぼくのことを知っているのだろう。
　いつも家の中にいる人にきくと「それは友だちだから」と言った。それに、友だちでも、とくべつなかがいい人のことを、親友と言うこともおしえてくれた。だとしたら、この人たちも、いつもやさしくしてくれるから親友なのだろうか。そうきくと笑って「アルバムをもってきてやれ」と言った。
　目の前におかれた物の中には、うすっぺらな人がいる。動かないし、なにも話さない。
　ひとりの人がアルバムを見ながら「これが赤ちゃんだったころのゆうすけよ」と言う。でも、赤ちゃんと言われても、わからない。
　アルバムをめくりながら「これが三歳のころのゆうすけ、これが五歳のころのゆうすけ」と説明してくれる。よく見ていると、ゆうすけと言われるものの形がどんどんかわっていく。そしてさいごは「高校生のころのゆうすけ」までいった。
　もういちどアルバムの、さいしょにもどって見る。するとよこにいる人が「これがかあさん、そしてかあさんに抱かれているのは、赤ちゃんだったゆう

すけよ」と言った。その人の目や、笑う口の形はやさしくて、いつもゆうすけという人を見つめている。その人の目は、いまここにいる人と同じではないか。
そう思うと、なにかが背すじを通っていく。それを声にだしたい。だけどなんて言えばいいんだ。
するとその人は、やさしく笑いながら「かあさんだよ」と言った。それを聞くとひっかかっていたものが、なくなっていく。胸があつくなる。そして口がかってに動いていた。かあさん、ぼくのかあさん。」
(坪倉優介『ぼくらはみんな生きている——18歳ですべての記憶をなくした青年の手記』幻冬舎文庫、18-20頁)。

12 クリスティーナ・ホール Ph.D『言葉を変えると人生が変わる。NLPの言葉の使い方』を参考にしました。
13 池田晶子著『知ることより考えること』新潮社。
14 以下の書籍の図を参考とさせていただきました。
諏訪茂樹著『人と組織を育てるコミュニケーショントレーニング』日経連出版部、58頁。
15 言葉をつけるということについて(意識と無意識について)養老孟司先生の講演の文章を紹介します。言葉がついていなかったものに言葉をつけるということは、無意識を意識化すると言い換えることができます。この点に関して養老孟司さんの講演録から関連箇所を抜粋して補足したいと思います。
「われわれの意識と無意識は氷山にたとえるなら、水面の上が意識で、自分で分かっている部分。その下には自分で読めない大きな部分がある。これが無意識。体といってもいい。」
「コミュニケーションは氷山の水面から出た部分同士、意識をつなぐ道具だといえる。しかし、無意識をつなぐ言外のコミュニケーションというのもある。」
「意識同士をつないでいるのが言葉であり、情報といっている。現代社会では水面上の部分だけが見えていて、基本的には上だけで動いている。脳と脳を情報でつないでいくのが、私のIT社会のイメージだが、その時非常に多くの部分が切り落とされていることをそれこそ意識しておく必要がある。」
「情報処理というのは止まったものを再配置していく作業だから人間の意識が得意としている。情報を作るということは氷山の下の部分を上に持ってくる作業。もともと意識の中になかったものを情報に変える。情報化すると、言葉になる。この情報になっていないものを情報にする作業ができない人がものすごく増えた。学生に試験の代わりにリポートを書かせたら、学生のくせにやたら官僚的な文章が出てくるので、なぜか調べると、インターネットで官庁のホームページを抜き書きしている。彼らのやっていることは広い意味

で情報処理。すでに情報になったものを切り張りしているだけだ。だまされてなるものか、と次から学生を部屋に閉じこめてリポートを書かせた。すると最後までずっと座っていて一行も書かない学生がいる。なぜだと聞いたら、何も題を与えられず、ただ書けといわれると、これくらいつらいものはない、というから、じゃそう書け、といったら、本当に2行くらい書いて出ていってしまった。何が問題か、というと、情報になったことは上手に処理できるが、情報の産生、情報化ができない。言葉にするということは情報化する能力。学問とか勉強は情報化する作業そのものだ。学問は意識と無意識の境界の水面を下げること。意識を拡大し、無意識を減らしていく動きでもある。これが学ぶことであり、情報化に相当する。絶えず意識化する作業は生きていることそのものだ。意識の世界が発達してくると、先ほどの学生みたいにこちらにばかり住んで、意識化する作業をおろそかにしてしまう。すべてを意識化していくベクトルが学問だ。教育は自分でそれができる人を養成することが目的だったはず。

子どもに泳ぎを教えると、泳げるようになった瞬間から海を怖がらなくなる。何が起きたのか、というと子どもの世界が変わったといってもいいし、端的にいうなら、自分が変わったわけだ。絶えず自分を変えていく作業、意識化する作業をしていないと無意識の存在に気がつかない。

今の学校教育は意識の世界に閉じこもっている。だから何でもいいから書け、といわれた瞬間に1行も書けなくなる。

一日のうち8時間は寝ているのだから、3分の1は意識がない。意識のある世界がすべてだと思うととんでもない。ITが発達すると、水面下はどうなっているのかという疑問が起きてくるはず。水面下を豊かにしないと水面上も成り立たないということが分かってくる。」

(2004年3月9日有楽町マリオン朝日ホールで開かれた第3回朝日ブロードバンドシンポジウム（朝日新聞社主催）における養老孟司先生の基調講演より）

16 桑原さんが教師としての現役時代に、当時の教務主任であった加木屋氏の行った授業をアレンジし、いろいろな学校で伝えている話です。
なお、加木屋氏が授業を行った時、「ウザい」と書いたメモは、二度と見ようとしなかったが、「ありがとう」と書いたメモは子どもたちが何度も見てにこにこしていたという場面があったということもお聞きしています。

17 アンソニー・ロビンズ著『一瞬で「自分の夢を」実現する方法』三笠書房、158-159頁。

18 松下幸之助さんも「会社は道場」と言われていたようです。以下は、松下幸之助さんが「会社は道場」と題して書かれている文章です。
「仕事というものは、やはり自分でそれに取り組んで、体得していかなければ

ならないものだと思う。しかし自得していくには、そのための場所というか、道場とでもいうものが必要であろう。
　ところが幸いなことにその道場はすでに与えられている。すなわち、自分の職場、自分の会社である。あとはその道場で進んで修業しよう、仕事を自得していこうという気になるかどうかということである。しかも会社という道場では、月謝を払うどころか、逆に給料までくれるのだから、こんな具合のよい話はない。このような認識に立てば、仕事に取り組む姿も、謙虚に、しかも力強いものになるはずである。」
（松下幸之助著『松下幸之助　一日一話』PHP 研究所、129 頁）。

19　アンソニー・ロビンス著『一瞬で「自分の夢」を実現する方法』三笠書房、186-198 頁。
20　アンソニー・ロビンス著『一瞬で「自分の夢」を実現する方法』三笠書房、14-15 頁。
21　ここは以下の本のアイディアを参考とさせていただきました。
　　山田ズーニー著『あなたの話はなぜ「通じない」のか』ちくま文庫、36-37 頁。
22　NLP ではラポールを築くために相手をよく観察することを重視しており、このことをカリブレーションと呼んでいます。
23　このホテルマンの友人にこの文章の掲載許可をとったところ、追加の情報提供をいただきました。一流のホテルマンはネタ話を無数に手元にもっていて、相手に合わせた話題をさっと提供してくださいます。しかも少しウイットをきかせてくれるところがとても粋です。このホテルマンの友人のご厚意に甘えて一部だけご紹介いたします。プロの世界をご堪能ください。
　「人間の脳は右脳は感情を司り、左脳は論理を司どると言われています。顔の部位は、嗅覚の鼻以外は全て逆に脳の影響が出ます。右脳の感情は左の顔に表現されます。左脳は、論理的で建前を司る為、右の顔は平常心を保つ様にコントロールされます。
　女性を口説く場合のバーカウンターは、女性の左顔が見える位置に座りましょう。また奥さんに嘘をつく時は、右の顔を見せましょう（笑）。人から相談を受ける場合は、自分の右顔を相談者に見せる、相手の左顔が見える様に 90 度に座るとカウンセリングには効果的です。
　またしぐさについて、男性は嘘を隠そうとして視線をそらしますが、女性は必要以上に視線を合わせます。これは女性は脳かんが太く、左右の脳を巧みに司る能力が優れていると言われています。ちなみに蟹を食べながらおしゃべりができたり、電話では話ながら同時に違う行動ができる。男性は苦手です。女性の嘘を見破るのは、意識では操作できないのです。瞳孔の大きさで判断するとよいです。」

24 ジョセフ・オコナー＆アンドレア・ラゲス『NLPでコーチング』チーム医療、4頁。
25 CTIジャパン『コーチングバイブル』東洋経済新報社、31頁。
26 ジョセフ・オコナー＆アンドレア・ラゲス『NLPでコーチング』チーム医療、8-9頁。
27 鈴木義幸著『コーチングが人を活かす』ディスカバー21。
28 田近秀敏著『実践ビジネス・コーチング』PHP研究所、6頁。
29 関連した概念に「内発的動機付け」がある。外発的理由によらない純粋に自発的なモティベーションのことを「内発的動機付け」と呼ばれる。このモティベーションは何らかの物質的報酬や社会的報酬を得るためではなく、活動それ自体が動機付けの源泉となる場合をいう。子どもが遊びに夢中になっている姿や、我々が趣味に没頭し時間を忘れるようなことをいう。
金井壽宏・高橋潔著『組織行動の考え方』東洋経済、60頁。
30 本間正人著『入門 ビジネスコーチング』PHP研究所、13頁。
31 田近秀敏著『実践ビジネス・コーチング』PHP研究所、8頁。
32 小出義雄著『高橋尚子 金メダルへの絆』日本文芸社、97頁。
33 榎本英剛著『部下を伸ばすコーチング』PHP研究所、56頁。
34 CTIジャパン『コーチングバイブル』東洋経済新報社、28-29頁。
35 伊藤守著『コーチングマネジメント』ディスカバリー社、66頁、78-79頁。
36 デイビッド・テイラー著『頭のいい人の「人を動かす42の方法」』PHP研究所、11-12頁。
37 伊藤守著『コーチングマネジメント』ディスカバー21、108頁。
38 この友人は結局、完走できました。コーチングへの理解が深まると思いますので、彼の完走の報告メールの一部をご紹介いたします。

「昨日、富士山チャリティーマラソンに参加してきました。そして、な、な、なんと完走しました。9時に、標高1100メートルの富士北麓陸上競技場をスタートして3時間40分もかかったけど、標高2305メートルの五合目にたどり着きました。

　いや～、すごかったです。このコース、ほんとに坂ばっか（当たり前なんだけど）しかも、結構急坂ばっかり……。下りは競技場出てすぐに500メートルくらいあっただけ……。しかも、みんなめっちゃ早い……。あっというまに、最後尾の集団になってしまった。

　最初の5キロくらいはなんとか走り続けれて、長い人間のロープのような集団が連なってたけど、それ以降は、ほとんど誰も見えない……。そこからが孤独との戦いだった……。とにかく息がつづかなくならないように、歩いて調整したり、走ったりの繰り返し……。ただひたすら前進することだけを考える。ゴールへたどり着くことだけを考える。というより、なにも考えら

れない……。
　栄養補給にキャラメルを口に入れても、息がはずんでで苦しいので舐めることができない……。ひたすら勝手に溶けて、のどに入るのを待つだけ……。ほんとにものすごく苦しかったけど、やめようとは思わなかったな……。どんどん傾斜がキックなってきて、なかなか走ることさえままならなくなっても止まることは一度もなかった。途中の給水所で、ボランティアの女子学生たちの笑顔や励ましの度に「ありがと」と答えるのが精一杯だったけど、嬉しかったし、元気もらったな。でも、そこでもらった元気もよく続いて100メートル。また、静寂との戦い……。13.2キロの地点で2時間10分を超えてしまうと、終了になってしまうのでなんとか時間内にとクリアーヤする。そればっかりを思って、足を動かして、ここをなんとか2時間ちょうどでクリアーできたので、あとはひたすら登り続けるだけ……。しかし、どんどん苦しくなるし、さらに勾配もキツくなる。〔中略〕
　こんなに苦しい思いをしたから、来年はゼッタイに出ない！なんてことはなく、今度は走り切れように鍛えます……。でも、完走できたのは支えてくれたみんなのおかげ……。ほんとにそう思う。たかがマラソンなのに、とっても支えてくださった方が何名もいるんですね。チャレンジすることの奥にあるものに気づいてくれて、電話やメールで応援してくださった皆様。本当にありがとうございました。こころより感謝いたします。」
　彼のメールからは、目標を持つことだけでなく、目標実現までサポートしてくれる人がいることの重要性を感じられます。

38　田近秀敏著『実践ビジネス・コーチング』PHP研究所、86頁。
40　NLPを使った目標達成のイメージワークについては山崎啓支先生の『願いがかなうNLP』（サンマーク出版）という書籍に記述がありますのでご参照いただければと思います。
41　『夢をつかむ　イチロー262のメッセージ』ぴあ、2005年、80-81頁。
42　上原春男著『成長するものだけが生き残る』サンマーク出版、50頁。
43　『ソース』とはマイク・マクマナスが創始者ですべての人が自分のワクワクを発見して生活に活かし、生き甲斐のある人生を送れるようサポートするプログラムです。
44　禅宗の公案集『無門関』には、「大道無門千差路あり　この関を透得（とうとく）せば乾坤（けんこん＝宇宙）に独歩せん」とあります。「大道」とは、禅の真髄のことをいい、その真髄に至る道は「無門」、つまり門がなく、それこそ無数の路があるということです。これは裏返せばいたる所が路であり、各自のまさに眼前に、真理が開けているではないかということです。
45　「中庸」とは、考え方・行動などが一つの立場に偏らず中正であること。過不

足がなく、極端に走らないことをいいます。
46 『実践ビジネスコーチング』PHP研究所、56-58頁。
47 鈴木義幸著『コーチングのプロが教える「ほめる」技術』日本実業出版社。
48 本文で紹介した文章の続きも以下で紹介します。
「ごうまんで　ぶっきらぼうで　利己的になるのはいともたやすいことです。
でもわたしたちはもっとすばらしいことのためにつくられているのです。
無理なことをどうこう思い悩むのはむだなことです。できないことは神さまがおのぞみでないのだと思いなさい。たいせつなのはどれだけたくさんのことをしたかではなくどれだけ心をこめたかです。
わたしたちのすることは大海のたった一滴の水にすぎないかもしれません。でもその一滴の水があつまって大海となるのです。
貧困をつくるのは神ではなくわたしたち人間です。わたしたちが分かちあわないからです。
まず知りあうこと　知りあえば　お互いに愛し合うようになるでしょう。互いに愛しあえば支えあうようになるでしょう。もしほんとうに愛したいと願うならゆるすことを知らなければなりません。」
（『マザー・テレサ　愛のことば』　精興社）。
49 東山紘久著『プロカウンセラーの聞く技術』創元社、147頁。
この本は数十万部を販売したベストセラーとなりました。週間文春で毎週、著名人にインタビューを連載している阿川佐和子さんも「この本を読むと、自分がどれほど人の話を聞いていなかったかに気がついて、思わず吹き出してしまう。」と帯で書いています。この本から数行さらに引用してご紹介します。
「聞き上手になるということは、相手の気持ちを負担に感じず、こちらから話したくならないような訓練が必要なのです。」
「きょう誰かと会う予定があったら、その人をターゲットに練習してみてください。あなたが聞き上手として振る舞いたかったら、あなたの方から話さないことです。」
「第一の修行は、相手の話を「素直に」聞くことです。相手に反論したいときも、話をよく聞いてあげると、相手の意見も自然とおだやかになり、反論しなくてもすむことのほうが多いのです。これが聞き上手のだいご味なのです。」
50 田近秀敏著『実践ビジネス・コーチング』PHP研究所、36-37頁。
51 司遼太郎『竜馬がゆく（8）』文春文庫、335頁。
52 司遼太郎『竜馬がゆく（1）』文春文庫、311頁。
53 田近秀敏著『実践ビジネス・コーチング』PHP研究所、37-38頁。
54 クリスティーナ・ホール先生の言葉につきましては、クリスティーナ・ホー

ル著 『クリスティーナ・ホール博士の言葉を変えると、人生が変わる』株式会社 VOICE、117-127 頁から引用させていただきました。
55 渡辺三枝子・平田史昭著『メンタリング入門』日本経済新聞社、18-19 頁を参考としました。
56 キャシー・クラム著　渡辺直登＋伊藤知子訳　『メンタリング　会社の中の発達支援関係』白桃書房、300 頁「訳者あとがき」を参考とさせていただきました。
57 渡辺三枝子・平田史昭著『メンタリング入門』日本経済新聞社、21-22 頁を引用（一部加筆修正）しました。
58 福島正伸著『メンタリング・マネジメント』ダイヤモンド社、90 頁。
59 福島正伸著『メンタリング・マネジメント』ダイヤモンド社。以下、この章の福島正伸先生の引用は同著からです。
60 山田ズーニー著『あなたの話はなぜ「通じない」のか』ちくま文庫、42-43 頁。
61 これらの内容については、照屋華子・岡田恵子著『ロジカル・シンキング』東洋経済新報社 13-39 頁を参考にしました。
62 この内容については、照屋華子・岡田恵子著『ロジカル・シンキング』東洋経済新報社、23-39 頁を引用しています。
63 このテーマの設例は以下の文献を引用させていただきました。
『グロービス・マネジメント・インスティテュート著『MBA クリティカル・シンキング』ダイヤモンド社、2001 年。
64 山田ズーニー著　『あなたの話はなぜ「通じない」のか』ちくま書房、48-52 頁。
65 MECE とは、Mutually Exclusive and Collectively Exhaustive を略したもので、ある事柄や概念を、重なりなく、しかも全体として漏れのない部分の集合体として捉えることをいいます。
66 これらの記述については、照屋華子・岡田恵子著『ロジカル・シンキング』東洋経済新報社　を引用しました。
67 齋藤嘉則著『問題解決プロフェッショナル　思考と技術』ダイヤモンド社、1997 年、71-72 頁。
68 この図は以下の書籍の図を一部修正しました。
齋藤嘉則著『問題解決プロフェッショナル　思考と技術』ダイヤモンド社、1997 年。
69 田島義博編著『インストアマーチャンダイジング』ビジネス社、51 頁の図を引用、一部加筆させていただきました。
70 クリスティーナ・ホール博士のトレーナーズ・トレーニングのテキスト『芸術としてのトレーニング』を参考とさせていただきました。
71 この章の構成と内容につきましては、箱田忠昭著『成功するプレゼンテーション』日本経済新聞社を参考とさせていただきました。

72 山田ズーニー著『あなたの話はなぜ「通じない」のか』ちくま書房、42-43頁。
73 デイビッド・テイラー著『頭のいい人の「人を動かす42の方法」』PHP研究所。
74 関連する文章を2つ紹介させていただきます。
「実習とは、「新しい」「よく知らない」時として、はじめは「奇妙に」見えるかもしれない何かと、「よく知っている」何かのあいだにつながりをつくっていくプロセス、とも説明できます。」
(クリスティーナ・ホール博士のトレーナーズ・トレーニングのテキスト『芸術としてのトレーニング』より)。
「「すでに知っている」と認識してしまうと、脳は学習しないからです。だから常に新しい刺激を与えるようにする必要があります。
ところが一方で、脳は知らないことは認識することができません。すべての認識は過去に持っている知識とのむすびつけで行なわれているからです。我々はすでに見たことのあるもの、またはすでに見たことのあるものと同じ範疇として認識できるものしか認識できないのです。
例えば、携帯電話を見たことのない時代の人の前に携帯電話を置いておいたとしても、おそらくその存在にすら気がつきないはずなのです。
ということは単に新しい知識を得るためには、すでに持っている知識を利用して、その知識を抽象化することにより、その範疇にある新しい知識を認識可能なものとして、新しい知識を学習する必要があります。
このように、抽象度を高めて世界を認識し、思考することによってのみ新しい知識を得ることができるのです。」
(苫米地英人著『残り97％の脳の使い方』フォレスト出版、25-26頁より)。
75 「「よく知っているもの」を「新しいもの」として見ること、つまり、慣れ親しんだものに新たな別の見方をすることは、「創造と革新」である。特に、「新しい情報」「新しい活動」や「新しいふるまい」が、すでに知っているものとあまりかけ離れていないように見えるとき、「革新性」と「教えるプロセス」がうまく働いていれば、「奇妙なもの」にも親しむこともできる。「教える」ことを考えるとき、これは重要な概念だ。なぜなら人は、本人の世界観にすでに統合されているものと一致しないように見える情報を無視する（そして、ときに拒否する）傾向があるから」
(クリスティーナ・ホール博士のトレーナーズ・トレーニングのテキスト『芸術としてのトレーニング』より)。
76 「状態」については、第4章、質問のスキルのテーマのページを参考として下さい。
77 クリスティーナ・ホール博士のトレーナーズ・トレーニングのテキスト『芸術としてのトレーニング』を参考とさせていただきました。

78 ディーパック・チョプラ博士『富と成功をもたらす7つの法則』大和出版、108-109頁。
79 日本テーラワーダ仏教協会の機関紙『パティパター』に連載中の巻頭法話No.127（2005年9月）。
A・スマナサーラ長老は、日本テーラワーダ仏教協会（2004年に宗教法人を取得）や朝日カルチャーセンターなどで上座部仏教の伝道、ヴィパッサナー瞑想（マハーシ系）の指導に従事されています。
80 ここで詳しく説明する紙面はないのですが、無意識のプログラムの書き換え方についてはNLP（神経言語プログラミング）などに用意されています。
81 落合博満著「コーチング　言葉と信念の魔術」ダイヤモンド社、40頁。
82 大学院の学生から「以前よりも勉強が楽しいです。」という声をいただくことが多くなってきました。大学院生からの講義を受けての感想メールをいくつかご紹介いたします。
「加藤先生　いつもお世話になっております。経営管理詳説ではお世話になりました。経営学だけでなく、勉強や仕事に対する姿勢が変化した気がします。勉強だけでなく、仕事もとても楽しくなりました。先生に感謝の気持ちを伝えたくてメールさせて頂きました。」（社会人の大学院生）。
「経営学、経営管理論、経営管理詳説の授業で教えて頂いた事をもとに監査論の勉強方法を根本的に変えてみることにしました。具体的には今までは個別論点ごとに暗記を中心とした勉強を行っていたのですが、まず教科書を深く読み全体の流れを捉え、それをノートにまとめて、言葉を矢印で繋ぎ、それぞれに枝葉を付けていくという学習方法にしてみました。今はまだ慣れていないので、頭の中がぐちゃぐちゃですが（笑）それが学習なのかなと感じています。まだ効果が上がるかどうかは分かりませんが、今は前より勉強が楽しいです。」（公認会計士試験の受験生の大学院生）。
「（大学院で）はじめは学習しなければならないという、自ら学校に来ているのに受動的な考え方が大きかったのですが、（経営学を履修した後は）学習できる環境に自分がいることにとてもありがたいと思い、学習できて楽しいと思います。学んだことを意識化させて日常生活を送れている自分がいることが以前にはなかったことです。」（社会人の大学院生）。
「私はこの講義を通じて学び方が大きく変わるのを実感しました。最後にまとめてみると、経営学の範囲がとてもせまく感じられたのです。原因の1つには、歴史という文脈で因果関係をつなげながら学んだことで、1つの流れとして見ることができるようになったことです。経営学という実学と職場とがつなかりをもって感じられるようになりました。」（社会人の大学院生・地方公共団体職員）。

「復習方法として、今までは習ったとろころの論点だけを復習していましたが、この講義を通して、今日習ったところは、全体としてどういう位置づけがなされているか、その発見に至る過程や背景はどういうものであったかなど、様々な角度からモノを見るクセがついたように思います。」(公認会計士試験の受験生の大学院生)。

83 知人というのは、習慣形成塾の「喜働力塾」を主催する吉井雅之さんです。吉井さんは大人のための習慣形成のための上記の塾を主催し、トレーナーとして活躍されています。著書に『ナニワのメンター流――最強のビジネスマインドを獲得する習慣形成トレーニング』イーハトーヴフロンティア　があります。私も「喜働力塾」の名古屋 1 期生として通わせていただきました。

【引用文献】(掲載順)

桑田耕太郎、田尾雅夫著 『組織論』 有斐閣アルマ、1998年。
苫米地英人著『残り97％の脳の使い方』フォレスト出版、2008年。
藤沢晃治著『「わかりやすい教え方」の技術』講談社ブルーバックス、2009年。
ジョセフ・オコナー、ジョン・セイモア著『NLPのすすめ』㈱チーム医療、1994年。
池谷裕二著『脳は何かと言い訳する』祥伝社、2006年。
司馬遼太郎著『竜馬がゆく (4)』文春文庫、1998年
司馬遼太郎著『竜馬がゆく (5)』文春文庫、1998年。
諏訪茂樹著『人と組織を育てるコミュニケーショントレーニング』日経連出版部、2000年。
坪倉優介著 『ぼくらはみんな生きている 18歳ですべての記憶をなくした青年の手記』幻冬舎文庫、2003年。
クリスティーナ・ホール Ph.D『言葉を変えると人生が変わる。NLPの言葉の使い方』VIOCE、2008年。
池田晶子著『知ることより考えること』新潮社、2007年。
A. H. マズロー著、金井壽宏監訳『完全なる経営』日本経済出版社、2001年。
マルロ・モーガン著 『ミュータント・メッセージ』角川文庫、1999年。
アンソニー・ロビンズ著『一瞬で「自分の夢を」実現する方法』三笠書房、2006年。
金井壽宏、高橋潔著『組織行動の考え方』東洋経済新報社、2004年。
松下幸之助著『松下幸之助 一日一話』PHP研究所、1999年。
山田ズーニー著『あなたの話はなぜ「通じない」のか』ちくま文庫、2006年。
ジョセフ・オコナー＆アンドレア・ラゲス『NLPでコーチング』チーム医療、2006年。
本間正人著『入門 ビジネスコーチング』PHP研究所、2001年。
鈴木義幸『コーチングが人を活かす』ディスカバー21、2000年。
田近秀敏著『実践ビジネス・コーチング』PHP研究所、2003年。
小出義雄著『高橋尚子 金メダルへの絆』日本文芸社、2000年。
榎本英剛著『部下を伸ばすコーチング』PHP研究所、1999年。
CTIジャパン『コーチングバイブル』東洋経済新報社、2004年。
伊藤守著『コーチングマネジメント』ディスカバー21、2002年。
デイビッド・テイラー著『頭のいい人の「人を動かす42の方法」』PHP研究所、2004年。
山崎啓支著 『願いがかなうNLP』サンマーク出版、2009年。
上原春男著『成長するものだけが生き残る』サンマーク出版、2005年。
鈴木義幸著『コーチングのプロが教える「ほめる」技術』日本実業出版社、2002年。
『マザー・テレサ 愛のことば』精興社、2008年。

東山紘久著『プロカウンセラーの聞く技術』創元社、2000 年。
司遼太郎著『竜馬がゆく (8)』文春文庫、1998 年。
司遼太郎著『竜馬がゆく (1)』文春文庫、1998 年。
渡辺三枝子、平田史昭著『メンタリング入門』日本経済新聞社。2006 年。
キャシー・クラム著　渡辺直登＋伊藤知子訳『メンタリング　会社の中の発達支援関係』白桃書房、2003 年。
福島正伸著『メンタリング・マネジメント』ダイヤモンド社、2008 年。
照屋華子・岡田恵子著『ロジカル・シンキング』東洋経済新報社、2001 年。
グロービス・マネジメント・インスティテュート著『MBA クリティカル・シンキング』ダイヤモンド社、2001 年。
齋藤嘉則著『問題解決プロフェッショナル　思考と技術』ダイヤモンド社、1997 年。
田島義博編著『インストアマーチャンダイジング』ビジネス社、1989 年。
箱田忠昭著『成功するプレゼンテーション』日本経済新聞社 1991 年。
クリスティーナ・ホール博士のトレーナーズ・トレーニングのテキスト『芸術としてのトレーニング』VOICE、2009 年。
デイビッド・テイラー著『頭のいい人の「人を動かす 42 の方法」』PHP 研究所、2004 年。
落合博満著『コーチング　言葉と信念の魔術』ダイヤモンド社、2001 年。
本間正人、田近秀敏監修　江口克彦発行『コーチング実践コース』PHP 通信ゼミナール。
Christina Hall, Ph.D, "THE ART OF TRAINING", 2009.

【参考文献】

NLP 関連

リチャード・バンドラー、ジョン・グリンダー著　吉本武史、越川弘吉訳『リフレーミング　心理的枠組の変換をもたらすもの　NLP 神経言語学的プログラミング』星和書店、1988 年。
リチャード・バンドラー著、酒井一夫訳『神経言語プログラミング』東京図書、2007 年。
千葉英介著『心の動きが手にとるようにわかる　NLP 理論』明日香出版社、2003 年。
橋川硬児、石井裕之著『強いリーダーはチームの無意識を動かす』VOICE、2004 年。
チーム・ドルフィン編著『こどもの意欲を引き出す　NLP 活用事例集』公人の友社、

2004年。
梅本和比己著『苦手意識は捨てられる』中経出版、2006年。
鈴木信市著『「不安」を一瞬で「自信」に変える！』きこ書房、2006年。
ロバート・ディルツ博士著『NLPコーチング』VOICE、2006年。
アンソニー・ロビンス著『人生を変えた贈り物』成甲書房、2006年。
アンソニー・ロビンス著『一瞬で自分を変える法』三笠書房、2006年。
山崎啓支著 『NLPの基本がわかる本』日本能率協会マネジメントセンター、2007年。
山崎啓支著 『「人」や「チーム」を上手に動かすNLPコミュニケーション術』明日香出版社、2009年。
ドナルド・ロフランド著『こころのウイルス』英治出版、2001年。
リチャード・ボルスタッド著『自分を変える最新心理テクニック　神経言語プログラミングの新たな展開』春秋社、2005年。
ジョセフ・オコナー著『NLP実践マニュアル』チーム医療、2007年。
鈴木信市著『不安を一瞬で自信に変える！　脅威の自己改革ツールNLP入門書決定版』きこ書房、2006年。
梅本和比己著『苦手意識は捨てられる』中経出版、2006年。
ウィリアム・ハドソン・オハンロン著『ミルトン・エリクソン入門』金剛出版、2002年。

コーチング関連

トマス・レナード編『ポータブル・コーチ』ディスカバー21、2002年。
ルパート・イールズ＝ホワイト著『コーチングのプロが使っている　質問力ノート』ディスカバー21、2004年。
平本相武著『コーチング・マジックすぐに使えて、魔法のように成果が出る部下指導術』PHP研究所、2005年。
マイケル・ルイス著『コーチ』ランダムハウス講談社、2005年。
東山紘久著『プロカウンセラーの聞く技術』創元社、2005年。
東山紘久著『プロカウンセラーのコミュニケーション術』創元社
『夢をつかむ　イチロー262のメッセージ』ぴあ（株）、2005年。
ロバート・ハリス著『人生100のリスト』講談社、2004年。
ディスカバー『上司手帳』ディスカバー21、2005年。
マイク・マクナス著『ソース』（株）ヴォイス、1999年。
岸英光著『エンパワーメント・コミュニケーション』あさ出版、2006年。
養老孟司著『かけがえのないもの』白日社、2004年。
ジル・ボルト・テイラー著『奇跡の脳』新潮社、2009年。
上大岡トメ＆池谷祐二著『のうだま　やる気の秘密』幻冬舎、2008年。

茂木健一郎著『ひらめき脳』新潮社、2006年。
池谷裕二著『脳はなにかと言い訳する』祥伝社、2006年。
苫米地英人著『本当はすごい私』講談社、2008年。
苫米地英人著『心の操縦術』PHP研究所、2007年。
苫米地英人著『夢をかなえる洗脳力』アスコム、2007年。
苫米地英人著『苫米地式コーチング』インデックス・コミュニケーション、2009年。
苫米地英人著『「夢」実現脳の作り方』マキノ出版、2008年。

メンタリング関連

小野達郎、杉原忠著『部下の力を引き出すメンター入門 "新しい師弟関係" が組織を変える』PHP研究所、2007年。
福島正伸著『20万人に勇気を与えた「夢」が「現実」に変わる言葉』三笠書房、2008年。
福島正伸著『仕事が夢と感動であふれる5つの物語』きこ書房、2008年。
福島正伸著『どんな仕事も楽しくなる3つの物語』きこ書房、2008年。
福島正伸著『感動と共感のプレゼンテーション』風人社 2004年。
福島正伸著『小さな会社の社長のための問題解決マニュアル』PHP研究所、2007年。
福島正伸著『リーダーになる人のたった1つの習慣』中経出版、2008年。
吉井雅之著『ナニワのメンター流 最強のビジネスマインでを獲得する習慣形成トレーニング』 イーハトーヴフロンティア、2006年。

モチベーション・経営学関連

中原淳編著　荒木淳子、北村士朗、長岡健、橋本諭著『企業内人材育成入門』、2008年。
田尾雅夫著『モチベーション入門』日本経済出版社、1998年。
二村敏子著『現代ミクロ組織論』有斐閣ブックス、2004年。
A. H. マズロー著、金井壽宏監訳『完全なる経営』日本経済出版社、2001年。
金井壽宏著『やる気！攻略本』ミシマ社、2008年。
ジョセフ・ボイエット＆ジミー・ボイエット著、金井壽宏訳『経営革命大全』日経ビジネス文庫、2002年。
ゲイリー・レイサム著『ワーク・モティベーション』NTT出版、2009年。
ジェリー・ポラス、スチュワート・エメリー、マーク・トンプソン著、宮本喜一訳『ビジョナリー・ピープル』英治出版、2007年。
上淵寿著『動機づけ研究の最前線』北大路書房、2004年。
太田肇著『承認欲求』東洋経済新報社、2007年。
太田肇著『やる気アップの法則』日経ビジネス人文庫、2008年。
小笹芳央著『モチベーションマネジメント』PHP研究所、2008年。

ステファン・P・ロビンズ著、高木春夫訳『組織行動のマネジメント』ダイヤモンド社、2005年。
榊原清則著『経営学入門（上）・（下）』日本経済新聞社、2002年。
野中郁次郎、竹内弘高著、梅本勝博訳『知識創造企業』東洋経済新報社、2001年。
野中郁次郎著『企業進化論——情報創造のマネジメント』日経ビジネス人文庫、2002年。
野中郁次郎著『ナレッジ・イネーブリング』東洋経済新報社、2001年。
野中郁次郎、紺野登著『知識創造の方法論』東洋経済新報社、2003年。
野中郁次郎著『知識経営のすすめ——ナレッジマネジメントとその時代』ちくま新書、2004年。
野中郁次郎著『経営管理』日経文庫、1983年。
野中郁次郎、勝見明著『イノベーションの作法』日本経済新聞社、2007年。
野中郁次郎著・監修『組織は人なり』ナカニシヤ出版、2009年。
ピーター・M・センゲ著、守部信之訳『最強組織の法則　新時代のチームワークとは何か』2004年。
野田稔著『BBTビジネスセレクト5　燃え立つ組織』ゴマブックス株式会社、2007年。

その他

本田健著『きっと良くなる！』サンマーク出版、2005年。
トム・ピーターズ著『サラリーマン大逆襲作戦①　ブランド人になれ！』阪急コミュニケーションズ、2000年。
ジェームズ・レッドフィールド著『人生を変える九つの知恵』角川文庫、1999年。
望月俊孝著『ワクワクしながら夢を叶える宝地図活用術』ゴマブックス、2005年。
高橋俊介著『キャリアショック』東洋経済新報社、2000年。
高橋俊介著『オトナの会社　コドモの会社』ダイヤモンド社、1997年。
高橋俊介著『成果主義』東洋経済新報社、1997年。
高橋俊介著『人が育つ会社をつくる』日本経済新聞社、2006年。
B・スイートランド著『信念をつらぬく』創元社、2001年。
池田晶子著『残酷人生論』情報センター出版局、2007年。
安田佳生著『下を向いて生きよう』サンマーク出版、2007年。
安田佳生著『千円札は拾うな』サンマーク出版 2006年。
清水克衛著『はきものをそろえる』総合法令出版、2008年。
司馬遼太郎著『新選組血風録』角川文庫、2003年。
浅田次郎著『壬生義士伝（上）・（下）』文藝春秋、2002年。
小阪裕司著『冒険の作法　仕事人生がもっと豊かになる』大和書房、2004年。

イハレアカラ・ヒューレン著　インタビュアー　櫻庭雅文『みんなが幸せになるホ・オポノポノ』徳間書店、2008年。
V・E・フランクル著　山田邦男、松田美佳訳『それでも人生にイエスと言う』春秋社、2009年。
エレナ・ポーター著、村岡花子訳『少女パレアナ』角川書店、1962年。
ロバート・B・ストーン著、奈良毅訳『あなたの細胞の神秘な力』祥伝社、1994年。
地橋秀雄著『ブッダの瞑想法　ヴィパッサー瞑想の理論と実践』春秋社、2008年。
安藤尚範著『得する声　損する声　即効で実感できる7つのボイス・トレーニング』リヨン社、2009年。

あとがき

　人材開発という大陸への旅からの帰還、お疲れ様でした。旅はいかがでしたでしょうか？　ワクワク、ドキドキ楽しんでいただいたとしたらこんなに嬉しいことはありません。

　学習はいくつかのレベルで行なわれ、例えば、意識レベルだけでなく無意識レベルでも行なわれると書かせていただきました。この旅から帰還された後もずっと無意識レベルでは学習が継続しています。旅から帰った後の無意識の旅もお楽しみください。

　この本を書いている間、常に手元にあったのは幕末維新の小説でした。又、実際に京都や鹿児島の幕末維新の史跡を何度も訪ねたりしていました。この本でも坂本龍馬、西郷隆盛、吉田松陰など幕末維新の志士たちの事例をいくつか入れました。なぜ、人材開発と幕末維新が同時期に私の頭の中にあるのかが最初は分かりませんでしたが、最近になって分かってきました。幕末維新の志士たちは世の中の変革（進化）に命をかけていたのです。

　今までの環境を守ることに命をかけた志士と今までの環境を変えることに命をかけた志士とが刀を手に戦っていたのです。文字どおり命がけで毎日を生きていたその迫力が私の心をうっていたのだと思います。そのダイナミズムが執筆中の私の心をゆさぶっていたのだと思います。

　幕末維新の小説を読み進める中で、新撰組の小説も何冊か読み終えました。司馬遼太郎さんの『新撰組血風録』、浅田次郎さんの『壬生義士伝』などの名著も読んできました。人材開発について思考する中で、なぜ新撰組の血なまぐさい小説を読んでいたのでしょうか？　その答えもなかなか見つかりませんでした。

　それは未だ明確でないものの、命をはった生活というようなもの、太い生き方、潔い生き方というようなものに感じるところがあったのかもしれません。こざかしいことを口で並べたて、良いと言われた方法（人材開発の方法、能力開発の方法など）をちょろっとやっただけで実行したかのような顔

をし、変われる方法を頭で沢山知っていても、何も実行しない、そんなことで人材開発など実現するはずがありません。1つのことでいい、それだけに徹底的にこだわり、やり続ける。少なくとも1年はやり続ける、それなくして人材開発の瞬間など訪れるはずがないと思います。

この本を手にとられたあなたが、もしも人生の後輩たちであるならば、どうかこのことを肝に銘じていただきたいと思います。自分が変わりたい、自分を開発したいと思うのならば、せめて一つのことをやり続けるのだと今、決めて欲しいと思います。そして、何をすれば人材開発されるかという答は、あなた自身が一番知っているのではないかと思います。

又、他人を人材開発したいと考えていらっしゃる方はまずご自身の人材開発を実体験して下さい。例えば、自立型人材を育てるといわれるのならば、まず自分がその自立型人材の生きた見本になって下さい。

私事ですが、この本を書いている間、父が入院してしまいました。父の入院先の病室で父と2人で時間を過ごし、この本の校正をしていたこともありました。その日、病室で父が何かを言うので、校正の手を止めて、父に答えてから、足をさすりました。父は身体が温まるのか、気持ちよくなったのか寝息を立て始めました。こうした時間がとても幸せに感じられました。父が病気にならなければ、2人だけのこんな濃い時間はもてなかったと思います。

一時、父に話しかけても反応がないときもありました。「この本ができたら父に見せてあげたい」と思っていましたが、「もう無理かな。」とそのときは思いました。その後、持ち直した父は、必死で呼吸を繰り返していました。そんな父の姿を見ていると、生きよう、生きようとしていることが感じられ、その強い生命力に感嘆しました。その後、さらに病状は好転し続け、目があき、声を出すようになり、手を握ってくれるようにもなり、さらに人工呼吸器なしで呼吸ができるようになりました。目をあけられること、声を出せること、手を握れること、足を上げられること、ベッドに座ることができたこと、それらの全てが私たち家族にとって奇跡であり、幸せに感じられました。

目があく、声を出せる、手を握れる、座れる、言っていることが分かる、それらのことは我々にとっては当たり前のことです。それが病室では、こう

した1つずつできた瞬間に感動し、大きな幸せを感じられたのでした。とても不思議な体験でした。病院からの帰り道、車を運転しながら、「父が手を握ってくれた、なんて僕らは幸せなのだろう！」と実感する日々が続きました。最近はずっと、「煎餅が食べたい。」「ミカンが食べたい。」と言い、食事を口から味わいたいようでしたが、今日から口に食べ物らしきものを入れられるようになりました。この事実にまた、私たちは驚き、喜びました。私たちが生きていること自体が本当はすごいことだったのです。

「命を懸ける」と言われても現代の私たちには実感がもてないかもしれません。「使命」とは「命をそこに使うこと」と言われても、幕末維新の時代とは違い、なかなか現実感がありませんが、父の必死で生きようとしている姿を見て「命」というものが少し身近に感じられました。

あなたには、今日一日、この日を大切にして進化の道を歩んで欲しいと願ってやみません。生命ある限り、人類の進化と向上に貢献できる人として生き切って欲しいと思います。

この本の執筆中、父の入院、クライアントへの応対、大学院の講義、本の執筆と重なり、加藤雄士税理士事務所の職員には大変にお世話をかけました。本の執筆に協力してくださいました荻原百合子さん、田端容子さん、稲石美加さん、外園淳さん、上田加奈子さん、加藤ミヨ子さん、加藤小百合さん、竹本武さん、竹本すみ子さんに感謝したいと思います。

最後になりましたが、本の出版に際しまして、関西学院大学出版会の田中様、戸坂様には大変お世話になりました。ここに感謝の意を表したいと思います。どうも有難うございました。

2009年12月

加 藤 雄 士

著者略歴

加藤 雄士（かとう ゆうじ）

1962 年　愛知県生まれ
1986 年　関西学院大学商学部卒業
1988 年　関西学院大学大学院商学研究科博士課程前期課程修了
1989-1994 年　㈱岩崎経営センターに勤務
その後、加藤雄士税理士・中小企業診断士・社会保険労務士事務所（愛知県岡崎市）を開業（現在に至る）
2006 年より関西学院大学経営戦略研究科准教授（現在に至る）

1997-2006 年　㈱日本マンパワーで中小企業診断士講座の講師（主任講師）を務める。
1998 年より社団法人日本経営協会専任講師、2000 年より中小企業大学校非常勤講師、2007 年より税務大学校大阪研修所講師などを務め（全て現在に至る）、地方自治体、民間企業、法人会、商工会議所などで豊富な研修実績の経験を持つ。
又、税理士、中小企業診断士、社会保険労務士の実務家として日々中小企業の経営者へのメンタリング、コーチングを実践している。

関西学院大学研究叢書　第135編

経営に活かす人材開発実務
NLPを活用した人材開発

2010 年 3 月 31 日初版第一刷発行

著　者　　加藤雄士

発行者　　宮原浩二郎
発行所　　関西学院大学出版会
所在地　　〒662-0891
　　　　　兵庫県西宮市上ケ原一番町 1-155
電　話　　0798-53-7002

印　刷　　大和出版印刷株式会社

©2010 Yuji Kato
Printed in Japan by Kwansei Gakuin University Press
ISBN 978-4-86283-060-9
乱丁・落丁本はお取り替えいたします。
本書の全部または一部を無断で複写・複製することを禁じます。
http://www.kwansei.ac.jp/press